中國隋唐律十惡起源考

水間 大輔 著

成文堂

はしがき

前近代の中國では隋唐期（五八一～九〇七年）以降、「律」（今日でいう刑法典にほぼ相當）に「十惡」が設けられていた。十惡とは「謀反」・「謀大逆」・「謀叛」・「惡逆」・「不道」・「大不敬」・「不孝」・「不睦」・「不義」・「内亂」をいい、特に惡質な十種類の犯罪を指す。これらは儒教上の道德を欠き損ない、國家の綱紀・倫理のうち最も重要なものを破り裂く行爲とされていた。十惡のうち謀反・謀大逆・謀叛は殺人・竊盜などと同樣、これら自體が犯罪の名稱そのものでもあり（以下「罪名」と呼ぶ）、各條文において直接處罰の對象とされている。一方、惡逆以下の七つはこれらを直接處罰する條文がなく、それぞれがいくつかの犯罪の總稱であって（以下「罪目」と呼ぶ）、罪目に含まれる各犯罪が各條文において處罰の對象とされている。

唐代（六一八～九〇七年）に附された唐律の注釋では、漢代（紀元前二〇六年～後二二〇年）の文獻に不道・不敬などの語が見えることから、十惡の起源はおそらく漢代にあったと述べられている。ところが、秦・漢の不孝は唐律と異なり、不孝という行爲それ自體に法定刑が設けられている。つまり、秦・漢の不孝は罪名であって、罪目ではなかった。すると、他の不道・不敬なども、漢代では必ずしも罪目ではなかった可能性がある。

唐律の十惡は隋の開皇律をそのまま受け繼いでおり、また開皇律の十惡は北齊律の「重罪十條」を改變のうえ受け繼いだものである。一方、同じく北朝の北周にも、北齊律とは異なる「十條」が設けられていた。本書では十惡のうち各罪目がいつ頃、いかなる變遷を經て形成されたのか、また各時代の社會においていかなる意味を持っていたのか、史料上可能な限り明らかにする。

目次

第二篇　不　敬

附篇　附　論

凡例

一、引用史料中の各種括弧はそれぞれ以下のことを示す。
①（　）直前の字が（　）内の字の通假字であることを示す。
②〈　〉直前の字が〈　〉内の字の誤りであることを示す。
③【　】原文には記されていないが、文脈・内容から判斷して【　】内の字を補うべきことを示す。
④〔　〕原文には記されていないが、引用の都合上、文章の意味を明確にするために〔　〕内の字を補ったことを示す。

一、引用簡牘中の各種符號はそれぞれ以下のことを示す。
①□　一字分の判讀不能字が見えることを示す。「□」内に字を記したところもあるが、これらは殘畫や前後の文脈から推定して補ったものである。
②……　判讀不能字がいくつあるのか不明瞭であることを示す。
③〼　簡牘がそれより上あるいは下で斷絶していることを示す。

一、一度學術誌・論文集などに發表された論文が、その後個人の論文集などに再錄された場合、書誌情報は後者のみ掲げる。前者についてはその學術誌・論文集などが刊行された年のみを掲げる（例：一九七三年原載）。頁數の直後に「〜年原載」と記した場合、その頁の記述の元となった論文が發表された年を示す。

一、各出土簡牘の釋文・簡番號・案例番號は以下の書によった。簡牘はおおむね書寫年代順に排列した。また、各簡牘の出土年・地點及び書寫年代・内容などについて、簡單な説明を附した。

①睡虎地秦簡

陳偉編『秦簡牘合集　釋文注釋修訂本（壹）』（武漢大學出版社、二〇一六年）

一九七五年、湖北省雲夢縣の睡虎地第一一號墓より出土した竹簡羣。法律關聯文書と「日書」を主な内容とする。埋葬年代は六國統一後間もない時期と考えられるが、少なくとも法律關聯文書は統一後のものを含まない。

②嶽麓書院藏秦簡

陳松長編『嶽麓書院藏秦簡（壹—參）釋文修訂本』（上海辭書出版社、二〇一八年）

陳松長編『嶽麓書院藏秦簡　肆』（上海辭書出版社、二〇一五年）

陳松長編『嶽麓書院藏秦簡　伍』（上海辭書出版社、二〇一七年）

陳松長編『嶽麓書院藏秦簡　陸』（上海辭書出版社、二〇二〇年）

出土年・地點未詳の秦の簡牘羣。近年の盜掘によって香港の骨董市場へ流出していたが、二〇〇七年に湖南大學嶽麓書院が購入し、また二〇〇八年に香港の收藏家が嶽麓書院へ寄贈したものである。「爲獄等狀四種」・「秦律令」と呼ばれる法律關聯文書が含まれている。爲獄等狀四種は秦王政・始皇帝期に行われた治獄の記錄、秦律令は律令の條文を内容とする。

③龍崗秦簡

陳偉編『秦簡牘合集　釋文注釋修訂本（參）』（武漢大學出版社、二〇一六年）

一九八九年、湖北省雲夢縣の龍崗第六號墓より出土した簡牘羣。律令の條文を主な内容とする。年代はおおむね六國統一後と考えられる。

④里耶秦簡

陳偉編『里耶秦簡牘校釋』第一卷（武漢大學出版社、二〇一二年）

二〇〇二年、湖南省龍山縣の里耶古城址で出土した簡牘羣。里耶古城址は秦の遷陵縣址と考えられ、里耶秦簡は遷陵縣の行政文書を主な内容とする。簡牘に記されている年代は秦王政二十五年（紀元前二二二年）～二世皇帝二年

（前二〇八年）。

⑤張家山第二四七號墓出土漢簡

彭浩・陳偉・工藤元男編『二年律令與奏讞書』（上海古籍出版社、二〇〇七年）

一九八三〜八四年、湖北省荊州市荊州區の張家山第二四七號墓より出土した竹簡羣。「二年律令」・「奏讞書」と呼ばれる法律關聯文書が含まれている。二年律令は前漢初期の呂后二年（紀元前一八六年）の律令、奏讞書は秦王政〜高祖期及び春秋時代における治獄の記録を内容とする。

⑥兔子山第七號井出土漢簡

湖南省文物考古研究院・益陽市文物考古研究所・中國人民大學歴史系編著『益陽兔子山七號井西漢簡牘』（上海古籍出版社、二〇二三年）

二〇一三年、湖南省益陽市赫山區の兔子山第七號井より出土した簡牘羣。益陽縣の行政文書を主な内容とする。簡牘に記されている年代は高祖十一年（紀元前一九六年）〜景帝前五年（前一五二年）。

⑦張家山第三三六號墓出土漢簡

荊州博物館編『張家山漢墓竹簡〔三三六號墓〕』（文物出版社、二〇二二年）

一九八五年、湖北省荊州市荊州區の張家山第三三六號墓より出土した竹簡羣。「功令」・「漢律十六章」と呼ばれる律令の條文が含まれている。いずれも前漢の文帝期に書寫されたものと考えられる。

⑧胡家草場漢簡

荊州博物館・武漢大學簡帛研究中心編著『荊州胡家草場西漢簡牘選粹』（文物出版社、二〇二一年）

二〇一八年、湖北省荊州市荊州區の胡家草場第一二號墓より出土した簡牘羣。律令の條文が含まれている。前漢の文帝期に書寫されたものと考えられる。

⑨懸泉漢簡

甘肅簡牘博物館・甘肅省文物考古研究所・陝西師範大學人文社會科學高等研究院・清華大學出土文獻研究與保護中心編『懸泉漢簡　貳』（中西書局、二〇二〇年）

一九九〇～九二年、甘肅省敦煌市甜水井の漢代懸泉置遺址より出土した簡牘羣。前漢の武帝期～後漢の安帝期の行政文書を主な内容とする。

⑩居延新簡

馬怡・張榮強編『居延新簡釋校』（天津古籍出版社、二〇一三年）

一九七二～八二年、内蒙古自治區アラシャン盟エチナ旗のエチナ河流域の漢代烽燧遺址などから出土した簡牘羣。前漢の武帝期～後漢末期の行政文書を主な内容とする。

⑪武威出土「王杖詔令册」

武威縣博物館「武威新出王杖詔令册」（甘肅省文物工作隊・甘肅省博物館編『漢簡研究文集』甘肅人民出版社、一九八四年）

一九八一年、袁德禮氏が武威縣文物管理委員會に提出した册書。甘肅省武威市涼州區の磨咀子漢墓より出土したものという。令の條文や事件例が記されている。前漢・成帝の元延三年（紀元前一〇年）かそれ以降に書寫されたと考えられる。

⑫武威漢簡

中國科學院考古研究所・甘肅省博物館編『武威漢簡』（文物出版社、一九六四年）

一九五九年、甘肅省武威市涼州區の磨咀子漢墓羣より出土した簡牘羣。第一八號墓より出土した「王杖十簡」と呼ばれる册書には、令の條文や事件例が記されている。後漢・明帝の永平十五年（七二年）かそれ以降に書寫されたと考えられる。

⑬古人堤漢簡

張春龍・楊先雲「湖南張家界市古人堤漢簡釋文補正續（上）」（西北師範大學歷史文化學院・甘肅簡牘博物館・河西學院河西史地與文化研究中心・蘭州城市學院簡牘研究所編『簡牘學研究』第七輯、甘肅人民出版社、二〇一八年）

一九八七年、湖南省張家界市の古人堤漢代房屋建築遺址より出土した簡牘。後漢中期の行政文書が含まれている。

⑭五一廣場漢簡

長沙市文物考古研究所・清華大學出土文獻研究與保護中心・中國文化遺産研究院・湖南大學嶽麓書院編『長沙五一廣場東漢簡牘　壹』（中西書局、二〇一八年）
長沙市文物考古研究所ほか編『長沙五一廣場東漢簡牘　貳』（中西書局、二〇一八年）
長沙市文物考古研究所ほか編『長沙五一廣場東漢簡牘　參』（中西書局、二〇一九年）
長沙市文物考古研究所ほか編『長沙五一廣場東漢簡牘　陸』（中西書局、二〇二〇年）

二〇一〇年、湖南省長沙市内の五一廣場附近の井窖遺址より出土した簡牘羣。後漢中期における長沙郡・臨湘縣の行政文書を主な内容とする。

⑮尚德街簡牘

長沙市文物考古研究所編『長沙尚德街東漢簡牘』（嶽麓書社、二〇一六年）

二〇一一～一二年、湖南省長沙市内の尚德街一帶で發見された古井遺址のうち、九つの古井より出土した簡牘羣。後漢早中期～三國呉早中期の行政文書を主な内容とする。

序　章　問題の所在と本書の目的

第一節　唐律の「十惡」とは

周知の通り、唐律には「十惡」が設けられていた。『唐律疏議』名例律に、

十惡、一曰謀反、二曰謀大逆、三曰謀叛、四曰惡逆、五曰不道、六曰大不敬、七曰不孝、八曰不睦、九曰不義、十曰内亂。

とあり、特に惡質な十種類の犯罪を十惡と呼ぶ。具體的には律疏に、

五刑之中、十惡尤切、虧損名教、毀裂冠冕。

とあり、儒教上の道德を欠き損ない、國家の綱紀・倫理のうち最も重要なものを破り裂く行爲とされている。(1)

そして、從來から指摘されている通り、十惡のうち「謀反」・「謀大逆」・「謀叛」は「殺人」・「竊盜」などと同樣、これら自體が罪名であり、各本條に法定刑が定められている。例えば、『唐律疏議』賊盜律には、

諸謀反及大逆者、皆斬。父子年十六以上、皆絞。十五以下及母女・妻妾・祖孫・兄弟姊妹若部曲・資財・田宅並沒官。男夫年八十及篤疾・婦人年六十及廢疾者並免。伯叔父、兄弟之子、皆流三千里、不限籍之同異。

とあり、謀反の法定刑が定められている。

一方、十惡のうち「惡逆」以下は、それら自體罪名ではなく、數種の犯罪の總稱であった。本書ではこれらを假に「罪目」と呼ぶこととする。唐律において法定刑が設けられているのは、各罪目に含まれる各犯罪であって、罪目自體は處罰の對象とされていなかった。例えば、「不義」について唐律の注では、

謂殺本屬府主・刺史・縣令・見受業師、吏卒殺本部五品以上官長、及聞夫喪匿不擧哀、若作樂、釋服從吉及改嫁。

とあり、不義にあたる行爲が列擧されている。そして、これらの行爲それぞれについて條文が定められ、各條文に法定刑が設けられている。例えば、不義に含まれる行爲のうち、「殺本屬府主・刺史・縣令」及び「吏卒殺本部五品以上官長」については「賊盜律」に、

諸謀殺制使若本屬府主・刺史・縣令、及吏卒謀殺本部五品以上官長者、流二千里。已傷者、絞。已殺者、皆斬。

という條文が設けられているのであって、不義そのものは處罰の對象とされていなかった。それゆえ、例えば「諸不義者、斬」のような條文は設けられていなかった。

しかも、各罪目に含まれる諸行爲に對する法定刑は、必ずしも同一ではなかった。例えば、「殺本屬府主・刺史・縣令」及び「吏卒殺本部五品以上官長」の法定刑はいずれも「皆斬」であるが(2)、同じく不義に含まれる行爲のうち、「聞夫喪匿不擧哀」については「職制律」に、

諸聞父母若夫之喪匿不擧哀者、流二千里。

とあり、「流二千里」であった。不義にあたる諸犯罪は全て一律に同じ刑罰に處されるわけではなく、各條文において
それぞれ異なる法定刑が設けられていた。

十惡の主な法的効果については、滋賀秀三氏が以下の四點としてまとめている。(3)

①皇族・高官及びその親族などが享受する「議」・「請」・「減」の特典が適用されない。
②官爵を有する者は「除名」（官爵の剥奪）に處される。無官のとき十惡にあたる罪を犯し、官爵をえた後に發覺した場合も除名に處される。
③老親の扶養の問題を考慮することなく、刑罰が執行される。
④しばしば恩赦の對象から除外された。

つまり、十惡にあたる罪を犯した者は刑罰の他、①〜④の制裁あるいは不利益を被ることになる。

第二節　隋唐律の「十惡」と北朝の「十條」

『隋書』卷二五刑法志に、

又置十惡之條、多採後齊之制、而頗有損益。一曰謀反、二曰謀大逆、三曰謀叛、四曰惡逆、五曰不道、六曰大不敬、七曰不孝、八曰不睦、九曰不義、十曰内亂。

とあり、隋の開皇元年（五八一年）に制定された律では十惡が設けられ、十惡として擧げられている各罪名・罪目の名稱も唐律と完全に一致している。つまり、唐律の十惡は開皇律のそれを受け繼いだことがわかる。[4]

さらに、前掲『隋書』刑法志に「又置十惡之條、多採後齊之制、而頗有損益」とあるように、開皇律の十惡の大部分は「後齊」すなわち北齊の制度を採り入れたが、それでも減らしたり增やしたりしたところがあるという。同じく『隋書』刑法志に、

又列重罪十條、一曰反逆、二曰大逆、三曰叛、四曰降、五曰惡逆、六曰不道、七曰不敬、八曰不孝、九曰不義、十曰内亂。

とあり、北齊では河清三年（五六四年）に新たな律を公布し、その中には「重罪十條」が列擧されている。[5] 開皇律と比較すると、名稱・序列にやや違いがある。

隋は北周の權臣楊堅が建國したにもかかわらず、少なくとも十惡に限っていえば、むしろ北齊律を受け繼いだことになる。しかし、その一方で北周律にも十惡と似たような制度が設けられていた。『隋書』刑法志に、

不立十惡之目、而重惡逆・不道・大不敬・不孝・不義・内亂之罪。

とあり、保定三年（五六三年）に公布された北周律では、十惡という概念こそなかったものの、惡逆・不道・大不敬・不孝・不義・内亂の罪は重く處罰されていたという。さらに、内田吟風氏も指摘する通り、『唐律疏議』名例律「十惡」條疏に、

周齊雖具十條之名、而無十惡之目。

とあり、北齊のみならず、北周でも特別の重罪として十條が擧げられていたとされている。『隋書』刑法志では北周律について他にも、

盜賊及謀反・大逆・降・叛・惡逆罪當流者、皆甄一房配爲雜戸。

とあるので、北齊律と同様、謀反・大逆・降・叛と前掲の惡逆・不道・大不敬・不孝・不義・内亂を合わせて、十條として定められていたことがわかる(6)。

第三節　本書の目的

それでは、十惡のうち罪目の起源はいつまで遡るのであろうか。『唐律疏議』名例律「十惡」條疏では、

然漢制九章、雖並湮沒、其不道・不敬之目見存。原夫厥初、蓋起諸漢。

とあり、漢代について記した文獻にも「不道」・「不敬」の語が見えることから、十惡の起源は漢にあると述べられている。

十惡全體の起源について檢討した代表的な研究として、戴炎輝氏の論文「唐律十惡之溯源」がある(7)。同稿では十惡の罪名・罪目について、各時代における内容とその變遷を檢討し、特に不道・不敬・大不敬・不孝については多くの頁を割いている。また、若江賢三氏は戰國時代〜元代の不孝罪、漢代の不道罪・不敬罪について檢討している(8)。以上の他にも、各時代における個々の罪名・罪目について檢討した論文は多い。中でも、大庭脩氏の論文「漢律における「不道」の概念」は、題目の通り漢律の不道罪について詳細に檢討した論文で(9)、最初に發表されてから

既に六〇年以上を經ているにもかかわらず、いまだに學界に大きな影響を與えている。

しかし、これらの研究は現在の學問水準からすると、三つ大きな問題があるように思われる。

第一に、罪名と罪目の違いが考慮されていない。唐律では惡逆・不道・大不敬・不孝・不睦・不義・内亂が罪目であったが、本書で檢討する通り、少なくとも北周律・北齊律より前の法律では、罪目ではなく罪名であったとしか考えられないものもある。例えば、唐律には「諸不孝者、絞」のごとき條文が設けられていないが、漢律には「不孝者、棄市」という條文が見える。しかし、この問題は今まで全く採り上げられてこなかったように思われる。

第二に、魏晉南北朝の法律を檢討する際に、秦漢律令研究の成果が生かされていない。唐律は『唐律疏議』という文獻として今日まで傳えられているが、それより前の法律は、それぞれ一つの文獻としてまとまった形で殘されているわけではない。しかし、それでもさまざまな文獻やその注には、律令の條文が引用されていたり、實際の處罰例が記されている場合もある。そこで、かってはそれらを文獻の中から蒐集・整理する作業が行われた。中でも、漢律令については、清末民初のとき盛んに行われ、杜貴墀『漢律輯証』、沈家本『漢律摭遺』、程樹德『漢律考』などの成果がある。これらの成果に基づいて、漢律令の研究は盛んに行われ、優れた研究成果も發表されてきた。さらに一九七〇年代以降、睡虎地秦簡を初めとして、中國各地で秦・漢の簡牘が續々と出土し、あるいは發見されたことによって、秦漢律令の詳細がかなりの部分まで明らかになってきた。

一方、三國魏では「新律」、西晉では「泰始律」が編纂・公布された。(10) その後、南朝では泰始律がそのまま用いられたが、梁と陳のときにそれぞれ律が編纂・公布された。また、北魏では天興元年（三九八年）に律を定め、以後神麝四年（四三一年）・正平元年（四五一年）、文成帝期（四五二〜四六五年）、太和五年（四八一年）・十六年（四九二年）、正始元年（五〇四年）に改定・補充が行われた。北魏が東西に分裂すると、東魏では「麟趾格」、西魏では「大統式」が編纂・公布され、律令を補充する臨時的法典とされた。東魏・西魏がそれぞれ北齊・北周にとって代わられると、先述の通り兩國で律が編纂・公布された。

このように、魏晉南北朝期には數多くの法典が編纂されたにもかかわらず、唐律のように文獻の形で今日まで殘されているものは一つもない。程樹德は漢律令と同様、魏晉南北朝の法律關聯史料も文獻の中から收集・整理し、『漢律考』と合わせて『九朝律考』（一九二六年序）を出版した。しかし、魏晉南北朝の法律關聯史料は、漢律令ほど文獻に殘されておらず、そのためか律の篇名などに對する研究が中心であって、條文の內容についてはあまり研究が行われていない。魏晉南北朝についても、確かに考古學上の重要な發見や、文字資料の發見などもあったが、法律關聯文書はわずか二件しかない。一つは二〇〇二年、甘肅省玉門市花海鎭畢家灘の五胡十六國墓羣のうち、第二四號墓の棺の蓋に貼られた紙に「晉律注」が記されていた[11]。また、二〇一〇年に甘肅省臨澤縣黃家灣灘第二三號墓から出土した木簡には、西晉における民事裁判の實例が記されている[12]。以上の二件が出土した程度であり（しかも前者はごく一部が公表されているのみである）、秦・漢の法律關聯簡牘の出土數にははるかに及ばない。

しかし、秦漢律令研究の飛躍的な發展により、魏晉南北朝にとって前代の法律の詳細がかなり明らかになってきた今、漢律令との比較を通して檢討すれば、魏晉南北朝の法律についても多くの點が明らかになるのではないかと期待される。特に、三國魏律と晉律は漢律令を基礎として編纂されており、五胡十六國や南北朝の法律も漢律の影響を受けているからである。

第三に、必ずしも隋唐律までの變遷を視野に入れていない、あるいは視野に入れているとしても、實際に研究を行っていない。もちろん、これは個々の研究者の關心による問題であるから、必ずしもそのような研究を行わなければならないということではない。しかし、やはり時代に伴う變遷を明らかにしてこそ、各時代の特徴が見えてくると筆者は考える。

本書では以上三つの問題に留意しつつ、唐律に罪目として見えるものがいつ形成され、そして隋唐律に至るまでいかなる變遷を遂げてきたのか、また各時代の社會においていかなる意味を持っていたのか、史料上可能な限り明らかにしたい。以上が本書の目的である。

（1）「毀裂冠冕」は文字通りに解すれば、冠を毀損するという意味であるが、ここではいかなる意味で用いられているのか難解である。喬偉氏は「謀反叛逆に屬する犯罪」を指すとする。曹漫之氏らは「冠冕」について、ここでは士大夫の代稱として用いられているとしたうえで、「毀裂冠冕」を「士大夫階層を毀損する」と譯している。甘懷眞氏は「中國の天子に代表される儒教士大夫文明を破壞する」意とする。錢大羣氏は「原義は成人の頭上の帽飾で、ここでは國家の綱紀・倫常のうち、最高・最重要のものの喻えとしている」と解している。喬偉『唐律研究』（山東人民出版社、一九八五年）八二頁、曹漫之編『唐律疏議譯注』（吉林人民出版社、一九八九年）三〇頁、甘懷眞『皇權、禮儀與經典詮釋：中國古代政治史研究』（臺灣大學出版中心、二〇〇四年）一七三頁、錢大羣『唐律疏議新注』（南京師範大學出版社、二〇〇七年）二〇頁參照。以上の解釋は甘懷眞氏と錢大羣氏を除けば、いずれも考證がなく、根據が全く示されていない。

（2）「斬」とは斬首のことである。「皆斬」とは複數の者が共同で罪を犯した場合、つまり共犯の場合、共犯者全員を斬に處するという意味である。唐律の共犯處罰は「首從之法」が原則で、共犯者を「造意」と「隨從」に分類し、造意を「首」として法定刑通りの刑罰に處し、隨從を「從」として法定刑より一等減刑するのが原則であった。しかし、一部の重罪には法定刑の上に「皆」が附され、この場合には首從の法が適用されず、首從を問わず全員が法定刑通りの刑罰に處された。詳しくは滋賀秀三「唐律における共犯」（同氏『清代中國の法と裁判』創文社、一九八四年。一九六三年原載）參照。

（3）律令研究會編『譯註日本律令』五（東京堂出版、一九七九年）六一頁參照。

（4）もっとも、『隋書』刑法志に「煬帝即位、以高祖禁網深刻、又敕修律令、除十惡之條」、『唐六典』卷六尚書刑部注に「煬帝以開皇律令猶重、除十惡之條、更制大業律、凡十八篇」とあり、隋の煬帝は大業律を制定した際、十惡の條文を廢止したと記されている。一方、『唐律疏議』名例律「十惡」條疏では「大業有造、復更刊除、十條之內、唯存其八」とあり、十惡を全て廢止したわけではなく、二つ削除して八つ殘したとされている。いずれが正しいのかは定かでないが、『唐律疏議』名例律「十惡」條疏では右の記述に續いて「自武德以來、仍遵開皇、無所損益」とあり、唐では武德律以降、開皇律に從って十惡としたと記されている。

（5）『隋書』刑法志や『唐律疏議』名例律疏によると、北齊律・北周律では「十惡」という語がなかったとされている。ところが、『唐六典』尚書刑部注では北齊律について「又制立重罪十條爲十惡」とあり、また『通典』のうち一部の版本では、巻一六四刑法二刑制中に北齊律について「又列重罪十條、一曰反逆、二曰大逆、三曰叛、四曰降、五曰惡逆、六曰不道、七曰不敬、八曰不孝、九曰不義、十曰内亂。其犯十惡者、不在八議論贖之限」とあり、上記の罪名・罪目を「十惡」とも呼んでいる。しかし、王文錦氏らは、『通典』の北宋本や王德溢・呉鵬校刻本（明代）では「十惡」の「惡」字がなく、また『隋書』刑法志でも「其犯此十者」に作ることから、『通典』の「惡」字は後世の人が憶測で加えたものとする。『通典』（中華書局、一九八八年）四二四一頁參照。戴炎輝氏も『唐六典』と『通典』の記述を否定し、『隋書』刑法志と『唐律疏議』疏の記述に依據すべきで、北齊律には「十惡」という呼稱がなかったとする。「唐律十惡之溯源」（中國法制史學會出版委員會編『中國法制史論文集』成文出版社、一九八一年）參照。

ちなみに、周東平氏は隋唐律の十惡という語の由來について、佛教でいう「十惡」を借用したものとする。「隋《開皇律》十惡淵源新探」（『法學研究』二〇〇五年第四期）參照。

（6）内田吟風『北アジア史研究　鮮卑柔然突厥篇』（同朋舍、一九七五年）二六一・二六二頁（一九四九年原載）參照。

（7）戴炎輝「唐律十惡之溯源」（中國法制史學會出版委員會編『中國法制史論文集』成文出版社、一九八一年）參照。

（8）若江賢三「秦漢律における不孝罪」、「漢代の不道罪」、「漢代の不敬罪」、「『元典章』および『唐律疏議』に見られる傳統中國の不孝罪」、「傳統中國における「孝」と佛敎の〈孝〉思想」（以上、全て同氏『秦漢律と文帝の刑法改革の研究』汲古書院、二〇一五年。一九九六年・一九八二年・一九八六年・一九九七年・一九九六年原載）參照。

（9）大庭脩「漢律における「不道」の概念」（同氏『秦漢法制史の研究』創文社、一九八二年。一九五七年原載）參照。

（10）以下、三國魏以降の法典編纂の歴史については、滋賀秀三『中國法制史論集　法典と刑罰』（創文社、二〇〇三年）五六～六八頁參照。

（11）張俊民「玉門花海出土的《晉律注》」（李學勤・謝桂華編『簡帛研究』二〇〇二・二〇〇三、廣西師範大學出版社、二〇〇五年）、張俊民・曹旅寧「玉門花海出土《晉律注》概述」（『考古與文物』二〇一〇年第六期）、「玉門花海所出《晉律注》初步研究」（『法學研究』二〇一〇年第四期）など參照。

（12）楊國譽「「田產爭訟爰書」所展示的漢晉經濟研究新視角――甘肅臨澤縣新出西晉簡册釋讀與初探」（『中國經濟史研究』二〇一二年第一期）、賈小軍「臨澤出土《田產爭訟爰書》釋讀及相關問題」（『魯東大學學報』哲學社會科學版二〇一三年第五期）、甘肅省文物考古研究所・南京師範大學・復旦大學文物與博物館學系編著『臨澤黃家灣灘漢晉墓發掘報告』（文物出版社、二〇二三年）二〇七～二一八頁など參照。

第一篇　不孝

第一章　睡虎地秦簡「非公室告」新考

はじめに

睡虎地秦簡「法律答問」には、

子告父母、臣妾告主、非公室告、勿聽。●可（何）謂非公室告。●主擅殺・刑・髡其子・臣妾、是謂非公室告、勿聽。而行告、告者辠。辠已行、它人有（又）襲其告之、亦不當聽。（第一〇四簡・一〇五簡）

という記述が見える。先行研究はこの記述をおおむね以下のような意として理解しているごとくである。

子がその父母を「告」（告訴・告發・通報）し、「臣妾」（奴婢）がその主を告することは、いずれも「非公室告」に該當し、官署はこれを受理してはならない。●何を非公室告というのか。●主が勝手にその子・臣妾を殺したり、肉刑を加えたり、頭髪を剃り落す、これらを非公室告といい、官署はこれを受理してはならない。にもかかわらず、子・臣妾がこのような告を行った場合、告した者は處罰する。告した者に對する處罰が既に行われ、他人がまたその告を引き繼いで告した場合も、官署は受理してはならない。(1)

このような解釋によると、子・臣妾が父母・主から危害を加えられたとしても、父母・主を告することは認められず、告すればむしろ處罰されることになる。しかも、子・臣妾が禁を犯して告した後、第三者がその告を引き繼いで告したとしても、やはり受理されないことになる。それゆえ、一見するとこれは父母・主が子・臣妾に對していかなる危害を加えたとしても罪に問われない、つまりいわゆる「生殺與奪の權」を持っていたことを意味するごとくである。

ところが、「法律答問」ではその一方で、

擅殺子、黥爲城旦舂。（第六九簡）

とあり、勝手に子を殺せば、「黥城旦舂」（額に刺靑を施したうえ、身分を城旦舂に降格させる刑罰）に處すると定められている。また、

擅殺・刑・髡其後子、讞（讞）之。（第七二簡）

とあり、「後子」（男子のうち爵位の繼承者として登錄された者）を勝手に殺したり、肉刑を加えたり、頭髮を剃り落した場合、「讞」を行うと定められている。讞とは官署が上級機關に對して判斷を仰ぐことである。當時、犯罪事件は一般にまず縣・道が審理するものとされていたので、本條の場合は縣・道で判決を下さず、必ず郡などの上級機關に對して判斷を仰がなければならないということであろう。判斷を仰いだ結果、どのように處理されるのかは判然としないが、このような行爲は少なくとも審理の對象とされているので、やはり犯罪にあたらない行爲とされているわけではなかったごとくである。

さらに、秦では父が子、主が奴婢に對してみずから直接制裁を加えず、制裁を加えるよう國家へ要求する場合さえ見られる。例えば、『史記』卷九四田儋列傳には統一秦末期のこととして、

田儋詳爲縛其奴、従少年之廷、欲謁殺奴。見狄令、因擊殺令。

とあり、田儋が奴を縛って縣廷へ赴き、縣令に對して奴を殺すよう願い出ている。睡虎地秦簡「封診式」には、

告子　爰書、某里士五（伍）甲告曰、甲親子同里士五（伍）丙不孝、謁殺。敢告。（第五〇簡）

とあり、士伍甲が子の士伍丙を殺すよう求めている。また、

告臣　爰書、某里士五（伍）甲縛詣男子丙、告曰、丙、甲臣。橋（驕）悍、不田作、不聽甲令。謁買（賣）公、斬以爲城旦、受賈錢。（第三七簡・三八簡）

黥妾　爰書、某里公士甲縛詣大女子丙、告曰、某里五大夫乙家吏。丙、乙妾殹（也）。乙使甲曰、丙悍、謁黥劓丙。（第四二簡・四三簡）

とあり、臣に「斬趾城旦」（足の指を斬り落したうえ、城旦の身分に降格させる）、妾に「黥劓」（額に入れ墨を施し、鼻を削ぎ落す）を科すよう、主が國家に對して要求している。これらの例からすると、父母・主が子・臣妾を殺したり、制裁を加える場合、勝手に自分で行ってはならず、國家に委ねる必要があったようにも見える。「擅殺子、黥爲城旦舂」などの「擅」も、個人が勝手に子を殺してはならず、國家に委ねるべきことを示しているのであろう。

以上のように、睡虎地秦簡では父母・主が子・臣妾に危害を加えた場合、これを告することを禁止する規定がある一方で、父母が子を殺すことを犯罪として處罰する規定や、父母・主が子・臣妾に危害を加えることを禁止する規定の存在を窺わせる例も見える。兩者の矛盾をめぐっては、先行研究ではさまざまな解釋が提示されているが、大別すれば以下の二つにわけることができる。

第一説は、子・臣妾が父母・主から危害を加えられた場合、確かに子・臣妾が父母・主を告することはできないが、第三者が告することは認められていたとする。すなわち張銘新氏、籾山明氏は「法律答問」第一〇四簡・一〇五簡に「而行告、告者辠。辠已行、它人有（又）襲其告之、亦不當聽」とあることから、子・臣妾が告を行う前であれば、他人が告することも認められていたとする。(2) また堀敏一氏は、「它人有（又）襲其告之、亦不當聽」は他人・第三者が子・臣妾の告を引き繼ぐことを認めない趣旨であって、他人・第三者がこれを告することは當然認められていたとする。(3) 一方、于振波氏は「告者」のみならず「它人」も子・臣妾を指し、子・臣妾が既に行った告を、他の子・臣妾が引き繼ぐことが禁止されているのであって、第三者の告は禁止されていなかったとする。(4)

第二説は、兩者の矛盾は時代の變化によるものとする。(5) 中でも尹在碩氏は、前者は家長が家庭内で絶對的な權力を握っていた時期のもので、その後國家權力の強化に伴い、家長の權力は徐々に縮小され、後者のような法律の制約が設けられるようになったとする。

思うに、改めて前掲「法律答問」第一〇四簡・一〇五簡を見ると、先行研究ではそもそもこの記述の解釋自體に問題があるように見受けられる。本章では新たな解釋を提示し、以上の矛盾に對する鄙見を述べたい。實は、本章における検討は秦の不孝罪を論じるうえで重要な意味を持つのであるが、それについては次章以降で述べることとする。

第一節　「非公室告」とは何か

「法律答問」第一〇四簡・一〇五簡には「非公室告」という語が見える。まず、非公室告とは何であろうか。「法

律答問」では他にも、

公室告【何】毆（也）。非公室告可（何）毆（也）。賊殺傷・盜它人爲公室。子盜父母、父母擅殺・刑・髡子及奴妾、不爲公室告。（第一〇三簡）

とあり、非公室告は「公室告」と對をなす語として用いられている。太田幸男氏は公室告を「公室」に告すべき犯罪の意と解している。(6)里耶秦簡に、

公室曰縣官。（八—四六一）

とあり、公室とは「縣官」の意である。縣官とは天子・官の意で、(7)要するに公室告は國家に對して告すべき犯罪、非公室告はそうでない犯罪ということになる。

それでは、いかなる犯罪が公室告・非公室告に該當するのであろうか。「法律答問」第一〇三簡によれば、他人を「賊殺傷」（殺傷へ至る直前、加害者と被害者との間で「鬬」が行われることなく、加害者が被害者を一方的に、故意に殺傷すること）したり、(8)他人より財物を盜むことが公室告にあたるとされている。しかし、公室告が國家に對して告すべき犯罪であることを考えると、わずかに賊殺傷と盜だけが公室告にあたる犯罪の全てであったはずはない。秦の法律では他の行爲も犯罪として處罰の對象とされており、これらの犯罪が國家に對して告すべきものでなかったとは考えがたい。それゆえ、ここで擧げられている賊殺傷と盜は例示に過ぎないと考えられる。

一方、非公室告は第一〇三簡によると、子が父母の財物を盜むこと、父母が子及び「奴妾」（奴婢）を殺したり、肉刑を加えたり、頭髮を剃り落すことがこれに該當する。(9)しかし、第一〇四簡・一〇五簡では「主擅殺・刑・髡其子・臣妾、是謂非公室告」とあり、主がその子・臣妾を殺したり、肉刑を加えたり、頭髮を剃り落すことを非公室

告というとされており、子が父母の財物を盗むことは含まれていない。しかし、第一〇三簡でも公室告に該當する犯罪として、わずかに賊殺傷と盜のみが例示として擧げられていることからすると、第一〇三簡及び第一〇四簡・一〇五簡で擧げられている非公室告にあたる行爲も、例示に過ぎないと考えられる。それゆえ、第一〇三簡では「子盜父母」と「父母擅殺・刑・髡子及奴妾」を擧げ、第一〇四簡・一〇五簡では後者のみを擧げたとしても不思議ではない。

以上の例示からすると、非公室告に該當する行爲は、いずれも家の內部で行われた侵害行爲ということができる。ただし、家內部における全ての侵害行爲が非公室告として扱われていたか否かは定かでない。

一方、公室告に該當する行爲は、「它人」に對する侵害行爲のごとくである。非公室告との對比からすると、ここでいう「它人」は家の外部の者、つまり血緣關係や主從關係のない他人・第三者を指すのであろう。「它人」に對する侵害行爲は公室告として、國家に告すべき犯罪とされていたことになる。しかし、秦の法律には「它人」のみならず、國家や社會に對する侵害行爲を犯罪として處罰する規定が當然設けられていたであろうから、公室告とされる犯罪には國家・社會に對する侵害行爲も含まれていたと考えられる。

第二節　「法律答問」第一〇四簡・一〇五簡の解釋

「法律答問」第一〇四簡・一〇五簡の「子告父母、臣妾告主、非公室告、勿聽」は、先述の通り先行研究では「子がその父母を告し、臣妾がその主を告することは、いずれも非公室告に該當し、官署はこれを受理してはならない」の意と理解されてきた。この解釋によると、子・臣妾が父母・主を告するという行爲も、非公室告に該當することになる。第一〇四簡・一〇五簡、及び第一〇三簡では、このような行爲は非公室告として擧げられていないが、前節で述べた通り、これらの中で擧げられている行爲は例示に過ぎないので、このような行爲も非公室告に含まれた可能性も否定できない。しかし、このような解釋には次のような疑問がある。

第一に、この解釋によると、「法律答問」としての問いと答えの間に齟齬が生じるのではなかろうか。すなわち、第一〇四簡・一〇五簡では、非公室告とは何かという問いを發している。この解釋によると、子が父母を告し、臣妾が主を告することは、非公室告に該當すると明言されているので、ここでいう非公室告とは何かという問いは、いかなる行爲が非公室告に該當するかを問うものではなく、非公室告とはいかなる意味なのかを問うものであったと考えられる。すると、この問いに對する回答は、例えば「不當告公室謂毆（也）」などのごとく、國家に對して告するにあたらない行爲を非公室告という、などであってしかるべきである。ところが、第一〇四簡・一〇五簡では「主が勝手にその子・臣妾を殺したり、肉刑を加えたり、頭髮を剃り落す、これらを非公室告という」と回答しており、いかなる行爲が非公室告に該當するかが述べられている。

第二に、「子告父母、臣妾告主」は確かに子・臣妾が父母・主から危害を加えられ、被害を訴えるために父母・主を告する場合も含まれたであろうが、必ずしもこのような場合に限らず、父母・主が家外部の「它人」や國家・社會に對して危害を加えた場合も想定されているはずである。「子告父母、臣妾告主」という表現からは、告の對象とされている侵害行爲が家内部でなされたものに限定されているようには見えない。「子・臣妾が父母・主を告することが非公室告に該當する」と讀む解釋によると、父母・主が他人や國家・社會に對して危害を加え、子・臣妾がこれを告した場合、受理されないことになる。そして、子・臣妾がこのような告を行った場合、「它人」がまたその告を引き繼いで告した場合も、受理されないことになる。すると、父母・主が家外部の他人や國家・社會に危害を加え、子・臣妾がこれを告した場合、被害者や第三者は告を行うことができず、犯人は罪を免れることになってしまう。例えば、甲が乙を殺害し、甲の子丙が甲の罪を告した場合、告は無効となり、丙は處罰されるものの、乙の遺族や第三者は告を行うことができないということになる。これでは子・臣妾が處罰されることを覺悟のうえで、父母・主の犯行を告しさえすれば、父母・主の罪を免れさせることができてしまう。果してそのようなことはありえたであろうか。

それでは、この問題はどのように理解すべきであろうか。思うに、「子告父母、臣妾告主、非公室告、勿聽」は「子告父母、臣妾告主者、非公室告、勿聽」や「子告父母、臣妾告主、皆非公室告、勿聽」などに作っているわけでもないので、「子が父母を告し、臣妾が主を告することは、非公室告に該當し、受理してはならない」と讀まなければならない必然性はない。これについて于振波氏は、「子告父母、臣妾告主」と「非公室告」は竝列の關係にあり、兩者の條件を同時に備えた場合に限り、告が受理されなかったと解している[10]。この解釋によると、「子告父母、臣妾告主、非公室告、勿聽」は「子が父母を告し、臣妾が主を告し、その告の内容が非公室告に該當する場合、受理してはならない」という意味になろう。確かにこの解釋によれば、先に擧げた二つの疑問點は考える必要がなくなる。

しかし、この解釋にも次のような疑問がある。すなわち、果して「子告父母、臣妾告主、非公室告、勿聽」をそのように讀むことは可能であろうか。確かに「非」を「……でなければ」の意と解し、「子が父母を告し、臣妾が主を告し、(その告の内容が)公室の告でなければ」と讀むこともできそうである。現に、睡虎地秦簡にはこのような「非」の用例が頻見する[11]。例えば「秦律雜抄」には、

不當稟軍中而稟者、皆貲二甲、灋(廢)。非吏殹(也)、戍二歲。(第一一簡・一二簡)

とあり、「(軍中で食糧の支給を受けるべきでないのに、これを受けた者がおり、その者が)吏でなければ、戍二歲に處する」と定められている。しかし、睡虎地秦簡のうち少なくとも法律關聯文書では、このような意味での「非」

は一つの例外もなく「非……毆（あるいは「也」）」という文型をとっている。「非公室告」の後には「毆」も「也」も付されていない。それゆえ、ここでいう「非」が「……でなければ」の意として用いられている可能性は低い。

思うに、「子告父母」・「臣妾告主」・「非公室告」は竝列の關係にあり、これら三者全てが「勿聽」の對象とされているのではなかろうか。つまり、非公室告は「子告父母、臣妾告主」と無關係ということである。この解釋によると、子・臣妾が父母・主を告しても受理されず、また非公室告に該當する行爲を告しても受理されないことになる。「子告父母、臣妾告主、勿聽」と「非公室告、勿聽」の間には次のような違いがある。すなわち、前者は子・臣妾が父母・主を告すること全般を禁止するものであって、告の對象とされている行爲の内容を問わない。つまり、父母・主が他人・國家・社會に對して危害を加えた場合であると、子・臣妾に對して危害を加えた場合であるとを問わない。一方、後者は非公室告に該當する行爲を告すること全般を禁止するものであって、告の主體を問わない。つまり、父母・主から危害を加えられた子・臣妾であろうが、家外部の第三者・他人であろうが、問うところではなかった。「子告父母、臣妾告主、非公室告、勿聽」という記述からは、非公室告に該當する行爲を告する主體が子・臣妾に限られていたとは讀みとれない。第一〇三簡によると、子が父母の財物を盗むことも非公室告に該當するが、このような場合にも父母であろうが、家外部の第三者・他人であろうが、これを告することは認められなかったと考えられる。

もっとも、「子告父母、臣妾告主」と非公室告が無關係といっても、「子告父母、臣妾告主」で告の對象とされている行爲が非公室告と重複することはありえる。例えば、父母・主が子・臣妾を殺したり、肉刑を加えたり、頭髮を剃り落したりすることは非公室告に該當するが、これを子・臣妾が告することは「子告父母、臣妾告主」に該當する。しかし、「子告父母、臣妾告主」という行爲そのものが非公室告と重複するわけではない。

以上のような解釋によれば、先に擧げた二つの疑問點も解決される。まず、第一の疑問點については、この解釋によると、第一〇四簡・一〇五簡における問いと答えの間に齟齬が生じなくなる。すなわち、「子告父母、臣妾告主」は非公室告と無關係であるから、「子告父母、臣妾告主、非公室告、勿聽」という條文の中では、非公室告の内容については説明がないことになる。そこで、「可（何）謂非公室告」以下では問答體により、非公室告の内容を説明したのであろう。内容といっても、回答では非公室告の意味そのものではなく、非公室告に該當する行爲が擧げられている。非公室告が國家に對して告すべき行爲をいうことは字面よりわかるので、具體的にいかなる行爲が非公室告に該當するかが例示されているのであろう。

また、第二の疑問點については、第一〇四簡・一〇五簡後半の解釋とかかわってくる。すなわち、「主擅殺・刑・髡其子・臣妾、是謂非公室告、勿聽」に續く「而行告、告者辠」以下は、非公室告の場合のみについていっているのであろうか。それとも、「子告父母、臣妾告主、非公室告」全體についていっているのであろうか。「可（何）謂非公室告」以下ではもっぱら非公室告について述べられているので、文脈からいえば前者の解釋が自然のように思われる。また、假に後者の解釋をとると、第二の疑問點が解決できなくなる。すなわち、「子告父母、臣妾告主」は父母・主が家外部の他人・第三者に危害を加え、子・臣妾がこれを告することも含まれている。「而行告、告者辠」以下が「子告父母、臣妾告主、非公室告」全體についていっているとすると、父母・主が家外部の他人・第三者に危害を加え、子・臣妾がこれを告した場合、その告は受理されず、子・臣妾は處罰され、被害者や第三者がその告を引き繼いで告を行ったとしても、受理されないことになる。つまり、子・臣妾が告を行えば、父母・臣妾は罪を免れることになってしまう。それゆえ、「而行告、告者辠」以下は非公室告の場合のみについていっていると解するべきであろう。

以上の鄙見を踏まえると、「而行告、告者辠」以下は次のような意として理解することができる。

（非公室告に該當する行爲については、これを告することが禁止されている）にもかかわらず、告を行った場合、告した者は處罰する。告した者に對する處罰が既に行われ、他人がまたその告を引き繼いで告した場合も、官署は受理してはならない。

非公室告に該當する行爲については、何人たりとも告を行うことが許されなかった。それゆえ、「它人」がこれを引き繼いで告することも當然認められなかった。從來、「而行告」の主語、及び「告者」は、いずれも子・臣妾と解されてきたが、父母及び家外部の第三者・他人も含まれると解するべきであろう。

結　語

以上、本章での檢討によれば、非公室告に該當する行爲は、被害者も含め、第三者も告を行うことができなかった。張家山第二四七號墓出土漢簡二年律令「具律」に、

治獄者、各以其告劾治之。敢放訊杜雅、求其它罪、及人毋告劾而擅覆治之、皆以鞫獄故不直論。（第一一三簡）[12]

とあり、告あるいは「劾」がなければ、官署は治獄を行うことが認められなかった。劾とは官吏がある程度の捜査を行い、治獄を職務の一つとする機關へその結果を通告することである[13]。しかし、民が告を行うことが認められていないのに、官が劾を認められていたとは考えがたいし、第一その理由がないように思われる。よって、非公室告に該當する行爲は、法律・制度上これを裁く手段がなかったことになる。

しかし、その一方で睡虎地秦簡では父母が子を殺すことを犯罪として處罰する規定や、父母・主が子・臣妾に危

害を加えることを禁止する規定の存在を窺わせる例も見える。先述の通り、この矛盾をどのように理解するかをめぐっては、二通りの説があった。これらのうち、第一説は以上の鄙見からすると成り立たない。一方、第二説であれば、鄙見でも矛盾なく理解することができる。つまり秦では、かつては公室告と非公室告の區別があり、家内部の侵害行爲は非公室告として告・處罰の對象とされていなかったが、いつしか兩者の區別が廢止され、原則として全ての犯罪が告・處罰の對象となった。現に、漢初の二年律令「告律」には、

子告父母、婦告威公、奴婢告主・主父母妻子、勿聽而棄告者市。（第一三三簡）

とあり、「子告父母、臣妾告主、非公室告、勿聽」を受け繼いだと見られる條文があるが、非公室告に關する規定が見えない。

すると、睡虎地秦簡には公室告・非公室告の區別がある時代のものと、兩者の區別が廢止された後のものが混在していることになる。睡虎地秦簡が副葬されたのは、六國統一後間もなくのことと見られるが、少なくとも法律關聯文書は六國統一後のものを含まないと理解されている(14)。しかし、睡虎地秦簡に含まれている法律の全てが戰國末期の現行法ではなく、死文化したものも含まれていたのであろう。現に、二年律令にも死文化した條文が含まれているといわれている。すなわち、「賊律」には、

以城邑亭鄣反・降諸侯、及守乘城亭鄣、諸侯人來攻盜、不堅守而棄去之、若降之、及謀反者、皆要（腰）斬。其父母・妻子・同產無少長皆棄市。（第一簡・二簡）

とあり、三族刑を科す規定が見える。二年律令は呂后二年（前一八六年）當時の律令の條文を集めたものとされるが、『漢書』卷三高后紀に、

元年春正月、詔曰、前日孝惠皇帝言欲除三族辠・妖言令、議未決而崩。今除之。

同巻二三刑法志に、

至高后元年、乃除三族罪・祆言令。

とあり、三族刑は呂后元年に廢止されている。それゆえ、呂后二年當時では既に三族刑に關する規定が削除されていなければならないはずであるが、二年律令では依然として殘されている。公室告・非公室告に關する記述もこれと同様、戰國末期では既に死文化していたと考えられる。廢止前の罪を裁いたり、過去の事件を參照する場合など、法律は廢止された後も參照する必要がある場合もあるので[15]、睡虎地秦簡の中にも公室告・非公室告に關する記述が殘されているのであろう。

それでは、公室告と非公室告の區別はいつ廢止されたのであろうか。李成珪氏は戰國末期からそれほど遠い時期ではなかったとするが、尹在碩氏は秦公が王號を稱した後のこととする[16]。睡虎地秦簡では「公」という語が數多く見られるので、秦公が王號を稱した後も、公室告・非公室告という語自體は用いられ續け、兩者の區別も依然として存在した可能性も否定できない。兩者の區別が廢止された時期については、殘念ながら戰國末期以前ということしかわからない。

法律答問第一〇四簡・一〇五簡については、父母・主に子・臣妾の生殺與奪の權を認めたものという理解もある。しかし、非公室告は父母・主が子・臣妾に對して危害を加えることに限らず、子が父母の財物を盜んだ場合も該當する。それゆえ、父母・主に生殺與奪の權を認めるというよりは、國家權力が家内部の問題には立ち入らなかったということであろう。もっとも、子が父母の財物を盜んだ場合、父母はこれに制裁を加える場合もあったかもしれない。その場合、公室告と非公室告の區別が設けられていた時代では、父母が子を殺そうが、肉刑を加えようが、頭髪を剃り落そうが、國家の承諾なしに、勝手に行うことができた。そういう意味では、結果として生殺與奪の權を認めているといえなくもない。

また、國家が家内部の問題に介入しないということは、家の構成員は自分たちでそれを解決しなければならなかったと考えられる。例えば、子が父母の財物を盗んだ場合は非公室告にあたり、國家に對して告を行うことは認められないので、父母はみずからあるいは第三者の手を借りるなどして、盗まれた財物をとり戻さなければならなかったのであろう。つまり、いわゆる「自力救濟」(Selbsthülfe) が認められていたことになる。もっとも、先述の通り、家内部の侵害行爲の全てが非公室告に該當するものとされていたのかは定かでない。それゆえ、家内部の侵害行爲の全てについて、自力救濟で解決しなければならなかったのか否かは判然としない。

秦は戰國末期までのいずれかの時期に、公室告と非公室告の區別を廢止し、家内部の問題へ介入し始めた。これは尹在碩氏も指摘する通り、戰國時代における國家權力の強大化を反映するものであろう。公室告と非公室告の區別が廢止されて以降は、家内部の侵害行爲も犯罪として處罰の對象となった。もっとも、前掲の二年律令「告律」に見られる通り、子・奴婢が父母・主を告することは依然として禁止されたが、非公室告が廢止されたため、第三者が告を行うことが可能になった。

ところで、張家山第三三六號墓出土漢簡漢律十六章「告律」には、

子告父母、婦告威公、奴婢告主・主父母妻子、勿聽而棄告者市。告不聽者、它人以其事告劾之、皆勿聽治。

(第八八簡・八九簡)

という條文が見え、冒頭から「勿聽而棄告者市」までは前掲の二年律令「告律」(第一三三簡) と一字の違いもな

い。しかし、それ以降の部分は漢律十六章の方にしか見えない。これは「告を行ったものの受理されなかった場合、他人がその事案を（再度）告劾したとしても、受理・審理してはならない」という意味にも解しうる。もしその通りとすれば、この部分は睡虎地秦簡「法律答問」の「它人有（又）襲其告告之、亦不當聽」に相當する部分といえそうである。しかし、筆者は下記の理由から、このような解釋は成り立たないと考える。

まず、漢律十六章では單に「子告父母、婦告威公、奴婢告主・主父母妻子」とあるだけなので、父母が子、威公が婦、主及びその父母妻子が奴婢に危害を加えた場合に限らず、父母・威公・主及びその父母妻子が家外部の第三者や國家・社會に對して犯した罪も告することが、不受理及び處罰の對象とされていたはずである。さもないと、父母などが第三者などに對して罪を犯した場合、本條は適用されず、子などが父母などを告することができたことになってしまう。しかし、そのようなことは考えがたいし、またわざわざ本條とは別に、父母などが第三者などに對して犯した罪を、子などが告することを禁止する條文が設けられていたとも考えがたい。

さらに、漢律十六章の「告不聽者、它人以其事告劾之、皆勿聽治」が睡虎地秦簡の「它人有（又）襲其告告之、亦不當聽」と同義とすると、子などが父母などから危害を加えられた場合、法律上救濟されなくなってしまう。被害をみずから告することもできず、第三者も告あるいは劾を行うことが認められないからである。また、父母などが第三者などに對して罪を犯した場合、子などが處罰を覺悟のうえで父母などを告せば、第三者などは父母などに對して告・劾を行うことが認められず、父母などは罪に問われなくなってしまう。

それでは、「告不聽者、它人以其事告劾之、皆勿聽治」はいかなる意味であろうか。これについては謎一氏が興味深い説を提示している。(17) すなわち、この部分は官吏に對する處理措置について述べたもので、官吏が本條前半の規定に從って告を受理しなかった場合、告を受理しなかったことをもって、他人がその官吏を彈劾したとしても、その彈劾を受理しないという主旨と解している。先述の通り、「劾」は官吏を彈劾するという意ではなく、官吏がある程度の捜査を行い、治獄を職務の一つとする機關へその結果を通告することであり、また「告劾」も「告」と「劾」の意であろうが、その他の指摘については贊同する。(18) 前半部分で子などが父母などを告することを受理してはならないと定められている以上、官吏がその告を受理しなかったことが違法であるはずはなく、當然告劾の對象とならず、ましてやその告劾が受理され、事件として審理されることもありえない。それゆえ、「告不聽者、它人以其事告劾之、皆勿聽治」は當り前のことを述べているのであって、本來ならば二年律令「告律」と同様、この部分は不要なはずであるが、漢律十六種では敢えてこの部分を明記することによって、念押ししたのであろう。

（1）「而行告、告者辠。辠已行」は、圖版によると「而行告=者辠=已行」に作る。睡虎地秦墓竹簡整理小組編『睡虎地秦墓竹簡』（文物出版社、一九七七年）の釋文では「而行告、告者辠（罪）。辠（罪）已行」と讀んでいるが、一九七八年版及び九〇年版では「而行告、告者罪。告【者】罪已行」と讀み、「告者罪」の「者」の右下に重文符號を補うべきとする。本條について言及する先行研究も、おおむね後者の釋文に從っているごとくである。しかし陳偉氏らは、圖版によると七七年版の讀み方が正しいとする。陳偉編『秦簡牘合集　釋文注釋修訂本（壹）』（武漢大學出版社、二〇一六年）二二二頁參照。重文符號の讀み方からしても、七七年版の讀み方に從うべきであろう。もっとも、文意は七八年版・九〇年版と變わりなく、「辠已行」の「辠」は「告者」の「辠」と解される。

（2）張銘新「秦代奴隸的法律地位」（『法律評論』一九八三年第三期・四期）、籾山明『中國古代訴訟制度の研究』（京都大學學術出版會、二〇〇六年）六二～六四頁參照。

（3）堀敏一『中國古代の身分制――良と賤』（汲古書院、一九八七年）一六四・一六五頁、一六九頁、『中國古代の家と集落』（汲古書院、一九九六年）七六～八二頁（一九八九年原載）參照。

（4）于振波「從「公室告」與「家罪」看秦律的立法精神」（『湖南大學學報』社會科學版二〇〇五年第五期）參照。

（5）李成珪『中國古代帝國成立史研究』（一潮閣、一九八四年）八四・八五頁、尹在碩「秦律所反映的秦國家族政策」（中國社會科學院簡帛研究中心編『簡帛研究譯叢』第一輯、湖南出版社、一九九六年）、工藤元男『睡虎地秦簡よりみた秦代の國家と社會』（創文社、一九九八年）三七四～三八〇頁など參照。

（6）太田幸男『中國古代國家形成史論』（汲古書院、二〇〇七年）二八一頁（一九八四年原載）參照。

（7）拙稿「秦漢「縣官」考」（早稲田大學長江流域文化研究所編『中國古代史論集――政治・民族・術數――』雄山閣、二〇一六年）參照。

（8）「賊殺傷」については拙著『秦漢刑法研究』（知泉書館、二〇〇七年）九八～一〇一頁參照。ちなみに、同書の奥付には「譯者　水間大輔」と記されているが、「著者　水間大輔」の誤りである。

（9）先行研究のほとんどは「法律答問」第一〇三簡の「子盜父母、父母擅殺・刑・髡子及奴妾、不爲公室告」について、「子盜父母」と「父母擅殺・刑・髡子及奴妾」を竝列の關係と解している。つまり、「子盜父母」と「父母擅殺・刑・髡子及奴妾」は公室告にあたらない、の意として解している。一方、劉海年氏、張松氏、鈴木直美氏は前者を後者の前提條件と解している。劉海年『戰國秦代法制管窺』（法律出版社、二〇〇六年）一七六頁（一九八五年原載）、張松「睡虎地秦簡與張家山漢簡反映的秦漢親親相隱制度」（『南都學壇』人文社會科學學報二〇〇五年第六期）、鈴木直美『中國古代家族史研究――秦律・漢律にみる家族形態と家族觀――』（刀水書房、二〇一二年）一五七～一六一頁（二〇〇九年原載）參照。つまり、「子が父母から財物を盜んだため、父母が子及び奴妾を殺したり、肉刑を加えたり、頭髮を剃り落した場合、公室告にあたらない」の意ということになる。しかし、この解釋によると、「子が父母から財物を盜んだ」ことが前提とされているにもかかわらず、子のみならず奴妾も制裁の對象とされていることになってしまう。この矛盾について張氏は、「子盜父母」には子が父の奴婢を盜む、すなわち姦通することも含まれ、それゆえ奴妾も制裁の對象とされているとする。しかし、「盜」に姦通の意が含まれているとは考えがたい。

（10）于振波「從「公室告」與「家罪」看秦律的立法精神」（『湖南大學學報』社會科學版二〇〇五年第五期）參照。

（11）魏德勝『《睡虎地秦墓竹簡》語法研究』（首都師範大學出版社、二〇〇〇年）一五九・一六〇頁參照。

（12）張家山第三三六號墓出土漢簡漢律十六章「具律」（第一〇七簡・一〇八簡）にも全く同じ條文が見える。

（13）宮宅潔「「劾」をめぐって――中國古代訴訟制度の展開――」（同氏『中國古代刑制史の研究』京都大學學術出版會、二〇一一年。二〇〇一年原載）參照。

（14）黃盛璋「雲夢秦簡辨正」（同氏『歷史地理與考古論叢』齊魯書社、一九八二年。一九七九年原載）參照。

（15）詳しくは拙稿「漢初三族刑的變遷」（朱騰・王沛・水間大輔『國家形態・思想・制度――先秦秦漢法律史的若干問題研究』廈門大學出版社、二〇一四年。二〇一二年原載）參照。

（16）注（5）參照。

（17）武漢高校讀簡會「《張家山漢墓竹簡三三六號墓》研讀記錄（二）:《盜律》《告律》《具律》」（簡帛網ホームページ、http://m.bsm.org.cn/?hanjian/9022.html、二〇二三年）參照。

(18)　もっとも、武漢高校讀簡會は諶一氏の説を非とし、本條後半部分は子などが父母などを告した場合、他人が再度告を行ったとしても、受理しない旨を定めたものと解している。「《張家山漢墓竹簡〔二四七號墓〕》研讀記録（二）」參照。しかし、このような解釋が成り立たないことは、本文で述べた通りである。

第二章　秦漢律令における不孝罪の成立要件と父母の「告」

はじめに

秦・漢の法律では「不孝」という罪について定められていた。當時の不孝罪について定めた條文として現在知られているものは、以下の〔一〕～〔六〕のみである。

〔一〕子殺傷毆詈・牧殺父母、父母告子不孝、及奴婢殺傷毆・牧殺主・主子父母、及告殺、其奴婢及子亡已命而自出者、不得爲自出。（嶽麓書院藏秦簡「秦律令（壹）」第一三簡・一四簡）[1]

〔二〕黔首有子而更取（娶）妻、其子非不孝殹（也）、以其後妻故、告殺・䙴（遷）其子、以如此者、盡傳其所以告☐（嶽麓書院藏秦簡「秦律令（貳）」第二〇八簡）[2]

〔三〕律曰（中略）教人不孝、次不孝之律。不孝者、棄市。（張家山第二四七號墓出土漢簡奏讞書案例二一、第一八〇簡～一八二簡）

〔四〕夫父母死、未葬、奸喪旁者、當不孝。（奏讞書案例二一、第一八六簡）

〔五〕子牧殺父母、毆詈泰（大）父母・父母・叚（假）大母・主母・後母、及父母告子不孝、皆棄市。其子有罪當城旦舂・鬼薪白粲以上、及爲人奴婢者、父母告不孝、勿聽。年七十以上告子不孝、必三環之。三環之各不同日而尚告、乃聽之。教人不孝、黥爲城旦舂。（張家山第二四七號墓出土漢簡二年律令「賊律」、第三五簡～三七簡）[3]

〔六〕賊殺傷父母、牧殺父母、歐（毆）詈父母、父母告子不孝、其妻子爲收者、皆錮、令毋得以爵償・免除及贖。

（二年律令「賊律」、第三八簡）

〔三〕では、不孝の罪は「棄市」（斬首）に處すると定められている。しかし、〔五〕では「父母告子不孝」の場合、棄市に處すると定められており、また〔一〕と〔六〕にも「父母告子不孝」に關する規定が設けられている。つまり、少なくとも「父母告子不孝」は、父母が子を不孝の罪で告した場合に限り、犯罪が成立する。今日の刑法學でいう「親告罪」（Antragsdelikt）に近似する。

それでは、〔三〕の「不孝」と〔一〕・〔五〕・〔六〕の「父母告子不孝」はいかなる關係にあるのであろうか。〔三〕に「不孝者、棄市」とあるのによると、不孝罪は一般に棄市に處されるのが原則であったごとくであるが、「父母告子不孝」が〔三〕でいう「不孝」の一形態に過ぎないとすると、「父母告子不孝」以外にも不孝罪に問われる場合が存在したことになる。要するに、父母の告によって成立する不孝罪の他にも、父母以外の者の告あるいは劾によって成立する不孝罪が存在したことになる。一方、〔三〕の「不孝者、棄市」が〔五〕の「父母告子不孝、皆棄市」を省略して引用したものとすると、不孝罪は一般に父母が子を告することを要件としていたと理解することができる。ただし、その場合でも一般規定に對する例外として、父母以外の告劾によって成立する不孝罪が設けられていた可能性も否定できない。

本章では以上のような疑問點から出發し、秦・漢の不孝罪は一般に父母の告を成立要件としていたのか否かを檢討し、その意義や背景を考察する。なお、〔二〕については文意を確定するのに多大な檢討を要するので、本章では言及せず、次章で詳述する。

第一節　各條文に對する分析

本節ではまず豫斷を廢して〔一〕・〔五〕・〔六〕そのもののみを檢討すると、いかなる解釋がえられるかを提示したい。

〔一〕では子が父母を「殺」・「傷」・「毆」・「詈」・「牧殺」した場合[4]、あるいは父母が子の不孝を告した場合、子が逃亡し、既に「命」せられているならば、たとえ「自出」したとしても、自出として扱わないと定められている。ここでいう「命」とは罪名を確定することである。二年律令「具律」に、

有罪當完城旦舂・鬼新（薪）白粲以上而亡、以其罪命之。（第一二二簡・一二三簡[5]）

とあり、「完城旦舂」（肉刑を加えず、城旦舂の身分に降格させる刑罰）・「耐鬼薪白粲」（ひげを剃り落したうえ、鬼薪白粲の身分に降格させる刑罰）以上にあたる罪を犯して逃亡した者については、逃亡中であっても先に罪名を確定すると定められている。自出とは逃亡中の者が官憲へ出頭することである。二年律令「亡律」に、

諸亡自出、減之。毋名者、皆減其罪一等。（第一六六簡[6]）

とあるのによると、自出すれば一等減刑されるのが原則であった。しかし、〔一〕の場合には自出として扱われないので、減刑も認められないことになる。それは本條で定める犯罪が許されざる重罪であるからであろう。

假に「父母告子不孝」が不孝罪の一形態に過ぎないとすると、他にも不孝罪にあたる行爲が存在することになる。それゆえ、「父母告子不孝」と並列されている「子殺傷毆詈・牧殺父母」の中にも、不孝罪にあたる行爲が含まれている可能性も否定できない。例えば、假に「子殺傷毆詈・牧殺父母」のうち「詈」のみ不孝罪にあたるとす

ると、不孝罪のうち子が父母を罵った場合と、父母が子の不孝を告した場合に限り、たとえ自出したとしても、自出として扱われないことになる。もちろん、「子殺傷毆詈・牧殺父母」の中に不孝罪にあたる行爲がないという可能性もある。その場合、不孝罪のうち「父母告子不孝」の場合に限って自出が認められないことになる。

一方、「父母告子不孝」が不孝罪の全てを指すとすると、不孝罪については全ての場合において、自出が認められないことになる。その場合、「父母告子不孝」と並列されている「子殺傷毆詈・牧殺父母」の中には、當然不孝に含まれる行爲はない。

次に〔六〕を見ると、子が父母を賊殺傷・牧殺・毆・詈した場合、あるいは父母が子の不孝を告した場合、妻子のうち「收」の對象者はみな「錮」（拘束・監禁の意か）し、爵によってこれを償うこと、免除すること、贖罪することを認めないと定められている。收とは二年律令「收律」に、

罪人完城旦・鬼薪以上、及坐奸府（腐）者、皆收其妻子・財・田宅。（第一七四簡）

とあり、完城旦・耐鬼薪以上の罪を犯した場合、罪人の妻子・財産・田宅を沒收するという制度である。錮の免除が認められないのは、〔二〕と同樣、これらの犯罪が重罪であるからであろう。

本條についても〔一〕と同じことがいえる。すなわち、假に「父母告子不孝」が不孝罪の一形態に過ぎないとすると、これと並列されている「賊殺傷父母、牧殺父母、歐（毆）詈父母」の中にも、不孝罪にあたる行爲が含まれている可能性もある。その場合、不孝罪の中でもその行爲と「父母告子不孝」のみが錮免除の對象とならないことになる。「賊殺傷父母、牧殺父母、歐（毆）詈父母」に不孝罪にあたる行爲がない場合、不孝罪の中でも「父母告子不孝」のみが錮免除の對象とならない。一方、「父母告子不孝」が不孝罪の全てを指すとすると、不孝罪は全ての場合において、錮免除の對象とならないことになる。その場合、「父母告子不孝」と並列されている「賊殺傷父

母、牧殺父母、歐（毆）詈父母」の中には、當然不孝に含まれる行爲はないことになる。

以上のように、「父母告子不孝」が不孝罪全體を意味するか否かについて、いずれの解釋をとったとしても、〔一〕と〔六〕については矛盾なく理解することができる。ところが、〔五〕については、「父母告子不孝」が不孝罪の一形態に過ぎないという前提で讀むと、矛盾が生じてしまう。〔五〕では子が父母を牧殺した場合、祖父母・父母・假大母・主母・後母を毆るあるいは詈った場合、父母が子の不孝を告した場合、子はいずれも棄市に處すると定められている。假に「父母告子不孝」が不孝罪の一形態に過ぎないとすると、〔五〕は不孝罪の中でも「父母告子不孝」の場合に限り（あるいは牧殺・毆・詈の中にも不孝罪にあたる行爲があるとも解しうる）、棄市に處されることを定めたものとなるが、これは〔三〕の「不孝者、棄市」と矛盾する。〔三〕によると、不孝罪は一般に棄市に處されるはずであって、「父母告子不孝」だけが棄市に處されるわけではない。〔一〕と〔六〕において「父母告子不孝」としているのは、これらの條文が不孝罪の中でも「父母告子不孝」のみを「不得爲自出」あるいは「其妻子爲收者、皆錮、令毋得以爵償・免除及贖」という法律効果の對象としているためと理解することも可能である。しかし、〔五〕の法律効果は棄市であって、「父母告子不孝」も不孝罪一般も棄市にあたるので、〔五〕において「父母告子不孝」のみに限定する理由はない。

しかも、〔五〕ではそれに續いて「父母告子不孝」に關する規定が續くが、最後に「教人不孝、黥爲城旦舂」とある。これは不孝罪一般について定めたものであって、「父母告子不孝」の場合に限られるわけではなかろう。

以上、少なくとも〔一〕・〔五〕・〔六〕からすると、「父母告子不孝」は不孝罪一般をいうものと一應考えることができそうである。つまり、不孝罪は原則として父母による告があって初めて成立する犯罪ということになる。ただし、「はじめに」でも述べた通り、一般規定に對する例外として、父母以外の告劾によって成立する不孝罪が設けられていた可能性も否定できない。

第二節　父母の死と不孝罪

次に、本節では〔四〕について検討する。〔四〕では「「夫父母」が死亡し、まだ葬っていないとき、喪に服しているところの傍らで和姦した場合、不孝にあたる」と定められている。ここで問題となるのは「夫父母」の解釋で、これをめぐっては以下の四つの説がある。

①「夫・父母」と讀み、「夫と父母」の意とする説(7)。
②「夫父母」と讀み、「夫の父母」の意とする説(8)。
③「夫父母」と讀み、「夫」を語氣詞と解する説(9)。
④「夫」を衍字とする説(10)。

①によると、夫が死亡し、遺體がまだ葬られていないとき、喪に服しているところの傍らで妻が和姦した場合であっても、不孝にあたることになる。しかし、不孝は法律上にしろ人倫上にしろ、子と父母との間で成立しうるものであって、夫妻の間で成立しうるものではない。假に本來は不孝ではないけれども、法律上不孝として扱う、つまり不孝罪の規定を準用するというのであれば、「當」ではなく「比」や「與同辠」・「與同灋」などの表現が用いられるはずである。

また、〔四〕は奏讞書案例二一で引用されているが、張建國氏も指摘する通り、①は案例二一の内容と合わない(11)。そもそも案例二一は次のような事件である。

公士丁が病死したので、遺族は遺體を棺に入れて堂上に安置した。その夜、丁の妻甲と丁の母素が棺の周りで哭いていたところ、甲と男子丙は棺背後の寢室へ入って和姦した。翌朝、素は甲を吏に訴えた。吏は甲を逮捕したものの、いかなる罪にあたるのかが問題となり、廷尉府で議論がなされた。その結果、彼らは次のような結論を下した。すなわち、律によると、夫が死亡した場合、妻の相續順位は夫の父母に次ぐ。また、「夫父母」が死亡し、まだ葬っていないとき、喪に服しているところの傍らで和姦した場合、不孝の罪にあたる。妻は、夫を相續するうえでは夫の父母に次ぐ地位にあるので、夫の遺體の傍らで和姦することは、不孝に次ぐ罪にあたる。不孝に次ぐ罪として、人に不孝な行爲をなすよう教えるという罪があり、黥城旦舂にあたる。しかし、甲は公士の妻なので、律により完舂となる。さらに、甲の行爲は「敖悍」の罪にあたり、完舂となる。（よって、「二罪從重」により、）甲は完舂に處されるべきである、と。[12] ところが、後日廷史申が出張より廷尉府へ戻ってきたところ、以上の判決の誤りを指摘し、廷尉府でも誤りを認めることとなった。

以上のように、廷尉府は甲の行爲がいかなる罪にあたるか頭を悩ませ、結局さまざまな條文を類推解釋することによって解決を圖っている。もし①が正しいとすれば、〔四〕は「夫あるいは父母が死亡し、まだ葬っていないとき、喪に服しているところの傍らで和姦した場合、不孝にあたる」という意味になるが、夫が死亡した場合に限っていえば、まさに本件の狀況に合致するので、本件でも直接〔四〕を適用すれば濟むはずである。それゆえ、①は成り立ちえない。

次に、②によると、〔四〕は「夫の父母が死亡し、まだ葬っていないとき、喪に服しているところの傍らで妻が和姦した場合、不孝にあたる」という意味になる。つまり、夫の父母に對して不孝罪が成立することになる。確かに、例えばいわゆる「東海孝婦」の説話にもある通り、[13] 少なくとも當時の人倫觀念の上では、妻と夫の父母との間でも「孝」は成立しうる。しかし、〔五〕では「子牧殺父母、毆詈泰（大）父母・父母・叚（假）大母・主母・後母、及父母告子不孝」とあり、實の「母」と「後母」（繼母）さえ嚴格に區別されている。それゆえ、「父母告子不孝」の「父母」に夫の父母が含まれていたとは考えがたい。後世の唐律でも、夫の父母に對して不孝が成立することはない。唐律では祖父母・父母を告すれば「不孝」として扱われるが[14]、夫の父母を告すれば「不睦」となる[15]。

次に、③・④によると、〔四〕は「父母が死亡し、まだ葬っていないとき、その傍らで和姦した場合、不孝にあたる」という意味になる。もっとも、當時の法律の條文において、「夫」を文頭の語氣詞として用いている例は他になく、③についてはその點が疑問でないこともない。

以上、③と④のどちらが正しいのかは判然としないが、いずれにせよ〔四〕は「父母が死亡し、まだ埋葬されていないとき、その傍らで和姦した場合、不孝にあたる」という意味になる。すると、死亡した父母本人が告を行えるはずもないので、〔四〕において父母の死後になされた行爲が不孝として處罰の對象となるからには、父母以外の者による告劾が法律上認められていなければならない。つまり、少なくとも〔四〕に對する分析からすると、「父母告子不孝」の例外が認められていたと解さざるをえない。

第三節　事例から見る不孝罪と告

第一節と第二節では法律の條文のみを分析の對象としたが、次に秦・漢における不孝罪の事例のうち、告との關係が窺われるものを見てみたい[16]。

〔七〕免老告人以爲不孝、謁殺、當三環之不。不當環、亟執勿失。（睡虎地秦簡「法律答問」第一〇二簡）

〔八〕告子　爰書、某里士五（伍）甲告曰、甲親子同里士五（伍）丙不孝、謁殺。敢告。（睡虎地秦簡「封診式」第

五〇簡）

〔九〕更爲書賜長子扶蘇曰（中略）扶蘇爲人子不孝、其賜劍以自裁。將軍恬與扶蘇居外、不匡正、宜知其謀、爲人臣不忠、其賜死、以兵屬裨將王離。（『史記』卷八七李斯列傳）

〔一〇〕公子高欲奔、恐收族、乃上書曰（中略）臣當從死而不能、爲人子不孝、爲人臣不忠。不忠者無名以立於世、臣請從死、願葬酈山之足。唯上幸哀憐之。（中略）胡亥可其書、賜錢十萬以葬。（『史記』李斯列傳）

〔一一〕王后徐來亦坐蠱殺前王后乘舒、及太子爽坐王告不孝、皆弃市。（『史記』卷一一八衡山列傳）

〔一二〕公卿治、奏以爲不孝、請誅王及太后。(17)天子曰、首惡失道、任后也。朕置相吏不逮、無以輔王、故陷不誼、不忍致法。削梁王五縣、奪王太后湯沐成陽邑、梟任后首于市。（『漢書』卷四七文三王傳）

〔一三〕尚書令復讀曰（中略）臣敞等謹與博士臣霸・臣雋舍・臣德・臣虞舍・臣射・臣倉議、皆曰（中略）今陛下嗣孝昭皇帝後、行淫辟不軌。（中略）五辟之屬、莫大不孝。周襄王不能事母。春秋曰、天王出居于鄭。繇不孝出之、絕之於天下也。宗廟重於君。陛下未見命高廟、不可以承天序、奉祖宗廟、子萬姓、當廢。（中略）皇太后詔曰、可。（中略）羣臣奏言、古者廢放之人屛於遠方、不及以政。請徙王賀漢中房陵縣。太后詔歸賀昌邑、賜湯沐邑二千戶。（『漢書』卷六八霍光傳）

〔一四〕春正月、美陽女子告假子不孝、曰、兒常以我爲妻、妒笞我。尊聞之、遣吏收捕驗問、辭服。（『漢書』卷七六王尊傳）

〔一五〕晃及弟利侯剛與母太姬宗更相誣告。章和元年、有司奏請免晃、剛爵爲庶人、徙丹陽。帝不忍、下詔曰（中略）晃・剛愆乎至行、濁乎大倫。甫刑三千、莫大不孝。朕不忍置之于理、其貶晃爵爲蕪湖侯、削剛戶三千。（『後漢書』卷一四宗室四王三侯列傳）

〔一六〕覽初到亭、人有陳元者、獨與母居、而母詣覽告元不孝。（『後漢書』卷七六循吏列傳）

〔一七〕覽爲縣陽遂亭長、好行敎化。人羊元凶惡不孝、其母詣覽言元。（『後漢書』循吏列傳李賢注引『謝承書』）

〔一八〕漢中程文矩妻者、同郡李法之姊也、字穆姜。有二男、而前妻四子。文矩爲安衆令、喪於官。四子以母非所生、憎毀日積、而穆姜慈愛溫仁、撫字益隆、衣食資供皆兼倍所生。或謂母曰、四子不孝甚矣。何不別居以遠之。對曰、吾方以義相導、使其自遷善也。及前妻長子興遇疾困篤、母惻隱自然、親調藥膳、恩情篤密。興疾久乃瘳。於是呼三弟謂曰、繼母慈仁、出自天受。吾兄弟不識恩養、禽獸其心。雖母道益隆、我曹過惡亦已深矣。遂將三弟詣南鄭獄、陳母之德、狀已之過、乞就刑辟。縣言之於郡、郡守表異其母、蠲除家徭、遣散四子、許以脩革、自後訓導愈明、並爲良士。（『後漢書』卷八四列女傳）

〔一九〕後董卓戮太后、被以不孝之名、放廢天子、後復害之。（『續漢書』五行志五）

〔二〇〕卓使司隸校尉劉囂籍吏民有爲子不孝、爲臣不忠、爲吏不淸、爲弟不順、有應此者皆身誅、財物沒官。（『三國志』卷六魏書董二傳引西晉・王沈『魏書』）

以上のうち、〔七〕と〔八〕は出土文獻、〔九〕以降は傳世文獻の記載という違いがあるが、兩者は事例としての性格も異なる。〔九〕以降は當時の實例である。一方、〔七〕は睡虎地秦簡「法律答問」の記述であり、「免老」（一定の老齡へ達したことにより、徭役を免除された者）が「人」を不孝の罪で告し、殺すよう求めた場合、「三環」（告を三度退ける）の手續をとるべきか否かが問答體で説明されている。また、〔八〕は睡虎地秦簡「封診式」の記述であるが、封診式は當時の司法文書の書式例とされている。それゆえ、〔七〕と〔八〕は假想の事例とも考えられるし、あるいは過去實際に起こった事件を例にとっている可能性もある。しかし、いずれにせよ事例であることに變わりはない。よって、本章では〔九〕以降と合わせて檢討の對象とした。

さて、以上のうち〔八〕・〔一一〕・〔一六〕・〔一七〕では、いずれも父母が子の不孝を告している。すなわち、

〔八〕では甲が子の丙、〔一二〕では衡山王劉賜が太子劉爽、〔一六〕では母が子の陳元、〔一七〕では母が子の羊元をそれぞれ不孝の罪で告している。また、〔一四〕では母が「假子」（前妻の子）を告している。[18] 先述の通り〔五〕では、實の「母」と「後母」は嚴格に區別されており、後母は「父母告子不孝」の「父母」に含まれないと解される。しかし、〔五〕が漢王朝草創期の律の條文であるのに對し、〔一四〕は初元年間（紀元前四八年〜前四四年）以降に發生した事件であるから、[19] その頃までには「父母告子不孝」という規定そのものが改められたか、あるいは後母も「父母」と同じ扱いをするという補充法規が他に制定されたか、あるいは後母も「父母」に當然含まれるという解釋が定着するなどして、後母も實の母と同じく、子の不孝を告することが認められるようになったと考えられる。後述する通り、後漢の事件である〔一八〕でも、前妻の子が後母に對して不孝の罪を犯したことをみずから縣の獄へ申告している。

また、〔一五〕では齊王劉晃と弟利侯劉剛が母太姫宗と互いに誣告しあったことにつき、後漢の章帝は詔を下し、晃と剛の行爲は不孝にあたるが、彼らの罪を審理するに忍びないので、晃を蕪湖侯に降格し、剛の戸を三千削減するよう命じている。漢律では誣告自體も犯罪であったが、[20] さらに子が父母を告すること自體も犯罪であった。[21] ただし、章帝は晃と剛の行爲について、「甫刑三千、莫大不孝」と述べている。「甫刑」は「呂刑」とも稱し、[22]「甫刑三千」とは『尚書』呂刑に、

　墨罰之屬千、劓罰之屬千、剕罰之屬五百、宮罰之屬三百、大辟之罰其屬二百。五刑之屬三千。

とあるのを典據とする。要するに、呂刑では「墨」（顔に入れ墨を施す）・「劓」（鼻を削ぎ落とす）・「剕」（足を斬り落とす）・「宮」（男性器を斬り落とす）・「大辟」（死刑）の「五刑」を法定刑とする罪が全部で三千あったということである。そして、「莫大不孝」は『孝經』五刑章に、

子曰、五刑之屬三千、而罪莫大於不孝。

とあり、五刑を法定刑とする三千の罪のうち、罪が不孝より大きいものはないという記述を典據とする。つまり、〔一五〕でいう不孝は儒家の經書の語である。しかし、章帝はその直後に「朕不忍置之于理」と述べ、晃と剛の罪を審理するに忍びず、身分の降格や戸の削減という輕い制裁で濟ませている。本來、重罪の最たるものである不孝を持ち出すと、かえって彼らの罪を赦しがたくなってしまうはずである。にもかかわらず、章帝が敢えて不孝を持ち出さざるをえなかったのは、太姫が告の中で晃と剛の不孝を訴えていたからではなかろうか。それゆえ、ここでいう不孝は經書を典據としているとはいえ、人倫上の不孝にとどまらず、法律上の不孝も事實上指していると考えられる。加えていえば、周知の通り前漢の武帝期以降、いわゆる「引經決獄」が盛んに行われるようになった。引經決獄とは經書の文言や思想を引用・援用し、これを根據として判決を下すことである(23)。それゆえ、ここでいう不孝はいずれにせよ犯罪行爲としての不孝ということになる。

〔九〕では秦の始皇帝の死後、丞相李斯と趙高が始皇帝の遺詔を僞造し、その内容は長子扶蘇の不孝を非難し、自害を命じるというものであった。皇帝とその子という特殊な例であるが、法律上は皇帝が遺詔の中で子の不孝を告したと理解できなくもない。ただし、ここでいう不孝も法律上のものではなく、人倫上のものである可能性も否定できない。〔九〕の遺詔では將軍蒙恬も「不忠」として自害を命じられているが、不孝が罪名ならば不忠も罪名でなければならない。しかし、不忠という罪が秦漢律令に定められていた樣子は見えない。

以上、〔九〕については判然としないものの、とにかく秦・漢において父母が子の不孝を告している例もあったことは確かである。これらはまさに「父母告子不孝」を法的根據とするものであろう。ところがその一方で、以上の事例の中には、父母が告を行っていないにもかかわらず不孝罪に問われている例も見える。すなわち、〔一〇〕

と〔一八〕では子がみずからの不孝を國家に申告し、處罰を求めている。〔一〇〕では始皇帝の死後、秦は諸公子を粛清したが、公子高は處罰が親族へ及ぶのを回避するため、不忠・不孝を理由として自害を申し出ている。もっとも、ここでいう不孝も犯罪としての不孝ではない可能性がある。一方、〔一八〕では程文矩の前妻の子四人が、後妻の穆姜に對して甚だ不孝にあたる行爲をし續けていたが、後に悔いて南鄭縣の獄へ出頭し、自分たちを處罰するよう求めている。

もっとも、あくまで不孝罪は父母による告があって初めて成立するという理解を前提にしても、〔一八〕については説明がつく。すなわち、子がみずからの不孝を告することは、「父母告子不孝」に該當しないので、そのままでは不孝罪は成立しない。しかし、父母が子を不孝罪で處罰することに同意すれば、不孝罪が成立する、と。つまり、事實上父母の同意をもって告とするということである。穆姜が日頃よりみずから生んだ二子よりも、彼ら四子を慈しんでいたことからすると、彼らを不孝罪で處罰することに同意したとは考えがたい。現に〔一八〕では、四子は處罰されていない。ところが、〔一〇〕については、このような理解をもってしても説明がつかない。公子高の父始皇帝は既に死亡しており、朝廷が高を處罰することにつき、その父の同意がえられるはずもない。

また、〔一二〕と〔一三〕では父母以外の者が告を行っている。〔一二〕は前漢・武帝の元朔年間、梁の平王劉襄が不孝の罪に問われたという事件である。事件の經緯は以下の通りである。すなわち、平王の祖父孝王劉武は價千金の罍樽を持っており、これを大切に保管し、人に與えるなと戒めた。しかし、その後平王の妃任王后がこれを欲しがったので、孝王の妃李太后が反對するのも聽かず、平王はこれを任王后へ與えてしまった。また、平王とその母陳太后は日頃から李太后に對して從順に仕えていなかった。李太后は梁へやってきた漢朝の使者にこれを訴えようとしたが、平王と任王后は門を閉じさせてこれを阻止し、そのため李太后は指を門に挾んでしまった。その後、李太后は病死したが、以上の經緯を知る類犴反という者が朝廷へ通報した。公卿らはこれを審理し、平王の行爲は不孝にあたると皇帝へ上奏した、というものである。類犴反が平王を不孝罪で訴えたのかは判然としないが、いずれにせよ本件は平王の父母の告によって立件されたわけではない。もっとも、本件における被害者は、父母ではなく祖母の李太后であって、母の陳太后はむしろ李太后によく仕えていなかった。〔五〕では「父母」と「大父母」すなわち祖父母は嚴格に區別されているが、遲くとも元朔年間までには、祖父母に對しても不孝罪が成立することに改められていたのであろう。後世の唐律でも父母の他、祖父母に對しても不孝が成立した(24)。李太后も平王を不孝罪で訴えようとしたと考えられる。ただし、その訴えは阻止され、結局本件は父母でも祖父母でもない類犴反の告によって立件されている。

〔一三〕では元平元年（紀元前七四年）、昭帝が死去したが、後繼ぎがいなかったので、朝廷はその甥昌邑王劉賀を帝位に就けた。しかし、昌邑王は昭帝のために喪に服さないなど、淫亂の行いがあったので、大司馬大將軍の霍光らは皇太后（昭帝の皇后上官氏）に上奏し、昌邑王の行爲は不孝にあたるとして退位させた。本件の場合、そもそも通常の刑事手續がとられたわけではなさそうであるが、告に相當する行爲を行ったのは、敢えていえば霍光ら大臣ということになろう。ただし、ここでいう不孝も法律上の不孝罪を意味するものか否かは判然としない。ちなみに、假に法律上の不孝罪を意味するとしても、昌邑王は昭帝の子ではないので、漢初であればそもそも不孝罪が成立しなかった可能性がある。しかし、先述の通り初元年間（紀元前四八年～前四四年）以降の〔一四〕では、假子が後母に對する不孝罪に問われている。〔一三〕はそれよりもやや前の時期にあたるが、當時既に後母に對しても不孝罪が成立したとすれば、義父に對しても不孝罪が成立していた可能性はあろう。

〔一九〕では董卓が「太后」を不孝の名目をもって殺戮したと記されているが、『後漢書』卷一〇下皇后紀下では本件について、

董卓又議太后蹴迫永樂宮、至令憂死、逆婦姑之禮。乃遷於永安宮、因進酖、弑而崩。

とある。つまり、靈帝の皇后何太后が、永樂宮すなわち靈帝の母董太后を憂死に至らしめたことは、「婦姑之禮」に逆らう行爲であるとして、董卓は何太后を永安宮へ移し、酖毒を飲ませて殺害している。法律上は董卓の告によって立件されたといえるのかもしれない。ただし、本件も法律上の不孝を意味するのか、そもそも後漢末期においても夫の妻と夫の母との間で不孝罪が成立したのかという問題がある。

また、〔二〇〕によると、董卓は吏民のうち不孝の者を司隷校尉劉囂に調べ上げさせて處罰し、財産を沒收したという。これも父母が告したわけではなく、もっぱら國家の判斷によって不孝の成否が決定されたことになる。もっとも、〔二〇〕では不孝と竝んで「不忠」の臣、「不清」の吏、「不順」の弟も處罰の對象とされているので、ここでいう不孝も必ずしも法律上の犯罪ではなかった可能性も否定できない。むしろ史書に特筆されていることからすると、このような取締りは通常行われておらず、單なる董卓の暴政の所産であり、正當な刑事手續によるものではなかったことが窺われる。

さて、以上の事例のうち、〔一〇〕・〔一二〕・〔一三〕・〔一八〕〜〔二〇〕では不孝の被害者、すなわち父母・祖父母の告がないが、これらのうち〔一〇〕・〔一二〕・〔一三〕は不孝の被害者たる父母あるいは祖父母が既に死亡しているという點で共通している。もっとも、先述の通り〔一〇〕と〔一三〕の「不孝」は法律上のものでない可能性があるので、ここで檢討の對象とできるのは〔一二〕のみということになる。〔一二〕では祖母の生前になされた行爲が死後不孝罪に問われているのに對し、前節で檢討した〔四〕では父母の死後になされた行爲が不孝罪に問われるという違いがあるものの、いずれも不孝罪の被害者が死亡しているという點で共通している。それゆえ、不孝罪の被害者が死亡している場合、その行爲が生前に行われたか否かを問わず、第三者による告劾が認められてい

た と考えられる。
ここで注目されるのは、〔七〕に「免老告人以爲不孝」とあり、免老が「人」を不孝罪で告していることである。ここでいう「人」については、他人を指すとする説もあるが[25]、ほとんどの研究者は子を指すと解している[26]。しかし、秦・漢の法律關聯文書では、「人」は一般に自分以外の者を指し、特定の者を指す場合に限り、「人」以外の語が用いられる。例えば、二年律令「賊律」に、

賊殺人、鬬而殺人、棄市。（第二一簡[27]）

とあるのに對し、また同篇に、

子賊殺傷父母、奴婢賊殺傷主・主父母妻子、皆梟（梟）其首市。（第三四簡[28]）

とあるごとくである。〔七〕の「人」も免老本人以外の者を指すのであろう。すると、免老はあたかも自分の子のみならず、他人をも不孝罪で告することができたようにも讀める。現に、堀敏一氏は〔七〕について、「村落共同體的な規制が家に及んだのであり、その規制力を代表する長老の權力が、「免老」とか「告」とかいう新しい國家法的な装いをこらして、殘存しているのであろう」とまで述べている[29]。しかし、以上の検討結果を踏まえると、免老が「人」を不孝罪で告することができるのは、被害者たる父母が死亡している場合に限られる。逆にいえば、〔七〕において「人」と記されているのは、被害者たる父母が既に死亡している場合をも想定しているためということになる。もちろん、ここでいう「人」には子も含まれ、免老本人が自分の子を告する場合も含まれたことであろう。

さらにいえば、不孝罪の被害者たる父母が死亡している場合、子を告することができる第三者は、免老に限られ

なかったと考えられる。〔五〕によると、七〇歳以上の者が子の不孝を告した場合、告の受理を司る機關（通常は縣あるいは道）は必ず三度告を退け（三環）、それでもなお告した場合に限り、その告を受理すると定められている。二年律令「傅律」に、

大夫以上年五十八、不更六十二、簪裹六十三、上造六十四、公士六十五、公卒以下六十六、皆爲免老。（第三五六簡）

とあるのによると、免老に達する年齢は爵位・身分に應じて異なり、最高でも六六歳で[30]、三環が必要な年齢には達していない。〔七〕では免老が「人」を不孝で告した場合、三環の手續をとることなく、速やかに告を受理すべきことが説明されているが、それは免老というだけでは、三環の手續に必要な年齢に達しているとは限らないからであろう。つまり、〔七〕の趣旨はたとえ免老であっても、まだ三環が必要な七〇歳に達していない場合、みずからの子を不孝罪で告しようが、他人を不孝罪で告しようが（被害者が死亡している場合に限られる）、三環の手續をとる必要はなく、直ちに處理すべきである、ということであろう。免老にすら達していない者が不孝罪で告した場合、三環の手續が不要であったことはいうまでもない。

以上、本章の檢討によると、秦・漢の不孝罪は原則として父母（後に祖父母や後母などへ擴大されるが、以下では煩を避けるため、單に「父母」と稱するに留める）が子を告することを要件とするが、被害者たる父母が死亡している場合、第三者による告劾が認められていたことになる。もっとも、兩親のうち、不孝罪の被害者でない方が生存している場合には、彼あるいは彼女のみ告を行うことができ、それ以外の第三者が告劾を行うことは認められなかったと考えられる。

　また、父母が死亡している場合に第三者の告劾が認められていたとすると、〔一〕・〔五〕・〔六〕との關係が問題となる。これらの條文では「父母告子不孝」とあり、あくまでも父母が子を告した場合に限定されている。それゆえ、文字通りに理解すれば、父母の死後に第三者が告劾を行った場合、これらの規定は適用されないことになる。しかし、父母の死後に不孝罪の成立を認める以上、父母の告ではないからといって、〔一〕・〔五〕・〔六〕を適用しない理由はないように思われる。特に、〔五〕には「其子有罪當城旦舂・鬼薪白粲以上、及爲人奴婢者、父母告不孝、勿聽」とあり、既に他人の奴婢となった子を、父母が不孝罪で告することは認められなかった。假にこの規定がなければ、奴婢が不孝罪に問われて處刑されることもありえたことになるが、その場合奴婢の主は奴婢というみずからの所有物を失うこととなる。それゆえ、右の條文は奴婢に對する主の權利を保護するために設けられたと考えられるが、もし第三者が告劾を行った場合にこの部分が適用されないとすると、要するに父母が死亡しているか否かによって、奴婢に對する主の權利が左右されることになってしまい、甚だ不合理である。父母の死後に第三者が告劾を行った場合、〔一〕・〔五〕・〔六〕を準用する旨の規定が設けられていたか、あるいは解釋上當然準用すべきとされていたのであろう。

結　語

　それでは、そもそも當時の不孝罪は、なぜ原則として父母の告を要件としていたのであろうか。筆者は前章において、睡虎地秦簡に見える「非公室告」について檢討し、以下のように結論づけた。すなわち、秦の法律ではある時期まで「公室告」と「非公室告」の區別があった。前者は國家に對して告すべき犯罪の意で、「它人」（家の外部の者、すなわち血緣關係や主從關係のない他人・第三者）に對する侵害行爲がこれに該當する。具體的には他人を殺害する、傷害を負わせる、他人の財物を盗むなどの行爲がこれにあたる。一方、後者は國家に對して告すべきでない行爲で、父母が子や奴婢を殺したり、肉刑を加えたり、頭髪を剃り落したり、子が父母の財物を盗んだりするなど、家の内部で行われた侵害行爲がこれに該當する。これらの行爲は告自體が受理されないので、當然罪に問われることはなかった。つまり、當時の國家は、家内部の問題には介入せず、家の構成員がみずから解決するのに任せていた。しかし、遲くとも戰國末期までには公室告と非公室告の區別が廢止され、それまで非公室告として罪に問われていなかった行爲に對しても國家が介入し、犯罪として處罰の對象とするようになった、と。

思うに、公室告と非公室告の區別があった時代においては、そもそも不孝罪という犯罪は法律上設けられておらず(31)、國家によって處罰されることはなかったであろう。というのも、當時の國家は家内部の問題に介入せず、親が子に對して自由に制裁を加えることができ、不孝罪を犯罪として定める必要がなかったからである。不孝罪が法律上設けられたのは、公室告と非公室告の區別が廢止されて以降に違いない。兩者の區別が廢止されて以降は、親といえども勝手に子に對して制裁を加えることが法律上許されなくなった。親が子に制裁を加えたい場合には、國家に子の罪を告し、刑罰という形で國家の手によって制裁が加えられることとなった。不孝罪が原則として父母の告を要件とするのは、子に對して制裁を加えたいという親の意思を國家が代行することに不孝罪の起源があったためと考えられる。

ところがその一方で、父母が死亡している場合、第三者による告劾が認められていた。遺言でもない限り、一般に死亡後の父母の意思を確認することはできないので、このような規定は不孝罪創設の本來の目的に外れる。それゆえ、おそらく後になって例外的に設けられたのであろう。

そもそも、父母はたとえ子に不孝な行爲があったとしても、よほどのことがない限り、一般に子の死を願わないであろう。親が子を慈しむという心情があることはもちろんのこと、子が處刑された場合、現在あるいは將來においてみずからを養う者がいなくなる。また、みずからも含め、祖先の祭祀をとり行う者がいなくなってしまう。特に、前漢の文帝元年までは「收」制度があり、先述の通り不孝罪にも收が適用され、不孝の罪を犯した本人の妻子は官奴婢とされ(32)、家自體が事實上解體されることとなる。父母が不孝罪で子を告する場合、これほどの不利益を覺悟しなければならなかった。

父母の死後、第三者による告劾を認めるということは、多くの場合、國家は亡き父母の意に反してまでも、子を處刑することがありえたことになる。これはもはや不孝罪が親の意思と必ずしも關係なく、他の犯罪と同樣に、國家が處罰すべき行爲として位置づけられたことを意味する。不孝罪の創設自體は、戰國時代以前より續く家内部の自律的秩序を制限しつつもある程度是認するものであったが、父母の死後における不孝罪の成立は、家内部の秩序がより國家の統制下へ組み込まれたともいえよう。公室告と非公室告の區別が廢止されたのは、戰國時代における國家權力の強大化を反映するものであることが指摘されているが(33)、不孝罪の變化もこの歷史的趨勢に沿うものであった。

ちなみに、唐律の不孝に含まれる諸犯罪は(34)、必ずしも父母の告を必要としなかった(35)。漢から唐へと至るまでのいずれかの時期に變化が生じたことになるが、この問題については第五章及び第六章で檢討したい。

（1）「牧殺父母」、「牧殺主」の「牧」は、陳松長編『嶽麓書院藏秦簡　肆』（上海辭書出版社、二〇一五年）の釋文ではいずれも「投（殳）」に作るが、何有祖氏の解釋に從って改めた。『新出秦漢簡帛叢考』（科學出版社、二〇二一年）一三七頁（二〇一六年原載）參照。
（2）嶽麓書院藏秦簡「秦律令（參）」第一八五簡には〔二〕とほぼ同じ條文が見える。詳しくは次章參照。
（3）張家山第三三六號墓漢簡漢律十六章「賊律」（第三〇簡～三二簡）にも全く同じ條文が見える。

（4）「牧殺」とは殺そうとしたものの、傷さえ負わせるに至らなかったことを指す。子が父母、奴婢が主を殺そうとする場合に限って用いられる語のごとくである。拙著『秦漢刑法研究』（知泉書館、二〇〇七年）一九六～二〇六頁（二〇〇四年原載）参照。

（5）漢律十六章「具律」（第一三四簡）にもほぼ同じ條文が見える。

（6）漢律十六章「亡律」（第一五三簡）にもほぼ同じ條文が見える。

（7）張家山二四七號漢墓竹簡整理小組編『張家山漢墓竹簡〔二四七號墓〕』（文物出版社、二〇〇一年）二二七頁參照。

（8）張建國『帝制時代的中國法』（法律出版社、一九九九年）二九〇頁（一九九七年原載）參照。ただし、張建國氏は③と④も成り立ちうると述べている。

（9）張建國氏によると、武樹臣氏が③の解釋を提示している。『帝制時代的中國法』二九〇頁參照。

（10）張建國『帝制時代的中國法』二九〇頁參照。「夫父母」は、原簡では「夫＝父＝母＝」に作る。それゆえ、正確にいえば、「夫」の右下に付されている重文符號が衍字ということになる。

（11）張建國『帝制時代的中國法』二九〇頁參照。

（12）秦・漢の法律でも唐律と同様、同時に複數の罪に問われる場合、その中で處斷刑が最も重い刑罰に處されるのが原則であった。堀毅「唐律溯源攷――以秦律中「一人有數罪」的規定爲中心所作的攷察」（同氏『秦漢法制史論攷』法律出版社、一九八八年。一九八四年原載）、拙稿「張家山漢簡「二年律令」刑法雜考――睡虎地秦簡出土以降の秦漢刑法研究の再檢討――」（『中國出土資料研究』第六號、二〇〇二年）參照。

（13）「東海孝婦」說話は『說苑』貴德篇、『漢書』卷七一于定國傳などに見える。前漢中期、東海郡のある女子が、夫の死後も姑によく仕え續け、「孝婦」と稱されている。

（14）『唐律疏議』名例律「十惡」條に「七曰不孝」、その注に「謂告言・詛詈祖父母父母、及祖父母父母在、別籍・異財、若供養有闕、居父母喪、身自嫁娶、若作樂、釋服從吉、聞祖父母父母喪、匿不擧哀、詐稱祖父母父母死」とある。

（15）『唐律疏議』名例律「十惡」條に「八曰不睦」、その注に「謂謀殺及賣緦麻以上親、毆告夫及大功以上尊長・小功尊屬」とある。妻にとって夫の父母は「期親尊長」にあたるので、「大功以上尊長」に該當することになる。よって、夫の父母を告することは不睦にあたる。

（16）〔七〕～〔一〇〕の他、奏讞書案例六には「●●漢中守讞（讞）、公大夫昌苔（笞）奴相如、以辜死、先自告。相如故民、當免、作少府。昌與相如約、弗免已。獄治、不當爲昌錯告不孝、疑罪。●廷報、錯告、當治」（第四九簡・五〇簡）とあり、「不孝」と「告」という語が見える。しかし、この記述は難解で、そもそも不孝と告が本件といかなる關係にあるのか判然としない。本件は公大夫昌が奴相如を笞で打ち殺し、自首したという事件である。にもかかわらず、本件を審理した漢中郡と廷尉府では、昌の行爲が不孝を「錯告」（誤って告するの意か）したことにあたるか否かが問題とされている。おそらく、右の記述には大幅な省略があり、それゆえにこそ難解なのであろう。よってこの事例は、本書ではとり扱わないこととする。

(17)〔一二〕は『史記』巻五八梁孝王世家にもほぼ同じ記述が見えるが、『史記』では「公卿治、奏以爲不孝、請誅王及太后」の部分を「公卿請廢襄爲庶人」に作り、「不孝」という語は用いられていない。それゆえ、ここでは『漢書』の記述を引用した。

(18)「假子」が前妻の子を意味することについては、清の沈欽韓による考證がある。『漢書疏證』巻三二下參照。

(19)〔一四〕冒頭の「春正月」が何年の「春正月」を指しているのかは不明であるが、〔一四〕の前に「初元中、擧直言。遷虢令、轉守槐里、兼行美陽令事」とある。

(20) 二年律令「告律」に「誣告人以死罪、黥爲城旦舂。它各反其罪」（第一二六簡）とある。漢律十六章「告律」（第八三簡）にも全く同じ條文が見える。

(21) 二年律令「告律」に「子告父母、婦告威公、奴婢告主・主父母妻子、勿聽而棄告者市」（第一三三簡）とある。漢律十六章「告律」（第八八簡）にも全く同じ條文が見える。

(22)『尚書』呂刑に「呂命、穆王訓夏贖刑、作呂刑」とあり、呂刑は西周の穆王が呂侯に制定させた法規とされるが、他にも呂侯が呂國内で發布した刑書とする説や、楚の刑書とする説もある。また、『尚書』呂刑は呂刑の公布に際し、穆王が諸侯に對して法律の運用について訓告したものであり、法規としての呂刑ではない。ただし、その『尚書』呂刑の成立年代についても、春秋時代とする説、戰國後期とする説もある。尤韶華「《呂刑》的穆呂之爭：《尚書・呂刑》性質辨析」（『江蘇警官學院學報』二〇一二年第二期）參照。

(23)「引經決獄」については、高恆「論「引經決獄」」（同氏『秦漢法制論考』廈門大學出版社、一九九四年。一九八三年原載）など參照。

(24) 注(14)參照。

(25) 堀敏一『中國古代の家と集落』（汲古書院、一九九六年）八八・八九頁（一九八九年原載）など參照。

(26) 高敏『睡虎地秦簡初探』（萬卷樓圖書有限公司、二〇〇〇年）二五三頁（一九八一年原載）、栗勁『秦律通論』（山東人民出版社、一九八五年）二二四頁、呉榮曾『先秦兩漢史研究』（中華書局、一九九五年）八〇頁（一九八七年原載）など參照。

(27) 漢律十六章「賊律」（第一八簡）に全く同じ條文が見える。

(28) 漢律十六章「賊律」（第二八簡）に全く同じ條文が見える。

(29) 注(25)參照。

(30) 胡家草場漢簡律令「傅律」には「大夫以上年五十八、不更六十二、簪裹六十三、上造六十四、公士六十五、士五（伍）六十六、隱官六十七、皆爲免老」（第八六簡）とあり、二年律令第三五六簡とほぼ同じ條文が見える。本條によると、「隱官」

は六七歳で免老となり、士伍よりも一年遅い。しかし、胡家草場漢簡律令はおおむね文帝刑制改革以降の條文と考えられ、二年律令の方がより秦律の内容に近かったであろう。ちなみに、隱官とは肉刑を受けた者が赦免された後に與えられる身分である。肉刑は文帝十三年（紀元前一六七年）に全て廢止されたが、それ以前に肉刑を受けた者がその後も存命しており、それゆえ本條のような規定がしばらくの間必要とされていたのであろう。詳しくは拙稿「胡家草場漢簡「律令」と文帝刑制改革」（『中央學院大學法學論叢』第三六卷第一號、二〇二二年）、「「胡家草場漢簡「律令」と文帝刑制改革」修訂」（『中央學院大學法學論叢』第三六卷第二號、二〇二三年）參照。また、兔子山第七號井出土漢簡には「☐士六十五、公卒以下六十☐」（⑤壹二五一＋⑤壹三四四）と記された簡牘が見える。斷簡ではあるものの、二年律令と完全に一致している。この簡牘羣には高祖十一年（紀元前一九六年）から景帝前五年（前一五二年）までの紀年簡が含まれているが、おそらく本簡牘は文帝刑制改革より前に記されたものであろう。

(31)　第三節でも擧げた通り、『孝經』五刑章には「子曰、五刑之屬三千、而罪莫大於不孝」とある。「子」とは孔子のことであるから、この記述によると、遲くとも春秋後期には不孝罪が設けられていたことになる。さらに、『呂氏春秋』孝行覽孝行篇にも「商書曰、刑三百、罪莫重於不孝」とあり、似たような記述が見える。ここでいう『商書』について、『呂氏春秋』の高誘注は「商湯所制法也」と述べ、殷の湯王が制定した法律と解している。ちなみに、『尚書』には「商書」が含まれているが、右の記述は含まれていない。

しかし、中國で法律の成文化が始まったのは、春秋後期以降のことであって、三百の行爲を犯罪と定めていた法律が殷代に存在したとは到底考えられない。『呂氏春秋』が引く『商書』は、『呂氏春秋』に引用されている以上、戰國末期までには成立していたと考えられるが、殷代の史實を傳えたものではあるまい。

また、『孝經』に見える孔子の言は、一般に後世の假託と理解されており、史實を傳えたものとは考えられない。『孝經』の成立時期については諸説あるが、近年では戰國末期に原型が形成され、前漢初期に今日の形になったとおおむね理解されている（『孝經』の成立年代に對する先行研究を詳しくまとめているものに、渡辺信一郎『中國古代國家の思想構造』（校倉書房、一九九四年）一七四～一八二頁（一九八六年原載）、池澤優『「孝」思想の宗教學的研究』（東京大學出版會、二〇〇二年）二〇五～二一二頁（一九九四年原載）などがある）。

むしろ、戰國時代に秦で不孝罪が設けられて以降、その影響を受けて「五刑之屬三千、而罪莫大於不孝」などの文言が生まれた可能性もあるのではなかろうか。あるいは、不孝罪の規定を正當化するために、このような文言が生まれた可能性も否定できない。『呂氏春秋』が戰國末期の秦で編纂されたことも、何か關係があるのかもしれない。

(32)　ただし、二年律令「收律」には「罪人完城旦・鬼薪以上、及坐奸府（腐）者、皆收其妻子・財・田宅。其子有妻・夫、若爲戸・有爵、及年十七以上、若爲人妻而棄・寡者、皆勿收」（第一七四簡・一七五簡）とあり、子の中でも既に妻あるいは夫がある者、戸主となっている者、爵位を有する者、一七歳以上の者などは、収によって官奴婢とされることはなかった。また、収制度は前漢の文帝元年（紀元前一七九年）に廢止されるに至る。

(33)　尹在碩「秦律所反映的秦國家族政策」（中國社會科學院簡帛研究中心編『簡帛研究譯叢』第一輯、湖南出版社、一九九六年）參照。

(34)　序説でも述べたように、唐律では秦漢律令と異なり、不孝という行爲そのものを處罰する規定はなく、祖父母・父母を告する・呪詛する・罵る、祖父母・父母をよく養わない、父母の喪中にみずから嫁を娶るあるいは嫁ぐなど（注（14）參照）、さまざまな犯罪の總稱であった。これらの犯罪が各條文で處罰の對象とされており、法定刑もさまざまであった。

(35)『唐律疏議』鬭訟律に「諸子孫違犯敎令及供養有闕者、徒二年」、その注に「須祖父母・父母告、乃坐」とあり、不孝とされる諸行爲の中でも、祖父母・父母をよく養わないことに限り、祖父母・父母の告が必要であった。

第三章　嶽麓書院藏秦簡「秦律令（貳）」第二〇八簡及び「秦律令（參）」第一八五簡と不孝罪

はじめに

近年公表された嶽麓書院藏秦簡「秦律令（貳）」（以下「貳」と略稱）には、次のように記された竹簡が含まれている。

黔首有子而更取（娶）妻、其子非不孝殹（也）、以其後妻故、告殺・䙴（遷）其子、以如此者、盡傳其所以告
☐（第二〇八簡）

「貳」は主に「令」の條文を内容とする。[1]本簡も下部こそ欠けているものの、内容はやはり法律の條文のごとくである。また、嶽麓書院藏秦簡「秦律令（參）」（以下「參」と略稱）には、

黔首有子而更取（娶）妻、**以**其子非不孝殹（也）、以其後妻故、告殺・䙴（遷）其子、**有**如此者、盡傳其所以告（第一八五簡）

とあり、「貳」第二〇八簡とほぼ同じ條文が見え、ゴシック體で示した字がわずかに異なるのみである。「參」も「貳」と同様、主に令の條文を内容とする。[2]
注目されるのは、これらの中に「不孝」という語が見えることである。「貳」第二〇八簡は前章でも〔二一〕とし

て擧げたが、文意を確定するだけでも多大な検討を要するため、前章では敢えて検討の對象から外した。本章ではこれを「參」第一八五簡とともに検討し、前章の補足とする。

第一節　「貳」第二〇九簡との關係

「貳」第二〇八簡と「參」第一八五簡の検討へ入る前に、まず「貳」第二〇八簡と第二〇九簡との關係について確認しておきたい。

「貳」は『嶽麓書院藏秦簡　伍』に收録されているが、同書では第二〇八簡の次に第二〇九簡として、

　吏自佐以上毋敢罰黔首。不從令者、貲二甲、免。　十七

と記された竹簡が排列されている。陶磊氏は、第二〇九簡の「吏自佐以上」は第二〇八簡の「傳其所以告」について述べたもので、その主旨は、民がその子を殺すよう、あるいは遷刑に處するよう求めてはならない場合であるにもかかわらず、それを求めてきた場合、その狀況を佐から順次上官へ報告し、その報告に對する上官の回答が出されるまでは、勝手に民を罰してはならない、というものとする(3)。つまり、氏の解釋によると、本條は第二〇八簡と第二〇九簡の二本に渉って記されていることになる。しかし、周知の通り少なくとも秦・漢の法律用語では、「罰」は「罰金」などのごとく、比較的輕微な犯罪に對する處罰を意味する(4)。法律の條文において死刑のごとき重刑を「罰」と呼んだとは考えがたい。むしろ、第二〇九簡の内容は第二〇八簡と無關係のごとくに見える。

さらにいえば、第二〇八簡の次に第二〇九簡が本當に排列されていたかどうかは確證が持てない。「貳」の整理者によると、同篇の竹簡羣は第一組〜三組に分類可能であり、本來は各組が一卷の册書として編綴されていたごと

くである(5)。第二〇八簡・二〇九簡はこれらのうち第二組に分類されている。しかし、第二組の排列は復元の根據が示されておらず、全幅の信頼を置けるものなのか疑問の餘地がないでもない。

また、「參」第一八五簡では、末尾の「告」が竹簡の下端に記されており、整理者はその下に句點を打ち、その次には缺簡が排列されていたと推測している。そして、同じく「參」には、

●吏自佐史以上毋敢罰黔首。不從令者、貲二甲、免。它如律令。　●十七（第二〇五簡）

とあり、「貳」第二〇九簡とほぼ同じ條文が見えるが、整理者はこれを第二〇五簡として排列しており、第一八五簡からは離れている。そもそも、第二〇五簡の釋文では、冒頭に圏點が補われている。確かに圖版を見ると、わずかながらそれらしきものが見える。圏點があるということは、その直前に排列されている簡の記述と聯讀することはできず、記述がいったん圏點の前で途切れ、また圏點の後から別の記述が始まることになる。

以上から、「貳」第二〇九簡に記されている條文は、第二〇八簡とは別のものである可能性が高い。第二〇八簡の條文が「盡傳其所以告」で完結していたか否かはわからないが、たとえ續きがあったとしても、第二〇八簡の失われた下部で完結していたか、あるいは第二〇八簡の次には第二〇九簡以外の竹簡が排列され、その竹簡に續きが記されていたと考えられる。

第二節　「貳」第二〇八簡・「參」第一八五簡の法律效果と欠損部分及び欽簡

以上の確認を終えたうえで、「貳」第二〇八簡と「參」第一八五簡の檢討に入ろう。前者について曹旅寧氏は、本條は親が子の不孝を濫りに告することを防止するための規定であり、父が後妻を娶ったために子を遷刑に處する

よう、あるいは殺すよう告した場合、官署はこれを愼重に處置すべきことを定めた條文とする。(6)

改めて本條を見ると、まず末尾の「盡傳其所以告」以下は本條の法律効果を定めた部分であろう。「貳」第二〇八簡では「告」字の下部以降、竹簡自體が欠けており、また「參」第一八五簡では「告」字が竹簡の末尾に記されているため、これらにいかなる文が續いていたのかはわからないが、「盡傳其所以告」自體は「告の内容を全て送る」の意と解することができる。ここからは推測となるが、おそらく最初に事件の審理にあたった縣・道が、告の内容を郡へ送り、判斷を委ねるということではなかろうか。似たような制度は張家山第二四七號墓出土漢簡二年律令にも見える。「興律」に、

縣道官所治死罪及過失・戲而殺人、獄已具、勿庸論、上獄屬所二千石官。二千石官令毋害都吏復案、問（聞）二千石官。二千石官丞謹掾、當論、乃告縣道官以從事。（第三九六簡・三九七簡）

とあり、縣・道が死罪あるいは「過失殺人」（「過失」によって人を殺す）や「戲殺人」（互いに了承のうえで危険なことを行い、誤って相手を死に至らしめること）にあたる事案を審理した場合、判決を下さず、その縣・道が所屬する郡へ審理の結果を報告する。郡は都吏に再度審理させ、郡へ報告させる。郡守と郡丞がその報告を審査し、處罰すべきと判斷した場合、縣・道へ告知して判決を下し、刑罰を執行させる、というものである。このように煩雜な手續が設けられているのは、これらが被疑者と被害者の人命にかかわる事案であるからであろう。「貳」第二〇八簡及び「參」第一八五簡でも同樣の意圖により、これに類する手續が設けられていたのではなかろうか。

第三節　「黔首……以如此者」は法律要件か

次に、本條のうち冒頭から「以如此者」（あるいは「有如此者」）までは、普通に考えれば法律要件を定めた部分ということになる。しかし、果してそのように理解してよいのであろうか。假に「以此如者」までが法律要件とすると、本條の大意は次の通りになろう。

民に子があって新たに妻を娶り、子に不孝の行いがないにもかかわらず、後妻のために子を殺すよう、あるいは遷刑に處するよう告する。このような場合、告の内容をことごとく（郡へ）送り……。

この解釋によると、本條の主旨は、子が不孝にあたる行爲をしていないにもかかわらず、その父が後妻を迎えたために子を告し、これを殺すあるいは遷刑に處するよう求めた場合、父の要求を認めるか否かは愼重に判斷すべきことを定めたものとなる。逆にいえば、そのような父の要求自體は必ずしも禁止されておらず、愼重な審理の結果、認められる場合もありえたことになる。

それでは、子が不孝にあたる行爲をしておらず、かつ父が後妻を原因とせずに子を告した場合、どのように扱われるのであろうか。そもそも本條が設けられたのは、新たに後妻を迎えたため、前妻などの子が邪魔となり、これを殺すようあるいは遷刑に處するよう求めるという事態が當時しばしば發生し、國家がこれを好ましいことではないと判斷したからであろう。本條はこのような父の要求を愼重に審理することによって、子を多少なりとも保護することを目的としていたと考えられる。子が不孝にあたる行爲をしておらず、かつ父が後妻を原因とせずに子を告した場合、本條の法律要件には一致しないので、本條が適用されないことはいうまでもないが、後妻のゆえという、子を保護すべき事由がないのであるから、子が本條よりもよい處遇を受けられるはずはない。よってこの場合、子は無罪とされず、むしろ父の要求がそのまま認められたと考えざるをえない。

すると結局、當時の法律では本條の前提として、子が不孝にあたる行爲をしていると否とを問わず、親は子を告し、これを殺すあるいは遷刑に處するよう求めることができたことになる。しかし、遷刑についてはともかく、不孝にあたる事由がなくても、子を殺すよう要求できるのであれば、そもそも以下の條文に見られる通り、不孝罪を設けること自體が無意味になってしまう。

〔一〕子牧殺父母、毆詈泰（大）父母・父母・叚（假）大母・主母・後母、及父母告子不孝、皆棄市。（二年律令「賊律」、第三五簡）(7)

〔二〕律曰（中略）不孝者、棄市。（張家山第二四七號墓出土漢簡奏讞書案例二一、第一八〇簡～一八二簡）

それゆえ、「以如此者」までを法律要件と見る解釋は成り立ちがたいように思われる。

それでは、「以如此者」まではどのように理解すべきであろうか。思うに、「以如此者」の前までは、法律要件をいうものではなく、當時の現狀について述べたものではなかろうか。このような形式は、秦・漢の「令」にはよく見られる。例えば、二年律令「津關令」には、

□、制詔相國・御史、諸不幸死、家在關外者、關發索（索）之、不宜。其令勿索（索）。具爲令。相國・御史請關外人宦・爲吏若繇（徭）使・有事關中、不幸死、縣道若屬所官謹視收斂、毋禁物、以令若丞印封櫝槥、以印章告關。關完封出、勿索（索）。櫝槥中有禁物、視收斂及封者、與出同罪。●制曰、可。（第五〇〇簡・五〇一簡、第四九九簡）

という條文が見える。冒頭の部分には「皇帝が相國・御史へ制詔を下す。『ある者が死亡し、その家が關中の外に

ある場合、關所では棺を發いて檢査しているが、このようなやり方はよろしくない。檢査させないようにし、これを「令」とせよ』」と記されており、要するに皇帝が相國・御史に對し、現在行われている制度の問題點を指摘し、それを改めるよう命令を下すところから始まっている。次に、相國・御史は皇帝に對して改正案を提示し、皇帝がそれを裁可するという文言で終わっている。

先述の通り、「貳」や「參」は主に令の條文を内容とする。それゆえ、「貳」第二〇八簡と「參」第一八五簡も令の條文である可能性が高い。また、秦・漢の「律」の條文では一般に法規範として必要最小限のことしか記されていないのに對し、令の條文には制定の日付・理由、制定に至る審議の過程、皇帝の裁可など、法規範以外の事項も記されているという特徴がある。本條には「以如此者」とあるが、これも法規範として必要最小限の表現とはいえず、本條が令の條文であることを窺わせる。それゆえ、本條において當時の現状を述べる部分があったとしても不思議ではない。

そこで、「以如此者」の前までが當時の現状について述べたものとすると、本條の主旨は次のように解することができよう。

（近頃、）民に子があって新たに妻を娶り、（本當は）子に不孝の行いがないにもかかわらず、後妻のために（子に不孝の行いがあるとして）子を殺すよう、あるいは遷刑に處するよう告する（者がいる。そこで、今後は）このように（新たに妻を娶った民が子を殺すよう、あるいは遷刑に處するよう告した）場合、告の内容をことごとく（郡へ）送り、（本當に不孝にあたる行爲があったのか否か、再度審理せよ。）

以上のように理解すれば、子が不孝にあたる行爲をしていた場合に限り、親は子を告し、殺すあるいは遷刑に處するよう求めることができたことになる。

第四節　不孝罪の法定刑と遷刑との關係

ところが、このように理解すると、今度は次のような矛盾が生じる。すなわち、前掲〔一〕では「父母告子不孝、皆棄市」とあり、父母が子の不孝を告した場合、棄市に處すると定められている。また、〔二〕では「律曰（中略）不孝者、棄市」とあり、不孝罪全般が棄市に處されるごとくに定められている。しかし、「貳」第二〇八簡及び「參」第一八五簡を以上のように理解すると、親は子の不孝を理由として、遷刑に處するよう求めることもできたことになる。もしそうであるならば、〔一〕と〔二〕ではなぜ「父母が子の不孝を告した場合、棄市あるいは遷刑に處する」のような規定になっていないのであろうか。

〔一〕と〔二〕は漢初に記されたものであるのに對し、「貳」第二〇八簡及び「參」第一八五は秦のものであるから、あるいは秦では漢初と異なり、棄市の他、遷刑に處される不孝罪も設けられていたと考えられなくもない。ところが、秦でも遷刑が不孝罪の法定刑ではなかったことを窺わせる史料も見える。すなわち、睡虎地秦簡「封診式」には親が子を告し、これを殺すよう、あるいは遷刑に處するよう求めた例が見える。

〔三〕䙴（遷）子　爰書、某里士五（伍）甲告曰、謁鋈親子同里士五（伍）丙足、䙴（遷）蜀邊縣、令終身毋得去䙴（遷）所。敢告。告灋（廢）丘主、士五（伍）咸陽才（在）某里曰丙、坐父甲謁鋈其足、䙴（遷）蜀邊縣、令終身毋得去䙴（遷）所。論之、䙴（遷）丙如甲告、以律包。（第四六簡〜四八簡）

〔四〕告子　爰書、某里士五（伍）甲告曰、甲親子同里士五（伍）丙不孝、謁殺。敢告。即令令史己往執。令史己爰書、與牢隸臣某執丙、得某室。丞某訊丙、辭曰、甲親子、誠不孝甲所。毋它坐辠。（第五〇簡・五一簡）

〔四〕では甲が子丙を「不孝」で告し、これを殺すよう求めている。一方、〔三〕では甲が子丙を告し、遷刑に處するよう求めている。〔三〕では不孝という語が一切用いられていない。中でも注目されるのは、「坐父甲謁鋈其足、罨（遷）蜀邊縣、令終身毋得去罨（遷）所」の部分である。この部分には丙の罪狀が記されているが、罪狀が不孝にあたるのであれば、ここに不孝という語が記されていてしかるべきである。例えば、『史記』巻一一八衡山列傳にも、

王后徐來亦坐蠱殺前王后乘舒、及太子爽坐王告不孝、皆弃市。

とある。にもかかわらず、〔三〕においてそれがないということは、親が子を遷刑に處するよう求めることは不孝罪と關係がなく、秦でも遷刑は不孝罪の法定刑ではなかったと見るべきであろう。

さらにいえば、嶽麓書院藏秦簡「秦律令（壹）」には、

〔五〕子殺傷毆詈・牧殺父母、父母告子不孝、及奴婢殺傷毆・牧殺主・主子父母、及告殺、其奴婢及子亡已命而自出者、不得爲自出。（第一三簡・一四簡）

とあり、二年律令「賊律」には、

〔六〕賊殺傷父母、牧殺父母、歐（毆）詈父母、父母告子不孝、其妻子爲收者、皆錮、令毋得以爵償・免除及贖。（第三八簡）

という法律の條文が見える。〔五〕は「貳」第二〇八簡及び「參」第一八五簡と同じく、秦の法律の條文であるが、漢初の條文である〔一〕・〔六〕とは規定の内容が異なるものの、列擧されている犯罪は〔一〕・〔六〕とほとんど同じである。そして、少なくとも〔一〕・〔六〕で列擧されている犯罪は、漢律では死刑にあたるものばかりであ

る。(8) よって、〔一〕で列擧されている「父母告子不孝」も死刑を法定刑とする犯罪であったと推測される。

　それでは、不孝罪と遷刑の關係はどのように理解すべきであろうか。思うに、親が子を告し、遷刑に處するよう求めることは、子の不孝を要件とするが、それは「不孝者、棄市」や「父母告子不孝、皆棄市」のようないわゆる不孝罪とは別のものであったのではなかろうか。つまり、遷刑の場合、不孝は成立要件に過ぎず、罪名ではなかったということである。不孝にあたる行爲を子が行った場合、親は不孝を理由として、子を棄市に處するよう求めることもできれば、遷刑に處するよう求めることもできた。そういう意味では、不孝罪の法定刑は事實上棄市と遷刑であったともいうことができる。ただし、法律上は親が子を殺すよう求めた場合が不孝罪であって、親が遷刑を求める以上は、當時の法律でいうところの不孝罪にはならなかった。

結　語

　前章では、不孝罪の法定刑は棄市であったと理解したが、以上の検討によれば、「貳」第二〇八簡と「參」第一八五簡もこの理解と矛盾するものではない。むしろ本簡の検討からは、もう一つの問題が浮上してきた。すなわち前章では、不孝罪は原則として父母の告があることを成立要件とすると結論づけたが、父母の告さえあれば不孝罪が成立したのであろうか。本章では「貳」第二〇八簡及び「參」第一八五簡の趣旨について、本當に不孝の行いがあったか否か、國家が愼重に判斷することにあったと推測したが、これが正しいとすれば、不孝罪は父母の告だけでは必ずしも成立せず、客觀的に見て不孝の行いがあることも成立要件としていたことになる。この問題については次章で論じることとしたい。

（1）陳松長編『嶽麓書院藏秦簡　伍』（上海辭書出版社、二〇一七年）前言參照。
（2）陳松長編『嶽麓書院藏秦簡　陸』（上海辭書出版社、二〇二〇年）前言參照。
（3）陶磊「讀《嶽麓書院藏秦簡》（五）劄記」（簡帛網ホームページ、http://www.bsm.org.cn/?qinjian/7916.html、二〇一八年）參照。
（4）『說文解字』刀部に「罰、辠之小者」とある。
（5）『嶽麓書院藏秦簡　伍』前言參照。
（6）曹旅寧「嶽麓秦簡（伍）中侵犯尊親屬犯罪資料」（簡帛網ホームページ、http://www.bsm.org.cn/?qinjian/7782.html、二〇一八年）、「嶽麓秦簡與秦律令行用問題」（簡帛網ホームページ、http://www.bsm.org.cn/?qinjian/7770.html、二〇一八年）參照。
（7）張家山第三三六號墓出土漢簡漢律十六章「賊律」（第三〇簡）にもほぼ同じ條文が見える。
（8）〔一〕では末尾に「皆棄市」とあるので、列擧されている全ての犯罪が死刑に處されることはいうまでもない。また、〔六〕のうち「牧殺父母」以下は、〔一〕において棄市に處される犯罪と定められている。「賊殺傷父母」については二年律令「賊律」に「子賊殺傷父母、奴婢賊殺傷主・主父母妻子、皆梟其首市」（第三四簡）とあり、「梟首」（斬首した後、頭部をさらす）に處すると定められている。

第四章　秦漢律令において「不孝」とされる行爲

はじめに

筆者は第二章において、秦漢律令の「不孝」罪は原則として父母が子を「告」することを成立要件としていたと結論づけた。それでは、子が不孝にあたる行爲をしたと父母が告しさえすれば、不孝罪が成立したのであろうか。つまり、子が不孝にあたる行爲をしたか否かは、父母の主觀的な意思に委ねられたのか、それとも客觀的な基準があったのかということである。不孝罪の法定刑は棄市であるから、もし前者とすれば、父母は不孝罪を通して子を處刑するよう自由に求めることができたことになる。つまり、告を通して國家に申告しなければならないものの、父母は子に對する生殺與奪の權を事實上認められていたことになるが、果してそのように理解してよいのであろうか。筆者は前章において、不孝罪には客觀的基準が設けられていた可能性を示唆したが、本章ではこの問題について檢討する。

第一節　客觀的基準の有無

『唐律疏議』名例律「十惡」條注では「不孝」について、

謂告言・詛詈祖父母父母、及祖父母父母在、別籍・異財、若供養有闕、居父母喪、身自嫁娶、若作樂、釋服從吉、聞祖父母父母喪、匿不擧哀、詐稱祖父母父母死。

とあり、不孝にあたる行爲が具體的に列擧されている。序章でも述べた通り、唐律の不孝は罪目の一種で、複數の犯罪の總稱であり、各本條ではこれらの行爲に對してそれぞれ法定刑が設けられていた。

それに對して、秦漢律令の不孝は罪目ではなく罪名であって、法定刑も一律に棄市として固定されていた。例えば、張家山第二四七號墓出土漢簡二年律令「賊律」に、

子牧殺父母、毆詈泰（大）父母・父母・叚（假）大母・主母・後母、及父母告子不孝、皆棄市。（第三五簡）

とある通りである。このように、秦漢律令では唐律と異なり、不孝自體に對して法定刑が設けられているため、具體的にいかなる行爲が不孝にあたるのか判然としない。

その一方で、秦漢律令の不孝は原則として父母が子を告することを成立要件としていた。それは子が不孝にあたる行爲をしたと父母が告しさえすれば、不孝罪が成立することを意味するのか、それとも父母の告のみならず、子の行爲が不孝に該當して初めて不孝罪が成立することを意味するのであろうか。もし前者とすれば、父母が不孝と考える行爲が不孝ということになる。後者とすれば、いかなる行爲が不孝にあたるのか、客觀的基準が設けられていたことになる。この問題について、筆者は以下の理由により、いかなる行爲が不孝にあたるかは、ある程度の客觀的基準が設けられていたと考える。

第一に、不孝罪は父母の告があることを原則とするが、第二章で檢討した通り、これには例外も設けられていた。すなわち、父母が既に死亡している場合に限り、第三者が不孝罪の告あるいは劾を行うことが認められてい

た。もし第三者が告劾を行う場合にも客觀的基準を要しないとすれば、不孝にあたる行爲がないにもかかわらず、罪に陥れたい者を不孝罪で告劾を行ったとしても、國家は無條件でこれを認め、處刑することになってしまう。よって、少なくとも第三者が告劾を行う場合、客觀的基準が必要不可欠であったと考えざるをえない。

第二に、嶽麓書院藏秦簡「秦律令（貳）」には、次のような法律の條文が見える。

黔首有子而更取（娶）妻、其子非不孝殹（也）、以其後妻故、告殺・署（遷）其子、以如此者、盡傳其所以告☐（第二〇八簡）

前章での検討によると、本簡は「令」の條文であり、その大意は以下の通りと推測される。

（近頃、）民に子があって新たに妻を娶り、（本當は）子に不孝の行いがないにもかかわらず、後妻のために（子に不孝の行いがあるとして）子を殺すよう、あるいは遷刑に處するよう告する（者がいる。そこで、今後は）このように（新たに妻を娶った民が子を殺すよう、あるいは遷刑に處するよう告した）場合、告の内容をことごとく（郡へ）送り、（本當に不孝にあたる行爲があったのか否か、再度審理せよ。）

この推測が正しければ、子の行爲が不孝にあたるか否かは、親の一存のみでは確定されず、國家が判斷していたことになる。

第三に、張家山第二四七號墓出土漢簡奏讞書案例二一に次のような記述が見える。

●今廷史申繇（徭）使而後來、非廷尉當、議曰、當非是。律曰、不孝棄市。有生父而弗食三日、吏且何以論子。廷尉穀等曰、當棄市。（第一八九簡・一九〇簡）

案例二一では中央の廷尉府内の官吏たちが、不孝罪について議論している。すなわち、父に對して食事を三日間與えなければ、子は何の罪にあたるか、という廷史申の問いに對し、廷尉穀らは棄市にあたると答えている。申はこの問いを發する前に、律では不孝を棄市に處するという規定があることを述べているので、穀らの「棄市にあたる」という回答は、「(不孝にあたるので) 棄市にあたる」ということであろう。しかし、もし父母の告がありさえすれば不孝罪が成立するのであれば、そもそもこのような議論自體がありえない。しかも、「吏且何以論子」とあるように、父に對して食事を三日間與えなければ、「吏」は子を何の罪に問うであろうか、というように、このような行爲が何の罪にあたるかは、あくまでも吏が判斷するものとされており、父母の告がありさえすれば、即不孝罪が成立するわけではない。この記述からすると、不孝にあたる行爲の種類については、やはり客觀的な基準が設けられていたと考えざるをえない。

第四に、同じく奏讞書案例二一には、

夫父母死、未葬、奸喪旁者、當不孝。(第一八六簡)

という律の規定が引用されている。本條の内容については後述するが、要するにいかなる行爲が不孝にあたるか、まさにその客觀的基準の一例を定義したものといえる。

第二節　不孝にあたらない行爲

それでは、いかなる行爲が法律上不孝にあたるのであろうか。睡虎地秦簡や張家山第二四七號墓出土漢簡には當時の法律でいう「不孝」に關する記述がいくつか見える。それゆえ、睡虎地秦簡や張家山第二四七號墓出土漢簡が公表されて以降、秦・漢の不孝罪については盛んに研究が行われるようになった[1]。しかし、そもそもほとんどの先行研究には、次のような問題があるように見受けられる。すなわち、先行研究では無意識に戰國秦漢當時の倫理觀あるいは唐律に照らして、不孝に該當する行爲を秦・漢の不孝罪そのものと見なし、論を展開する傾向がある。つまり、秦・漢の不孝罪を論じているのではなく、當時の倫理觀あるいは唐律でいう不孝にあたる行爲が、秦・漢ではどのように處罰されていたかを論じているに過ぎない。本章ではあくまでも當時の法律において不孝とされていた行爲を明らかにしていきたい。

法律に限らず、一般的な意味での不孝は、親に對する侵害行爲の一種といえる。しかし、親に對する侵害行爲の全てが不孝として罪に問われたわけではない。本節ではまず秦漢律令において不孝にあたらない行爲を明らかにする。

秦及び漢初の律の條文では、不孝について次のような規定が設けられている。

〔一〕子殺傷毆詈・牧殺父母、父母告子不孝、及奴婢殺傷毆・牧殺主・主子父母、及告殺、其奴婢及子亡已命而自出者、不得爲自出。（嶽麓書院藏秦簡「秦律令（壹）」第一三簡・一四簡）

〔二〕子牧殺父母、毆詈泰（大）父母・父母・叚（假）大母・主母・後母、及父母告子不孝、皆棄市。（二年律令「賊律」、第三五簡）

〔三〕賊殺傷父母、牧殺父母、歐（毆）詈父母、父母告子不孝、其妻子爲收者、皆錮、令毋得以爵償・免除及贖。（二年律令「賊律」、第三八簡）

以上の條文では、いずれも子が父母に對して何らかの侵害行爲をしたことについて定められている。いずれの條文においても、「父母告子不孝」が他の犯罪とともに列擧されている。第二章で検討した通り、「父母告子不孝」は原則として不孝罪の全てをいうものであって、これ以外に不孝罪が存するわけではない。それゆえ、「父母告子不孝」とともに列擧されている行爲は、不孝罪にはあてはまらなかったことになる。つまり、①殺す、②傷つける、③毆る、④罵る、⑤「牧殺」は少なくとも不孝罪に含まれない。

ただし、以上のように理解すると、いくつか問題となる史料も出てくる。まず、『禮記』檀弓下の孔穎達疏に、

故異義云、妻甲夫乙毆母、甲見乙毆母而殺乙。公羊説甲爲姑討夫、猶武王爲天誅紂。鄭駁之云、乙雖不孝、但毆之耳、殺之太甚。

とある。「異議」とは許愼『五經異議』のことで、また「鄭駁之」以下は鄭玄『駁五經異議』より引用したものであろう。これによると、鄭玄は母を毆ることを不孝にあたる行爲と認識している。あるいは、遲くとも後漢末期までには法律が改定されたか、または解釋が變化し、父母を毆ることも不孝として扱われるようになったと考えることもできそうである。しかし、ここでいう「不孝」は罪名ではなく、單なる道義上の不孝をいうものであろう。というのも、南朝宋でさえ不孝罪と父母を毆る罪とは區別されていたからである。すなわち、『宋書』卷八一顧覬之列傳に、

律傷死人、四歲刑。妻傷夫、五歲刑。子不孝父母、棄市。

とあり、南朝宋の律では子が父母に對して不孝にあたる行爲をした場合、棄市に處すると定められているが、その一方で『宋書』卷五四孔季恭列傳に、

律文、子賊殺傷毆父母、梟首。

とあり、子が父母を毆れば梟首に處するという律の條文が見える。つまり、不孝とは別に條文が設けられており、かつ法定刑も異なっている。宋律が西晉の泰始律を介して漢律を受け繼いでいることからすると、後漢末期でも父母を毆ることが法律上不孝として扱われていたとは考えがたい。現に、漢代において、父母を毆ることが法律上不孝として扱われた例は見えない。例えば、『太平御覽』卷六四〇刑法部六決獄が引く『董仲舒決獄』には、次のような事例が記されている。

甲父乙與丙爭言相鬬、丙以佩刀刺乙。甲即以杖擊丙、誤傷乙。甲當何論。或曰、毆父也。當梟首。論曰、臣愚以父子至親也。聞其鬬、莫不有怵悵之心、扶伏而救之、非所以欲詬父也。春秋之義、許止父病、進藥於其父而卒、君子原心、赦而不誅。甲非律所謂毆父也。不當坐。

乙と丙が「鬬」（鬬爭・毆り合い）を行ったところ、丙が刀で乙を刺した。乙の子甲は乙を助けようとして、杖で丙を撃とうとしたが、誤って乙にあたり、傷を負わせてしまった。この事件についてある者は、甲は父を毆ったのであるから、父を毆れば梟首に處するという律の規定を適用すべきであると主張した。しかし、それに對して董仲舒は、甲は父を助けようとしたのであって、父を辱めようとしたわけではなく、律でいう父を毆る罪にはあたらないと反論している。いずれにせよ、ここで「不孝」という語は一度も出てこない。

また、『通典』卷六九禮二九沿革二九嘉禮一四「養兄弟子爲後後自生子議」には、

東晉成帝咸和五年、散騎侍郎賀喬妻于氏上表云（中略）董仲舒命代純儒、漢朝每有疑議、未嘗不遣使者訪問、以片言而折中焉。（中略）又一事曰、甲有子乙以乞丙。乙後長大、而丙所成育。甲因酒色謂乙曰、汝是吾子。乙怒、杖甲二十。甲以乙本是其子、不勝其忿、自告縣官。仲舒斷之曰、甲生乙、不能長育以乞丙、於義已絶

矣。雖杖甲、不應坐。

とあり、東晉の咸和五年（三三〇年）、散騎侍郎賀喬の妻于氏が上書し、その中に前漢の武帝期の事件と、それに對する董仲舒の意見が記されている。すなわち、丙の養子乙が實父甲を杖で二〇回叩いたという事件につき、董仲舒は、甲は乙を養えず、丙へ養子として與えたのであるから、父子關係は既に絶たれており、乙を處罰するに及ばないと述べている。やはりこの記述の中にも不孝という語は出てこない。もっとも、咸和五年は董仲舒の時代より四百年も後で、しかも『通典』はそれよりさらに五百年の後に編纂されたものである。よって、この史料はそもそも史實としての信憑性に疑問がないでもない。

もう一つ、父母を毆ることと不孝に關聯する史料として、『漢書』巻七六王尊傳に、

初元中、擧直言、遷虢令、轉守槐里、兼行美陽令事。春正月、美陽女子告假子不孝曰、兒常以我爲妻、妒笞我。尊聞之、遣吏收捕驗問、辭服。尊曰、律無妻母之法、聖人所不忍書、此經所謂造獄者也。尊於是出坐廷上、取不孝子縣磔著樹、使騎吏五人張弓射殺之。吏民驚駭。

という事件が記されている。前漢の元帝期、美陽縣のある女子が義理の子を不孝罪で告し、その内容は義理の子が常に自分を妻のように扱い、妬みから笞で打つというものであった。しかし、これも當時母を毆ることが不孝罪として處罰されていたことを示すものではなく、毆る以外にも「妻のように扱う」という行爲があるからこそ、この女子は不孝罪として告したのであろう。もっとも、當時美陽縣令を兼任していた王尊は、律には母を妻とした場合について規定が設けられていないとして、義理の子を樹木に縛りつけ、騎吏五人に射殺させている。王尊は女子と異なり、義理の子の行爲は不孝をも超えた惡質な行爲と解釋したのであろう。

次に、前掲①～⑤の行爲が不孝に含まれないとなると、もう一つ以下の史料が問題となる。すなわち、『後漢紀』巻八光武皇帝紀建武二十九年條には、

詔天下繫囚自殊死已下減本罪各一等。不孝・不道不在此書。

とあり、後漢の光武帝が詔を下し、囚人のうち死刑以下の刑罰にあたる罪を犯した者全てを一等減刑するが、不孝と不道の場合には減刑の對象としないとしている(2)。①～⑤が不孝に含まれないとすると、①～⑤は減刑の對象となるのに、不孝罪は減刑の對象とならないことになる。しかし、後述する通り、父母が死亡し、まだ葬られていないときに、遺體の傍らで和姦する行爲さえ不孝となるのであるから、生きている父母に對して直接危害を加える、あるいは加えようとする行爲がかえって減刑の對象となるというのは不合理である。おそらく、①～⑤は「不道」として扱われたのではないであろうか。二〇一一～一二年、湖南省長沙市尚德街で後漢～三國呉の簡牘羣が出土したが、それらのうち木牘二一二の兩面には、律令の條文らしきものが列擧されている(3)。二一二の書寫年代は明らかではないが、たとえ三國呉まで降るとしても、おそらく漢の律令を繼承したものであろう。それらの條文の一つに、

妻淫失煞夫、不道。

とあり、妻が淫佚のゆえに夫を殺すことは不道にあたるとされている。不道は漢代において最も重い罪であり、妻が夫を殺害することさえ不道なのであるから、父母を殺害することが不道として扱われたとしても不思議ではない。また、父母を毆る・詈る、「牧殺」しただけで果して不道として扱われたのかという疑問も出ようが、同じく尚德街簡牘二一二に、

奸人母子旁、不道。

とあり、他人の子の傍らで、その母と姦通すれば不道とされる。當時の感覺からすれば、父母を毆る・詈る、牧殺する方がはるかに重罪であったであろう。ちなみに、『通典』巻一六六刑法四雜議上に、

漢景帝時、廷尉上囚防年繼母陳論殺防年父、防年因殺陳、依律、殺母以大逆論。帝疑之。武帝時年十二、爲太子、在旁、帝遂問之。太子答曰、夫繼母如母、明不及母、緣父之故、比之於母。今繼母無狀、手殺其父、則下手之日、母恩絶矣。宜與殺人者同、不宜與大逆論。從之。

とあり、これによると前漢の景帝期の律では、母を殺せば「大逆」にあたると定められていた。これをもって、漢代では父母を殺せば大逆不道罪として處罰されたとする説もあるが(4)、この記述は『通典』より前の文獻に見えず、史實か否かは判然としない。

①～⑤の他、明らかに不孝罪にあたらない行爲として、次のようなものがある。前節でも擧げた奏讞書案例二一を、その續きまで含めて今一度引用する。

●今廷史申繇（徭）使而後來、非廷尉當、議曰、當非是。律曰、不孝棄市。有生父而弗食三日、吏且何以論子。廷尉穀等曰、當棄市。有（又）曰、有死父、不祠其冢三日、子當何論。廷尉穀等曰、不當論。有子不聽生父教、誰與不聽死父教罪重。穀等曰、不聽死父教毋罪。（第一八九簡～一九一簡）

父の死後、子がその塚を三日間祀らなかった場合、あなたがたはいかなる罪に問うか、という廷史申の問いに對し、廷尉穀らは罪に問うにあたらないと回答している。また、父の存命中に、子が父の言いつけに従わない場合

と、父の死後に、子が父の言いつけに従わない場合とでは、いずれの罪が重いか、という申の問いに對し、穀らは、後者の場合は無罪であると答えている。つまり、少なくとも⑥父の墳墓を三日間祀らない、⑦子が亡父の言いつけに従わないことも、不孝罪にはあたらない行爲であったことがわかる。

また、二年律令「告律」に、

子告父母、婦告威公、奴婢告主・主父母妻子、勿聽而棄告者市。（第一三三簡）

とあり、子が父母の罪を告した場合、棄市に處すると定められているが、不孝にあたるとは記されていない。よって、⑧子が父母の罪を告することも、不孝罪にあたらない行爲であったと考えられる。(5)

第三節　不孝にあたる行爲

それでは、いかなる行爲が不孝とされていたのであろうか。まず、第一節でも検討した通り、奏讞書案例二一には「律曰、不孝棄市。有生父而弗食三日、吏且何以論子。廷尉穀等曰、當棄市」とあることから、父に三日間食事を與えなかった場合、不孝にあたることは間違いない。それは先行研究も認めるところである。これが律令や故事などで定められていたのか、それとも道理からいって當然そう解釋されるということなのかは明らかでないが、いずれにせよこのような行爲は法律上の不孝の一つとされていたことになる。

次に、これも既に見た通り、奏讞書案例二一には「有子不聽生父教、誰與不聽死父教罪重。穀等曰、不聽死父教毋罪」ともあり、亡父の言いつけに従わないことは罪に問われず、したがって當然不孝罪にもあたらない。父の言いつけに従わない場合、父が存命中か否かでいずれの罪が重いか、という廷史申の問いかけからすると、父が存命中の場合には何らかの罪に問われたに違いない。先行研究の中には不孝罪に問われたと解しているものもあるが、(6)何らかの根據を擧げているわけではない。

この問題について、筆者は次のように考える。第二章で檢討した通り、不孝罪は原則として父母が告を行うことを成立要件の一つとする。それゆえ、當然のことながら、不孝にあたる行爲は、父母の存命中になされたものであることを原則とする。逆にいえば、父母の死後になされた行爲は不孝罪どころか、罪にさえ問われないのが原則であったごとくである。既に見た通り、父の墳墓を三日間祀らない、子が亡父の言いつけに從わないことは、罪にならなかった。

一方、父母の死後であっても、例外として第三者が告劾を行うことによって、不孝罪が成立する場合もあった。それは大別すれば、さらに二つの場合にわけることができる。まず一つは、不孝にあたる行爲が父母の生前になされ、その後父母が死亡した場合である。そしてもう一つは、父母の死後になした行爲が法律上不孝にあたると定められている場合である。前者の場合、告の主體と時期こそ原則と異なるものの、父母の存命中になされた行爲であるという點では、不孝罪の原則に外れるものではない。しかし、後者の場合、行爲の時期、及び告の主體と時期も原則から外れており、まさに例外中の例外ということができる。

それでは、父母の死後にいかなる行爲をなせば不孝罪に問われるかというと、この問題に關する史料は、少なくとも現在知られている限りではわずか一例しかない。すなわち、奏讞書案例二一には、

夫父母死、未葬、奸喪旁者、當不孝。（第一八六簡）

という規定が引用されている。第二章でも檢討した通り、冒頭の「夫」をどのように解釋するかをめぐっては諸説あるが、「夫」は語氣詞か衍字で、本條は「父母が死亡し、まだ埋葬されていないとき、喪に服しているところの

傍らで和姦した場合、不孝にあたる」の意と考えられる。

　以上を踏まえたうえで、存命中の父の言いつけに従わないことが、當時不孝罪にあたるとされていたか否かを考えると、まず不孝罪は存命中の父母に對する侵害行爲であることを原則としていた。存命中の父の言いつけに従わないことは處罰の對象とさえされているので、存命中の父に對する侵害行爲であることはいうまでもないが、これだけでは不孝罪にあたるか否かはわからない。というのも、存命中の父母に對する侵害行爲の全てが不孝罪になるわけではなかったからである。先述の通り、父母を①殺す、②傷つける、③毆る、④罵る、⑤牧殺する、⑧父母の罪を告する、などの行爲は、存命中の父母に對する侵害行爲ではあるが、不孝罪にあたるわけではない。

　しかし、存命中の父の言いつけに従わないことと、「夫父母死」條で定められている行爲とでは、前者の方が親にとって實害は大きいであろう。しかも、後者は父母の死後になされた行爲であって、これが不孝罪に問われるのは異例中の異例といえる。このように前者よりも實害が輕く、異例の行爲でさえ不孝罪に問われるのであるから、やはり前者も不孝罪か、それ以上の罪に問われたと考えざるをえない。

　そして、存命中の父の言いつけに従わないことを、父に三日間食事を與えないことと比べると、後者は父の生命を脅かしかねない行爲である。一方、前者は言いつけの内容にもよるが、必ずしも父の生命まで脅かすとは限らない。後者でさえ不孝罪に問われるのであるから、前者が不孝罪より重い罪に問われるとは考えがたい。そして、もし父の言いつけに従わない行爲が、①～⑤及び⑧のごとく、不孝罪とは別の罪に問われたとすると、前掲〔一〕～〔三〕において「父母告子不孝」とともに列擧されていてもよさそうなものであるが、そうはなっていない。よって、父の言いつけに従わないことは、やはり不孝罪に問われたと考えられる。

　さらに、秦において不孝罪が設けられた經緯からしても、存命中の父の言いつけに従わないことは、不孝罪に問われたと考えられる。第二章で檢討した通り、戰國時代の秦ではある時期まで不孝罪が設けられておらず、親が子に對して自由に制裁を加えることができた。しかし、ある時期から親といえども勝手に子に對して制裁を加えることが法律上許されなくなった。親が子に制裁を加えたい場合には、國家に子の罪を告し、刑罰という形で國家の手によって制裁が加えられることとなった。不孝罪は子に對して制裁を加えたいという親の意思を國家が代行することに起源があった。このことからすると、言いつけに從わない子を殺したいとまで親が思っている場合、國家はその意思を尊重し、不孝罪として處刑せざるをえなかったのではあるまいか。

父の言いつけに從わないことが不孝罪に問われたことを間接的に裏づけるものとして、後世の例ではあるが、『宋書』卷六四何承天列傳に次のような記述が見える。

時有尹嘉者、家貧、母熊自以身貼錢、爲嘉償責。坐不孝當死。承天議曰、被府宣令、普議尹嘉大辟事、稱法吏葛滕籤、母告子不孝、欲殺者許之。法云、謂違犯教令、敬恭有虧、父母欲殺、皆許之。其所告惟取信於所求而許之。謹尋事原心、嘉母辭自求質錢、爲子還責。嘉雖虧犯教義、而熊無請殺之辭。熊求所以生之而今殺之、非隨所求之謂。始以不孝爲劾、終於和賣結刑、倚旁兩端、母子俱罪、滕籤法文、爲非其條。嘉所存者大、理在難中、但明教爰發、矜其愚蔽。夫明德愼罰、文王所以恤下。議獄緩死、中孚所以垂化。言情則母爲子隱、語敬則禮所不及。今捨乞宥之評、依請殺之條、責敬恭之節、於飢寒之隸、誠非罰疑從輕、寧失有罪之謂也。愚以謂降嘉之死、以普春澤之恩。赦熊之愆、以明子隱之宜。則蒲亭雖陋、可比德於盛明。豚魚微物、不獨遺於今化。事未判、値赦並免。

概要は以下の通りである。南朝宋のとき、尹嘉という者の家が貧しかったので、その母熊が嘉のためにみずからを質に入れて債務を辨濟した。この事件を審理した法吏の葛滕は、「母が子の不孝を告し、子を殺すことを希望している場合にはこれを認める」という規定により、尹嘉の行爲は不孝の罪にあたり、死刑にあたると劾を行った。

しかし、南蠻長史の何承天は、熊はみずから質入れを求め、尹嘉のために債務を辨濟したのであって、尹嘉を殺そうと求めたわけではなく、にもかかわらず不孝罪として死刑に處するのは、熊の意に反し、法律にも合致しないなどの理由により、尹嘉の死刑を減刑すべきと主張した。判決がまだ下らないうちに赦令が出され、尹嘉は赦免された、というものである。

第二節でも擧げた通り、『宋書』顧覬之列傳には「子不孝父母、棄市」という律の條文が引用されている。これを文字通りに讀むと、子は父母に對して不孝な行爲をすれば、棄市に處する、という意味になる。これはあたかも父母の告がなくても不孝罪の成立を認めるごとくである。しかし、尹嘉の事件について「母告子不孝、欲殺者許之」という規定が引用されていることからすると、南朝宋の律でも漢律と同樣、原則として父母の告が必要であったのであろう。おそらく、「母告子不孝、欲殺者許之」は本件の狀況に合わせ、法の主旨を述べたものであって、南朝宋律でも正式な條文は漢律と同じく、「父母告子不孝、棄市」に近いものであったと推測される。

注目されるのは、「母告子不孝、欲殺者許之」の次に「法云、謂違犯敎令、敬恭有虧、父母欲殺、皆許之」とあることである。「謂」以下は律の本文ではなく、「父母告子不孝、棄市」のような規定に對する注であろう。例えば、『唐律疏議』名例律には、

諸犯私罪、以官當徒者、五品以上、一官當徒二年。九品以上、一官當徒一年。若犯公罪者、各加一年當。以官當流者、三流同比徒四年。其有二官、先以高者當、次以勳官當。

とあるが、「其有二官」について注に、

謂職事官・散官・衞官同爲一官、勳官爲一官。

とあり、後世の唐律の注も「謂」で始まり、以下本文の趣旨を説明しているものがよく見られる。「謂違犯敎令、敬恭有虧、父母欲殺、皆許之」とは、子が父母の教訓・命令に背反したり、あるいは父母に對する敬い・慎しみが欠けているため、父母がその子を殺そうと求める場合、いずれもこれを認める、という意味である。これは「父母告子不孝、棄市」に對する説明であるから、「違犯敎令、敬恭有虧」とは要するに不孝の定義を述べていることになる。(7) 何承天は尹嘉の行爲を「虧犯敎義」と非難しているが、これも「違犯敎令、敬恭有虧」をまとめたものであろう。

南朝宋の律における不孝罪の處罰規定が漢とほぼ同じであること、及び南朝宋の律が泰始律を受け繼ぎ、泰始律が漢律令を受け繼いでいることからすると、漢代でも法律上の不孝は「違犯敎令、敬恭有虧」にあたる行爲と定義されていた可能性がある。これらのうち、存命中の父の言いつけに従わないことは「違犯敎令」にあたるであろう。

以上、要するに法律上の不孝を定義しているものは、わずかに奏讞書案例二一に、

(甲) 父に三日間食事を與えない。
(乙) 存命中の父の言いつけに従わない。
(丙) 父母が死亡し、まだ埋葬されていないとき、喪に服しているところの傍らで和姦する。

という三件が見えるのみである。以上のうち(丙)は、

廷尉穀・正始・監弘・廷史武等卅人議當之、皆曰、律(中略)夫父母死、未葬、奸喪旁者、當不孝。(第一八四簡～一八六簡)

とあるので、律の條文であることがわかる。一方、（甲）と（乙）はそれらの行爲がいかなる罪にあたるか、廷史申が例として擧げているのであって、法律の條文そのものではないと考えられる。（甲）と（乙）はいずれも父に對する侵害行爲であるが、「父母告子不孝」、「夫父母死」などとあるように、父と母は、少なくとも不孝罪においては同等の扱いを受けていた。現に、第二節でも擧げた通り、美陽縣の女子が義理の子を不孝罪で告している例がある。それゆえ、（甲）と（乙）は母に對しても成立しえたと考えられる。廷史申はただ父を例にとったに過ぎない。したがって、（甲）と（乙）よりさらに、

（丁）父母に三日間食事を與えない。

（戊）存命中の父母の言いつけに従わない。

という法律上の不孝の定義が導かれる。

さらに南朝宋では、法律上の不孝は「違犯教令、敬恭有虧」と定義されており、漢代にも同様の定義が既に存在していた可能性がある。先には（乙）が「違犯教令」にあたると述べたが、一方（甲）は「敬恭有虧」にあたるであろう。つまり、廷史申が列擧した（甲）と（乙）は、奇しくも「違犯教令、敬恭有虧」にあたる行爲ということになる。あるいは、申はこれらにあたる行爲の具體例として、意圖的に（甲）と（乙）を擧げたのかもしれない。

そこで、不孝にあたらない行爲、すなわち父母を①殺す、②傷つける、③毆る、④罵る、⑤牧殺する、⑥父の墳墓を三日間祀らない、⑦子が亡父の言いつけに従わない、⑧父母の罪を告する、などの諸行爲を改めて見ると、①〜⑤及び⑧は、（丁）と（戊）にあてはまらないのはもちろんのこと、「違犯教令、敬恭有虧」にもあたらない。①〜⑤及び⑧は「違犯教令、敬恭有虧」どころか、場合によっては父母にとってさらに害惡の大きな行爲である。それゆえ、漢の法律における不孝が「違犯教令、敬恭有虧」と定義されていたとしても、少なくとも①〜⑤及び⑧と

は矛盾しない。また、⑥と⑦は父母の死後になされた行爲であるから、そもそも不孝罪にはあたらない。

以上より、不孝罪は原則として存命中の父母に對する侵害行爲であることを要件とするが、全ての侵害行爲が不孝罪に問われるわけではなく、「違犯敎令、敬恭有虧」にあたる行爲に限られた可能性が高いといえよう。

第四節　事例による檢證

傳世文獻に見える不孝罪の事例の中には、不孝罪に問われた者が具體的にいかなる行爲をしたのか記されているものもある。結論から先にいえば、殘念ながらこれらの事例から法律上の不孝の内容を明確に知ることはできない。本節ではむしろ逆に、これらの事例が法律上の不孝に對する以上の檢討結果と矛盾がないかどうかを檢證したい。

〔四〕更爲書賜長子扶蘇曰（中略）今扶蘇與將軍蒙恬將師數十萬以屯邊、十有餘年矣、不能進而前、士卒多秏、無尺寸之功、乃反數上書直言誹謗我所爲、以不得罷歸爲太子、日夜怨望。扶蘇爲人子不孝、其賜劍以自裁。（『史記』卷八七李斯列傳）

〔五〕王后徐來亦坐蠱殺前王后乘舒、及太子爽坐王告不孝、皆弃市。（『史記』卷一一八衡山列傳）

〔六〕公卿治、奏以爲不孝、請誅王及太后。天子曰、首惡失道、任后也。朕置相吏不逮、無以輔王、故陷不誼、不忍致法。削梁王五縣、奪王太后湯沐成陽邑、梟任后首于市。（『漢書』卷四七文三王傳）

〔七〕尚書令復讀曰（中略）臣敞等謹與博士臣霸・臣雋舍・臣德・臣虞舍・臣射・臣倉議、皆曰（中略）今陛下嗣孝昭皇帝後、行淫辟不軌。（中略）五辟之屬、莫大不孝。周襄王不能事母。春秋曰、天王出居于鄭。繇不孝出之、絶之於天下也。宗廟重於君。陛下未見命高廟、不可以承天序、奉祖宗廟、子萬姓、當廢。（中略）皇太后詔曰、可。（中略）羣臣奏言、古者廢放之人屏於遠方、不及以政。請徙王賀漢中房陵縣。太后詔歸賀昌邑、賜湯沐邑二千戸。（『漢書』巻六八霍光傳）

〔四〕では秦の始皇帝の死後、丞相李斯と趙高が始皇帝の遺詔を僞造し、その内容は長子扶蘇の不孝を非難し、自害を命じるというものであった。これによると、❶大軍を擁しながらも軍功を全く擧げておらず、むしろ兵士を消耗させていること、❷しばしば上書し、始皇帝の所業をあからさまに誹謗したこと、❸咸陽へ歸って太子になることができず、日夜始皇帝を怨んでいること、が不孝の内容として擧げられている。第二章でも述べた通り、ここでいう「不孝」は法律上のものではなく、人倫上のものをいっている可能性も否定できない。それゆえ、〔四〕をもって法律上の不孝の内容を確定的に知ることはできない。

❸は父子間の問題であるのに對し、❶と❷は本來ならば君臣間における政治上の問題のごとくであるが、扶蘇の不孝が非難されていることからすると、〔四〕ではこれらが全て父子間の問題として扱われていることになる。假に扶蘇が法律上の不孝罪に問われていたとすると、❶は匈奴を相手に軍功を擧げよという父の言いつけに背いているので、「違犯教令」にあたると見ることができる。❸はそもそも犯罪となるのか疑問がないでもないが、あるいは父に對する敬意が足りないとされ、「敬恭有虧」として扱われているのかもしれない。

❷の「誹謗」は罪名でもあるが、ここでは法律用語として用いられているのかは定かでない。『漢書』巻二三刑法志に、

漢興之初、雖有約法三章、網漏呑舟之魚、然其大辟、尚有夷三族之令。令曰、當三族者、皆先黥・劓・斬左右止・笞殺之、梟其首、菹其骨肉於市。其誹謗詈詛者、又先斷舌。

とあり、漢初では「夷三族之令」と呼ばれる法規があり、誹謗の罪を犯した者は、「黥」（額に入れ墨を施す）・「劓」（鼻を削ぎ落す）・「斬左右止」（左右の足の指を斬り落す）・「笞」（笞で打つ）・「斷舌」（舌を斬り落す）を加えたうえで處刑され、その「三族」すなわち父母・妻子・兄弟姉妹も處刑された。「漢興之初……尚有夷三族之令」すなわち漢初では「依然として夷三族之令があった」という表現からすると、それより前の秦代でも同様の法規があり、それが漢初にも受け繼がれて殘っていたごとくである。すると、❷でいう誹謗が法律上の誹謗を意味し、法律通りに處罰を行うのであれば、始皇帝本人はともかく、扶蘇の母・妻子・兄弟姉妹を處刑しなければならなくなってしまう。特に、扶蘇の兄弟姉妹は始皇帝の子でもあるから、彼らを處刑することは、李斯や趙高らが擁立している胡亥を含め、始皇帝の後繼者を皆殺しにすることを意味する。それゆえ、❷でいう誹謗は法律上の誹謗を意味するものではないか、あるいは本件では特別に誹謗の罪には問わなかったのであろう。そして、假に扶蘇が不孝罪に問われたとすれば、❷も父子間の問題として扱われ、「敬恭有虧」にあたるとされたのではなかろうか。もっとも、假にそうであったとしても、これは例外的な措置であって、これをもって皇子が上書して皇帝を誹謗することが常に不孝罪として扱われたと解することはできない。

以上のように、〔四〕ではそもそも扶蘇が不孝罪に問われたのか否かは判然としないが、假に問われたとしても、❶は「違犯敎令」、❷と❸は「敬恭有虧」にあたると解しうる。よって、前節での檢討結果とは矛盾しない。

〔五〕では前漢の武帝期、衡山王太子劉爽がその父衡山王劉賜より不孝と告された罪に問われ、棄市に處されている。〔五〕の上文に、

王聞爽使白嬴上書、恐言國陰事、即上書反告太子爽所爲不道弃市罪事。

とあり、衡山王自身は不道罪で太子を告しているが、治獄の結果、不孝罪として認定されたということであろう。

〔五〕の上文には、太子がさまざまな悪行を行ったこと、及び行ったという疑いを衡山王からかけられ、笞で打たれたことなどが記されているが、それらによると、おそらく衡山王の主張する太子の所業は以下の諸點であったであろう。

❶衡山王后徐來（太子にとっては繼母にあたる）の兄が衡山國を訪れたとき、太子は彼とともに酒を飲み、彼を刃物で刺して傷を負わせた。
❷太子がある者を使って王后の繼母に傷を負わせた。
❸衡山王が病になったとき、太子は病と僞って看病せず、むしろ喜んでさえいた。
❹王后が酒を飲んでいるとき、太子はその太ももに寄りかかり、一緒に寝ようと誘いかけ、姦通しようとした。
❺太子は衡山王が制止するのも聞かず、弟の劉孝が衡山王の侍女と姦通していること、及び妹の劉無采が奴隷と姦通していることを上書しようとした。
❻❺で太子を止めるため、衡山王がみずから車に乘って太子に追いつき、これを捕えたとき、太子は妄りに「惡言」を放った。

以上のうち、❶の被害者は王后の兄であって、父母に對する侵害行爲ではない。また、❷と❻は不孝ではなく、それぞれ他の罪にあたると考えられる。❷の王后の繼母は、太子にとっては繼母の繼母にあたる。第二章で検討した通り、漢初までは實の父母に對してのみ不孝罪が成立しえたが、遲くとも元朔年間（紀元前一二八年～前一二三年）までにはそれが祖父母へ擴大され、さらに遲くとも前漢後期までには繼母も含まれるようになったと考えられる。〔五〕で衡山王が告を行ったのは元朔六年（紀元前一二三年）で、太子が❶～❻の行爲をしたとされるのはそれ以前のことではあるが、當時既に繼母の繼母に對しても不孝罪が成立しうるものとされていた可能性も否定できない。漢律では一般にある者が人に傷を負わせた場合、實行犯とともに犯行の計畫を立てた者は、實行犯と同一の刑罰に處されるのが原則であった(8)。繼母の繼母に傷を負わせることがいかなる罪に問われたのかは明らかでないが、前掲の〔一〕と〔三〕によると、子が父母に傷を負わせることさえ不孝に含まれないのであるから、繼母の繼母に傷を負わせることも不孝にはあたらなかったであろう。また、❻では太子が「惡言」を放っているが、たとえこのとき父を罵ったとしても、〔一〕～〔三〕によると不孝に含まれないので、〔五〕でも不孝にはあたらなかったはずである。

❹では太子が繼母と姦通しようとしている。第二節で檢討した美陽縣の事件では、義理の子が繼母を妻のように扱い、笞で打ったため、繼母は義理の子を不孝罪で告している。「常以我爲妻」とは姦通も含まれていたのかもしれない。繼母は笞打ちと合わせて、これらが不孝にあたると考え、義理の子を告した。王尊は不孝として扱わなかったようであるが、解釋によっては不孝にあたるとする餘地もあったのかもしれない。❹では太子が王后に怒られ、姦通の實行に着手する段階にさえ至らなかったが、このような行爲は「敬恭有虧」に該當し、不孝にあたる行爲の一つと判斷された可能性もあろう。

❺では、人の犯行を上書すること自體は正當な行爲であるが、衡山王の言うことを聞かなかったという點では、王の命令に從わなかった罪にあたるか、あるいは父の命令に從わなかったとして「違犯敎令」に該當し、不孝罪にあたると判斷されたのかもしれない。

❸はおそらく本件において最も不孝の中核をなす行爲であろう。奏讞書案例二一によると、父に三日間食事を與えなかった場合、不孝にあたるとされている。平時でさえ父の面倒を見なかった場合に不孝とされるのであるから、ましてや病氣になった父の面倒をみないことは、當然不孝と考えられたであろう。「違犯敎令、敬恭有虧」でいえば、後者にあたることはいうまでもない。

以上の他にも、王后・劉友・劉無采は太子を毀り、そのため衡山王はしばしば太子を笞で打っているので、[9] 衡山王は他にも不道の根據として太子のさまざまな悪行を擧げていたのかもしれない。それらのうち❸などが有罪と認定され、太子は不孝の罪により棄市に處されたのではなかろうか。あるいは、他にも有罪と認められた行爲はあったが、いわゆる「二罪從重」により、不孝だけが罪に問われたのかもしれない。

次に、〔六八〕は元朔年間、梁の平王劉襄が不孝の罪に問われたという事件である。事件の經緯は以下の通りである。すなわち、平王の祖父孝王劉武は價千金の罍樽を持っており、これを大切に保管し、人に與えるなと戒めた。しかし、その後平王の妃任王后がこれを欲しがったので、孝王の妃李太后が反對するのも聽かず、平王はこれを任王后へ與えてしまった。また、平王とその母陳太后は日頃から李太后に對して從順に仕えていなかった。李太后は梁へやってきた漢朝の使者にこれを訴えようとしたが、平王と任王后は門を閉じさせてこれを阻止し、そのため李太后は指を門に挾んでしまった。その後、李太后は病死したが、以上の經緯を知る類犴反という者が朝廷へ通報した。公卿らはこれを審理し、平王の行爲は不孝にあたると皇帝へ上奏した、というものである。

まず、平王は祖父孝王の戒めに背いて罍樽を任王后へ與えているが、この面だけを見れば、不孝に問われることはなかったであろう。奏讞書案例二一では、父の死後に、子が父の言いつけに從わない場合、罪にあたらないとされている。祖父についてはなおのことであろう。それゆえ、不孝罪に問われているのは、祖母の李太后に對する行爲に限られることになる。〔六八〕の上文には平王が李太后に對して行ったこととして、以下のことが擧げられている。

❶李太后が反對しているにもかかわらず、罍樽を任王后へ與えたこと。
❷日頃から李太后に對して從順に仕えていなかったこと。

❸李太后が漢朝の使者に會見するのを阻止し、李太后の指を門で挾んだこと。
❹李太后が食官長及び郎の尹霸らと姦通していることを知っていると、人を使って李太后にほのめかし、漢朝への通報をやめさせたこと。

『史記』巻五八梁孝王世家に、

反知國陰事、乃上變事、具告知王與大母爭樽狀。

とあるのによると、〔六〕で類犴反が通報したのは、平王が罍樽の件で李太后ともめたことであるが、審理の過程の中で❷や❹も明るみに出たのであろう。

以上のうち、❸では李太后の指を門で挾んでいるので、祖母に對して暴行を加えているといえる。前掲の〔一〕に「子……毆詈泰（大）父母……、及父母告子不孝、皆棄市」とあり、「大父母」すなわち祖父母を毆る罪は、不孝罪とは區別されていた。❸も不孝罪ではなく、祖母を毆る罪に問われたと考えられる。

一方、❶は「違犯敎令」、❷は「敬恭有虧」にあたるであろう。また、❹は要するに李太后を脅迫したことになるが、これもあるいは「敬恭有虧」にあたる行爲と判斷された可能性はある。

以上のように〔六〕では、平王は少なくとも祖母を毆る罪と不孝罪を犯していることになる。先述の通り複數の罪を犯した場合、二罪從重により、最も重い刑罰にあたる罪のみ處罰の對象となるのが原則であった。前掲〔二〕によると、祖母を毆る罪と不孝罪は、いずれも棄市に處されるが、少なくとも❶と❷は不孝罪にあたり、不孝罪にあたる行爲の方が多いので、不孝罪に問われたのかもしれない。

〔七〕では元平元年（紀元前七四年）、昭帝が死去したが、後繼ぎがいなかったので、朝廷はその甥昌邑王劉賀を帝位に就けた。しかし、昌邑王は義父にあたる昭帝のために喪に服さないなど、淫亂の行いがあったので、大司馬大將軍の霍光らは皇太后（昭帝の皇后上官氏）に上奏し、昌邑王の行爲は不孝にあたるとして退位させた。ただし、ここでいう不孝も法律上の不孝罪を意味するものか否かは判然としない。奏讞書案例二一によれば、父の死後、その塚を三日間祀らなかった場合、罪にあたらないとされている。ただし、喪に服さなかった場合と同様に考えてよいかは明らかでない。奏讞書案例二一に引用されている律の規定によると、父母が死亡し、まだ埋葬されていないとき、喪に服しているところの傍らで和姦すれば、不孝罪にあたるとされていた。それゆえ、服喪の期間中になされた行爲は、不孝罪に問われた可能性も否定できない。

以上、〔四〕～〔七〕の事例を見てきたが、前節までの檢討結果を前提としても、矛盾なく理解できるといえよう。

結　語

秦・漢の不孝罪は原則として父母が子の不孝を告することを成立要件としていた（第二章）。しかし、父母が告しさえすれば不孝罪が成立したわけではなく、子の行爲が不孝にあたると國家が判斷して初めて不孝罪が成立した。そして、子の行爲が不孝にあたるか否かについては、ある程度客觀的な基準が設けられていた（第一節）。その客觀的基準は、南朝宋律では「違犯教令、敬恭有虧」であったが、漢においてもこれと同じか、あるいはこれに近い内容のものであった可能性が高い（第三節・四節）。さらに、漢が秦の制度を受け繼いでいることからすると、秦でも同樣であった可能性がある。

ところが、その客觀的基準なるもののうち、「敬恭有虧」は極めて曖昧なものであった。『唐律疏議』鬪訟律には

「諸子孫違犯敎令、及供養有闕者、徒二年」とあるが、「違犯敎令、敬恭有虧」は本條の「違犯敎令」と「供養有闕」にそれぞれ相當するであろう。「供養有闕」について奥村郁三氏は、「律の中でも概念が確定できぬいわば白地規定であり、事實に則して運用しなければならない側面を多く持っていたであろうことは想像できる」と述べている。[10]「敬恭有虧」もおそらく同様であったであろう。つまり、客觀的基準の内容は、規範としてはむしろ客觀的であったとはいいがたい。

また、第三節でも擧げた『宋書』何承天列傳には「承天議曰……法云、謂違犯敎令、敬恭有虧、父母欲殺、皆許之。其所告惟取信於所求而許之」とある。「其所告惟取信於所求而許之」の部分も「法云」として引用されているのか、それとも「法云」の引用は「皆許之」までで、「其所告惟取信於所求而許之」は何承天の言葉なのかは明らかでない。前者とすれば、この部分も「父母告子不孝、棄市」の趣旨を説明した注の一部であることになるが、假に後者としても、當時行われていた一般的な解釋と考えられる。「其所告惟取信於所求而許之」とは、父母が子の不孝を告した場合、告の内容が眞實か否かは、父母の要求通りに判斷するという意味であろう。つまり、父母の主張する子の行爲が「違犯敎令、敬恭有虧」に合致すれば、その主張が虚僞であると否とを問うことなく、不孝罪の成立が認められることになる。父母の主張する子の行爲が「違犯敎令、敬恭有虧」にあたるか否かを官吏が判斷するという制限こそ設けられているものの、父母は事實を歪曲して子の不孝を告し、これを死に追いやることも事實上可能であった。それゆえ、父母は子に對して生殺與奪の權に近い權限を認められていたといえよう。

もっとも、これはあくまでも南朝宋律のことであって、「其所告惟取信於所求而許之」までもが秦・漢でも同様であったことを示す史料は見えない。しかし、『唐律疏議』鬪訟律に「諸子孫違犯敎令、及供養有闕者、徒二年」とあり、唐律ではわずか「徒二年」に處されるに過ぎなかった。一方、南朝宋律の不孝罪は棄市に處された。このような歴史的趨勢からすると、秦・漢における生殺與奪の權が南朝宋より弱かったとは考えがたく、それゆえ秦・

漢でも「其所告惟取信於所求而許之」が原則として存在した可能性が高い。

以上からすると、確かに不孝罪の成立要件は父母の告の他、子の行爲の内容について客觀的基準も設けられていたものの、基本的には父母の主觀あるいは恣意により、不孝罪が成立しうる仕組みになっていたといえよう。第二章で述べた通り、戰國時代のある時期までは、秦では不孝罪が設けられていなかったと考えられる。當時の國家は家内部の問題に介入せず、親が子に對して自由に制裁を加えることができ、不孝罪を犯罪として定める必要がなかった。しかし、國家が家内部の行爲も犯罪として處罰の對象とするようになって以降、親といえども勝手に子に對して制裁を加えることが法律上許されなくなった。親が子に制裁を加えたい場合には、國家に子の罪を告し、刑罰という形で國家の手によって制裁が加えられることとなった。子に對して制裁を加える權限を國家が親からとり上げたからには、親の意思をできるだけ尊重しなければならない。それゆえ、不孝罪の場合、親の主張自體は原則として無條件に事實として認定し、あとは親が主張する子の行爲が不孝罪の客觀的基準にあてはまりさえすれば、不孝罪の成立を認めたのであろう。

その一方で、「其所告惟取信於所求而許之」が秦でも原則として存在したとすれば、第一節で擧げた嶽麓書院藏秦簡「秦律令（貳）」第二〇八簡は、その例外的措置を定めたものと考えられる。すなわち、第二〇八簡の規定が設けられる以前においては、後妻を迎えたために、前妻との間に生まれた子が邪魔となり、子に不孝の行いがないにもかかわらず、子に不孝の行いがあるとして、子を殺すよう、あるいは遷刑へ處するよう告した場合であっても、官吏は告の内容を事實としたうえで、父の主張する子の行爲が不孝にあたるか否かを判斷するのみであった。しかし、國家はあるときこのような事態を好ましくないことと考え、第二〇八簡の規定を設け、後妻を迎えたばかりの者が、前妻との間に生まれた子の不孝を告した場合に限り、告の内容が事實か否かも審理することにしたのではなかろうか。あるいは、他にもこのように親が理不盡な理由で不孝の告を行った疑いがある場合、例外として告の内容の審理を行うという規定が設けられていたのかもしれない。

また、父母が既に死亡している場合に限り、第三者が不孝罪の告あるいは劾を行うことが認められていたが、この場合は父母がみずから告したわけではないので、「其所告惟取信於所求而許之」は適用されなかったであろう。この場合には通常の犯罪と同様、子が實際にいかなる行爲をしたのかを明らかにし、そしてその行爲が不孝にあたるか否かを客觀的基準に照らしたうえで、不孝罪の成否が判斷されたと考えられる。

（1）若江賢三「秦漢律における不孝罪」（同氏『秦漢律と文帝の刑法改革の研究』汲古書院、二〇一五年。一九九六年原載）、曹旅寧『秦律新探』（中國社會科學出版社、二〇〇二年）七六～八四頁、張功「秦漢不孝罪考論」（『首都師範大學學報』社會科學版二〇〇四年第五期）、劉敏「從《二年律令》論漢代「孝親」的法律化」（『南開學報』哲學社會科學版二〇〇六年第二期）、徐世虹「秦漢簡牘中的不孝罪訴訟」（『華東政法學院學報』二〇〇六年第三期）、苑媛「漢朝「不孝」罪的歴史考察」（曾憲義編『法律文化研究』第二輯、中國人民出版社、二〇〇六年）、賈麗英『秦漢家族犯罪研究』（人民出版社、二〇一〇年）七〇～一〇二頁（二〇〇八年原載）、劉厚琴・田藝「漢代「不孝入律」研究」（『齊魯學刊』二〇〇九年第四期）、翟芳「從二年律令對不孝罪的規定看漢初的以孝入律」（『理論界』二〇〇九年第一一期）、張伯元「不孝之罪輯考」（同氏『出土法律文獻叢考』上海人民出版社、二〇一三年）などの研究がある。
（2）ちなみに、『後漢書』卷一下光武帝紀下建武二十九年條には「夏四月乙丑、詔令天下繋囚自殊死已下及徒各減本罪一等、其餘贖罪輸作各有差」とあり、不孝・不道に對する例外を定めた部分は見えない。
（3）尚德街簡牘二一二の史料的性格については、本書附論一參照。
（4）賈麗英『秦漢家族犯罪研究』七九頁參照。
（5）ちなみに、睡虎地秦簡「法律答問」には「子告父母、臣妾告主、非公室告、勿聽」（第一〇四簡・一〇五簡）とあり、二年律令「告律」と似たような條文が見える。しかし、本條は「公室告」（國家に對して告すべき犯罪）と「非公室告」（國家に對して告すべきでない行爲）の區別が設けられていた時代の條文で、この時代にはそもそも不孝罪が設けられていなかったと考えられる。第一章及び第二章參照。
（6）曹旅寧『秦律新探』七九頁參照。

(7) ちなみに、第一節でも擧げた通り、『唐律疏議』闘訟律には「諸子孫違犯教令、及供養有闕者、徒二年」とあり、「違犯教令、敬恭有虧」と同様の行爲を處罰する規定が見えるが、唐律では、「供養有闕」は不孝にあたる犯罪の一つであるのに對し、「違犯教令」は不孝に含まれなかった。

(8) 二年律令「賊律」に「謀賊殺傷人、與賊同灋」(第二六簡)、『漢書』巻八三薛宣傳に「律曰、闘以刃傷人、完爲城旦。其賊加罪一等。與謀者同罪」とある。前者は張家山第三三六號墓出土漢簡漢律十六章「賊律」(第二〇簡)にも全く同じ條文が見える。

(9) 『史記』巻一一八衡山列傳に「無采及中兄孝少失母、附王后、王后以計愛之、與共毀太子、王以故數撃笞太子」とある。

(10) 律令研究會編『譯註日本律令』七(東京堂出版、一九八七年)三八五頁參照。

第五章　魏晉南朝の不孝罪

はじめに

第二章～四章では秦・漢の不孝罪について検討したが、改めてその検討結果を見ると、以下の諸點に整理することができる。

①秦漢律令でいう「不孝」は唐律と異なり、罪目（數種の犯罪の總稱）ではなく罪名であった。
②不孝罪の法定刑は「棄市」（斬首）であった。
③不孝罪は原則として父母が子の不孝を「告」することを成立要件としていた。
④ただし、父母が子の不孝を告しさえすれば不孝罪が成立したわけではなく、さらに子の行爲が不孝の客觀的基準に該當することを要した。
⑤その客觀的基準とは、南朝宋律の注に見える「違犯教令、敬恭有虧」そのものか、これに近いものであった可能性が高い。
⑥客觀的基準といっても、「敬恭有虧」は曖昧で、その内容は、規範としてはむしろ客觀的ではなかった。
⑦南朝宋律の注あるいは解釋によると、父母が子の不孝を告した場合、告の内容が眞實か否かは、父母の要求通りに判斷するものとされていた。父母の主張する子の行爲が「違犯教令、敬恭有虧」に合致すれば、その主張

が虚僞であると否とを問うことなく、不孝罪の成立が認められた。秦・漢でも同様であった可能性が高い。

⑧不孝罪は原則として父母の生前になされた行爲のみが對象となるが、例外として父母の死後になされた行爲が不孝罪に問われる場合もあった。

⑨父母が死亡している場合に限り、第三者が告あるいは劾を行うことが認められていた。

⑩漢初までは實の父母に對してのみ不孝罪が成立しえたが、遲くとも元朔年間（紀元前一二八年～前一二三年）までには祖父母へ擴大され、さらに遲くとも前漢後期までには繼母も含まれるようになったと考えられる。

それでは、次の時代の魏晉南北朝期において、不孝罪は法律上どのように扱われていたのであろうか。漢の律令はその後三國魏の「新律」や西晉の「泰始律令」に受け繼がれ、さらに南北朝では泰始律令を基礎として法典の編纂が行われたが、魏晉南北朝の不孝罪にも①～⑩の要素は見られるであろうか（もっとも、⑤～⑦はむしろ南朝宋律を參考とし、秦・漢でも南朝宋律と同樣であったという推論によるものである）。それとも何らかの變化が見られるであろうか。五胡十六國及び北朝の不孝罪については次章で論じることとして、本章では魏晉南朝における不孝罪がどのように扱われていたかについて檢討する。

第一節　三國魏の不孝罪

以下、三國魏の不孝罪に關する史料を列擧する。

〔一〕〔郭〕太后詔曰、夫五刑之罪、莫大於不孝。夫人有子不孝、尚告治之、此兒豈復成人主邪。（『三國志』卷四魏書三少帝紀）

〔二〕會〔呂〕巽淫〔呂〕安妻徐氏、而誣安不孝、囚之。安引〔嵇〕康爲證、康義不負心、保明其事。（中略）鍾會勸大將軍因此除之、遂殺安及康。康臨刑自若、援琴而鼓、既而歎曰、雅音於是絶矣。（『三國志』巻二一魏書王粲傳裴松之注引東晉・孫盛『魏氏春秋』）[1]

魏では明帝期に漢律を基礎として「新律」十八篇が編纂されるが、〔一〕と〔二〕はいずれもその後の出來事なので、これらでいう不孝は新律のそれを指していることになる。〔一〕では廢帝曹髦の甘露五年（二六〇年）、郭太后は詔の中で、子に不孝の行いがあれば、人はこれを告して處罰を求めるものだと述べている。〔二〕では元帝のとき、呂巽が弟の呂安を不孝の罪で誣告し、呂安の友人嵇康が冤罪であることを證言したが、呂安と嵇康は處刑されている。

以上二つの史料から、次のようなことが窺われる。

第一に、新律でも秦漢律令と同じく、不孝は罪目ではなく罪名であった（①）。〔二〕では呂巽が呂安を「不孝」の罪で告しており、不孝に含まれる何らかの罪で告しているわけではない。

第二に、秦漢律令では、不孝罪は原則として父母の告を成立要件としていたが（③）、〔一〕と〔二〕もこれと矛盾しない。郭太后の詔では、父母が子の不孝を告することについて述べられている。また、呂巽は弟呂安を告しているが、當時彼らの父母は既に死去していたのであろう。漢律令では父母が死亡している場合に限り、第三者が告あるいは劾を行うことが認められていた（⑨）。彼らの母については不明であるが、父呂昭については『三國志』及び裴松之注が引く文獻に若干記載がある。中でも、『三國志』巻九魏書諸夏侯曹傳裴松之注が引く三國魏・魚豢『魏略』に、

又聞當轉爲冀州牧。是時冀州統屬鎭北、而鎭北將軍呂昭才實仕進、本在範後。（中略）範亦竟稱疾、不赴冀州。

正始中拜大司農。

とあり、桓範が正始年間（二四〇～二四九年）に大司農に任命される前、呂昭は鎭北将軍を務めており(2)、遅くとも正始年間以前まで存命していたことになる。また、『三國志』巻二一魏書王粲傳に、

至景元中、坐事誅。

とあり、嵇康は景元年間（二六〇～二六四年）に處刑されているので、呂巽が呂安を告したのも景元年間かそれ以前ということになる。よって、呂昭は景元年間までに死去したのであろう。

第三に、秦漢律令では不孝の告がありさえすれば必ず不孝罪が成立するわけではなく、さらに子の行爲が不孝の客觀的基準に該當することを要した（④）。嵇康は呂安に不孝の行いがなかったことを證言しており、これが認められれば無罪となる餘地もあったのであろう。ということは、新律においても不孝の客觀的基準が存在したことになる。

第四に、秦漢律令では、不孝罪の法定刑は死刑であった（②）。呂安も不孝の罪に問われて處刑されている。漢律では、不孝罪の法定刑は死刑の中でも棄市であったが、呂安が具體的にいかなる死刑に處されたのかは明らかでない。

以上のように、三國魏における不孝罪に關する史料は少なく、不明な點もあるが、おおむね秦・漢と同様であったといえそうである。新律は漢律を基礎として制定されたが、不孝罪については改變が行われなかったごとくである。ちなみに、呉や蜀については不孝罪に關する史料がなく、未詳である。

第二節　西晉・東晉の不孝罪

次に、西晉・東晉の不孝罪に關する史料を列擧する。〔五〕は長文に渉るので、要旨のみを掲げた。

〔三〕吏犯不孝、謀殺其國王侯伯子男・官長、誣偸受財枉法、及掠人和賣、誘藏亡奴婢、雖遇赦、皆除名爲民。（『太平御覽』巻六五一刑法部一七除名引『晉律』）

〔四〕六月丙申朔、詔曰、郡國守相（中略）士庶有好學篤道、孝弟忠信、清白異行者、擧而進之。有不孝敬於父母、不長悌於族黨、悖禮棄常、不率法令者、糾而罪之。（『晉書』巻三武帝紀泰始四年條）

〔五〕武帝のとき、司空の賈充が朝臣を酒宴に招いたところ、河南尹の庾純と口論になり、「父が年老いているのに、歸郷して面倒を見ようとしない」と庾純を罵った。そして、武帝へ上書し、庾純の官職を解任するよう求めた。庾純は河南尹と關内侯の印綬を返上し、上書してみずからを劾し、酒を飲み過ぎて賈充を罵ったことにつき、反省の辯を述べた。武帝は庾純を罷免する一方で、庾純が年老いた父の面倒を見るために歸郷の申請をしなかったことにつき、臣下にその是非を議論させたところ、おおむね次のような意見が提示された。❶禮・律では家族の中に八〇歳以上の者がいる場合、その子のうち一人は政務に從事せず、九〇歳以上の者がいる場合、その家族は全て政務に從事しないとされている。庾純の父は八一歳、兄弟は六人、それらのうち三人が實家にいるので、庾家では父の面倒を見ていないわけではない。それゆえ、庾純が歸郷を申請しなかったことは、禮・律の規定に違反しない。❷庾純の兄で侍中の庾峻、遼東太守の孫和、廣漢太守の鄧良は老親の面倒を見るために歸郷を願い出たが、いずれも許可されなかった。それゆえ、庾純についてのみ歸郷を願い出なかったことを咎めるのは不合理である。❸しかし、庾純は酒に酔って宰相の賈充を罵ったので、降格させるべきである。❹庾純は本來よく親に仕え、官吏としても公正・清廉で私心がなく、酒に酔って賈充を罵ったことを反省し、みずからを劾奏している。にもかかわらず、賈充を罵ったことと、庾純を不忠・不孝とする上奏を根據として、彼の爵位と封地を削るというのは誤っている（❸に對する反論）。武帝は詔を下し、❶〜❸の意見を採用した。（『晉書』卷五〇庾純列傳）

〔六〕咸寧三年春、刺史濬誅犍爲民陳瑞。瑞初以鬼道惑民。其道始用酒一斗・魚一頭、不奉他神、貴鮮潔。其死喪、産乳者、不百日不得至道治。其爲師者曰祭酒。父母・妻子之喪、不得撫殯入弔及問乳病者。轉奢靡、作朱衣・素帶・朱幘・進賢冠。瑞自稱天師、徒衆以千百數。濬聞、以爲不孝、誅瑞及祭酒袁旌等、焚其傳舍。益州民有奉瑞道者、見官二千石長吏巴郡太守犍爲唐定等、皆免官或除名。（東晉・常璩『華陽國志』卷八大同志）

〔七〕齊王冏輔政、〔東武公〕澹母諸葛太妃表澹不孝、乞還〔司馬〕繇、由是澹與妻子徙遼東。（『晉書』卷三八宣五王列傳）

〔八〕〔庾〕大會吏佐、責〔陶〕稱前後罪惡。稱拜謝、因罷出。亮使人於閤外收之、棄市。亮上疏曰、案稱、大司馬侃之孽子、父亡不居喪位、荒耽于酒。（中略）而稱豺狼愈甚、發言激切、不忠不孝、莫此之甚。苟利社稷、義有專斷、輒收稱伏法。（『晉書』卷六六陶侃列傳）

〔九〕〔桓〕玄又奏、〔會稽王〕道子酣縱不孝、當棄市。詔徙安成郡、使御史杜竹林防衞、竟承玄旨酖殺之、時年三十九。（『晉書』卷六四簡文三子列傳）

〔三〕は晉律の條文である。晉は泰始元年（二六五年）一二月に建國され、わずか三年後の同四年（二六八年）一月に泰始律令を公布しているので、ここでいう「晉律」も泰始律の可能性が極めて高い。本條では官吏が不孝などの罪を犯した場合、赦令に遇ったとしても、「除名」（官爵を剥奪すること）して民とすると定められている。(3) 本條から、不孝罪は赦令によって刑罰を減免される場合もあったことが知られる。一方、漢代では『後漢紀』巻八光武皇帝紀建武二十九年條に、

詔天下繫囚自殊死已下減本罪各一等。不孝・不道不在此書。

とあり、後漢の光武帝が詔を下し、囚人のうち死刑以下の刑罰にあたる罪を犯した者全てを一等減刑するが、不孝と不道の場合には減刑の對象としないとしている。もっとも、この赦令は一回限りの命令に過ぎず、恆久的に法的効力を有するものとは考えがたく、漢代でも一般に不孝罪が赦令の對象とされていたのか否かは未詳である。

〔四〕は泰始四年（二六八年）六月に武帝が郡・國の守・相に對して下した詔である。その中で、父母に對して孝敬を盡さない者がいれば、糾彈して罪に問え、と命じている。これは一見すると、父母の告がなくても、不孝にあたる行爲をしている者を一齊に取締るよう命じているごとくである。しかし、「有不孝敬於父母」とともに「糾而罪之」の對象として列擧されている行爲は、「不長悌於族黨」、「悖禮棄常」などというように、極めて抽象的で、具體的な罪名を指しているわけではない。そもそも〔四〕の内容は、郡國の守相としての一般的な施政方針を示したものであって、具體的な法令として下したものではなかろう。「有不孝敬於父母……糾而罪之」も不孝罪の告劾があればきちんと處理し、また不孝の行いをした者がいれば教え諭すぐらいのことが期待されているのであろう。

次に、〔五〕について檢討する。概要は〔五〕で示した通りであるが、これだけでは庾純が不孝罪に問われたか否かはっきりしない。しかし、〔五〕の下文に、

復以純爲國子祭酒、加散騎常侍。後將軍荀眅於朝會中奏純以前坐不孝免黜、不宜升進。

とあり、本件の後、武帝は庾純を國子祭酒に任命し、散騎常侍の官を加えたが、後將軍の荀眅は、庾純が以前不孝に問われて罷免・降格されたことをもって、昇進させるべきでないと主張している。それゆえ、一見すると庾純は〔五〕において不孝罪に問われたごとくであるが、このように解すると矛盾が生じる。

まず、〔五〕では、賈充は上書して庾純を解任するよう求めたと記されているのみで、上書の具體的な内容は引用されていない。一方、庾純はみずからを劾し、その中で老父の面倒を見るために歸鄉を申請しなかったことを認めている。ただし、庾純は最後に賈充の言を聽き入れず、賈充を罵ったことを罪として認めただけであって、不孝罪については言及していない。これを受けて御史中丞の孔恂は庾純を劾し、免官するよう武帝に求めたが、その理由は記されていない。武帝は詔を下し、庾純が賈充を罵ったことは、尊卑の禮、貴賤の序を犯すものであるとして、庾純を罷免している。要するに、賈充の上書、庾純の自劾、孔恂の劾、武帝の詔では、庾純が賈充を罵ったことだけが問題とされていることになる。

ところが、武帝はそのうえで、庾純が年老いた父の面倒を見るために歸鄉の申請をしなかったことについて、禮典に照らしてその是非を議論させている。つまり、賈充・庾純・孔恂は特にこれを問題としなかったが、武帝は賈充の「父が年老いているのに、歸鄉して面倒を見ようとしない」という言葉に注目し、庾純に對してさらに制裁を加えるべきか否かを檢討させたのであろう。南朝宋では「違犯敎令、敬恭有虧」が法律上不孝にあたる行爲とされていたが、父の面倒を見ないことは「敬恭有虧」にあたると考えられる。

ただし、武帝は庾純の行爲が不孝にあたるか否かを明らかにするよう命じたわけではない。少なくとも〔五〕によると、武帝が議論するよう命じたことを受けて、孝の問題を最初に持ち出したのは、太傅の何曾、太尉の荀顗、驃騎將軍の齊王司馬攸である。彼らは❶の意見を述べたものの、最終的には、

臣以爲純不遠布孝至之行、而近習常人之失、應在譏貶。

と結論づけ、庾純が「孝至」（「至孝」の誤りか）の行いを廣めなかったことを、[4]降格すべき理由の一つとして擧げている。つまり、庾純が歸郷を申請しなかったこと自體は、律・禮に違反しているわけではないが、それでも歸郷して孝を盡し、高官としてその行いを廣め、民を感化することをしなかったということであろう。

もっとも、彼らも庾純の行爲を不孝とまで明言しているわけではない。〔五〕によると、庾純の行爲を最初に不孝と明言したのは、司徒の石苞である。すなわち、

司徒石苞議、純榮官忘親、惡聞格言、不忠不孝、宜除名削爵土。

とあり、庾純は高官に昇りながら親のことを忘れ、戒めの言葉を聞くのを嫌がり、不忠・不孝であるから、除名して爵位と封土を削るべきである、と石苞は述べている。戒めの言葉（原文では「格言」）とは、賈充が庾純に對して「父が年老いているのに、歸郷して面倒を見ようとしない」と罵ったことを指すのであろう。

また、❹は河南功曹史の龐札らが述べた意見であるが、その中に「賈充を罵ったことと、庾純を不忠・不孝とする上奏を根據として、彼の爵位と封地を削るというのは誤っている」とある。「庾純を不忠・不孝とする上奏」とは、司徒石苞の意見を指しているのであろう。

武帝は最終的に朝臣の議論を踏まえて詔を下し、庾純が醉っていたことを責め、後は齊王と司徒西曹掾劉斌の意見、すなわち❶〜❸の意見を採用している。つまり、庾純は不孝罪に問われたわけではない。また、假に庾純が不孝罪に問われたとすれば、以下の二つの點において、秦漢律令及び南朝宋律と矛盾する。

第一に、秦・漢の不孝罪では、父母が子の不孝を告することが成立要件の一つとされ（③）、父母が既に死亡し

ている場合に限り、第三者が告劾を行うことが認められていた⑼。しかし、本件では少なくとも庾純の父が存命中であり、彼が告を行ったわけではなさそうである。これをもって、泰始律では秦漢律令と異なり、父母の告がなくても不孝罪が成立しえたと考えることもできそうである。しかし、おそらくそうではあるまい。後述する通り、南朝宋では官吏がある者を不孝罪で劾したが、これについて、父母の告がなされていないにもかかわらず、不孝罪に問うべきではないという意見が出されている〔一〇〕。それゆえ、南朝宋でも秦・漢と同様、原則として父母の告があって初めて不孝罪に問われたことがわかる。

第二に、少なくとも秦漢律令及び南朝宋律では、不孝罪の法定刑は棄市であったが⑵、南朝宋律については後述）、庾純は處刑されていない。齊王らの意見でも末尾に「應在譏貶」とあり、また石苞も「不忠不孝、宜除名削爵土」と述べており、いずれも死刑ではなく、降格あるいは除名するよう求めているのみである。

それでは、なぜ荀販は「庾純は以前不孝に問われて罷免・降格された」と述べたのであろうか。庾純は、實際にはもっぱら酒に醉って宰相を罵ったことにより、罷免・降格されている。しかし、そのとき不孝にあたる行爲も問題とされたので、荀販は庾純が不孝に問われたといっているのではなかろうか。つまり、荀販の發言は不正確といわざるをえない。

次に、〔六〕では武帝の咸寧三年（二七七年）、益州刺史の王濬が犍爲郡の陳瑞を誅殺している。陳瑞は天師と稱し、鬼道をもって民を惑わしていた。その教義では、父母・妻子のために喪に服する場合、弔ってはならないとされている。王濬はこれを不孝にあたるとし、陳瑞と祭酒の袁旌らを誅殺し、彼らの家屋を燒き拂った。また、益州で陳瑞の教えを奉じる者、及び巴郡太守の唐定ら二千石の長吏を免官あるいは除名としている。

本件では、王濬は陳瑞の教團で不孝にあたる行爲がなされているとし、陳瑞らを處罰したわけであるが、不孝は王濬が取締りに着手した動機であって、陳瑞らを處罰する根據としての罪名ではなかろう。むしろそれよりも「惑民」とあるように、民を惑わしたことが罪に問われたのであろう。現に、後世の史料ではあるが、唐初の釋明槩「決對傅奕廢佛僧事（并表）」には、

　又晉武帝咸寧二年、爲道士陳瑞以左道惑衆、自號天師、徒附數千、積有歲月、爲益州刺史王濬誅滅。

とあり（唐・釋道宣『廣弘明集』巻一二辯惑篇第二之八）、陳瑞は「惑衆」すなわち「衆を惑わし」たとあるだけで、不孝には言及されていない。漢代では、「惑衆」は不道罪に問われていたが（附論三）、晉南朝でも處罰の對象とされていた。[5]

〔七〕では西晉の齊王司馬冏の輔政期（三〇一年〜三〇二年）、東武公司馬澹の母諸葛太妃は司馬澹の不孝を上奏し、司馬澹とその妻子は遼東へ流されている。不孝罪は本來ならば棄市に處されるが、本件の場合には皇帝の命令により、特別に徙遷刑へ減刑されたのであろう。漢魏晉南朝では皇帝が特別に死刑を一等減刑して徙遷刑に處した例が頻見する。[6]

〔八〕では東晉・成帝の咸康五年（三三九年）、征西將軍・荊州刺史の庾亮が、監江夏隨義陽三郡軍事・南中郎將・江夏相の陶稱の罪惡を責めたうえで、捕えて棄市に處した。庾亮はその理由について上書し、陶稱の父陶侃が死去したにもかかわらず、陶稱は喪に服さず、酒に入り浸っていたこと、またその他の諸行爲により、不忠・不孝にあたると述べている。ここで不孝に問われている行爲は、亡父のために喪に服さず、酒に入り浸っていたことしか考えられない。

　漢律令において不孝罪に問われるのは、原則として父母の生前になされた行爲に限られる（⑧）。ところがその一方で、例外として父母の死後になされた行爲が不孝罪に問われることもあった（⑧）。前章では、服喪の期間中になされた行爲は不孝罪に問われた可能性があると述べた。〔八〕においても父の喪中になされた行爲が不孝罪に

問われていることからすると、おそらく漢・晉ともに、父母の喪中に法律上不孝にあたる行爲をなせば、不孝罪に問われたのであろう。

次に、〔九〕では東晉・安帝の元興三年（四〇三年）、桓玄は反亂を起こして朝廷の實權を握った後、會稽王司馬道子を不孝により棄市にあたると上奏したが、會稽王は詔により安成郡へ流されている。本件も〔七〕と同樣、本來ならば棄市に處されるべきところを、皇帝の詔により徙遷刑へ減刑されたのであろう。本件では桓玄が會稽王を告しているが、漢代と同樣、父母が既に死去しているため、桓玄という第三者が告を行うことが認められたのであろう。會稽王の父簡文帝は咸安二年（三七二年）、母孝武文李太后は隆安四年（四〇〇年）に死去している[7]。

桓玄は會稽王が「酣縱」すなわち酒に入り浸っていたことをもって、不孝にあたると告している。現に、『晉書』卷六四簡文三子列傳には、

道子日飲醇酒、而委事於元顯。
會道子有疾、加以昏醉。
然道子更爲長夜之飲、政無大小、一委元顯。

とあり、會稽王が酒に入り浸り、政務を怠っていたことが何度か記されている。酒に入り浸ること自體は必ずしも不孝にあたらないが、〔八〕のように父母の喪中である場合には不孝罪が成立するであろう。右の三つの記述は時系列順に竝べてあり、一番目が最も早い。一番目は隆安二年（三九八年）に王恭が反亂を起こした最中の記述であるから、會稽王は遲くともこのとき以降、酒に入り浸るようになったと考えられる。それゆえ、會稽王が不孝罪に問われたのは、隆安四年に母李太后が死去し、その喪中に酒に入り浸ったことに違いない。そのときには第三者が告劾を行わなかったが、桓玄は會稽王を排除するため、會稽王の舊惡である不孝を告したのであろう。ちなみに、

會稽王は元興元年（四〇三年）に三九歳で死去しているので、父簡文帝が死去した咸安二年（三七二年）にはわずか八歳であったことになる。八歳のとき既に酒浸りになっていたとは考えがたいので、本件の不孝罪は簡文帝の喪中になされたことではなかろう。

以上の検討により、泰始律でも不孝罪の法定刑は棄市であったことがわかる〔七〕～〔九〕。また、〔七〕では諸葛太妃が明らかに司馬澹を「不孝」で告しており、不孝に含まれる何らかの罪で告しているわけではない。それゆえ、泰始律の「不孝」も罪目ではなく罪名であったことが知られる。秦漢律令の不孝罪は父母の告があることを原則とし、父母が死亡している場合に限り、第三者が告劾を行うことが認められていたが、〔七〕～〔九〕もこのような理解と矛盾しない。泰始律の不孝罪は少なくとも基本的な部分において、秦漢律令と變わっていなかったようである。

第三節　南朝の不孝罪

南朝の不孝罪に關する史料は、以下のものが見える。

〔一〇〕時有尹嘉者、家貧、母熊自以身貼錢、爲嘉償責。坐不孝當死。〔何〕承天議曰、被府宣令、普議尹嘉大辟事、稱法吏葛滕籤、母告子不孝、欲殺者許之。法云、謂違犯教令、敬恭有虧、父母欲殺、皆許之。其所告惟取信於所求而許之。謹尋事原心、嘉母辭自求質錢、爲子還責。嘉雖虧犯教義、而熊無請殺之辭。熊求所以生之而今殺之、非隨所求之謂。始以不孝爲劾、終於和賣結刑、倚旁兩端、母子俱罪、滕籤法文、爲非其條。嘉所存者大、理在難申、但明教爰發、矜其愚蔽。夫明德慎罰、文王所以恤下。議獄緩死、中孚所以垂化。言情則母爲子隱、語敬則禮所不及。今捨乞宥之評、依請殺之條、責敬恭之節、於飢寒之隸、誠非罰疑從輕、寧失有罪之謂也。愚以謂降嘉之死、以普春澤之恩。赦熊之愆、以明子隱之宜。則蒲亭雖陋、可比德於盛明。豚魚微物、不獨遺於今化。事未判、値赦並免。（『宋書』卷六四何承天列傳）

〔一一〕時沛郡相縣唐賜往比邨朱起母彭家飲酒還、因得病、吐蠱蟲十餘枚。臨死語妻張、死後刳腹出病。後張手自破視、五藏悉糜碎。郡縣以張忍行刳剖、賜子副又不禁駐、事起赦前、法不能決。律傷死人、四歲刑、妻傷夫、五歲刑、子不孝父母、棄市、並非科例。三公郎劉勰議、賜妻痛遵往言、兒識謝及理、考事原心、非存忍害、謂宜哀矜。顗之議曰、法移路尸、猶爲不道、況在妻子、而忍行凡人所不行。不宜曲通小情、當以大理爲斷、謂副爲不孝、張同不道。詔如顗之議。（『宋書』卷八一顧顗之列傳）

〔一二〕又勅尚書僕射沈欽・吏部尚書徐陵・兼尚書左丞宗元饒・兼尚書左丞賀朗參知其事、制律三十卷・令律四十卷。（中略）其制唯重清議禁錮之科。若縉紳之族、犯虧名教、不孝及內亂者、發詔棄之、終身不齒。士人爲婚者、許妻家奪之。（『隋書』卷二五刑法志）

〔一〇〕については前章で詳しく検討したが、まずは今一度以下に概要を示す。南朝宋のとき、尹嘉という者の家が貧しかったので、その母熊が嘉のためにみずからを質に入れて債務を辨濟した。この事件を審理した法史の葛滕は、「母が子の不孝を告し、子を殺すことを希望している場合にはこれを認める」という規定により、尹嘉の行爲は不孝の罪にあたり、死刑にあたると劾を行った。しかし、南蠻長史の何承天は、熊はみずから質入れを求め、尹嘉のために債務を辨濟したのであって、尹嘉を殺すよう求めたわけではなく、にもかかわらず不孝罪として死刑に處するのは、熊の意に反し、法律にも合致しないなどの理由により、尹嘉の死刑を減刑すべきと主張した。判決がまだ下らないうちに赦令が出され、尹嘉は赦免された、というものである。

前章での検討結果も踏まえると、本件からは以下の通りさまざまなことが知られる。

第一に、南朝宋律でも秦漢律令と同様、不孝は罪目ではなく罪名であった。〔一〇〕に「坐不孝當死」、「始以不孝爲劾」とあるように、尹嘉は當初不孝罪に問われており、不孝に含まれる何らかの罪に問われているわけではない。

第二に、南朝宋律でも不孝罪の成立には父母の告が必要とされていた。母熊は子の尹嘉のためにみずからを質に入れ、尹嘉の債務を辨濟したのであって、國家に對して尹嘉を殺すよう求めたわけではない。それゆえ、熊が尹嘉を告したわけではなく、本件を見聞した第三者か官吏が告劾を行ったのであろう。しかし、本來不孝罪は、父母が告を行うことを要件としていた。尹嘉を不孝罪で死刑に處するべきという意見は、おそらく後世でいうところの「比附」を行い、不孝罪に準じるものとして死刑を適用しようとしたのであろう。それに對して、何承天は死刑より減刑すべきと主張しているが、これも不孝罪に關する規定を比附していることに變わりはない。減刑の理由について、何承天は熊が尹嘉を殺すよう求めていないことを擧げているが、要するに父母の告がなく、不孝罪の成立要件とは完全に一致するわけではないからであろう。不孝罪の成立にとって、父母の告はそれほど絶對的な條件であったことがわかる。

第三に、南朝宋律では、不孝罪は子の行爲が「違犯敎令、敬恭有虧」にあたることを成立要件の一つとしていた。この點は特に前章で詳しく検討したところであり、「はじめに」で擧げた⑤～⑦はむしろ〔一〇〕を最大の根據とする。

「其所告惟取信於所求而許之」とあるように、父母が子の不孝を告した場合、告の内容が眞實か否かは、父母の要求通りに判斷された。つまり、父母の主張する子の行爲が「違犯敎令、敬恭有虧」に合致すれば、その主張が虛僞であると否とを問うことなく、不孝罪の成立が認められることになる。

ただしその一方で、筆者は前章において次のような推測を述べた。すなわち、父母が既に死亡している場合に限り、第三者が不孝罪の告劾を行うことが認められていたが、第三者が告した場合、「其所告惟取信於所求而許之」は適用されなかった。この場合、通常の犯罪と同様、子が實際にいかなる行爲をしたのかを明らかにし、その行爲が不孝にあたるか否かを客觀的基準に照らしたうえで、不孝罪の成否が判斷されたと考えられる、と。秦・漢についてはこの推測を直接裏づける史料は見えないが、三國魏の前掲〔二〕はまさにこれを裏づける事例といえる。〔二〕は父母ではなく兄が告した例であるが、弟呂安の友人嵇康が冤罪であることを證言している。もし父母が告したならば、父母の主張がそのまま認められ、證人が呼ばれることもなかったであろう。

第四に、不孝罪の法定刑は死刑であった。

次に、〔一二〕は以下のような事件である。すなわち、南朝宋のとき、沛郡相縣の唐賜という者が、朱起の母彭の家で酒を飲んで歸宅したところ、具合が惡くなり、多數の「蠱蟲」（まじないに用いる蟲）を吐き出した。まもなく唐賜は死亡し、妻張は遺言に從い、唐賜の腹から蠱蟲をえぐり出した。相縣及び沛郡では張が屍體を解剖したことと、唐賜の子副がそれを制止しなかったことが問題とされたものの、法律にはこのような行爲を罪に問う條文がなく、どのように扱うべきか判斷がつかなかった。三公郎の劉勰は、彼らは唐賜の遺言に從っただけであって、敢えて殘忍なことをしようとしたわけではないと主張した。しかし、吏部尚書の顧覬之は、法律では路上の屍體を移すだけでも不道に問われるので、ましてや死者の妻子が屍體に對して殘忍なことを行ったのはなおのことであり、副は不孝、張は不道の罪にあたると主張した。詔により、顧覬之の意見が採用された、というものである。

本件でも明らかに不孝が罪名として現れる。中でも、「律（中略）子不孝父母、棄市」とあり、「不孝」に對して棄市という法定刑が設けられているので、不孝が罪名であることは明らかである。また、本條より不孝罪に對する法定刑は漢代・晉代と同様、棄市であったことがわかる。

本件では子副が母張による父賜の屍體解剖を制止しなかったことが不孝罪に問われている。〔一〇〕によると、不孝罪が成立するためには「違犯教令、敬恭有虧」にあたる行爲をしていなければならない。張が賜の屍體を解剖したことは、賜の遺言に従ったものであるから、副がこれを止めなかったことは、少なくとも「違犯教令」には合致しない。それゆえ副の行爲は、あるいは「敬恭有虧」にあたると判斷されたのではなかろうか。

本件の場合、母ではなく第三者が告劾を行ったと考えられる。しかも、告劾の内容は必ずしも不孝罪ではなかったであろう。郡・縣でさえいかなる罪にあたるか判斷がつかないほどであったからである。中央で審議の結果、副の行爲は不孝にあたると判斷されたが、本來ならば子を告する權利を有する張自身が罪を犯しているので、第三者の告劾でも不孝罪の成立が認められたのではなかろうか。
〔一二〕では南朝陳の武帝のとき、律の編纂が行われ、その中で制定された條文が記されている。それによると、縉紳の族が名教を犯し、あるいは「不孝」及び「内亂」を犯した場合、詔を發して士人の籍から除外し、終身士人の籍に入れない。その士人と既に結婚している者は、妻の實家がこれを奪い返すことを許す、と定められている。ここまで検討してきたことによると、遲くとも東晉まではいかなる高官であろうとも、特別に減刑されない限り、不孝罪の法定刑は棄市であることに變わりはなかった。それゆえ、南朝陳律の不孝に關する規定がそれまでと異なっているのか、それともそれまでの律と基本的に變わらないのか、という疑問が出てくる。このような疑問からすると、この條文については、次の四通りの解釋が可能であるように思われる。
（一）南朝陳律でも縉紳の族であると否とを問わず、不孝罪の法定刑は棄市であったが、詔や赦令によって刑罰を減免された場合、〔一二〕の規定が適用された。

(二) 南朝陳律でも不孝罪の法定刑は棄市であったが、縉紳の族には刑罰減免の特權があり、士人の籍から除外されるなどの措置がとられるのみであった。
(三) 南朝陳律では、不孝の法定刑は死刑ではなかった。
(四) 南朝陳律の「不孝」は唐律と同様、罪名ではなく罪目であって、不孝に含まれる犯罪は、死刑に處されるものもあれば、そうでないものもあった。

以上のうち、(四) の不孝は罪名ではなく罪目であるという點で、(一)～(三) 及びそれまでの不孝とは大いに異なっている。

それでは、いずれの解釋が正しいであろうか。これに關して注目されるのは、〔一二〕において「不孝」とともに「内亂」が列擧されていることである。内亂は、少なくとも唐律では「十惡」の一つで、罪目の一種であった。また、『隋書』刑法志では〔一二〕に續いて、

其獲賊帥及士人惡逆、免死付治、聽將妻入役、不爲年數。

とあり、「惡逆」という語も見える。惡逆も唐律では十惡の一つとされ、罪目の一種でもあった。第十二章で檢討する通り、内亂はその性格上、罪目としてのみ存在しうる。〔一二〕において不孝がその内亂とともに列擧され、しかもそれに續いて惡逆に關する規定が擧げられているということは、ここでいう不孝も罪目であった可能性がある。つまり、(四) が正しい可能性も否定できない。しかし、南朝陳における法律上の不孝は、わずか〔一二〕の一例しか見えず、これを檢證するほどの史料は殘っていない。

結　語

少なくとも三國魏から南朝宋までの不孝罪は、秦・漢の不孝罪とそれほど變わらなかった。要するに、三國魏の新律及び西晉の泰始律は、不孝罪に關する規定を基本的には秦漢律令から受け繼いだことになる。泰始律は南朝に受け繼がれたが、梁の天監二年（五〇三年）と陳の永定元年（五五七年）に律の編纂が行われた。陳律の編纂について、『隋書』刑法志には、

於是稍求得梁時明法吏、令與尚書刪定郎范泉、參定律令。又勅尚書僕射沈欽・吏部尚書徐陵・兼尚書左丞宗元饒・兼尚書左丞賀朗參知其事、制律三十卷、令律四十卷。採酌前代、條流冗雜、綱目雖多、博而非要。其制唯重淸議禁錮之科。（中略）自餘篇目條綱、輕重簡繁、一用梁法。

とあり、もと南朝梁の官吏で法律に明るい者を求めて編纂に參與させ、梁の法律を斟酌・踏襲したと記されている。もし陳律の不孝が罪目とすると、あるいは梁の制度から受け繼いだものかもしれない。

（1）『文選』卷一六向子期思舊賦の李善注にも、ほぼ同じ記述が引用されている。
（2）ここでいう「呂昭」が呂巽らの父呂昭を指すことは、『三國志』卷一六魏書杜恕傳に「俄而鎭北將軍呂昭又領冀州」とあるのについて、裴松之が西晉・郭頒『世語』に「昭字子展、東平人。長子巽、字長悌、爲相國掾、有寵於司馬文王。次子安、字仲悌、與嵇康善、與康倶被誅」とあるのを引用していることから明らかである。
（3）晉南朝における「除名」については、中村圭爾「除名について」（同氏『六朝貴族制研究』風間書房、一九八七年。一九七四年原載）、『六朝政治社會史研究』（汲古書院、二〇一三年）三〇二～三一〇頁（一九八六年原載）など參照。

（4）南宋・鄭樵『通志』巻一二三晉庾純列傳にもほぼ同じ記述が見えるが、「孝至」ではなく「至孝」に作る。
（5）例えば、『晉書』巻六明帝紀太寧二年條に「術人李脱造妖書惑眾、斬于建康市」とある。
（6）大庭脩「漢の徙遷刑」（同氏『秦漢法制史の研究』創文社、一九八二年。一九五七年原載）、辻正博『唐宋時代刑罰制度の研究』（京都大學學術出版會、二〇一〇年）一四～二五頁（二〇〇六年原載）、陶安あんど「中間刑の變遷と減死徙邊の形成」（同氏『秦漢刑罰體系の研究』創文社、二〇〇九年）、冨谷至『漢唐法制史の研究』（創文社、二〇一六年）二九二～三〇七頁など參照。
（7）『晉書』巻三二后妃列傳下に「隆安四年、〔李太皇太后〕崩于含章殿」とある。

第六章　五胡十六國及び北朝の不孝罪

はじめに

前章では魏晉南朝の不孝罪について検討し、南朝宋までは不孝が罪名として現れ、梁あるいは陳までには罪目へ改められた可能性を提示した。それでは、中國が南北に分裂して以降、北方では不孝罪がどのように扱われていたのであろうか。本章では五胡十六國と北朝の不孝罪について検討する。

第一節　五胡十六國の不孝罪

第二章〜五章で検討した通り、西晉までの不孝罪にはおおむね次のような特徴があった。

①「不孝」は罪目ではなく罪名であった。
②不孝罪の法定刑は棄市であった。
③不孝罪は原則として父母が子の不孝を告することを成立要件としていた。
④ただし、父母が子の不孝を告しさえすれば不孝罪が成立したわけではなく、さらに子の行爲が不孝の客觀的基準に該當することを要した。

⑤その客觀的基準とは、南朝宋律の注に見える「違犯敎令、敬恭有虧」そのものか、これに近いものであった可能性が高い。

⑥不孝罪は原則として父母の生前になされた行爲のみが對象となるが、例外として父母の死後になされた行爲が不孝罪に問われる場合もあった。

⑦父母が死亡している場合に限り、第三者が告あるいは劾を行うことが認められていた。

周知のように、西晉末期にいわゆる永嘉の亂が起こり、「五胡」と呼ばれる非漢人が華北各地で獨立し、西晉を滅ぼした。以後、北魏が太延五年（四三九年）に華北を統一するまでを五胡十六國時代と呼ぶ。五胡十六國では一般にそれまでの中國法、とりわけ西晉の法律が用いられたといわれているが[1]、不孝罪についてはどのように扱われていたのであろうか。五胡十六國の不孝罪については以下の史料が見える。

〔一〕其子翼圭縛父請降。（中略）〔苻堅〕以翼圭執父不孝、遷之於蜀。（『晉書』卷一一三苻堅載記上）

〔二〕超議復肉刑・九等之選、乃下書於境内曰（中略）至如不忠不孝若封嵩之輩、梟斬不足以痛之、宜致烹轘之法、亦可附之律條、納以大辟之科。（中略）羣下議多不同、乃止。（『晉書』卷一二八慕容超載記）

〔三〕有司奏、人有盗其母之錢而逃者、請投之四裔。太后聞而怒曰、三千之罪莫大於不孝、當弃之市朝、奈何投之方外乎。方外豈有無父母之郷乎。於是轘而殺之。（『太平御覽』卷六四五刑法部一一轘引北魏・崔鴻『前秦錄』）

〔一〕は三七六年、鮮卑拓跋部の代王什翼犍が前秦の苻堅の軍勢に敗れ、什翼犍の子翼圭が什翼犍を縛り上げて前秦へ投降したが、苻堅は翼圭が父を捕縛したことを不孝にあたるとし、蜀へ移住させたというものである。西晉までの法律では、不孝は棄市に處されるが（②）、〔一〕では徙遷刑に處されている。死刑を減刑して徙遷刑に處するという措置も、中國ではそれまで行われてきたことである。よって、〔一〕の徙遷刑も氐（前秦は氐が建國した國家）固有の法によるものではなく、從來の中國法による措置と考えられる。

ただし、中國法の場合、不孝罪の成立には原則として父母の告を必要とする（③）。本件の場合、什翼犍が前秦の法的手續にのっとって、翼圭の不孝を告したとは考えがたいが、苻堅の前で翼圭の不孝を罵るなどはしたのかもしれない。苻堅はそれを見て、告が行われたものと見なしたとも考えられる。しかし、「〔苻堅〕以翼圭執父不孝」という表現からすると、苻堅が主體的に翼圭の行爲を不孝と判斷したとも讀め、あるいは本來の原則とは異なり、父母の告なしに不孝罪に問うたのかもしれない。

なお、『魏書』によると、什翼犍は前秦に大敗し、その年に雲中で死去したとされており、前秦に捕えられた事實は記されていない。それに對して、〔一〕の『晉書』の他、『宋書』・『南齊書』では、什翼犍は前秦に捕えられて長安へ送られたと記されている。いずれが史實かをめぐっては、現在に至るまで争いがあり、(2)決着を見ていない。假に前者が正しいとすれば、〔一〕は史實ではなかったことになる。(3)

次に、〔二〕では南燕の第二代皇帝慕容超が詔の中で、不忠で不孝の封嵩のような輩は、梟首や斬刑では痛めつけるに足らず、「烹」（煮る）や「轘」（引き裂く）を加えるべきで、このような規定を律の條文に追加すべきである、と述べている。封嵩とは慕容超のもとで尚書左僕射を務めた人物で、慕容法らの謀反に際し、「車裂」に處された。(4)車裂とは『説文解字』車部に、

轘、車裂人也。

『釋名』釋喪制に、

車裂曰轘。轘、散也、肢體分散也。

とあり、轘と同義で、身體を引き裂くことである。(5) 要するに、慕容超は既に封嵩に對して行った處罰を、正式に律の條文として制定しようとしたことになる。もっとも、この謀反事件において、封嵩が具體的にいかなる行爲を行ったのかは史料に記されておらず、「不忠不孝」も罪名を示すものではなく、封嵩は謀反の罪に問われたものと思われる。しかし、あるいは慕容超はこれを機に謀反という「不忠」のみならず、不孝にも同じように殘酷な刑罰を設けようとしたのかもしれない。もっとも、慕容超の意見は結局採用されず、實現しなかった。

〔三〕は次のような内容である。すなわち、前秦のとき、ある者がその母の錢を盜んで逃亡し、これについて官吏は犯人を邊境の外へ追放するよう求めた。「太后」（具體的に誰を指すのかは不明）はこれを聞いて怒り、不孝の罪人は市場や朝廷で斬って棄てるものであって、なぜ境外へ追放してよいものか、境外には父母を大切にしないところがあるとでもいうのか、として「轘」すなわち犯人の身體を引き裂いて殺している。(6)

「三千之罪莫大於不孝」は『孝經』五刑章に、

子曰、五刑之屬三千、而罪莫大於不孝。

にあるのを典據とする。「弃之市朝」は例えば『國語』魯語上に、

臧文仲言於僖公曰（中略）大刑用甲兵、其次用斧鉞、中刑用刀鋸、其次用鑽笮、薄刑用鞭扑、以威民也。故大者陳之原野、小者致之市朝。

などとあるのを典據とする。「市朝」すなわち市場と朝廷は、春秋時代及びそれ以前の時代においては刑罰を執行

する場でもあり、『尚書』舜典の孔安國傳に、

行刑當就三處、大罪於原野、大夫於朝、士於市。

『國語』魯語上の韋昭注に、

其死刑、大夫以上屍諸朝、士以下屍諸市。

『漢書』巻二三刑法志の應劭注に、

大夫以上尸諸朝、士以下尸諸市。

などとあるように、大夫以上の身分の者は朝廷、士以下の者は市場で刑罰を執行するとともに、死刑の場合には處刑後の屍體を朝廷あるいは市場で晒すものとされていた。

本件では母の銭を盗むことが不孝の罪にあたるとされている。南北朝までに限っていえば、父母の銭を盗むことが不孝罪とされた例はこれ以外にない。また、そもそも父母の財物を盗む行爲については、睡虎地秦簡「法律答問」第一〇三簡と〔三〕を除けば、南北朝までは法規も事例も見えない。「法律答問」第一〇三簡は第一章で檢討した通り、「公室告」と「非公室告」の區別があった時代、つまり不孝罪がまだ設けられていなかった時代のものと考えられる。しかも、〔三〕で引用されているのは經書の文言であって、法律の條文ではない。それゆえ、本件の犯人が法律上の不孝罪として扱われたのかは疑問の餘地がないでもない。しかし、父母の財物を盗むことは「敬恭有虧」にあてはまると考えられるので⑸、おそらく本件においても、そして前秦の前後の時代においても、法律上の不孝罪として扱われていたのではなかろうか。

〔三〕では官吏が犯人を徙遷刑に處するよう求めている。これもおそらく漢代以來の制度によるもので、本來ならば不孝罪により棄市に處するべきところであるが、徙遷刑へ減刑すべきと考えたのであろう。つまり、官吏が依據したのは泰始律などの中國法と考えられる。それに對して、太后はいわば經學を根據としているが、朝廷はともかく、不孝罪の罪人を市場で處刑するというのは、本來の律の規定と變わらない。この點においては、むしろ太后の考えも律の規定に沿うものといえる。ただし轘は、それまでの中國法においては正規の刑罰ではなかった。おそらく、法に基づかない特別措置であったのであろう。

〔三〕がいつの時代の出來事なのかは明らかでないが、前秦が建國されたのは三五一年、滅亡したのは三九四年のことである。なお、〔二〕の慕容超が皇帝に即位したのは四〇五年であるから、慕容超はあるいは〔三〕も念頭にあり、不孝罪に對する法定刑を正式に轘にしようとしたのかもしれない。

以上、五胡十六國の事例はわずか三つのみであるが、少なくともこれらにおける不孝罪の處罰も、泰始律までの中國法を基礎としたものとおおむね見ることができよう。

第二節　北朝の不孝罪

北朝の不孝罪については、序章で擧げた北齊律・北周律に關する史料を除けば、以下の史料が見える。

〔四〕癸酉、詔曰（中略）今遣尚書穆伏眞等三十人、巡行州郡、觀察風俗。（中略）其不孝父母、不順尊長、爲吏姦暴、及爲盜賊、各具以名上。其容隱者、以所匿之罪罪之。（『魏書』卷五高宗紀太安元年條）

〔五〕孝友明於政理、嘗奏表曰（中略）其妻無子而不娶妾、斯則自絕、無以血食祖父、請科不孝之罪、離遣其妻。

（『魏書』卷一八太武五王列傳）

〔六〕清河房愛親妻崔氏者、同郡崔元孫之女。性嚴明高尚、歷覽書傳、多所聞知。子景伯・景先、崔氏親授經義、學行修明、並爲當世名士。景伯爲清河太守、每有疑獄、常先請焉。貝丘民列子不孝、吏欲案之。景伯爲之悲傷、入白其母。母曰、吾聞聞不如見、山民未見禮敎、何足責哉。但呼其母來、吾與之同居。其子置汝左右、令其見汝事吾、或應自改。景伯遂召其母、崔氏處之於榻、與之共食。景伯之溫凊、其子侍立堂下。未及旬日、悔過求還。崔氏曰、此雖顏慚、未知心愧、且可置之。凡經二十餘日、其子叩頭流血、其母涕泣乞還、然後聽之。終以孝聞。（『魏書』卷九二列女列傳）

〔七〕十一年春、詔曰、三千之罪莫大於不孝。而律不遜父母、罪止髡刑、於理未衷、可更詳改。（『魏書』卷一一一刑罰志）

〔八〕孝文戒贊化畿甸、可宣孝道、必令風教洽和、文禮大備。自今有不孝不悌者、比其門樹、以刻其柱。（『北史』卷一五魏諸宗室列傳）

〔九〕〔崔㥄〕又欲陷收不孝之罪、乃以盧元明代收爲中書郎、由是收銜之。（『北史』卷五六崔暹列傳）

〔一〇〕時人多絕戶爲沙門。〔李〕瑒上言、三千之罪莫大於不孝。不孝之大、無過於絕祀。安得輕縱背禮之情、而肆其向法之意。缺當世之禮、而求將來之益。棄堂堂之政、而從鬼教乎。（『北史』卷三三李孝伯列傳）

〔四〕は北魏の太安元年（四五五年）に文成帝が下した詔で、尚書の穆伏眞ら三〇人を各地の州郡へ派遣し、州郡の政治が適切に行われているかを視察させ、善政を行っている者については賞與を授け、惡政を行っている者については罷免・處罰すると述べられている。そして、詔の末尾には父母に對して不孝の行いをなした者、「尊長」（自分よりも目上あるいは年齢が上の親族）に從わない者、邪で亂暴な吏、「盜」（竊盜・強盜など）・「賊」（殺人・傷害など）を行った者、以上の名を報告し、もし彼らを隱匿した場合、彼らが犯した罪をもって處罰すると定められている。

ここでいう不孝以下が人倫上の問題ではなく、犯罪を意味することは明らかである。不孝などの行爲を行った者を隱匿した場合、官吏や責任者はその罪と同じ刑罰に處される。第三者でさえ處罰されるのであるから、行爲者本人は當然處罰されることであろう。

また、〔四〕の「其不孝父母、不順尊長、爲吏姦暴、及爲盜賊」は一見すると、「爲吏姦暴」のみあるいは「爲吏姦暴、及爲盜賊」が吏を對象とし、「其不孝父母、不順尊長」が吏民を對象としているように讀める。しかし、實際にはこれら全てが吏のみを對象としていると考えられる。〔四〕では穆伏眞らを各地の州郡へ派遣し、州郡の行政が各地の官吏によって適切に行われているか否かを視察させることが述べられている。つまり、視察の對象となっているのは官吏であった。また、不孝以下の行爲をなした者の名を上へ報告するよう命じられているが、民であれば名まで逐一報告する必要はなく、通常の刑事手續をとれば濟むことであろう。名を調べ上げて報告するのは、將來の人事評價などに使われるためと考えられる。

不孝以下の行爲のうち、不孝については次のような問題が生じる。先述の通り、それまでの不孝罪は、原則として父母が告を行うことを成立要件の一つとし（第一節③）、例外として父母が既に死亡している場合に限り、第三者が告あるいは劾を行うことも認められていた（第一節⑥・⑦）。父母あるいは第三者が告劾を行い、視察の前に不孝の判決が確定した場合、ここでいう報告の中に入れられたことであろう。また、父母が既に死亡しており、視察の結果、父母の生前あるいは死後に不孝の行いをしていたことが發覺した場合も、おそらく報告されるのであろう。しかし、父母が存命中で、第三者から見て客觀的に不孝の行いがあるにもかかわらず、父母が告を行っていない場合、報告の對象となるのであろうか。もしその通りとすれば、父母に告の意思がなくても、子が不孝罪に問われる場合がありうることになる。つまり、不孝罪は父母の意思に關係なく、もっぱら國家が有罪か否かを決めることになる。あるいは父母が存命の場合、子を告することに同意した場合に限り、不孝罪が成立するのかもしれない。なお、〔四〕からは不孝が罪名か罪目か、法定刑が何かを窺い知ることはできない。

〔五〕は東魏の孝靜帝のとき、淮陽王孝友が上書し、妻に子がないのに妾を娶らないのは、みずから家系を斷絶させ、先祖を祀ることをできなくしていることになるので、不孝罪を適用し、その妻を離縁させるべきであると説いた、というものである。〔五〕の中略部分には孝友の意見として、

將相多尚公主、王侯亦娶后族、故無妾媵、習以爲常。婦人多幸、生逢今世、舉朝略是無妾、天下殆皆一妻。(中略) 請以王公第一品娶八、通妻以備九女。稱事二品備七。三品・四品備五。五品・六品則一妻二妾。限以一周、悉令充數、若不充數及待妾非禮、使妻妒加捶撻、免所居官。

と記され、〔五〕の「中略」以下に續いている。孝友によると、當時は王侯・高官以下、「天下」で一夫一婦が一般的になっていたが、それでは子孫を遺せない可能性があるので、今から一年以内に品階に應じて妾の數を揃えさせ、もし妾の數を充足させなかったり、妾への待遇に非禮があったり、妻が嫉妬によって妾を鞭で打ったりした場合、現在務めている官職から罷免すべきである、と述べている。〔五〕の「中略」以降はこれに續くわけで、全ての民が適用對象となったのかは定かでない。そもそも一定以上の資產を有する者でなければ、妾を持つことはできなかったであろう。

子孫を絶やすことが不孝にあたることは、古來よりいわれてきたことである。例えば、『孟子』離婁上篇に、

孟子曰、不孝有三、無後爲大。

とある通りである。『孟子』では子孫を絶やすことを最も不孝なこととしているが、管見の限りでは、その割にはこれまでこのような事態を處罰する規定は設けられておらず、また不孝罪として處罰された事例も見えない。そのせいもあってか、『魏書』では孝友の意見について、

詔付有司、議奏不同。

とあり、孝靜帝は高官の議論に付したが、さまざまな意見が上奏され、まとまらなかったごとくである。

孝友は子のない者が妾を娶らないことに對して不孝罪を適用すべきと主張している。これはここでいう不孝が罪名か罪目かによって、意味するところが變わってくる。罪名の場合、一定數の妾を娶らない行爲を不孝罪の一部として、不孝罪の法定刑をもって處罰することになる。一方、罪目の場合、このような行爲を處罰する條文を設けるとともに、これを不孝に分類することになる。法定刑は不孝に含まれる他の犯罪と必ずしも同じではない。「請科不孝之罪」を文字通りに讀むと、どちらかといえば前者の解釋が正しいように思えるが、果してそのようにいえるか否かについては後述する。

孝友の想定によると、子のない者が妾を娶らなければ不孝罪に問われるのであるから、父母の意思とは關係なく、不孝罪に問われることになる。あるいは、〔四〕の場合と同樣、父母が同意した場合に限り、不孝罪として處罰するということなのかもしれない。もっとも、この意見に對しては高官の間でも意見がわかれ、施行されなかったごとくである。

〔六〕は西暦五〇〇年前後[7]、貝丘縣のある女子が子の不孝を並べ立て、吏が本件を立件しようとした。清河太守の房景伯はこれを痛ましいことと感じ、母の崔氏に相談した。房景伯は崔氏の助言に從い、女子を崔氏と同居させ、子をみずからの側近として仕えさえた。二〇日餘り經ったところ、子は過ちを悔いて家へ歸りたいと求め、叩

頭して血を流し、女子も泣いて家へ歸ることを請い、房景伯はこれを認めた。子は後に孝行者として名が聞こえるようになった、というものである。

やはり本件でも父母が子の不孝を告することから始まっている（第一節③）。ただし、ここでいう不孝が罪名か罪目か、法定刑が何かは明らかでない。

不孝の告を行った父母を地方官が諭したり、子に反省を促すことによって、不孝罪の適用を回避することは、漢代にも見られたことである。すなわち、『後漢書』巻七六循吏列傳に、

〔仇〕覽初到亭、人有陳元者、獨與母居、而母詣覽告元不孝。覽驚曰、吾近日過舍、廬落整頓、耕耘以時。此非惡人、當是教化未及至耳。母守寡養孤、若身投老、奈何肆忿於一朝、欲致子以不義乎。母聞感悔、涕泣而去。覽乃親到元家、與其母子飮、因爲陳人倫孝行、譬以禍福之言。元卒成孝子。

とあり、後漢中期、陳元の母が子の陳元の不孝を蒲亭長の仇覽に告した。仇覽は陳元が惡人のはずはないと思い、陳元の母を説得したところ、母は感動して悔い、泣いて立ち去った。仇覽はみずから陳元の家へ行き、彼ら母子に對して人倫・孝行を説いた。陳元は後に孝子となった、と記されている。また、『後漢書』循吏列傳の李賢注が引く『謝承書』では、

〔仇〕覽爲縣陽遂亭長、好行教化。人羊元凶惡不孝、其母詣覽言元。覽呼元、誚責元以子道、與一卷孝經、使誦讀之。元深改悔、到母牀下、謝罪曰、元少孤、爲母所驕。諺曰、孤犢觸乳、驕子罵母。乞今自改。母子更相向泣。於是元遂修孝道、後成佳士也。

とあり、羊元という者が凶惡・不孝であったので、その母は陽遂亭長仇覽のもとへ出頭し、羊元のことを話した。

仇覽は羊元を呼び寄せ、これを責めて子としての道を説き、『孝經』を與えて讀ませた。羊元は悔い改め、母に謝罪し、孝道を修め、立派な士となった、と記されている。

不孝罪適用の回避は、法律よりも敎化で統治するべきとする、儒家思想の理想を實現したものであろう。そして、地方官にとってみずからの管轄區域より不孝事件を出さないことは、地方官としての實績として評價されたと考えられる。現に、仇覽も陳元の事件によって、考城縣令の王渙が主簿に採り立て、さらに太學で學ぶよう推薦している。(8)

〔七〕は北魏の太和十一年（四八七年）に孝文帝が下した詔である。「三千之罪莫大於不孝」は〔三〕にも引用されている言葉である。「髠」とは本來頭髪を剃り落す刑罰であるが、泰始律では事實上有期勞役刑の總稱として用いられていた。『唐六典』卷六尚書刑部注には泰始律の刑罰制度について、

髠刑有四、一曰髠鉗五歲刑・笞二百、二曰四歲刑、三曰三歲刑、四曰二歲刑。

とあり、「髠刑」には「五歲刑」・「四歲刑」・「三歲刑」・「二歲刑」の四等級が設けられていた。『太平御覽』卷六四二刑法部八徒作年數が引く『晉律』にも、

髠鉗五歲刑・笞二百、四歲刑、三歲刑、二歲刑。

とある。そして、『魏書』卷一一一刑罰志に、

世祖即位、以刑禁重、神䴥中、詔司徒崔浩定律令。除五歲・四歲刑、增一年刑。

とあり、北魏・太武帝の神䴥四年（四三一年）(9)、律令を改定し、五歲刑と四歲刑を廢止し、一年刑を增やしたと記

されている。つまり、北魏の髡刑は三歳刑・二歳刑・一歳刑の三等級へ改められたことになる。もっとも、北魏では後に五歳刑あるいは四歳刑が法定刑とされている條文や、それらが適用されている事例も見えるが、少なくとも〔七〕の詔が出された時點では、三歳刑が最高の髡刑であったことは間違いない。というのも、『魏書』刑罰志では太和十一年春の〔七〕の下文に、

秋八月詔曰、律文刑限三年、便入極默。坐無太半之校、罪有死生之殊。可詳案律條、諸有此類、更一刊定。冬十月、復詔公卿令參議之。

とあり、律では死刑を除けば三歳刑が最高刑となっている制度の現狀を、孝文帝が問題視している。

ここで改めて〔七〕を見ると、あらゆる犯罪のうち不孝より大きいものはないにもかかわらず、律では父母に對して不遜な態度をとれば、刑罰は髡刑に留まっており、道理に合わないので、改定せよと命じている。先述の通り、「三千之罪莫大於不孝」は『孝經』を典據とする文言であるが、父母に對して不遜な態度をとることが人倫上の不孝にあたるという意味で引用しているのか、それとも法律上の不孝にもあたるとしているのか、一見しただけでは判然としない。しかし、父母に對して不遜な態度をとることは、明らかに「違犯敎令、敬恭有虧」にあてはまる。それゆえ、この行爲が法律上の不孝として扱われなかったとは考えがたい。

すると、ここでいう法律上の不孝は、罪名ではなく罪目であったはずである。罪名であるならば、尚德街簡牘のごとく「不遜父母、不孝」などという條文があってしかるべきであって（第四章）、不孝にあたる行爲の一つに法定刑が設けられていたとは考えられない。また、これまで論じてきたように、不孝罪は戰國秦以來罪名であり、その法定刑は常に棄市であった。ただし、『魏書』刑罰志に、

> 世祖即位、以刑禁重、神䴥中、詔司徒崔浩定律令。（中略）分大辟爲二科、死・斬、死入絞。大逆不道腰斬、誅其同籍、年十四已下腐刑、女子沒縣官。害其親者、轘之。爲蠱毒者、男女皆斬、而焚其家。巫蠱者、負羖羊抱犬沉諸淵。

とあり、北魏では神䴥年間以降、獨自の死刑制度が設けられた。すなわち、大逆不道、父母を殺害すること、「巫蠱」（人形《ひとがた》を地面に埋め、呪いをかけて人を病に罹らせたり、呪い殺したりすること）に對しては、腰斬や轘など特殊な死刑が設けられたが、それ以外の一般的な死刑は「死」と「斬」の二種類に分けられた。「死」の執行方法は「絞」（絞首）、「斬」は斬首であった。假に〔七〕の太和十一年の時點でも不孝が罪名であったとすれば、前代の泰始律と同様、その法定刑は死刑であり、死あるいは斬のいずれかであったと考えられる。ところが、孝文帝の詔によると、不孝にあたるはずの「不遜父母」の法定刑は髡刑に留まっている。これは不孝がこれまでと異なり罪目であって、不孝にあたる全ての行爲に對し、一律に死刑が法定刑として設けられているわけではなく、個々の條文でさまざまな法定刑が設けられていたことを示すものであろう。おそらく、當時不孝とされていた行爲の中には、死刑に處されるものもあれば、後世の唐律などと同様、比較的輕い刑罰で濟まされるものもあったと推測される。ただ孝文帝は、不孝のうち「不遜父母」の法定刑が髡刑なのは輕過ぎるので、これを重くして死刑に處するべきと考えたのであろう。なお、この孝文帝の改革案が實施されたのか否かは明らかでない。〔七〕は太和十一年の詔であり、その中に「不遜父母、罪止髡刑」というある律の條文の主旨が引用されているので、少なくとも不孝についていえば、北魏では太和十一年以前に罪目化していたことになる。

〔八〕は太和十七年（四九三年）[10]、孝文帝が元贊を司州刺史に任命したとき、元贊に對して戒めとして述べた言葉である。その中に、今後不孝・不悌の者がいる場合、門の掛札に鄰接した柱に、その旨を刻めと記されている。一種の制裁措置であろう。ここでいう不孝は「不悌」と竝列されており、必ずしも法律上の不孝に限らないであろうが、法律上の不孝を犯した場合には當然この措置がとられたと考えられる。ただし、この措置が司州に限られたのか、またその後恆久的な制度となったのかは不明である。

〔九〕では東魏の孝靜帝期、常侍の崔㥄が中書郎の魏收を不孝の罪に陥れようとし、魏收に代わって盧元明を中書郎の地位に就けたと記されている。しかし、中書郎を魏收から盧元明に交代させることが、不孝罪に陥れることといかなる關係になるのかは不明であり、魏收がその後不孝罪に問われたことは記されていない。

〔一〇〕では北魏の孝明帝期、民の中には家を捨てて佛僧になる者が多かった。これについて李瑒は、不孝より重い罪はなく、祖先の祭祀を絶やすことより大きな不孝はないとして、佛教を非難した、というものである。もっとも、この意見は受け容れられず、むしろ李瑒は佛法を非難したとして、罰金一兩に處されている。もし李瑒の意見が受け容れられれば、あるいは出家して僧侶となることを不孝罪に問う規定が設けられたかもしれない。

以上、北朝の史料を七つ見てきたが、〔七〕により北魏では、不孝が遲くとも太和十一年には罪目化していたことが知られる。他の史料では罪名か罪目か判然としないものばかりであるが、少なくとも太和十一年以降の事例、すなわち〔四〕以外は全て罪目として理解しなければならない。〔五〕の不孝は罪名とも罪目とも解しうると述べたが、これも罪目と解さざるをえないであろう。〔五〕以外の史料に見える不孝も、罪目と解して特に矛盾はない。

結　語

以上、第一篇では不孝について檢討した。罪名と罪目の關係に限って總括すると、下記の通りになろう。戰國秦に不孝罪が制定されて以降、不孝罪は罪名の一種で、その法定刑は棄市であった。それは漢魏晉を經て、五胡十六國や南朝へと受け繼がれていった。しかし、南朝陳律では不孝が罪目化していた可能性があり、さらにそれは南朝梁律から受け繼がれた可能性も否定できない。一方、北朝では遲くとも北魏の太和十一年（四八七年）までに不孝が罪目化していた。つまり、不孝の罪目化は南北朝期に南北それぞれで行われたとも考えられる。すると、不孝の罪目化は北朝が南朝、あるいは南朝が北朝の影響を受けたものか、さもなくば偶然にも同樣の改革が行われたことになる。しかし、この問題について結論を出すには、不孝以外についても檢討を行う必要があろう。

（1）　鄧奕琦『北朝法制研究』（中華書局、二〇〇五年）一六～一九頁參照。

（2）　爭點を比較的詳しくまとめているものに、李玉順「北魏道武帝早年踪迹考」（『延邊大學學報』社會科學版二〇一一年第六期）、孫險峰「北魏道武帝早年經歷論考補釋」（中國魏晉南北朝史學會・山西大學歷史文化學院編『中國魏晉南北朝史學會第十屆年會暨國際學術研討會論文集』北嶽文藝出版社、二〇一二年）、倪潤安「從叱羅招男墓志看北魏道武帝早年入蜀事迹」（『四川文物』二〇一四年第二期）などがある。

（3）　「翼圭」が誰を指すかについては、一般に什翼犍の孫拓跋珪（太祖道武帝）を指すと解されている。ただし、このように解すると、次の二つの點が問題となる。第一に、『魏書』によると、拓跋珪は什翼犍の子ではなく孫であり、（一）に「其子翼圭」とあるのと矛盾する。第二に、拓跋珪は建國三十四年（三七一年）に生まれ（『魏書』卷一序紀、卷二太祖紀）、什翼犍が前秦に大敗したのは建國三十九年（三七六年）のことであるから（『魏書』序紀）、翼圭が拓跋珪を指すとすると、拓跋珪はわずか六歳のときに父を捕縛して前秦へ投降したことになってしまう。

第一の問題について周一良氏は、什翼犍はその子獻明帝寔が死去した後、寔の妻子を自分の妻子としたが、前秦と南朝はそのような内情を熟知していなかったため、拓跋珪を什翼犍の子としてしまったと推測している。『魏晉南北朝史札記』（中華書局、一九八五年）三四六・三四七頁（一九八〇年原載）參照。また、第二の問題について李凴氏は、拓跋珪が什翼犍を捕縛して投降したのは名義上のことであって、實際には拓跋珪の母賀氏が行ったことと推測している。『北魏平城時代』（上海古籍出版社、二〇一四年第三版、初版二〇〇〇年）一三八～一四四頁參照。周氏、李氏の説はいずれも推測によるもので、本當にその通りであったのかは明らかでない。

（4）　官吏が犯人を邊境の外へ追放することについて、太后が怒ったのは、あるいは太后自身が氏人など、もともと境外あるいはその近邊を出自とする民族であったためとも考えられる。もっとも、太后がいかなる民族の者であったのかは未詳である。

（5）『晉書』慕容超載記に「法常懼禍至、因此遂與慕容鍾・段宏等謀反。超知而徵之、鍾稱疾不赴、於是收其黨侍中慕容統・右衞慕容根・散騎常侍段封誅之、車裂僕射封嵩於東門之外」とある。

（6）冨谷至氏は戰國時代から隋へ至るまでの轘・車裂について、生きたままの身體を引き裂いて死に至らしめるわけではなく、處刑後に死體を引き裂く刑罰であったと解している。『漢唐法制史研究』（創文社、二〇一六年）二二五・二二六頁、二五二・二五三頁（二〇〇六年、二〇〇八年原載）參照。しかし、少なくとも後掲〔三〕には「轘而殺之」とあり、「引き裂いて殺した」と明記されている。もっとも、後述する通り、ここでいう「轘」は法に基づかない特別措置であったと考えられる。封嵩については『晉書』慕容超載記に「車裂僕射封嵩於東門之外」とあるだけで、生きたまま引き裂かれたのか、屍體を引き裂かれたのかは判然としない。また、慕容超が律の條文に追加しようとした烹・轘も、生體と屍體のいずれに對して執行することが想定されていたのか定かでない。

（7）本件が發生した年代は判然としない。『魏書』卷四三房法壽列傳に「孝昌三年卒于家、時年五十」とあり、房景伯は孝昌三年（五二七年）に五〇歳で死去している。尚書の盧淵は房景伯を李沖に推薦し、李沖は房景伯を奉朝請・司空祭酒・給事中・尚書儀曹郎に任命し、房景伯はその後齊州輔國長史を經て、清河太守を務めるに至っている。『魏書』卷四七盧玄列傳によると、北魏の孝文帝がみずから南齊を攻めた後、盧淵は侍中を兼ね、「幾ばくもなくして」儀曹尚書に轉任したが、後に考課の結果、王師守常侍・尚書へ降格された。その後、豫州刺史に任命されたが、これを辭退した。南齊の雍州刺史曹虎が北魏へ投降を願い出たため、盧淵は使持節・安南將軍に任命されている。『魏書』卷七下高祖紀下によると、孝文帝がみずから南齊を攻めたのは太和十七年（四九三年）六月、考課を行ったのは十八年（四九四年）九月、曹虎が投降を願い出たのは十八年十一月のことであるから、盧淵が尚書の地位にあったのは、太和十八年のみか、あるいは十七〜十八年ということになる。房景伯が拔擢されたのは、盧淵が尚書の地位にあったときで、その後清河太守となっているので、太和十七・十八年以降、つまり五〇〇年前後に清河太守の任にあったことになる。ちなみに、房景伯が清河太守になったのは、前任者の清河太守杜昶が北魏より離反したからであるが、杜昶は他の文獻に見えず、離反した年代も明らかでない。

（8）『後漢書』循吏列傳に「時考城令河内王渙、政尚嚴猛、聞覽以德化人、署爲主簿。謂覽曰、主簿聞陳元之過、不罪而化之、得無少鷹鸇之志邪。覽曰、以爲鷹鸇、不若鸞鳳。渙謝遣曰、枳棘非鸞鳳所棲、百里豈大賢之路。今日太學曳長裾、飛名譽、皆主簿後耳。以一月奉爲資、勉卒景行」とある。

（9）『魏書』刑罰志には「神䴥中」とあるのみであるが、卷四上世祖紀神䴥四年條に「冬十月戊寅、詔司徒崔浩改定律令」とあることから、神䴥四年であることがわかる。

（10）〔八〕の前に「初置司州、以贊爲刺史、賜爵上谷侯」とあり、このとき初めて司州が置かれ、元贊はその初代刺史に任命された。『魏書』巻一〇六中地形志二中に「洛州」、その本注に「太宗置、太和十七年改爲司州、天平初復」とあり、司州が設けられたのは太和十七年のことである。よって、〔八〕は太和十七年の出來事であることが知られる。

第二篇　不敬

第七章　漢律令「大不敬」考

はじめに

隋唐律では十惡の一つとして「大不敬」が設けられていた。少なくとも唐律の大不敬は不孝と同様、罪名ではなく罪目であって、大不敬そのものに對して法定刑が設けられていたわけではなく、大不敬に含まれる諸行爲に對し、各本條においてさまざまな法定刑が定められていた。

『唐律疏議』名例律「十惡」條疏では、

然漢制九章、雖並湮沒、其不道・不敬之目見存。原夫厥初、蓋起諸漢。

とあり、漢代について記した文獻にも「不道」・「不敬」の語が見えることから、十惡の起源は漢にあると述べられている。しかし、少なくとも漢初の法律は基本的に秦の法律を繼承したものといわれている。現に、後述する通り秦でも不道が設けられていた可能性がある（第十章）。一方、不敬に關していえば、秦について記した史料の中には、犯罪を示す語として用いられている例は見えない[1]。史料に見えないことをもって、直ちに秦では不敬という罪が設けられていなかったと斷定することはできないが、不敬の起源が秦まで遡るのか否かは、現有の史料では明らかでない。

本章では漢代の大不敬について檢討する。漢代の大不敬に關する史料を見ると、次の三つの疑問が浮かび上がってくる。

第一に、漢代では實にさまざまな行爲が大不敬に問われている。具體的にいかなる行爲が大不敬にあたるかは、何によって定義されていたのであろうか。

第二に、漢代ではある一つの行爲が大不敬と同時に、「不道」にも問われている例がある。また、同じ行爲であるにもかかわらず、大不敬に問われたり、不道に問われたりすることがある。一體、大不敬は不道といかなる關係にあったのであろうか。

第三に、漢代の大不敬は唐律と同樣、罪目であったのであろうか。それとも唐律の「謀反」などと同樣、罪名であったのであろうか。

漢代の大不敬については、若江賢三氏が既に詳細な檢討を行っている(2)。氏は『史記』・『漢書』・『後漢書』など、漢代について記した文獻の中から大不敬の事例を收集・整理したうえで、大不敬にあたる行爲を分類している。しかし、後述する通り、大不敬に關する史料は氏が擧げている以外にもあり、また分類方法にも若干疑義がある。さらに、尚德街簡牘の中には、大不敬の定義を定めた律令の條文らしきものが見えるが、若江氏の論文が發表されたのは、この簡牘が公表される前のことである。本章では若江氏の研究を踏まえつつも、尚德街簡牘に對する檢討、及び傳世文獻に對する再檢討を通して、如上の三つの問題を解明したい。

第一節　大不敬の定義と法源

尚德街簡牘二一二背面第一欄には、次の四條が記されている。

〔一〕對悍使者、無人臣禮、大不敬。
〔二〕驚動鬼神、大不敬。
〔三〕上書絶匿其名、大不敬。
〔四〕漏泄省中語、大不敬。

本木牘の記載内容について、長沙市文物考古研究所は後漢の靈帝期の成文法とする。[3] 後述する通り、本木牘の書寫年代は三國呉まで下る可能性がないわけでもない（附論一）。しかし、呉では三國魏のように法典編纂を行った形跡がなく、漢の律令がほぼそのまま受け繼がれたと考えられる。よって、假にこれらの條文が呉のときに書寫されたものとしても、基本的には漢代と同じものと考えてよさそうである。

これらの條文によると、〔一〕朝廷から派遣された使者の命令を拒み、人臣としての禮をないがしろにする、〔二〕鬼神を驚かせる、〔三〕皇帝へ上書するときに、自分の名を匿す、〔四〕省中での發言を外部へ漏洩する、などの行爲が大不敬にあたることになる。ただし、本木牘には律令の全ての條文が列擧されているわけではない。それゆえ、これら四條も大不敬とされる行爲の一部に過ぎず、他にもこのような條文が設けられていた可能性はある。[4]

それでは、他にいかなる行爲が大不敬とされていたのであろうか。漢代について記した文獻には、大不敬の罪に問われた實例が頻見する。それらによると、實にさまざまな行爲が大不敬とされている。若江氏はこれらを表として整理したうえで、[5] 大不敬とされている行爲を次の五つの類型に分類している。

［Ⅰ］宮廷などにおける非禮
［Ⅱ］宗廟などに關する罪
［Ⅲ］宗室や近臣に對する非禮

〔Ⅳ〕臣下としての怠慢または不謹愼
〔Ⅴ〕天子を誣罔する言動(6)

ただし、この分類には若干問題がないでもない。まず、若江氏の表では一つの事件を必ず一つの類型に分類しているが、複數の類型にまたがると解しうるものもある。例えば、『漢書』巻五四蘇武傳には、

〔五〕前長君爲奉車、從至雍棫陽宮。扶輦下除、觸柱折轅、劾大不敬、伏劍自刎、賜錢二百萬以葬。

とあり、奉車都尉の蘇嘉が前漢の武帝につき從って棫陽宮へ行ったとき、武帝の車の柱に觸れ、轅を折ってしまい、ために蘇嘉は大不敬の罪で劾され、自害した。若江氏はこれを［Ⅰ］の「宮廷などにおける非禮」に分類している。しかし、蘇嘉は奉車都尉で、皇帝の車の管理を職務とする。(7)その奉車都尉が車の一部を破損させてしまったのは、［Ⅳ］の「臣下としての怠慢または不謹愼」に該當すると見れなくもない。

また、以上の五類型の他、さらに二つの類型が設けられるように思われる。まず一つは、

［Ⅵ］皇帝の御物に對する非禮

である。前掲の蘇嘉の事例も皇帝の車を壞しているので、これに分類できるが、次のような事例もある。すなわち、『太平御覽』巻四五七人事部九八諫諍七が引く『東方朔別傳』に、

〔六〕孝武皇帝時、人有殺上林鹿者。武帝大怒、下有司殺之。羣臣皆相阿、煞人主鹿、大不敬、當死。東方朔時在旁、曰（中略）武帝黙然、遂釋煞鹿者之罪。

とあり、武帝のとき、ある者が上林苑の鹿を殺したことについて、大不敬にあたるという意見が出されている。また、『事類賦』巻一三服用部二弓賦が引く謝承『後漢書』に、[8]

〔七〕歳初、百官朝賀、有虎賁當階置弓於地、謂羣僚曰、此天子弓、誰敢干越。百僚皆避之。穆呵之曰、天子之弓當戴之於首上、何敢置地。大不敬。

とあり、後漢の桓帝のとき、宮中で虎賁が天子の弓を地に置いたことが大不敬にあたるとされている。

そしてもう一つ類型として設けられるものとして、

［Ⅶ］鬼神を驚かす

がある。これは尚徳街簡牘の〔二〕に記されていることであるが、［Ⅰ］～［Ⅵ］のいずれにもあてはまらない。若江氏は表において全部で二〇の例を擧げている。私が調べた限りでは、他にも一二の例があるが、[9]これら一二例、及び前掲の尚徳街簡牘〔一〕～〔四〕もおおむね［Ⅰ］～［Ⅶ］にあてはまる。

以上のように、史料から見れば、大不敬の定義は［Ⅰ］～［Ⅶ］であったということができるが、これらの定義は、律令では①～④を除けば、具體的にどのように定められていたのであろうか。要するに、これらの定義はいかなる形で條文化されていたのであろうか。注目されるのは、いくつかの大不敬の事例ではある者の罪狀が述べられ、罪狀の末尾に共通あるいは類似の文句が配置されていることである。

〔八〕丞相孔光四時行園陵、官屬以令行馳道中、宣出逢之、使吏鉤止丞相掾史、沒入其車馬、摧辱宰相。事下御史、中丞侍御史至司隸官、欲捕從事、閉門不肯内。宣坐距閉使者、亡人臣禮、大不敬・不道、下廷尉獄。（『漢

書』卷七二鮑宣傳）

〔九〕後月餘、司隷校尉解光奏（中略）案根骨肉至親、社稷大臣、先帝棄天下、根不悲哀思慕、山陵未成、公聘取故掖庭女樂五官殷嚴・王飛君等、置酒歌舞、捐忘先帝厚恩、背臣子義。及根兄子成都侯況幸得以外親繼父爲列侯侍中、不思報厚恩、亦聘取故掖庭貴人以爲妻、皆無人臣禮、大不敬・不道。（『漢書』卷九八元后傳）

〔一〇〕永平中、車駕近出、而信陽侯陰就干突禁衞。車府令徐匡鉤就車、收御者送獄。詔書譴匡、匡乃自繫。良上言曰、信陽侯就倚恃外戚、干犯乘輿、無人臣禮、爲大不敬。（『後漢書』卷二七吳良列傳）

〔一一〕時良從送中郎將來歙喪還、入夏城門中、與五官將車相逢、道迫。良怒、召門候岑尊、叩頭馬前。永劾奏良曰、今月二十七日、車駕臨故中郎將來歙喪還、車駕過、須臾趙王良從後到、與右中郎將張邯相逢城門中、道迫狹、叱邯旋車、又召候岑尊詰責、使前走數十步。案良諸侯藩臣、蒙恩入侍、宜知尊帝城門候吏六百石、而肆意加怒、令叩頭都道、奔走馬頭前。無藩臣之禮、大不敬也。（『後漢書』卷二九鮑永列傳李賢注引『東觀記』）

〔一二〕十二月、上幸黎丘、詔秦豐、〔豐〕出惡言。朱祐等急攻之、豐將妻子降、祐轞車送洛陽。大司馬吳漢劾祐曰、秦豐狡猾、連年固守。陛下親踰山川、遠至黎丘、開日月之信、而豐悖逆、天下所聞、當伏誅滅、以謝百姓。祐不即斬截以示四方、而廢詔命、聽受豐降、無將帥之任、大不敬。（『後漢紀』卷四光武皇帝紀建武四年條）[10]

〔一三〕壽王非漢曆、逆天道、非所宜言、大不敬。（『漢書』卷二一上律曆志上）

〔一四〕福復上書曰（中略）取民所上書、陛下之所善、試下之廷尉、廷尉必曰、非所宜言、大不敬。（『漢書』卷六七梅福傳）

〔一五〕丞相・御史奏、湯惑衆、不道。妄稱詐歸異於上、非所宜言、大不敬。廷尉增壽議（中略）湯稱詐、虛設不然之事、非所宜言、大不敬也。制曰、廷尉增壽當是。湯前有討郅支單于功、其免湯爲庶人、徙邊。（中略）於是湯與萬年俱徙敦煌。（『漢書』卷七〇陳湯傳）

〔一六〕哀帝時、待詔伍客以知皇〈星〉好方道、數召、後坐帝事下獄、獄窮訊得其宿與人言、漢朝當生勇怒子如武帝者。刻暴以爲先帝爲怒子、非所宣言、大不敬。（『羣書治要』巻四四引桓譚『新論』）

〔一七〕欽因緣謂當、詔書陳日磾功、亡有賞語。當名爲以孫繼祖也、自當爲父・祖父立廟。賞故國君、使大夫主其祭。時甄邯在旁、庭叱欽、因劾奏曰（中略）進退異言、頗惑衆心、亂國大綱、開禍亂原、誣祖不孝、罪莫大焉。尤非大臣所宜、大不敬。（中略）謁者召欽詣詔獄、欽自殺。（『漢書』巻六八金日磾傳）

以上の史料では〔八〕・〔一三〕・〔一六〕を除き、大臣が上書あるいは劾奏し、ある者の罪狀を述べているが、下線部はいずれもその文言の一部である。下線部には「無（あるいは「亡」）人臣禮」（人臣としての禮をないがしろにする）、「無藩臣之禮」（藩臣（諸侯王）としての禮をないがしろにする）、「無將帥之任」（將帥としての任務をないがしろにする）、「非所宣言」（言うべきことではない）、「非大臣所宜」（大臣たる者がなすべきことではない）などの文句が見られ、中でも「無（あるいは「亡」）人臣禮」は〔八〕〜〔一〇〕の三つ、「非所宣言」は〔一三〕〜〔一六〕の四つも用例がある。〔一五〕に至っては、丞相・御史と廷尉の趙增壽がそれぞれ陳湯の罪狀を述べる中で、双方とも「非所宣言」という文句を用いている。

同様の文句がいくつも用いられているということは、これらは定型文句であったことが窺われる。そして、このように定型文句が用いられる理由は、律令の條文にあったと考えられる。すなわち、大不敬の定義を定めた律令の條文に、これらの文句が記されていたのではあるまいか。現に、「無人臣禮」は〔一〕「對悍使者、無人臣禮、大不敬」でも用いられている。さらにいえば、〔八〕では「宣坐距閉使者、亡人臣禮、大不敬・不道、下廷尉獄」とあるが、「坐」＋罪狀＋「下獄」という表現は漢代の文獻に頻見する。罪狀の部分は一般に犯罪事實の最小限を記すのみである。例えば、『漢書』巻一五上王子侯表上に、

十六年、元康元年、〔富侯劉龍〕坐使奴殺人、下獄瘐死。

とあるごとくである。それゆえ、〔八〕の「亡人臣禮」も犯罪事實を示すうえで必要不可欠の文句であったことになる。なぜ必要不可欠であったのかといえば、それは「亡人臣禮」が律令の規定において犯罪構成要件として記載されていたためではなかろうか。「無人臣禮」や「非所宣言」などは、〔一〕の「對悍使者、無人臣禮、大不敬」のごとく、他の要件と組み合わせるか、あるいは「非所宣言、大不敬」のごとく、それ自體單獨で大不敬の成立要件とされていたと推測される。

しかし、それでもなお問題は殘る。〔一〕〜〔四〕の定義は比較的明確であるが、「無人臣禮」や「非所宣言」などは、法規範としては曖昧といわざるをえない。何をもって「無人臣禮」とするのか、何が「非所宣言」なのかが不明確である。もっとも、〔一〕において「對悍使者」が組み合わせられているごとく、他の要件と組み合わせられていれば、その定義はおのずと狹まることになる。例えば、〔一〕であれば朝廷の使者より命令を受ける場面に限られる。しかし、それでも何をもって「無人臣禮」とするのか判然としないことに變わりはない。

大不敬の成立要件が曖昧であったことは、前掲の〔七〕からも窺われる。〔七〕では虎賁が弓を宮中の階段の前に置き、宮中へ參內する百官に對し、これは天子の弓だ、誰か上をまたいで通れるものはいるか、といった。百官はみなこれを避けたが、尚書の朱穆は虎賁を叱りつけ、天子の弓を地に置くのは大不敬にあたる、といった。このように、本件では朱穆の機轉があったからこそ、虎賁の行爲が大不敬にあたるとされたのであって、ある行爲が大不敬にあたるか否かは、一目瞭然とは限らなかった。

もちろん、〔一〕〜〔四〕以外にも、大不敬にあたる行爲を明確に定義した律令の條文もあったであろう。しかし、定義の詳細・具體的內容の多くは律令ではなく、いわゆる「禮」において定められていたのではなかろうか。

あるいは、定義そのものも禮に依存していたのかもしれない。「無人臣禮」なども禮に背反することが問題とされている。そもそも、法律用語でいう不敬は、本來禮に背反することを内容とするものであった。『晉書』卷三〇刑法志が引く張斐「律表」に、

虧禮廢節謂之不敬。

とある通りである。

大不敬の定義が必ずしも律令ではなく禮に依存していたことは、以下の三例からも窺われる。第一に、『史記』卷九六張丞相列傳に、

〔一八〕是時丞相入朝、而通居上傍、有怠慢之禮。丞相奏事畢、因言曰、陛下愛幸臣、則富貴之。至於朝廷之禮、不可以不肅。上曰、君勿言、吾私之。罷朝坐府中、嘉爲檄召鄧通詣丞相府、不來、且斬通。（中略）通至丞相府、免冠、徒跣、頓首謝。嘉坐自如、故不爲禮、責曰、夫朝廷者、高皇帝之朝廷也。通小臣、戲殿上、大不敬、當斬。吏今行斬之。通頓首、首盡出血、不解。文帝度丞相已困通、使使者持節召通、而謝丞相曰、此吾弄臣、君釋之。

とあり、前漢の文帝のとき、太中大夫の鄧通が朝廷において、皇帝の傍らにおりながら、禮を怠った。それを見た丞相の申屠嘉は、鄧通を丞相府へ召喚し、鄧通は殿上で戯れ、大不敬の罪で斬刑にあたるとし、吏に命じて即刻斬らせようとしたが、文帝は鄧通の罪を許すよう命じている。申屠嘉は鄧通を丞相府へ召喚する前、朝廷において文帝に對し、「至於朝廷之禮、不可以不肅」と述べ、朝廷の禮が守られなければならないことを主張しており、律令には言及していない。そもそも鄧通の振舞いが大不敬にあたる行爲として律令に定められていたならば、禮を云々

するまでもなく、律令に照らして罪に問えばよいだけである。

第二に、『漢書』巻八三薛宣傳に次のような事例が見える（原文は長文に渉るので省略する）。すなわち、前漢の哀帝のとき、右曹侍郎の薛況が楊明に博士の申咸を襲撃するよう依頼した。楊明は宮門の外で申咸に斬りつけ、多数の傷を負わせた、というものである。この事件について御史中丞衆らは、薛況・楊明の行爲は大不敬にあたるという意見を述べた。彼らはその理由の一つとして、

臣聞敬近臣、爲近主也。禮、下公門、式路馬、君畜産且猶敬之。

と述べている。彼らがいわんとするところは次の通りであろう。すなわち「禮」では、「公門」（君主の門）の前を通るときは下車して敬意を表するべきものとされている。にもかかわらず、楊明は宮門の外で申咸を襲撃した。また、禮では車中で君主の馬に遇ったならば、車前の横木を撫でて敬意を表するべきものとされている。君主の家畜に對してさえ敬意を表するのであるから、君主の側近くに仕える者に對しても當然敬意を拂わなければならない。にもかかわらず、薛宣・楊明は哀帝の近臣である申咸を襲撃した。以上の理由により、薛宣・楊明の行爲は大不敬にあたる、という論理である。ちなみに、ここでいう「禮」は『禮記』曲禮上に、

大夫・士下公門、式路馬。

とあるのを典據とするごとくである。

第三に、『漢書』巻六八金日磾傳には次のような事件が記されている（前掲〔一七〕）。武帝のとき、秺侯金日磾が死去し、その長男賞が繼いだが、子がなく斷絶した。平帝のとき、賞の弟建の孫當が秺侯に封ぜられた。その族兄弟金欽は當に對し、「當は金日磾の後を繼いだのであるから、自分で實父と實祖父建のために廟を建て、賞につい

ては大夫に祭祀を司らせればよい」と述べた。それを聞いた甄邯は金欽を劾奏し、大不敬にあたるとした、というものである。甄邯が大不敬の理由として述べる中に「則禮所謂尊祖故敬宗」とある。そのいわんとするところは、禮では祖を尊ぶゆえに宗を敬うべきであるのに、金欽の發言の内容はこれに背反する、それゆえ「非大臣所宜」にあたり、大不敬にあたる、ということであろう。「尊祖故敬宗」も『禮記』大傳に全く同じ記述が見える。

以上、要するに大不敬は律令の他、事實上禮をも法源としていたといえよう。大不敬の事例に見られる通り、漢代では實にさまざまな行爲が大不敬に問われているが、これらの行爲を全て逐一律令の條文として定めることは事實上不可能であった。それゆえ、律令ではいわば例示として、ごく一部を大不敬として定義するに留め、後は禮に任せたのではあるまいか。

このように大不敬は律令と禮の二つを法源とするため、兩者の間で事案の解釋に矛盾が生じることもあった。前掲の薛況・楊明の事件をめぐっては、御史中丞衆らは大不敬にあたるという意見を提示したのに對し、廷尉の龐眞は本件も通常の傷害罪と變わりなく、

律曰、鬭以刃傷人、完爲城旦。其賊加罪一等。與謀者同罪。

という律の條文に照らし、薛況と楊明を處罰すべきと述べている。衆らの意見は禮、龐眞の意見は律に基づいたものといえる。

また、前掲〔六〕は次のような事件である。ある者が上林苑の鹿を殺した。武帝は大いに怒り、犯人を官吏に引き渡して處刑しようとした。羣臣はみな武帝におもねり、人主の鹿を殺したのであるから、大不敬で死刑にあたるという意見を述べた、というものである。この意見の趣旨はおそらくこういうことであろう。すなわち、本件の犯人は、本來ならば律令の規定に照らし、禁苑の動物を殺した罪により、處罰されなければならない(11)。しかし、おそ

らくその處斷刑は、死刑ではなかったのであろう。後述する通り、大不敬の法定刑は死刑であるから、武帝の意の通りに犯人を死刑に處するため、羣臣は大不敬にあたるという意見を述べた、と。大不敬の根據は人主の鹿を殺したからであるが、それは禮に「式路馬」とあり、君主の家畜に對して敬意を拂うべきという理論を根據としたものであろう。つまり、律令ではなく禮をとることによって、大不敬が適用可能になるということである。そういう意味では、爲政者が恣意的に重い刑罰を科すときに利用できるという道が開かれていたともいえよう。

第二節　「不道」との關係

前掲〔八〕は哀帝のとき、中丞侍御史が司隸の官署へ行き、司隸の屬官を逮捕しようとしたが、長官の鮑宣は官署の門を閉ざし、中丞侍御史を中へ入れようとしなかった、という事件である。鮑宣の行爲については、皇帝の使者を中へ入れず、人臣としての禮をないがしろにしたとして、大不敬・不道にあたるとされた。つまり、ある一つの行爲が大不敬と同時に、「不道」にも問われていることになる。不道とは「臣下としての道に背反し、民政を亂し、君主及び國家に害を與え、現在の社會體制を覆さんとする行爲」、及び人倫の道に背く行爲をいう[12]（第十章）。

また、同じ行爲であるにもかかわらず、大不敬に問われたり、不道に問われたりすることがある。大庭脩氏は「誣罔」・「罔上」・「迷國」・「誹謗」・「狡猾」・「惑眾」・「虧恩」・「奉使無狀」・「大逆」などの行爲が不道として處罰されたとするが[13]、これらのうち誣罔・誹謗・惑眾は大不敬に問われていることもある。誣罔については若江氏が大不敬に問われる行爲の一つとして分類さえしている。また、『後漢書』卷二九郅壽列傳では、

〔一九〕憲怒、陷壽以買公田・誹謗、下吏當誅。侍御史何敞上疏理之曰（中略）臣伏見尚書僕射郅壽坐於臺上、與

諸尚書論擊匈奴、言議過差、及上書請買公田、遂繫獄考劾大不敬。（中略）書奏、壽得減死、論徙合浦。未行、自殺、家屬得歸鄉里。

とあり、誹謗が大不敬に問われ、前掲〔一七〕では「惑衆心」が大不敬に問われている。

以上とは逆に、「漏泄省中語」、「無人臣禮」、「非所宣言」が不道に問われている場合もある。

乃下興・捐之獄、令皇后父陽平侯禁與顯共雜治、奏、興・捐之懷詐僞、以上語相風、更相薦譽、欲得大位。漏泄省中語、罔上、不道。（『漢書』卷六四下賈捐之傳）

後十餘日、丞相靑翟・中尉嘉・廷尉歐劾奏錯曰（中略）〔鼂〕錯不稱陛下德信、欲疏羣臣百姓、又欲以城邑予呉、亡臣子禮、大逆無道。（『漢書』卷四九鼂錯傳）

宣帝初即位、延年劾奏光、擅廢立、亡人臣禮、不道。（『漢書』卷九〇酷吏傳）

事下有司、時丹以左將軍與大司馬王莽共劾奏宏、知皇太后至尊之號、天下一統、而稱引亡秦以爲比喩、詿誤聖朝、非所宜言、大不道。（『漢書』卷八六師丹傳）

それでは、大不敬と不道は一體いかなる關係にあったのであろうか。尚德街簡牘二一二背面第一欄では〔一〕～〔四〕の右側に、

妻淫失煞夫、不道。

奸人母子旁、不道。

とあり、不道に含まれる行爲が擧げられている。すると、大不敬と不道の間には明確な區別が存在したごとくであ

る。

両者の間に明確な區別が存在したことは、事例からも窺い知ることができる。すなわち、『漢書』巻八三朱博傳によると、哀帝のとき、丞相の朱博は傅太后の意を受け、御史大夫の趙玄と協議のうえ、高武侯傅喜の列侯位を剥奪するよう上奏した。しかし、これについて左將軍の彭宣らは次のように劾奏している。

〔二〇〕博執左道、虧損上恩、以結信貴戚、背君鄉臣、傾亂政治、姦人之雄、附下罔上、爲臣不忠、不道。玄知博所言非法、枉義附從、大不敬。

要するに、朱博の行爲は不道、趙玄は大不敬にあたるとし、兩者が明確に區別されている。また、前掲〔一五〕はそもそも次のような事件である。すなわち、前漢の成帝のとき陳湯が、黑龍出現の原因が成帝にあり、また昌陵への吏民の移住が再開されると發言した。丞相と御史は、陳湯が移住のことをいって衆を惑わしたことは不道にあたり、黑龍出現の異變を皇帝のせいにしたことは大不敬にあたるという意見を述べている。同一人物の行爲であっても、大不敬と不道は明確に區別されていることがわかる。

ところがその一方で、先述の通り、一つの行爲が大不敬と不道に問われる場合や、同じ行爲が大不敬に問われたり、不道に問われたりする場合もある。それでは、大不敬と不道の違いは何であろうか。思うに、まず不道は法律上大不敬よりも重い罪として位置づけられていた。すなわち、後述する通り、大不敬の法定刑は「棄市」（斬首）であった。一方、不道は棄市に處されることもあれば、「腰斬」に處されることもある。例えば、『漢書』巻七六韓延壽傳に、

事下公卿、皆以延壽前既無狀、後復誣愬典法大臣、欲以解罪、狡猾不道。天子惡之、延壽竟坐棄市。

とある一方で、巻七一雋不疑傳に、

方遂坐誣罔不道、要斬東市。

とある。腰斬とは腰部を切斷する刑罰で、當時最も重い刑罰として位置づけられていた(14)。

以上を踏まえたうえで、改めて大不敬と不道を比較すると、大不敬と不道は本來法律上異なる意味を有する。大まかにいえば、大不敬は皇帝・宗廟に對する不敬の甚だしいもの、不道は人の道に外れた行爲を指す。しかし、兩者の間には重なり合う部分もある。本來大不敬とされる行爲のうち、程度が甚だしいものについては、不道として扱うことがあったのではあるまいか。逆に、本來不道とされる行爲のうち、程度が些細なもの、あるいは情狀酌量の餘地があるものについては、大不敬として扱うことがあったのではあるまいか。

右を裏づけるものとして、次のような史料がある。すなわち、『漢書』巻七〇陳湯傳に、

廷尉增壽議以爲、不道無正法、以所犯劇易爲罪。

とあり、趙增壽は、不道には正規の法がなく、犯した行爲の輕重に應じて罪を決めると述べている。輕いと判斷される場合は大不敬、重い場合は不道として處理されることも、これに含まれたと考えられる。また、『後漢書』巻二九申屠剛列傳に、

及擧賢良方正、因對策曰（中略）今朝廷不考功校德、而虛納毀譽、數下詔書、張設重法、抑斷誹謗、禁割論議、罪之重者、乃至畧斬。

とあり、申屠剛が前漢平帝期における政治の現況について、誹謗のうち重いものは腰斬に處されると述べている。

誹謗が本來大不敬とされる行爲なのか、それとも不道なのかは明らかでないが、中屠剛の言は誹謗のうち輕いものは大不敬、重いものは不道として處罰されることをいうものではあるまいか。

以上の解釋を前提とすると、先の疑問も理解できる。大不敬と同時に不道に問われるのは、本來は大不敬にあたる行爲であるが、その被害あるいは惡質性が甚大であるため、さらに不道として扱うということであろう。そして、本來大不敬に問われる行爲が不道として扱われているのも、同じ理由によるものであろう。あるいは、後者も大不敬と不道に問われているのであって、「大不敬」が省略されていると考えられる。漢の律令では同時に二つ以上の罪を犯した場合、刑罰が重い方のみに従って處罰するという原則がある。(15) よって、大不敬は省略可能であったのであろう。

第三節　大不敬と法定刑

前篇で檢討した通り、秦・漢の法律では、「不孝」は罪目ではなく罪名であった。それでは、漢代の大不敬は罪目であったのであろうか、それとも罪名であったのであろうか。前者の場合、唐律と同樣、大不敬に含まれる各行爲がそれぞれの條文で處罰の對象とされていたことになる。一方、後者の場合、大不敬そのものに對して法定刑が設けられていたことになる。

前者については、漢代ではそもそもそのような條文が見えない。しかし、今日知られている漢代の律令の條文はごく一部に過ぎず、それらに見えないからといって、漢代では前者でなかったとは斷定できない。直接證明できないというだけである。

一方、後者も例えば「諸大不敬者、棄市」などの條文は見えない。しかし、間接的にその存否を證明することは可能である。すなわち、後者が存在したとするには、次の二つが證明されなければならない。

第一に、大不敬の各事例において、本來適用されるべき刑罰が一致していることである。事例の中には法定刑通りに處罰されていると見られるものもあれば、明らかに刑罰を減免されているものもある。しかし、後者の場合であっても、減免前の刑罰、つまり本來適用されるべき法定刑が記されているものもある。法定刑通りの處罰、及び減刑前の刑罰がどの事例でも同一ならば、大不敬そのものに單一の法定刑が設けられていたと考えることができそうである。

第二に、大不敬の各事例において、大不敬に含まれる諸行爲は、犯罪として直接處罰の對象とされず、「大不敬にあたる、ゆえに處罰する」などと記されていることである。つまり、例えば「漏泄省中語という行爲をしたので棄市に處する」ではなく、「漏泄省中語という行爲をしたので大不敬にあたり、それゆえに棄市に處する」となっていなければならない。

そこで、まず第一の問題について見ると、前掲〔六〕では大不敬が「當死」、〔一八〕では「當斬」とされている。また、『漢書』卷八九循吏傳でも、

〔二一〕〔黃霸〕守丞相長史、坐公卿大議廷中知長信少府夏侯勝非議詔書大不敬、霸阿從不舉劾、皆下廷尉、繫獄當死。霸因從勝受尚書獄中、再踰冬、積三歳乃出、語在勝傳。

とあり、大不敬が「當死」とされ、『漢書』卷八三薛宣傳では、

〔二二〕事下有司、御史中丞衆等奏（中略）況首爲惡、明手傷、功意俱惡、皆大不敬。明當以重論、及況皆棄市。（中略）況竟減罪一等、徙敦煌。

『後漢書』巻六〇下蔡邕列傳下では、

〔二三〕於是下邕・質於洛陽獄、劾以仇怨奉公、議害大臣、大不敬、弃市。事奏、中常侍呂強愍邕無罪、請之。帝亦更思其章、有詔減死一等、與家屬髡鉗徙朔方、不得以赦令除。

とあり、いずれも「棄市」にあたるとされている。以上、〔六〕・〔一八〕・〔二一〕～〔二三〕では、いずれも實際には死刑が減免されている。また〔一五〕では、陳湯は減刑され、敦煌へ徙されている。いわゆる「徙遷刑」で、漢代では一般に死刑より減刑された者に對して適用される。それゆえ、陳湯が犯した罪も本來は死刑にあたるものであったのであろう。〔一九〕でも郅壽は死刑より減刑され、合浦へ徙されることとなった（が、自殺した）。〔二三〕でも蔡邕は死刑より一等減刑され、朔方へ徙されている。〔一七〕では被疑者が自殺しているが、それは大不敬が死刑にあたる罪であったからであろう。『漢書』巻一七景武昭宣元成功臣表でも、

〔二四〕四年、後二年、〔秺侯商丘成〕坐爲詹事侍祠孝文廟、醉歌堂下曰、出居、安能鬱鬱、大不敬、自殺。

とあり、秺侯商丘成は大不敬に問われ、自殺している。

以上から、特に減免されない限り、大不敬は死刑に處されるべき犯罪であったことがわかる。つまり、死刑という點では法定刑が一致しているといえる。しかし、當時の死刑は腰斬と棄市の二種類があった。法定刑が一致しているというからには、いずれか一方のみでなければならない。そこで注目されるのは、〔二二〕・〔二三〕において大不敬が棄市とされていることである。大不敬の法定刑は棄市であったのではあるまいか。それを裏づけるものとして、「漏泄省中語」の處罰がある。漏泄省中語は大不敬に含まれる行爲の一つであるが、棄市に處されている例がある。すなわち、『續漢書』天文志中では、

是時中常侍高梵・張防・將作大匠翟酺・尚書令高堂芝・僕射張敦・尚書尹就・郎姜述・楊鳳等、及兗州刺史鮑就・使匈奴中郎【將】張國・金城太守張篤・敦煌太守張朗、相與交通、漏泄、就・述棄市、梵・防・酺・芝・敦・鳳・就・國皆抵罪。

とあり、後漢の順帝期、中常侍高梵らが互いに連絡をとり合い、「漏泄」したことにより、兗州刺史の鮑就と郎の姜述は棄市、高梵らはそれぞれ刑罰に處されている。要するに、漏泄省中語の共犯である。漢の法律では一般に共犯者全員を法定刑通りの刑罰に處するのが原則であった(16)。それゆえ、高梵らは何らかの理由により減刑されていることになる。逆にいえば、鮑就と姜述に適用された棄市は、法定刑がそのまま適用されたということになろう。また、『續漢書』律曆志上劉昭注には、

蔡邕戍邊上章曰（中略）顧念元初中故尚書郎張俊、坐漏泄事、當伏重刑、已出穀門、復聽讀鞫、詔書馳救、〔減罪〕一等、輸作左校。

とあり、尚書郎の張俊が「漏泄」の罪に問われ、「重刑」すなわち死刑の判決を受けたが(17)、執行の間際になって、減刑する旨の詔が處刑場へ屆き、死なずに濟んだと記されている。『後漢書』巻四五張俊列傳には、張俊が死刑の減刑について、安帝に對して述べた感謝の言葉が記されており、その中に刑場の樣子として、

廷尉鞠遣、歐刀在前、棺絮在後。

と記されている。「歐刀」とは處刑用の刀で、斬首に用いる(18)。それゆえ、張俊が執行されそうになった死刑は棄市としか考えられない。

次に、第二の問題について見ると、〔六〕・〔一八〕・〔二一〕～〔二三〕がまさに「大不敬にあたる、ゆえに處罰する」の文型に該當する。例えば、〔六〕では「煞人主鹿、大不敬、當死」とあり、「人主の鹿を殺したので大不敬にあたり、それゆえ死刑にあたる」となっている。

ところがその一方で、大不敬に含まれる行爲が直接犯罪として處罰の對象とされている例もある。漏泄省中語にはそのような例がいくつか見える。前掲の中常侍高梵らの事件、張俊の事件もこれに含まれるが、例えば『漢書』卷一九下百官公卿表下では、

楚相齊宋登爲京兆尹、三年貶爲東萊都尉。未發、坐漏泄省中語下獄自殺。

とあり、漏泄省中語の罪により、身柄を獄へ引き渡されたと記されている。先述の通り、「坐」＋罪狀＋「下獄」という文句はよく用いられるが、大不敬の場合、「坐」＋罪狀＋「大不敬」という文句も見られる。

〔八〕坐距閉使者、亡人臣禮、大不敬・不道
〔二一〕坐公卿大議廷中知長信少府夏侯勝非議詔書大不敬
〔二四〕坐爲詹事侍祠孝文廟、醉歌堂下曰、出居、安能鬱鬱、大不敬
〔二五〕坐選舉不以實、罵廷史、大不敬（『漢書』卷一八外戚恩澤侯表）

それゆえ、右の百官公卿表の記述でも「坐漏泄省中語大不敬」などとあってしかるべきであるが、そうはなっていない。また、『漢書』卷六六陳萬年傳に、

於是石顯微伺知之、白奏咸漏泄省中語、下獄掠治。減死、髡爲城旦、因廢。

とあり、陳咸が漏泄省中語を犯したとして、石顯が上奏しているが、陳咸は獄で取調べを受け、拷問され、減刑されて髠鉗城旦の刑に處されたことまで記されているにもかかわらず、大不敬については言及されていない。それは以下に列擧する史料でも同様である。

丞相具發其事、奏、咸宿衞執法之臣、幸得進見、漏泄所聞、以私語雲、爲定奏草、欲令自下治、後知雲亡命罪人、而與交通、雲以故不得。上於是下咸・雲獄、減死爲城旦。咸・雲遂廢錮、終元帝世。（『漢書』卷六七朱雲傳）

及充國還言兵事、武賢罷歸故官、深恨、上書告卬泄省中語。卬坐禁止而入至充國莫府司馬中亂屯兵下吏、自殺。（『漢書』卷六九趙充國傳）

光與大司空師丹奏言、詔書、侍中駙馬都尉遷巧佞無義、漏泄不忠、國之賊也、免歸故郡。復有詔止。（『漢書』卷八一孔光傳）

而陳咸爲御史中丞、坐漏泄省中語下獄。博去吏、間步至廷尉中、候伺咸事、咸掠治困篤。博詐得爲醫入獄、得見咸、具知其所坐罪。博出獄、又變姓名、爲咸驗治數百、卒免咸死罪。（『漢書』卷八三朱博傳）

憲奏弘大臣漏泄密事。帝詰讓弘、收上印綬。弘自詣廷尉、詔勑出之。（『後漢書』卷三三鄭弘列傳）

明年、坐子與尚書郎張俊交通、漏洩省中語、策免。（『後漢書』卷四五袁安列傳）

至二十四年秋、公以脩前後漏泄言教、交關諸侯、乃收殺之。（『三國志』卷一九魏書陳思王植傳裴松之注引『典略』）

〔四〕「漏泄省中語、大不敬」という條文がある以上、大不敬に含まれる漏泄省中語と、そうでない漏泄省中語があったとは考えがたい。全ての漏泄省中語が大不敬に含まれるはずである。にもかかわらず、漏泄省中語の處罰について大不敬という語が見えないのは、省略されているためと考えられる。漏泄省中語のごとく、大不敬に含まれる行爲として律令に定義されているものは、大不敬にあたることはいわずもがなであるから、「大不敬」を省略しても問題なかったのであろう。現に、『漢書』卷八六師丹傳では、

〔二六〕上以問將軍中朝臣、皆對曰、忠臣不顯諫、大臣奏事不宜漏泄、令吏民傳寫流聞四方。臣不密則失身。宜下廷尉治。事下廷尉、廷尉劾丹大不敬。

とあり、哀帝のとき、大司空の師丹が「漏泄」を行い、廷尉がこれを大不敬として劾したと明記されている一方で、同じ事件について記した『漢書』卷一八外戚恩澤侯表では、

一年、建平元年、坐漏泄免。

とあり、師丹は漏泄に坐して免ぜられたとあり、大不敬とは記されていない。

以上から、大不敬に對して棄市という法定刑が直接設けられていたのであって、大不敬に含まれる諸行爲に逐一法定刑が設けられていたわけではない。それというのも、そもそも大不敬に含まれる行爲の全てを律令で定めることができなかったからであろう。

ただし、大不敬に含まれる行爲の全てに、法定刑が設けられていなかったとは限らない。例えば、「漏泄省中語、大不敬」という條文とは別に「漏泄省中語、棄市」という條文が設けられていた可能性も否定できない。いかなる場合にこういう事態が起こるかというと、例えば漏泄省中語という犯罪が大不敬とは本來別に設けられており、後に大不敬へ組み込まれたという場合である。この場合、「漏泄省中語、棄市」という條文は廢止しても問題なかったであろうが、法律の條文が未整理のため、殘されたという可能性もあろう。

結　語

漢代の大不敬を唐律と比較すると、前者は罪名であるのに對し、後者は罪目であるという點で大きな違いがある。しかし、次のような共通點もある。すなわち、『唐律疏議』名例律「十惡」條注では大不敬について、

謂盜大祀神御之物・乘輿服御物。盜及僞造御寶。合和御藥、誤不如本方及封題誤。若造御膳、誤犯食禁。御幸舟船、誤不牢固。指斥乘輿、情理切害及對捍制使、而無人臣之禮。

とあり、大不敬にあたる行爲が列擧されている。その一つとして「對捍制使、而無人臣之禮」が擧げられているが、これはまさに前掲〔一〕の「對悍使者、無人臣禮」と一致する。漢の大不敬はその後徐々に變化しつつも、魏晉南北朝及び隋を經て、唐へ受け繼がれたことは間違いない。魏晉南北朝の大不敬については第九章で檢討する。

（1）　嶽麓書院藏秦簡「秦律令（壹）」には、
如下邽廟者輒壞、更爲廟便地潔清所、弗更而祠焉、皆棄市。各謹明告縣道令丞及吏主吏、五日壹行廟、令史旬壹行、令若
丞月行廟□□□　　　⧄（第三二一簡・三二二簡）
⧄丞相議。　　　⧄（第三二三簡）
祠焉。廷當、嘉等不敬祠、當……⧄（第三二四簡）
●泰上皇祠廟在縣道者……⧄（第三二五簡）
令部吏有事縣道者、循行之、毋過月歸（？）、當繕治者輒繕治之、不□□者□□□□者不□□（第三二六簡）
とあり、第三二一簡から第三二六簡にかけて、廟の修繕に關する規定が記されている。もっとも、竹簡の排列がこれで正しいのかは明らかでない。また、少なくとも第三二四簡は文章が途中から始まっており、第三二三簡は「議」字を最後に空白となっ

ているので、第三二四簡の前には他の竹簡が排列されていたはずである。他にもそのような箇所があるのかもしれない。

　ここで問題となるのは、まさにその第三二四簡である。本簡には「不敬祠」とあり、一見すると不敬罪をいうもののごとくである。しかし、「不敬祠」は「敬んで祠らず」と讀むべきで、ここでいう「不敬」は、不敬罪とは關係なかろう。「廷當、嘉等不敬祠、當……」は「廷尉府の判決案では、嘉らは敬んで廟を祀らなかったので、……の刑にあたる」という意味と解される。第三二一簡には「如下邽廟者輒壞、更爲廟便地潔清所、弗更而祠焉、皆棄市」とあるが、第三二四簡冒頭の「祠焉」は第三二一簡の「弗更而祠焉」の「祠焉」を引用したものであろう。「不敬祠」とは、具體的には「弗更而祠焉」、すなわち壞れた廟を修繕せずに祀ったことを指すのであろう。

（2）若江賢三「漢代の不敬罪」（同氏『秦漢律と文帝の刑法改革の研究』汲古書院、二〇一五年。一九八六年原載）參照。
（3）長沙市文物考古研究所編『長沙尚徳街東漢簡牘』（嶽麓書社、二〇一六年）七九・八〇頁參照。
（4）居延新簡には「☐□言不敬謾非大不敬在第三卷五十」（ＥＰＦ二二：四一六）とある。これを「☐□言、不敬。謾非、大不敬。在第三卷五十」と句切れば、本簡は不敬と大不敬の定義を述べた條文のごとくである。しかし、中國簡牘集成編輯委員會は「☐□言不敬、謾、非大不敬。在第三卷五十」、劉鳴氏は「☐□言・不敬・謾・非・大不敬、在第三、卷五十」と句切っている。中國簡牘集成編輯委員會編『中國簡牘集成〔標註本〕』第一二冊（敦煌文藝出版社、二〇〇一年）一〇二頁、劉鳴「居延新簡所見的一條律令目錄」（『咸陽師範學院學報』二〇一五年第三期）參照。いずれにせよ記述が斷片的に過ぎ、どの解釋が正しいのかは未詳である。
　また、『舊唐書』卷二一禮儀志一に「漢制、擅議宗廟、以大不敬論」、卷一七七楊發列傳に「以漢律、擅論宗廟者、以大不敬論」とあり、これらによると皇室の宗廟について勝手に議論した者は大不敬の罪に問う、と漢律では定められていたことになる。しかし、唐より前の文獻では、これに近い條文が『漢書』卷六八霍光傳の如淳注に「高后時定令、敢有擅議宗廟者、棄市」と見えるのみで、大不敬という語は用いられていない。
（5）若江氏は表で「4」として司馬遷が大不敬に問われたとしているが、氏自身も指摘する通り、文獻にそのような記載はない。また、氏は表で「19」として「謝承後漢書（太平廣記347）」を擧げているが、『太平廣記』ではなく『太平御覽』の誤りである。
（6）大庭脩氏によれば、「誣罔」とは「天子をあざむく行爲」をいう。『秦漢法制史の研究』（創文社、一九八二年）一〇三〜一一四頁、一四〇頁（一九五七年原載）參照。
（7）『漢書』卷一九上百官公卿表上に「奉車都尉掌御乘輿車、駙馬都尉掌駙馬、皆武帝初置、秩比二千石」とある。
（8）『太平御覽』卷三四七兵部七八弓にも引用されている。
（9）紙幅の都合により、以下にそれら一二例の文獻名と篇名のみ列擧し、本章では、原文は行論に必要な場合に限り引用する

に留める。『漢書』卷七昭帝紀元鳳四年條、卷九九下王莽傳下、『後漢書』卷二九郅壽列傳、卷三一陸康列傳、卷五七李雲列傳、卷六〇下蔡邕列傳下、卷八三逸民列傳、『後漢紀』卷四光武皇帝紀建武四年條（及び『太平御覽』卷六四五刑法部一一誅引『漢雜事』）、『論衡』佚文篇、『太平御覽』卷四五七人事部九八諫諍七引『東方朔別傳』、『三國志』卷一三魏書鍾繇傳裴松之注引三國魏・魚豢『魏略』、『藝文類聚』卷七八靈異部上仙道引『神仙傳』。

(10)『太平御覽』卷六四五刑法部一一誅が引く『漢雜事』にもほぼ同じ記述が見える。

(11) 秦代の場合ではあるが、龍崗秦簡には禁苑の動物を殺すことを禁じる規定の存在を窺わせる條文がいくつか見える。第二三簡には「敺（驅）入禁苑中、勿敢擅殺。擅殺者、☑」とあり、追い詰めた動物が禁苑の中へ入った場合、勝手に殺してはならないと定められている。「擅殺者」以下には、勝手に殺した者に對する處罰が定められていたのであろう。このような規定があるということは、禁苑に住む動物を殺すことは當然許されていなかったと考えられる。また、第二七簡には「諸禁苑爲耎（壖）、去苑卌里、禁毋敢取耎（壖）中獸。取者、其罪與盜禁中【同】☑」とあり、禁苑の周邊に設けられた壖地の中では、獸を採取してはならないと定められている。禁苑外の壖地でさえ狩獵が禁止されているのであるから、禁苑中の動物はなおのこと殺害が禁止されていたことであろう。第三二簡には「諸取禁中豺狼者、毋罪」とあり、禁苑中の豺狼に限っては、採取しても罪に問わないと定められている。逆にいえば、他の動物は罪になるのであろう。また、第三三簡には「鹿一・彘一・麇一・麃一・狐二、當（?）完爲城旦舂、不□□□」とあり、これについて中國文物研究所・湖北省文物考古研究所は、禁苑中の動物を盜むことに對する處罰を定めたものかもしれないとする。『龍崗秦簡』（中華書局、二〇〇一年）八六頁參照。假にその通りとすれば、殺害も罪に問われたことであろう。

(12) 大庭脩『秦漢法制史の研究』一四〇頁、一四二頁（一九五七年原載）參照。

(13) 大庭脩「漢律における「不道」の概念」（『秦漢法制史の研究』。一九五七年原載）參照。

(14) 拙著『秦漢刑法研究』（知泉書館、二〇〇七年）二五〜三六頁參照。

(15) 堀毅「唐律溯源攷——以秦律中「一人有數罪」的規定爲中心所作的攷察」（同氏『秦漢法制史論攷』法律出版社、一九八八年。一九八四年原載）、拙稿「張家山漢簡「二年律令」刑法雜考——睡虎地秦簡出土以降の秦漢刑法研究の再檢討——」（『中國出土資料研究』第六號、二〇〇二年）參照。

(16) 拙稿「秦律・漢律における共犯の處罰」（『秦漢刑法研究』。二〇〇二年原載）參照。

(17)『後漢書』卷四六陳寵列傳の李賢注に「重、死刑也」とある。

(18)『後漢書』卷五八虞詡列傳李賢注に「歐刀、刑人之刀也」、卷七四上袁紹列傳に「則伏首歐刀、詡褰衣就鑊、臣之願也」とある。

第八章　漢律令「不敬」考

はじめに

漢代の法律には「不敬」・「大不敬」という犯罪に關する規定が設けられていた。前章ではこれらのうち大不敬について検討し、次の三つの結論をえた。第一に、いかなる行爲が大不敬にあたるのかは、律令の條文で定義されている場合もあったが、定義の具體的内容や、あるいは定義そのものも「禮」に依存している場合もあった。第二に、本來は大不敬にあたる行爲であっても、被害あるいは惡質性が甚大なものについては、さらに「不道」の罪に問われることもあった。第三に、漢代の大不敬は唐律と異なり、罪目ではなく罪名であって、大不敬そのものに對し、「棄市」が法定刑として設けられていた。

本章では前章に引續き、不敬について検討する。名稱からすると、不敬は大不敬よりも不敬の程度が輕いものと見られるが、具體的にはいかなる點で大不敬と異なるのであろうか。また、處罰にもいかなる違いがあるのであろうか。さらに、前章で明らかにした大不敬の特徴は、不敬にも見られるであろうか。本章では以上の諸問題について検討し、大不敬も含め、不敬罪全體の意義について考察したい。

第一節　不敬の定義

『晉書』巻三〇刑法志が引く張斐「律表」に、

虧禮廢節謂之不敬。

とあるのによると、當時の法律用語でいう不敬とは、禮節を欠く行爲を指す。それでは、具體的にいかなる行爲が不敬とされていたのであろうか。漢代について記した文獻には、不敬の罪に問われた實例が頻見する。若江賢三氏はこれらの實例を収集・整理したうえで、不敬とされている行爲を次の四つの類型に分類している(1)。

［Ⅰ］宮廷などにおける非禮
［Ⅱ］宗廟などに關する罪
［Ⅲ］宗室や近臣に對する非禮
［Ⅳ］臣下としての怠慢または不謹愼

ただし、前章でも述べた通り、この分類には若干問題がないでもない。まず、若江氏は一つの事件を必ず一つの類型に分類しているが、複數の類型にまたがると解しうるものもある。例えば、『史記』巻一八高祖功臣侯者年表には、

元狩四年、〔繩侯周〕平坐爲太常不繕治園陵、不敬、國除。

とあり、繩侯の周平は太常の職にありながら皇族の陵墓を修繕しなかったことにより、不敬に問われている。若江

氏はこれを［Ⅱ］の「宗廟などに關する罪」に分類している。しかし、『太平御覽』巻二二八職官部二六太常卿が引く衞宏『漢舊儀』に、

漢陵屬三輔、太常月一行。

とあり、太常は皇族の陵墓を月に一度點検することを職務の一つとしていた。それゆえ、周平が皇族の陵墓を修繕しなかったことは、［Ⅳ］の「臣下としての怠慢または不謹愼」にも該當すると見ることができる。

また、若江氏の分類の中には、他の類型に分類すべきように思われるものもある。例えば、『史記』巻九六張丞相列傳に、

八年、〔北平侯張類〕坐臨諸侯喪後就位不敬、國除。

とあり、北平侯張類は諸侯王の喪に遲れて參列したことにより、不敬に問われている。若江氏はこれを［Ⅱ］の「宗廟などに關する罪」に分類している。しかし、これはむしろ［Ⅲ］の「宗室や近臣に對する非禮」へ分類すべきように思われる。また、『史記』巻一〇七魏其武安侯列傳に、

夏、丞相取燕王女爲夫人。有太后詔、召列侯宗室皆往賀。（中略）飲酒酣、武安起爲壽、坐皆避席伏。（中略）〔灌〕夫無所發怒、乃罵臨汝侯曰（中略）武安乃麾騎縛夫置傳舍、召長史曰、今日召宗室、有詔。劾灌夫罵坐不敬、繫居室。

とあり、武安侯で丞相の田蚡の婚禮を祝う宴席において、皇族や列侯も參列する中で、灌夫が臨汝侯灌賢らを罵り、不敬に問われている。若江氏はこれを［Ⅰ］の「宮廷などにおける非禮」に分類している。しかし、「召列侯

宗室皆往賀」という表現からすると、宴席がとり行われたのは宮廷内ではなく、おそらく田蚡の邸宅内であろう。また、田蚡が灌夫を不敬の罪で「劾」したのは、「今日召宗室、有詔」とあるように、その日は皇族も參列しており、かつ皇族も參列するよう太后の詔があるからであった。それゆえ、本件もむしろ［Ⅲ］の「宗室や近臣に對する非禮」に分類すべきであろう。

以上のような問題はあるものの、不敬の事例からすると、おおむね［Ⅰ］～［Ⅳ］こそが不敬の内容ということができそうである。

不敬の事例ではさまざまな行爲が不敬に問われているが、それらの行爲のうちいくつかは律令で定められていたと考えられる。『漢書』巻六武帝紀元朔元年條には、

〔一〕有司奏議曰（中略）今詔書昭先帝聖緒、令二千石擧孝廉、所以化元元、移風易俗也。不擧孝、不奉詔、當以不敬論。（中略）奏可。

とあり、郡國の二千石官が孝の者を推擧せず、詔を奉じなかった場合、不敬として罪を論じる、という羣臣の意見が武帝により裁可されている。これは詔すなわち令によって不敬を定義したものといえるであろう。また、『續漢書』輿服志下劉昭注が引く丁孚『漢儀』に、

〔二〕太僕・太中大夫襄言（中略）民織綬不如式、沒入官、犯者爲不敬。（中略）皇太后詔可、王綬如所下。

とあり、民が綬を規格の通りに織らなかった場合、その綬を沒收し、不敬とするという法規が定められている。

また、尚德街簡牘二一二正面第二欄には次の二條が含まれている。

〔三〕上書言變事不如式、爲不敬。
〔四〕天下有服禁、不得屠沽。吏犯、不敬⧄

前者では皇帝へ上書して事變を申し上げるとき、書式の通りにしなかった場合、不敬とすると定められている。後者では天下で喪に服している場合、肉と酒を賣買してはならず、吏がこれを犯した場合、不敬とすると定められている。これらは不敬にあたる行爲を定義した規定といえる。

ただし、二一二には律令の全ての條文が列擧されているわけではない。それゆえ、これら二條、さらには〔一〕・〔二〕も不敬とされる行爲の一部に過ぎず、他にもこのような條文が設けられていたと考えられる。しかし、事例において不敬とされている行爲は多岐に渉り、それら全てが律令によって定義されていたとも考えがたい[2]。前章では大不敬についても同様に考え、大不敬は律令の他にも「禮」によって定義されていたと理解したが、不敬でも同様であったことは、不敬の事例の中に「失禮、不敬」という文句が見えることから裏づけられる。

〔五〕欽與族昆弟秺侯當倶封。初、當曾祖父日磾傳子節侯賞、而欽祖父安上傳子夷侯常、皆亡子、國絶、故莽封欽・當奉其後。當母南即莽母功顯君同產弟也。當上南大行爲太夫人。（中略）時甄邯在旁、庭叱欽、因劾奏曰（中略）秺侯當上母南爲太夫人、失禮、不敬。（『漢書』巻六八金日磾傳）

〔六〕平恩侯許伯入第、丞相・御史・將軍・中二千石皆賀。（中略）酒酣樂作、長信少府檀長卿起舞、爲沐猴與狗鬬、坐皆大笑。（中略）〔蓋寬饒〕因起趨出、劾奏、長信少府以列卿而沐猴舞、失禮、不敬。（『漢書』巻七七蓋寬饒傳）

〔七〕初、哀帝祖母定陶太后欲求稱尊號、太后從弟高武侯傅喜爲大司馬、與丞相孔光・大司空師丹共持正議。孔鄉侯傅晏亦太后從弟、諂諛欲順指、會博新徵用爲京兆尹、與交結、謀成尊號、以廣孝道。繇是師丹先免、博代爲大司空、數燕見奏封事、言、丞相光志在自守、不能憂國。大司馬喜至尊至親、阿黨大臣、無益政治。上遂罷喜遣就國、免光爲庶人、以博代光爲丞相、封陽鄕侯、食邑二千戸。(中略)傅太后怨傅喜不已、使孔鄕侯晏風丞相、令奏免喜侯。博受詔、與御史大夫趙玄議、玄言、事已前決、得無不宜。博曰、已許孔鄕侯有指。匹夫相要、尚相得死、何況至尊。博唯有死耳。玄即許可。博惡獨斥奏喜、以故大司空氾鄕侯何武前亦坐過免就國、事與喜相似、即并奏、喜・武前在位、皆無益於治、雖已退免、爵土之封非所當得也。請皆免爲庶人。上知傅太后素常怨喜、疑博・玄承指、即召玄詣尚書問狀。玄辭服、有詔左將軍彭宣與中朝者雜問。宣等劾奏(中略)〔朱博・趙玄・傅安〕皆知喜・武前已蒙恩詔決、事更三赦、博執左道、虧損上恩、以結信貴戚、背君鄕臣、傾亂政治、姦人之雄、附下罔上、爲臣不忠不道。玄知博所言非法、枉義附從、大不敬。晏與博議免喜、失禮、不敬。

(『漢書』巻八三朱博傳)

例えば、〔六〕では平恩侯許伯が引っ越し、丞相・御史・將軍・中二千石がみな新居を訪れて祝い、その宴席の最中に長信少府の檀長卿が舞い、猿と犬が戰う樣子をまねた。蓋寬饒は檀長卿が卿の位にありながら猿の舞いをし、禮を失したとして、不敬にあたると劾奏している。〔六〕の「長信少府以列卿而沐猴舞、失禮、不敬」では、要するに長信少府檀長卿の「以列卿而沐猴舞」という行爲の内容が禮を失しており、それゆえ不敬にあたる、と述べられていることになる。つまり、〔六〕においては、ある行爲が不敬にあたるか否かは、禮に照らして判斷されているといえよう。それは〔五〕と〔七〕でも同樣である。〔五〕では甄邯が金欽と金當の罪を劾奏し、〔七〕では彭宣らが朱博・趙玄・傅安の罪を劾奏しているが、いずれも劾奏ではまず被疑者がいかなる行爲をしたかを述べたうえで、最後に「失禮、不敬」と述べている。

また、禮書ではいかなる行爲が不敬にあたるかが述べられている。

山川神祇有不擧者、爲不敬。（『禮記』王制）

天子・諸侯無事、則歳三田。（中略）無事而不田、曰不敬。（『禮記』王制）

季氏祭、逮闇而祭、日不足、繼之以燭。雖有強力之容・肅敬之心、皆倦怠矣。有司跛倚以臨祭、其爲不敬大矣。（『禮記』禮器）

これらは古來より傳わる禮で、漢代でもある行爲が不敬にあたるか否かを判斷する際、基準として用いられたと考えられる。

第二節　大不敬との違い

次に、不敬は大不敬といかなる點で異なるのであろうか。先述の通り、尚德街簡牘二一二正面第二欄には、不敬にあたる行爲を定めた條文が列擧されているが、二一二背面第一欄には、

對悍使者、無人臣禮、大不敬。

驚動鬼神、大不敬。

上書絶匿其名、大不敬。

漏泄省中語、大不敬。

とあり、大不敬にあたる行爲が列擧されている。不敬の他に大不敬が列擧されているということは、不敬と大不敬の間には明確な區別があったことがわかる。それは事例からも明らかである。例えば、前掲〔七〕では「玄知博所

言非法、枉義附從、大不敬。晏與博議免喜、失禮、不敬」とあり、趙玄が大不敬に問われたのに對し、傅晏は不敬に問われている。〔五〕でも金當が不敬に問われているのに對し、金欽については、

尤非大臣所宜、大不敬。

とあり、大不敬に問われている。

「大」不敬というからには、不敬よりも不敬の程度が甚だしいもので、逆に不敬は大不敬よりも不敬の程度が輕いものと推測される。ここで問題となるのは、何をもって不敬の程度が重いあるいは輕いと判斷されていたかである。

まず、尚德街簡牘によると、「對悍使者、無人臣禮」（朝廷から派遣された使者の命令を拒み、人臣としての禮をないがしろにする）、「驚動鬼神」（鬼神を驚かせる）、「上書絶匿其名」（皇帝へ上書するときに、自分の名を匿す）、「漏泄省中語」（省中での發言を外部へ漏洩する）などの行爲は大不敬とされている。また、前章で檢討した通り、漢代では大不敬に問われる行爲として、他にも「無人臣禮」（人臣としての禮をないがしろにする）、「非所宜言」（いうべきことではない（ことをいう））などがあった。以上の行爲については、いずれも不敬に問われている例が見えない。これらの行爲は程度の輕重を問わず、大不敬に問われたのであろう。それは當時これらの行爲自體が甚だしく不敬な行爲と認識され、輕重を論じる必要がなかったためと考えられる。

また、若江氏は不敬の他、大不敬の事例も整理したうえで、大不敬の場合は前掲［Ⅰ］～［Ⅳ］以外にも、

［Ⅴ］天子を誣罔する言動

に分類できる事例があるとする。しかし、筆者は前章においてさらに、

［Ⅵ］皇帝の御物に對する非禮
［Ⅶ］鬼神を驚かす

に分類できる事例と規定があることを明らかにした。［Ⅴ］～［Ⅶ］が不敬に問われた例は見えない。事例が史料に見えないことをもって、これらの行爲が不敬に問われなかったと斷定することはできないが、あるいは［Ⅴ］～［Ⅶ］も不敬の程度を問わず大不敬に問われ、不敬に問われる餘地はなかったのかもしれない。(3)

以上からすると、要するに不敬と大不敬の間では、問われる行爲の種類に違いがあったともいえる。一方、完全に同じ行爲がそれぞれ不敬と大不敬に問われている例はないが、類似の行爲が不敬と大不敬に問われている例はいくつか見える。以下、逐一比較したうえで、なぜそれぞれの事例が不敬と大不敬に問われているのかを考えてみよう。

（一）皇帝の側近くか否か

［Ⅰ］の「宮廷などにおける非禮」に分類される事例の中には、特に皇帝の側近くで犯行がなされたものもある。(4)

①前漢の文帝のとき、太中大夫の鄧通が朝廷において、皇帝の傍らにおりながら、殿上で戲れ、禮を怠った。（『史記』張丞相列傳）

②新・王莽の天鳳五年（西暦一八年）、司命の孔仁が王莽に謝罪するとき、勝手に天文冠を脱いだ。（『漢書』卷九九下王莽傳下）

以上の二例ではいずれも大不敬に問われている。一方、不敬に問われた事例の中には、これら二例ほど皇帝の側近くで犯行がなされたものは見えない。よって、不敬か大不敬かは、皇帝からの距離も判斷基準の一つであったことが窺われる。

（二）宮中での液體放出

③後漢の順帝のとき、尚書の欒巴は正月元旦の朝廷の酒宴に一人だけ遲れ、また液體を噴き出した。（『藝文類聚』巻七八靈異部上仙道引東晉・葛洪『神仙傳』）(5)

④前漢の武帝のとき、東方朔が醉って殿中に入り、小便を漏らした。（『漢書』巻六五東方朔傳）

③では大不敬、④では不敬に問われている。③では宮中で液體（口に含んだ酒か？）を噴き出したのに對し、④では宮中で小便を漏らしているが、いずれも宮中で體内より液體を放出したという點で似ている。しかし、前者ではさらに酒宴に遲參したという落ち度があり、その點で後者よりも不敬の程度が重く、大不敬とされたのではなかろうか。

（三）廟あるいは祠での不謹愼

⑤武帝の後二年（紀元前八七年）、詹事の商丘成が孝文廟の祭祀に隨行したとき、醉って不謹愼な内容の歌を歌った。（『漢書』巻一七景武昭宣元成功臣表）

⑥武帝の元朔二年（前一二七年）、列侯の蕭勝が祠に隨行して齋戒しなかった。（『史記』高祖功臣侯者年表、『漢書』巻一六高惠高后文功臣表）

⑦後漢・光武帝の建武七年（西暦三一年）、光祿勲の郭憲は光武帝に附き從って洛陽南郊へ赴き、祭祀に參列した

とき、酒を口に含み、東北の方角へ三たび噴き出した。（『北堂書鈔』巻一四八酒食部七酒引三國魏・周斐『汝南先賢傳』[6]）

⑤では大不敬、⑥と⑦では不敬に問われている。これらはいずれも皇帝とともに廟あるいは祠などへ行き、不謹慎なことをしたという點で共通している。しかし、まず⑤と⑥を比較すると、後者ではただ齋戒しなかっただけなのに對し、前者では不謹慎な歌を歌うという、より明確な行爲があったため、不敬ではなく大不敬と判斷されたのであろう。一方、⑦は場所こそ南郊であるものの、口に含んだ酒を皇帝の近くで噴き出したという點では、前掲の③と共通している。しかし、先述の通り、③ではさらに遲參の落ち度があり、⑦ではそれがない。よって、③は大不敬、⑦は不敬というように、差がついたと考えられる。

（四）宗廟・陵墓の管理不行届き

⑧前漢・昭帝の元鳳四年（紀元前七七年）、孝文廟の正殿が火災に遭い、太常の轑陽侯江德、及び廟の令・丞・郎吏はみな大不敬と「劾」された。（『漢書』巻七昭帝紀元鳳四年條）

⑨武帝の元狩四年（前一一九年）、繩侯の周平が太常の職にありながら、皇族の陵墓を修繕しなかった。（『史記』高祖功臣侯者年表）

⑩元狩五年（前一一八年）、戚侯季信成が太常でありながら、丞相李蔡が墓道に立ち入ったのを見逃した。（『史記』高祖功臣侯者年表）

⑪武帝の元鼎二年（前一一五年）、廣阿侯任越が太常でありながら、廟の酒を酸っぱくさせてしまった。（『史記』高祖功臣侯者年表）

⑫武帝の太初三年（前一〇二年）、睢陽侯張昌が太常でありながら、祠のことで不十分な點があった。（『史記』高祖功臣侯者年表）

⑧のみ大不敬、その他では不敬に問われている。以上ではいずれも皇族の廟や陵墓の管理不行屆きが罪に問われている。⑧ではその他と異なり、火災という重大な危害をもたらしたため、大不敬に問われたと考えられる。

（五）行事への遲參

⑬武帝の建元五年（紀元前一三六年）、諸侯王の喪に服するとき、北平侯張類が遲れて位置に就いた。（『史記』張丞相列傳）

本件は行事に遲參したという點において、前掲③と共通している。にもかかわらず、③が大不敬、⑬が不敬とされているのは、前者では單に遲參のみならず、宮中で液體を噴き出したという落ち度があるからであろう。

（六）宴席における非禮

⑭武帝の元光四年（紀元前一三一年）、丞相田蚡の婚禮を祝う宴席において、皇族や列侯も參列する中で、灌夫が臨汝侯灌賢らを罵った。（『史記』魏其武安侯列傳）

⑮宣帝期、平恩侯許伯が引っ越し、丞相・御史・將軍・中二千石がみな新居を訪れて祝い、その宴席の最中に長信少府の檀長卿が舞い、猿と犬が戰う樣子をまねた。（『漢書』蓋寛饒傳）

⑯後漢の獻帝期、曹丕が文學たちを招いて酒宴を催し、夫人の甄氏を宴席へ呼び出し、文學たちへ挨拶させたところ、みな平伏したのに、劉楨のみ甄氏を直視した。（『三國志』卷二一魏書王粲傳、同傳裴松之注引三國魏・魚豢

『典略』[7]

⑭～⑯及び前掲③はいずれも酒席における非禮で、⑭～⑯では不敬、③では大不敬に問われている。後者での酒宴は國家の公式行事で、宮廷で開催され、おそらく皇帝も臨席していたと思われる。それに對して、前者での酒宴は權臣の邸宅で開かれたもので、皇帝は臨席していない。この違いが大不敬と不敬の差として判斷されたと考えられる。

（七）疾病を理由とする不作爲

⑰後漢・桓帝の延熹年間（一五八～一六七年）、詔により公車を派遣し、楊秉と處士韋著を招聘しようとしたが、彼らは病と稱して應じなかった。（『後漢書』卷五四楊震列傳）

⑱武帝の元朔四年（紀元前一二五年）、襄成侯韓澤之が病と僞って隨行しなかった。（『史記』卷一九惠景閒侯者年表）

⑰では大不敬、⑱では不敬に問われているが、いずれも病と稱してなすべきことをしなかった場合である。前者は詔によって特別に招聘した場合であることが問題とされ、大不敬と判斷されたのではなかろうか。

以上のように、不敬と大不敬の類似の事例を比較すると、いずれの場合においても、後者の事例における罪狀は前者よりも重いと評價することは可能である。しかし、（一）～（七）の内容は多樣で、不敬と大不敬の區別に統一的な基準は見出しがたく、そもそもこれらの行爲に對して統一的な基準を設定すること自體が不可能であったであろう。おそらく、不敬と大不敬の區別には統一的な基準がなく、法律や禮などに照らし、個別に判斷されていたと考えられる。

本節で検討したことをまとめると、要するに不敬と大不敬は、行爲の種類と法益侵害の程度に應じて區別されていたといえよう。

第三節　不敬に對する處罰

不敬はいかなる刑罰に處されたのであろうか。張家山第三三六號墓出土漢簡漢律十六章「賊律」には次のような條文が見える。

諸上書及有言也而謾、完爲城旦舂。其誤不審、罰金四兩。●不敬、耐爲隸臣妾。（第四簡）

すなわち、皇帝へ上書あるいは言上して欺いた場合、完城旦舂とする。上書あるいは言上の内容に誤りがあり、不正確な場合、罰金四兩とする、と定められている。ここで問題となるのは圏點以下である。不敬は耐隸臣妾とするという規定が見えるが、これは圏點より前の行爲が不敬にあたる場合、圏點より前の規定を適用せず、不敬罪として耐隸臣妾に處するという意味であろう。ただし、圏點より前に擧げられている行爲の全てが不敬に問われうるわけではなく、「誤不審」の場合に限られたと考えられる。もし「謾」の場合にも不敬を構成しうるとすれば、不敬と判定された方がかえって輕い刑罰に處されることになってしまう。完城旦舂は耐隸臣妾よりも重い刑罰であった。

しかし、その一方で五一廣場漢簡には、

⧄不敬耐爲鬼新　⧄（二五八九）

という記述が見える。これが律の條文なのか、それともある事件の罪名と宣告刑を記録したものなのか、前後が欠けているため明らかでない。假にこれが律の條文か、あるいは法定刑通りに宣告刑が下されていたとすれば、不敬の法定刑は耐鬼薪白粲であって、耐隷臣妾ではないことになる。五一廣場漢簡は二〇一〇年に湖南省長沙市内の五一大道より出土した簡牘羣で、後漢中期の長沙郡・臨湘縣の官文書を主な内容とする。(8) つまり、武帝期よりはるかに後の文書ということになる。文帝十三年（紀元前一六七年）以降、耐鬼薪白粲と耐隷臣妾はいずれも三年間の勞役に服する刑罰であったが、耐隷臣妾は武帝期に廢止された。(9) 耐隷臣妾の廢止に伴い、耐隷臣妾は耐鬼薪白粲に置き換えられたのであろう。

すると、不敬はそれ自體に法定刑が設けられており、漢代の不孝や大不敬と同様、罪名であったことになる。現に、漢代では不敬罪に問われて耐隷臣に處された、あるいは耐鬼薪に處するよう劾奏された事例が見える。

⑥武帝の元朔二年（紀元前一二七年）、列侯の蕭勝が祠に随行して齋戒しなかった。不敬とされ、耐隷臣に處された。（『史記』高祖功臣侯者年表、『漢書』高惠高后文功臣表）

⑱元朔四年（前一二五年）、襄成侯韓澤之が病と僞って随行しなかった。不敬とされ、耐隷臣に處された。（『史記』惠景間侯者年表、『漢書』高惠高后文功臣表）

⑲元狩五年（前一一八年）、戚侯季信成が太常でありながら、丞相李蔡が墓道に立ち入ったのを見逃した。不敬とされ、隷臣に處された。（『史記』高祖功臣侯者年表、『漢書』高惠高后文功臣表）

⑳後漢の順帝期、侍中の楊倫が上書したが、上書の内容は順帝を直接諫めるものであった。本件について尚書は、楊倫の行爲は不敬にあたり、鬼薪に處するべきと上奏した。しかし、順帝は楊倫がしばしば忠言を申し述べていたことから、特別にその罪を許し、罷免して郷里へ歸らせた。（『後漢書』巻七九上儒林列傳上）

㉑靈帝の熹平四年（一七五年）、五官郎中の馮光と沛相上計掾の陳晃は、現在行われている暦元が誤っていると主張した。太尉の陳耽、司徒の袁隗、司空の許訓は馮光と陳晃を不敬にあたると劾奏し、鬼薪に處するべきとしたが、靈帝は罪に問う必要はないとの判斷を下した。（『續漢書』律曆志中）

さらに、古人堤漢簡「漢律目錄」（第二九簡正、第三三簡正・三四簡正）は、律の各條文で定められている犯罪の内容を、二字から五字程度で要約し、各條文の題目として一枚の木牘に六段組で列擧したものであるが、その第四欄に「不敬」と記されている。それゆえ、不敬は本木牘に列擧されている「賊殺人」や「毆父母」などと同じく、個別の罪名であったことが窺われる。

ところが、以上と相反して、不敬がむしろ罪目であったことを示しかねない史料も見える。まず、不敬に問われた事件の中には、耐隸臣妾及び耐鬼薪白粲以外の刑罰に處されている事例も見える。

㉒武帝の元狩三年（紀元前一二〇年）、節氏侯で濟南太守の董朝が城陽王の娘と姦通した。不敬とされ、耐鬼薪に處された。（『史記』高祖功臣侯者年表、『漢書』高惠高后文功臣表）

㉓元狩五年、沈猶侯劉受がもと宗正でありながら、人の私的な要求を聞き入れ、そのせいで宗室内で問題が發生した。不敬とされ、耐司寇に處された。(10)（『史記』惠景間侯者年表、『漢書』卷一五上王子侯表上）

⑯後漢の獻帝期、曹丕が文學たちを招いて酒宴を催し、夫人の甄氏を宴席へ呼び出し、文學たちへ挨拶させたところ、みな平伏したのに、劉楨のみ甄氏を直視した。曹操はこれを不敬とし、劉楨を捕え、死刑より減刑して勞役に就かせた。（『三國志』魏書王粲傳、同傳裴松之注引『典略』）

㉒では犯人が耐鬼薪に處されているが、それは武帝期に隸臣妾が廢止され、不敬の法定刑が耐鬼薪白粲へ改めら

れたからではない。武帝期のいつ頃隷臣妾が廢止されたのかは明らかでないが[11]、前掲⑲の元狩五年の事例を最後として、隷臣妾は史料に現れなくなる。よって、隷臣妾が廢止されたのはそれ以降と考えられるが、いずれにせよ㉒は元狩三年の事件であるから、當時不敬はまだ耐隷臣妾に處されるのが原則であったはずである。にもかかわらず、耐隷臣よりも一等重い耐鬼薪に處されているのは、一見すると不可解といわざるをえない。

また、次のような例もある。『史記』高祖功臣侯者年表に、

五年、侯〔張〕不疑坐與門大夫謀殺故楚内史、當死、贖爲城旦、國除。

とあり、留侯張不疑が門大夫と共謀のうえ、楚のもと内史を殺害し[12]、本來ならば死刑にあたるが、贖罪により「城旦」に處されたと記されている。その一方で、『史記』巻五五留侯世家では同じ事件について、

留侯不疑、孝文帝五年坐不敬、國除。

とあるので、張不疑は本件によって不敬の罪に問われたことになる。これら兩者の史料に誤りがないとすれば、張不疑の行爲は本來不敬によって耐隷臣どころではなく、死刑に處されるべきところであったことになる。もし不敬が罪目であるならば、不敬に含まれる各犯罪を處罰する條文がなければならない。實は、一つだけそれと見られるものがある。すなわち、『史記』巻一〇二張釋之列傳の『集解』に[13]、

如淳曰、宮衞令、諸出入殿門・公車司馬門、乘軺傳者皆下。不如令、罰金四兩。

とあり、「宮衞令」の條文が引用されており、殿門・公車司馬門に出入するとき、下車しなかった場合、罰金四兩に處すると定められている。右の注は次の事例に對して附されたものである。

㉔文帝のとき、皇太子劉啓（後の景帝）が梁王劉武と車に同乘して入朝し、司馬門で下車しなかった。公車令の張釋之は太子と梁王を留めて殿門へ入らせず、公門で下車せず不敬であると劾奏した。（『史記』巻一〇二張釋之列傳）

宮衛令で定められている行爲の内容は、㉔の事例と一致する。それゆえ、本條は不敬に含まれる犯罪の一つについて定めたものと解することもできそうである。

それでは、以上の問題はどのように理解すべきであろうか。不敬が罪名であって、法定刑が耐隷臣妾及び耐鬼薪白粲に固定されていたという見地からすると、以下のように理解することができよう。

まず、㉒・㉓及び⑯から見ると、㉒では不敬により耐鬼薪に處されている。これについては下記の二つの理由が可能性として考えられる。

第一に、犯人が官吏の身分にありながら姦通したため、不敬本來の法定刑に一等加えられたという可能性である。㉒について、『史記』高祖功臣侯者年表では、

十二　元狩三年、侯朝爲濟南太守、與成陽王女通、不敬、國除。

『漢書』高惠高后文功臣表では、

十二年、元狩三年、坐爲濟南太守與城陽王女通、耐爲鬼薪。

と記されている。『史記』では「耐爲鬼薪」という宣告刑が記されておらず、一方『漢書』では「不敬」が記されていない。それはともかく、『史記』の方は「侯朝は濟南太守となり、成（城）陽王の娘と姦通し、不敬に問わ

れ、國を沒收された」と讀めそうである。つまり、不敬に問われているのは「城陽王の娘と姦通し」たことのみのごとくにも讀める。それに對して、『漢書』は「坐爲濟南太守與城陽王女通、耐爲鬼薪」とあることからわかるように、耐鬼薪に處されたのは、「爲濟南太守與城陽王女通」が罪に問われたこと、つまり濟南太守でありながら城陽王の娘と姦通したためとされている。懸泉漢簡には、

●諸與人妻和奸、及所與、及爲通者、皆完爲城旦舂。其吏也、以強奸論之。（II90DXT0112③：8）

とあり、官吏が人妻と和姦した場合、強姦罪として處罰すると定められている。城陽王の娘は人妻ではなかったであろうが、董朝は濟南太守という官吏の地位にあったからこそ、刑罰の加重がなされたのではなかろうか。

第二に、元狩年間は耐隸臣妾が消滅する過渡期であった可能性である。城旦舂・鬼薪白粲・隸臣妾・司寇はもともと身分を降格させる刑罰であったが、文帝十三年（紀元前一六七年）の刑制改革により、有期勞役刑へと改められた。(14) 冨谷至氏は、城旦舂以下の刑罰は本來固有の勞役の内容を有していたが、後に原義とは異なる勞役に從事させるものとなり、文帝十三年以降は刑期を示す指標に過ぎなくなったとする。中でも、鬼薪白粲と隸臣妾はともに三年間服役する刑罰であったため、元狩年間邊りから隸臣妾という刑罰名は用いられなくなったと解している。(15) 元狩三年の㉒において耐鬼薪、元狩五年の⑲において耐隸臣となっているのは、元狩年間は耐隸臣妾が消滅する過渡期であって、耐鬼薪白粲と耐隸臣妾のいずれも用いられていたからではあるまいか。

以上、二つの可能性を擧げたが、いずれが正しいのかは判然としない。

㉓では犯人が不敬により耐司寇に處されている。耐司寇は二年間服役し、耐隸臣妾よりも一等輕い刑罰であった。本件では例えば皇帝の恩惠など、何らかの理由により一等減刑されたのかもしれない。

⑯は曹操が既に朝廷の實權を握っていたときの事件であるが、死刑より減刑して勞役に就かせていることからす

ると、何らかの法に基づいた措置であって、曹操が法を逸脱して權力を濫用したわけではなさそうである。現に、『世説新語』言語篇では、

劉公幹以失敬罹罪。文帝問曰、卿何以不謹於文憲。楨答曰、臣誠庸短、亦由陛下網目不疏。

とあり、曹丕（後の文帝）は本件について劉楨（「公幹」は劉楨の字）に對し、「卿は何ゆえ法規を謹まなかったのだ」と尋ねている。それゆえ、⑯によると、不敬は本來死刑に處されたことになるが、これは隷臣妾の廢止以降、不敬の法定刑が耐鬼薪白粲となったという先の推論と大きく矛盾する。

これについては二つの可能性が考えられる。まず一つは、ここでいう不敬は「大不敬」の誤りあるいは省略という可能性である。そしてもう一つは、後漢最末期における不敬罪の處罰の變化である。㉑によると、靈帝期の熹平四年（一七五年）では、不敬の法定刑はまだ耐鬼薪白粲であったごとくであるが、その後不敬の處罰について改革がなされたのではなかろうか。というのも、『晉書』刑法志が引く西晉・張斐「律表」に、

法律中諸不敬、違儀失式、及犯罪爲公爲私、贓入身不入身、皆隨事輕重取法、以例求其名也。

とあり、不敬などの行爲に對しては、「事件の輕重に應じて法を選びとり、先例に依據して罪名を探し求める」と記されている。これは西晉の泰始律について述べたもので、詳しくは次章を參照されたい。要するに、泰始律では不敬を處罰する場合、不敬にあたる具體的な行爲の内容と類似した犯罪について定めた法規や先例を參照して、宣告刑を決定していたのであって、法定刑は設けられていなかった。あるいは、それは後漢最末期から既にそのような規定が設けられており、⑯の事件に適用され、本來ならば死刑が相當であると判斷されたのかもしれない。以上、二つの可能性を擧げたが、いずれが正しいのかは判然としない。

次に、留侯張不疑の事件は、そもそもなぜ不敬にあたるのか見當がつかない。若江氏は本件を［Ⅲ］の「宗室や近臣に對する非禮」に分類している。しかし、諸侯國の内史は、皇帝にとって近臣とはいえない。そもそも周知の通り、『史記』の年表と本紀・世家・列傳の間には、數多くの矛盾がある。よって、張不疑の事件については、『史記』の年表と世家のいずれかが誤っており、犯した罪は不敬ではなく、門大夫と共謀のうえ、楚のもと内史を殺害したことであったのかもしれない。當時の殺人罪は身分の上下關係などに應じて法定刑が區別されていたが[16]、一般には死刑であった[17]。それゆえ、本件は殺人罪によって死刑に問われたのであって、不敬に問われたわけではなかったのではあるまいか。この推測が正しいとすれば、不敬の法定刑が耐隷臣妾であったことと矛盾しない。

また、㉔は文帝期に發生した事件であるのに對し、宮衞令の條文は約四百年後の三國魏の如淳が引用しているものである。本條が三國魏の令なのか、それとも前代の漢令なのかは判然としないが、假に後者としても、後漢最末期に現行法として存在した漢令であって、文帝期にも既に設けられていたか否かは明らかでない。

ちなみに、文帝期のものとされる胡家草場漢簡律令には、

二　出入殿門・司馬門・衞門、毋得白冠・素履・竹簪・不絝（袴）。入殿門、門者止。犯令及門者弗得、罰金四（第一一三簡）

という條文が見える。本條の内容は前掲の宮衞令と同じく、殿門・司馬門などの出入りに關する規定である。本簡の末尾は「罰金四」で終わっているが、周知の通り漢律令には「罰金四兩」という刑罰が設けられていた。胡家草場漢簡は現在のところ、一部の圖版と釋文が公表されているのみで[18]、本簡の次に排列されていた竹簡も出土しているのか否かは明らかでないが、いずれにせよ「兩」字で始まる竹簡が本來排列されていたと推測される。つまり、本條と前掲の宮衞令で定められている行爲は、いずれも罰金四兩に處されるものであった。

胡家草場漢簡律令には、

告律	捕律	興律	廏律	
盜律	囚律	關市律	效律	
賊律	具律	雜律	●凡十四律（第一〇簡～一三簡）	
亡律	復律	錢律		
令甲	令丁	少府令	衞官令	
令乙	令戊	功令	市事令	
令丙	壹行令	蠻夷卒令	●凡十一章（第一〇七簡～一〇九簡）	

とあり、律令の篇名が竹簡數本に渉って記されている。その中に「衞官令」という令の篇名が見えるが、胡家草場漢簡の整理にあたった荊州市博物館・武漢大學簡帛研究中心は、第一一三簡をこの「衞官令」に分類している。[19]篇名は如淳注が引く「宮衞令」と似ているが、あるいは兩者は同一で、いずれか一方が誤っているのかもしれない。[20]

以上のように、これら宮衞令と衞官令の二條は、篇名・内容・法定刑において類似あるいは共通している。しかし、少なくとも前掲の衞官令の條文では、門で下車すべきことは記されていない。二條の内容が類似していることからすると、あるいは二條は同時に制定されたのかもしれないが、假にその通りとしても、㉔の時點で既に制定されていたかは明らかでない。そもそも、㉔は文帝期の中でもいつ頃發生した事件なのか定かでない。[21]一方、胡家草場漢簡は胡家草場第一二號墓から出土したものであるが、被葬者が埋葬された年代は文帝期で、文帝後元年（紀元前一六三年）を遡るものではないと見られている。[22]また、胡家草場漢簡律令の内容を見ると、明らかに肉刑の廢止、身分刑から勞役刑への轉換がなされており、文帝十三年（紀元前一六七年）の刑制改革を經たものであることがわかる。さらに、文帝後元年に定められたと考えられる條文も含まれている。(23)

假に宮衞令の規定が文帝後元年までに定められていたとしても、㉔の時點ではまだ宮衞令の規定がなく、張釋之は他の法律あるいは禮などに照らして不敬と判斷し、後に宮衞令の規定が制定されたとも考えられる。あるいは、假に事件當時既に宮衞令の規定が設けられていたとしても、張釋之が何らかの理由により、敢えて宮衞令の規定ではなく、不敬の罪に問うべきと判斷したのかもしれない。前章で檢討した通り、漢代では本來各犯罪に對して適用すべき律令の條文が設けられているにもかかわらず、大不敬を適用することも行われていた。また、結語で紹介する通り、不敬にも同樣の例が見える。

要するに、前掲の宮衞令は當時の不敬が罪目であったことを證明するものではない。また、第一節の〔一〕～〔四〕ではいかなる行爲が不敬にあたるか定められているが、刑罰までは定められていない。ということは、刑罰については他の條文で定められていたことになる。

さらに、先述の通り、不敬にあたる行爲の全てを律令に規定することは不可能であり、それゆえそもそもそれらの行爲を處罰する條文を逐一設けることも當然不可能であったと考えられる。

結　語

推測による部分もあるものの、以上の檢討結果から、不敬罪の處罰においては、法を運用する者の恣意の入る餘地が比較的大きかったといえよう。すなわち、具體的にいかなる行爲が不敬にあたるかは、必ずしも律令では定義されておらず、禮に委ねられている面もあった（第一節）。しかし、禮は法律のような嚴密性がなく、規範としては曖昧なものであった。また、ある行爲が不敬と大不敬のいずれにあたるかは、行爲の種類と法益侵害の程度に應じて區別されていたが、法益侵害の程度については統一的な基準がなく、法律や禮などに照らし、個別に判斷されていたと考えられる（第二節）。

さらに、ある行爲に對して本來適用すべき法規があるにもかかわらず、それを無視して不敬の罪に問うている例もある。『漢書』卷七九馮奉世傳には次のような事件が記されている。すなわち、琅邪太守の馮野王が病に罹ったので休暇をとり、妻子とともに郷里の杜陵へ歸って養生した。これについて御史中丞は、詔を奉じる者として不敬であるとして、馮野王を劾奏した。杜欽は大將軍王鳳に書簡を送り、次のように述べた。この劾奏は、太守は「予告」（太守のうち最も優れた治績を上げた者に對して授けられる休暇）の場合、郷里に歸ることができるのに對し、「賜告」（官吏が病氣に罹るなどした場合、恩典として授けられる休暇）の場合には歸ることができない、という理解を前提としている。予告は令、賜告は詔恩を根據とするが、休暇の根據が令か詔恩かによって、郷里に歸ることができたりできなかったりするのは、輕重の差を失している。また、故事では太守が病氣のため休暇を授かり、郷里へ歸ることが認められている。一方、令では、太守が任地の郡を離れてはならないという規定はない。令と故事を無視して不敬の法を借用するのは不適切である、と。しかし、王鳳はこの進言を聽き入れず、馮野王は罷免された。

御史中丞が馮野王を劾奏したのは、王鳳の指示による。これより前、京兆尹の王章は王鳳の專權を非難し、馮野王を推薦して王鳳と交代させるべきと主張した。これが原因となり、王鳳は馮野王を排除しようとしたわけである。つまり、本件の場合、政敵を排除するため、恣意的に不敬罪を適用したことになる。それというのも、不敬罪の基準が曖昧で、恣意的に解釋される餘地があったからであろう。

同樣のことは大不敬にも見られる。『太平御覽』卷四五七人事部九八諫諍七が引く『東方朔別傳』には、次のような事件が記されている。すなわち、武帝のとき、ある者が上林苑の鹿を殺した。武帝は大いに怒り、犯人を官吏に引き渡して處刑しようとした。羣臣はみな武帝におもねり、人主の鹿を殺したのであるから、大不敬で死刑にあたるという意見を述べた、というものである。前章でも述べた通り、この意見の趣旨はおそらくこういうことであろう。すなわち、本件の犯人は、本來ならば律令の規定に照らし、禁苑の動物を殺した罪により、處罰されなければならない。しかし、おそらくその處斷刑は、死刑ではなかったのであろう。大不敬の法定刑は死刑であるから、武帝の意の通りに犯人を死刑に處するため、羣臣は大不敬にあたるという意見を述べた、と。

漢代の法律では不敬・大不敬と同じく基準が曖昧なものとして、他にも不道罪が設けられていた。漢代の不道罪については第十章で検討するが、不道罪は著しく人道に背く行爲の他、國家・皇帝に危害を加える、あるいは加えようとする行爲であった。一方、大不敬・不敬もおおむね國家・皇帝の權威を侵害する行爲であった。これらは當時の國家・皇帝にとって最も重要な法益を侵害するもので、これらの犯罪の成否が曖昧であったことは、國家にとって都合のよい解釋を行える餘地を殘すものであったといえよう。

（1）若江賢三「漢代の不敬罪」（同氏『秦漢律と文帝の刑法改革の研究』汲古書院、二〇一五年。一九八六年原載）參照。
（2）五一廣場漢簡には「宏・石糜穀作酒、宮俱飲。宏沽得錢三百七十、石得錢六百。宏・宮不承用詔書、不敬、數罪」（三七九）、「郁以盜賦、受所監、臧（贓）皆二百五十以上、絶匿不言、逐捕周不得盜賊、不承用詔書、不敬、數罪」（四五四＋四六五＋五四四）、「□毆……不承用詔書、不敬□□□□」（九〇〇）、「〼召崇皆不以遝（?）證（?）爲意、不承用詔書、不敬、發覺得」（二五八四）、「〼竟熊趙　　皆坐吏不以徵遝爲意、不承用詔書、不敬〼」（二五九九＋二六一一）とあり、詔書に從わないことを不敬とする事例がいくつか見える。これは「不承用詔書」を不敬とする律令の規定が設けられていたためと推測される。
（3）ただし、次章で述べる通り、西晉では［V］の「天子を誣罔する言動」に分類可能な行爲が不敬に問われている例もある。前章で検討した通り、誣罔は大不敬の他、不道にも問われる場合があった。それゆえ、誣罔が漢代でも不敬に問われうる行爲であったとすれば、誣罔は不敬・大不敬・不道のいずれにも問われる可能性があったことになる。

（4）若江氏が収集した大不敬の事例の中には②が見えないが、氏の分類に従えば、②は［Ⅰ］に分類することができるであろう。以下、本章では若江氏が擧げていない事例を擧げる際、同様に氏の分類に従うものとする。

（5）この『神仙傳』の記述は他にも『初學記』巻二天部下雨一、『後漢書』巻五七欒巴列傳李賢注に引用されている。『藝文類聚』と『初學記』に引用されている『神仙傳』によると、欒巴は大不敬に問われているが、李賢注が引く『神仙傳』のみ「不敬」に作る。

（6）この『汝南先賢傳』の記述は他にも『藝文類聚』巻八〇火部火に引用されている。また、『後漢書』巻八二上方術列傳上にも同様の記述が見える。

（7）張騭『文士傳』にも同内容の記述が見える。同書は佚書で、該當部分は『水經注』巻一六穀水、『北堂書鈔』巻一六〇石、『太平御覽』巻五一地部一六石上に引用されている。『文士傳』の成立年代は未詳であるが、興膳宏氏、川合康三氏は撰者の張騭を晉の人と推測している。『隋書經籍志詳攷』（汲古書院、一九九五年）三八五頁參照。

（8）長沙市文物考古研究所・清華大學出土文獻研究與保護中心・中國文化遺産研究院・湖南大學嶽麓書院編『長沙五一廣場東漢簡牘選釋』（中西書局、二〇一五年）前言一～八頁、『長沙五一廣場東漢簡牘　壹』（中西書局、二〇一八年）前言一～三頁など參照。

（9）冨谷至『秦漢刑罰制度の研究』（同朋舍、一九九八年）一三七～一四〇頁、張建國「前漢文帝刑法改革及其展開的再探討」（同氏『帝制時代的中國法』法律出版社、一九九九年）參照。

（10）若江氏は㉓の沈猶侯劉受が耐隸臣に處されたと記しているが、耐司寇の誤りである。

（11）注（9）參照。

（12）『漢書』巻一六高惠高后文功臣表に「十年、孝文五年、坐與門大夫殺故楚内史、贖爲城旦」とあり、張不疑らは實際にもと楚の内史を殺害しているので、『史記』高祖功臣侯者年表でいう「謀殺」は「殺そうと謀った」にとどまらず、「謀って殺した」ことを意味するのであろう。

（13）この如淳注は『漢書』巻五〇張釋之傳の顔師古注にも引用されているが、『史記集解』に引用されているものの方がやや詳しいので、ここでは後者によった。

（14）鷹取祐司「秦漢時代の刑罰と爵制的身分序列」（『立命館文學』第六〇八號、二〇〇八年）、「秦漢時代の司寇・隸臣妾・鬼薪白粲・城旦舂」（『中國史學』第一九卷、二〇〇九年）、陶安あんど「刑罰と身分」（同氏『秦漢刑罰體系の研究』創文社、二〇〇九年）など參照。

（15）冨谷至『秦漢刑罰制度の研究』一三四～一三九頁參照。

(16) 拙稿「秦律・漢律における殺人罪と身分關係」(『史滴』第二六號、二〇〇四年) など參照。
(17) 拙稿「秦律・漢律における殺人罪の處罰」(拙著『秦漢刑法研究』知泉書館、二〇〇七年。二〇〇三年原載) 參照。
(18) 荊州博物館・武漢大學簡帛研究中心編著『荊州胡家草場西漢簡牘選粹』(文物出版社、二〇二一年) 參照。
(19)『荊州胡家草場西漢簡牘選粹』一九七頁參照。
(20)「宮」と「官」は字形が似ており、いずれかが誤っているのかもしれない。例えば、『史記』卷六秦始皇本紀始皇三十五年條に「隱宮徒刑者七十餘萬人」、卷八八蒙恬列傳に「趙高昆弟數人、皆生隱宮」とあり、「隱宮」という語が見えるが、「隱官」の誤りとする説がある。馬非百「雲夢秦簡中所見的歷史新證擧例」(『鄭州大學學報』一九七八年第二期) など參照。
ちなみに張朝陽氏は、「衞官令」の「官」は「官」ではなく「宮」と釋するべきと述べている。「胡家草場西漢墓M一二出土簡牘之《衞官令》」當爲《衞宮令》」(簡帛網ホームページ、http://www.bsm.org.cn/?hanjian/8265.html、二〇二〇年) 參照。
(21)『史記』卷一〇二張釋之列傳及び『漢書』卷五〇張釋之傳によると、張釋之は中郎將の袁盎に推擧されて謁者僕射となり、その後公車令・中大夫・中郎將を經て、廷尉に任命されている。そして、『漢書』卷一九下百官公卿表下によると、張釋之が廷尉の任にあったのは、文帝三年 (紀元前一七七年) から同十年 (前一七〇年) までのことである。すると、張釋之が公車令を務めていたのは、文帝三年以前ということになる。しかし、張釋之が文帝三年から十年まで廷尉を務めていたとする百官公卿表の記述については清代以降、信頼性に疑問が呈されている。清・梁玉繩『史記志疑』卷三三、清・周壽昌『漢書注校補』卷三六、清・王先謙『漢書補注』など參照。それゆえ、張釋之が公車令を務めていた時期は明らかでない。
また、㉔では皇太子劉啓と梁王劉武が不敬に問われているが、『史記』・『漢書』によると、劉啓が皇太子となったのは文帝元年 (前一七九年)、劉武が梁王になったのは文帝十二年 (前一六八年) のことである。すると、㉔は文帝十二年以降の事件と理解できそうである。しかし、例えば『史記』には「梁孝王世家」という篇があり、また同篇は「梁孝王武者、孝文皇帝子也」で始まっており、「梁王」はいわば劉武の代名詞であった。それゆえ、まだ梁王に即位する前の出來事であっても、「梁王」と記載されている可能性も否定できない。よって、㉔が何年に起こった事件なのかは、やはり明らかでない。
(22) 荊州博物館「湖北荊州市胡家草場墓地M一二發掘簡報」(『考古』二〇二〇年第二期)、『荊州胡家草場西漢簡牘選粹』「前言」一頁參照。
(23) 拙稿「胡家草場漢簡「律令」と文帝刑制改革」(『中央學院大學法學論叢』第三六卷第一號、二〇二二年)、「「胡家草場漢簡「律令」と文帝刑制改革」修訂」(『中央學院大學法學論叢』第三六卷第二號、二〇二三年) 參照。

第九章　魏晉南北朝の不敬罪

はじめに

前章と前々章では漢律令の「大不敬」と「不敬」について檢討し、以下の諸點の結論をえた。

①いかなる行爲が大不敬あるいは不敬にあたるかは、律令の條文で定義されている場合もあったが、定義の具體的內容や、あるいは定義そのものも「禮」に依存している場合もあった。

②本來は大不敬にあたる行爲であっても、被害あるいは惡質性が甚大なものについては、さらに「不道」の罪に問われることもあった。

③漢律令の大不敬と不敬は唐律と異なり、罪目ではなく罪名であって、大不敬そのものに對して「棄市」（斬首）、不敬に對して耐隸臣妾（後に耐鬼薪白粲）という法定刑が設けられていた。

④大不敬と不敬は行爲の種類と法益侵害の程度に應じて區別されていた。

それでは、漢に續く時代、すなわち魏晉南北朝の法律においては、大不敬と不敬に①〜④の要素は見られるであろうか。また、逆に①〜④以外の要素は見られるであろうか。本章では魏晉南北朝の大不敬と不敬について檢討する。

第一節　三國時代の大不敬・不敬

「魏晉南北朝」といっても、後漢末期に曹操が朝廷の實權を握っている最中の事例は見えるものの、三國魏の大不敬と不敬に關する史料は見えず、わずかに三國呉についての史料が見えるのみである。

〔一〕芍陂の役（二四一年）の後、呉の張休と顧承は戰功を評價され、雜號將軍の稱號を授かった。しかし全琮父子は、典軍の陳恂が裏で張休・顧承と手を結び、張休・顧承の戰功を過大申告したと、何度も言上した。大帝孫權は顧承の兄顧譚に尋ねたところ、顧譚は「陛下、讒言が盛んになりましょうぞ」と答えた。顧譚は皇帝を「誣罔」したとして、大不敬に問われた。その罪は本來ならば死刑にあたるが、孫權は父顧雍の功績を考慮し、法をそのまま適用せず、徙遷刑に處した。（『三國志』卷五二呉書顧雍傳、同傳裴松之注引晉・張勃『呉錄』、同傳裴松之注引西晉・虞溥『江表傳』）

第七章で紹介した通り、若江賢三氏は漢代における大不敬の事例を分析し、大不敬にあたる行爲は以下の［Ⅰ］～［Ⅴ］に分類できると結論づけている(1)。

［Ⅰ］宮廷などにおける非禮
［Ⅱ］宗廟などに關する罪
［Ⅲ］宗室や近臣に對する非禮
［Ⅳ］臣下としての怠慢または不謹愼
［Ⅴ］天子を誣罔する言動

筆者は第七章において若江氏の研究成果に基づき、大不敬にあたる行爲は以上の［Ⅰ］～［Ⅴ］の他、さらに以下の二つに分類できることを提示した。

［Ⅵ］皇帝の御物に對する非禮

［Ⅶ］鬼神を驚かす

〔一〕では顧譚が皇帝を「誣罔」したとして、大不敬の罪に問われている。顧譚の行爲はまさに［Ⅴ］にあてはまり、誣罔は呉でも大不敬とされていることがわかる。誣罔とは欺く、僞ることである。

〔一〕について記した『江表傳』には、

有司奏譚誣罔、大不敬、罪應大辟。

とある。これについては二通りの讀み方が可能であろう。一つは「顧譚（の行爲）は誣罔（の罪）にあたり、誣罔（の罪）は大不敬にあたり、（誣罔の）罪は「大辟」（死刑）にあたると官吏が上奏した」という讀み方である。この解釋によると、ここでいう大不敬は罪目ということになる。そしてもう一つは「顧譚（の行爲）は誣罔にあたり、（誣罔という行爲は）大不敬（の罪に）あたり、（大不敬の）罪は大辟にあたると官吏が上奏した」という讀み方である。この解釋によると、大不敬は罪名ということになろう。

それでは、いずれの解釋が正しいであろうか。右の文を見ただけでは、いずれとも解釋できそうである。しかし、筆者は以下の二つの理由から、後者の解釋が正しいと考える。

第一に、三國時代の前後の時代では、大不敬はいずれも罪名であった。漢代については既に第七章で論じた通りである。西晉以降については本章で後述するが、少なくとも西晉・東晉・南朝梁・北魏・東魏では大不敬が罪名として用いられている例が見える。それゆえ、それらの時代に挾まれた呉においても同樣であったと考えられる。第二に、三國魏では明帝期に漢律令を基礎として「新律」十八篇が編纂されたが、呉ではそのような法典編纂の動きが史料上確認されず、漢律令をほぼそのまま受け繼いだと考えられる。

以上から、呉の大不敬も罪名であったと考えるが、この解釋によると、大不敬の法定刑は死刑であったことになり、第七章の結論③とも一致する。よって、呉の大不敬は基本的に漢律令と變わらなかったごとくである。

ちなみに、尚德街簡牘二一二の背面第一欄には、

對悍使者、無人臣禮、大不敬。
驚動鬼神、大不敬。
上書絶匿其名、大不敬。
漏泄省中語、大不敬。

正面第二欄には、

上書言變事不如式、爲不敬。
天下有服禁、不得屠沽。吏犯、不敬▨

とあり、律令の條文らしきものにおいて、いかなる行爲が大不敬・不敬にあたるか定められている。第七章でも述べた通り、本木牘の記載内容について、長沙市文物考古研究所は後漢の靈帝期の成文法とするが、本木牘の書寫年代は三國呉まで下る可能性もある。假にこれらの條文が呉のものとすれば、呉の律令における大不敬と不敬が罪名であったことを裏づけるものとなる。二一二には他にもざまざまな犯罪とその處罰が列擧されているが、「鬬刃傷

人、完城旦」、「同産相奸、棄市」などのごとく、一般に各犯罪に對して法定刑が明示されている。大不敬と不敬にあたる行爲について、法定刑ではなく「大不敬」あるいは「不敬」とのみ記されているということは、大不敬と不敬についてはここに法定刑を記すまでもなく、他に統一的な處罰規定があったためと考えられる。すると、大不敬と不敬は罪名であったということになる。

第二節　西晉・東晉の大不敬・不敬

まず、西晉・東晉における大不敬の事例の要旨を列擧する。

〔一〕西晉の武帝期、王濬は上書の際、七回受けた詔書を日付順に竝べず、また赦令を受けた後、詔に違反して王渾の指示に從わなかったとして、大不敬にあたると官吏に上奏された。武帝は次のような詔を下した。すなわち、王渾の指示に從えという詔は王濬に屆いておらず、故意に詔に從わなかったのと同じ扱いをするのは不合理である。また、王濬は速やかに上書せず、王渾によって詔が讀み上げられたことは、責められるべきである。しかし、王濬には呉を征伐した功勞があり、この過ちだけでその功勞を取消すには足らない、として罪に問わなかった。（『晉書』巻四二王濬列傳）

〔二〕武帝の太康三年（二八二年）、齊王司馬攸が齊國へ赴くことになり、武帝は齊王に下賜する品を禮官に議論させた。博士の庾旉・太叔廣・劉暾・繆蔚・郭頤・秦秀・傅珍らは、齊王を朝廷から外へ追いやるべきではないと諫めた。武帝は彼らが諮問に答えず、諮問していないことについて答えたことに怒り、本件について官吏に議論させた。尚書の朱整・褚䂮らは上奏し、庾旉らは官吏としての職分を侵犯し、部局の職分から離れ、朝廷を惑わしたので、彼ら八人を廷尉へ送致して罪を審理させるべきと説いた。廷尉の劉頌は、庾旉らは大不敬を犯したので、棄市に處するべきと上奏した。尚書も廷尉の判斷に従い、刑罰を執行するよう求めた。しかし、尚書のうち夏侯駿は諫臣を誅殺すべきではないと主張し、佐僕射の魏舒と右僕射の王晃らも贊同した。武帝は秦秀・傅珍・庾旉らを除名した。（『晉書』巻五〇庾純列傳）

〔四〕西晉の懷帝期、裴猷は懷帝の姉妹滎陽長公主を娶ることになったが、裴猷はこれを願わず、詔がまだ中書にあると聞き、すかさず溫嶠の妹を娶った。中丞の傅宣は裴猷が大不敬を犯したと上奏した。（『太平御覽』巻一五二皇親部一八公主上引南朝齊・臧榮緒『晉書』）

〔五〕東晉の元帝期、周嵩は太守として任地の新安郡へ出發するに臨み、散騎郎の張嶷とともに、侍中の戴邈の座席に座り、朝士を毀譽褒貶し、また戴邈のことをそしった。戴邈はこれを聞きつけ、元帝へ上奏した。元帝は周嵩を召し寄せて責めたが、周嵩は謝罪して次のように述べた。堯・舜のときでさえ四凶が朝廷にいたほどである。いくら陛下の聖明の御世であっても、平凡な臣下がいないことなどありましょうか、と。元帝は怒り、周嵩を捕えて廷尉へ引き渡した。廷尉の華恆は、周嵩は大不敬を犯し、棄市に處するべきと判斷した。しかし、當時周嵩の兄顗は朝廷で重んじられていたため、元帝は罪に問わなかった。（『晉書』巻六一周浚列傳）

〔六〕東晉の簡文帝期、大司馬の桓溫が中堂に屯し、角笛を吹いた。御史中丞の司馬恬は桓溫を大不敬の罪で劾奏した。（『北堂書鈔』巻六二設官部一四御史中丞引、『初學記』巻一二職官部下御史中丞引、『太平御覽』巻二二六職官部二四御史中丞下引、巻三三八兵部六九角引南朝宋・何法盛『晉中興書』、『晉書』巻三七宗室列傳）

以上の五件において大不敬とされている行爲も、〔Ⅰ〕～〔Ⅶ〕に分類することが可能であろう。〔六〕は〔Ⅰ〕の「宮廷などにおける非禮」、〔四〕は〔Ⅲ〕の「宗室や近臣に對する非禮」、〔二〕は〔Ⅳ〕の「臣下としての怠慢

または不謹愼」にあたると考えられる。〔三〕については武帝が最終的に下した詔に、

旉等備爲儒官、不念奉憲制、不指答所問、敢肆其誣罔之言、以干亂視聽。

とあり、博士庾旉らが諮問に答えず、齊王を朝廷から追い出すべきではないと諫めたことが「誣罔之言」と評されているので、［V］の「天子を誣罔する言動」にあたるであろう。〔五〕は判斷しがたいが、〔一〕では皇帝を諫めたことが誣罔にあたるとされているので、〔五〕も［V］に分類してよいのではあるまいか。

また、以上のうち〔三〕と〔五〕では、被疑者の行爲が大不敬にあたり、棄市に處するべきと判斷されている。これらにおいても棄市は大不敬の法定刑として現れているのであって、大不敬にあたる何らかの行爲に對して棄市が法定刑として設けられているわけではなさそうである。

西晉では武帝期の泰始四年（二六八年）、漢律令を基礎として「泰始律」が編纂されたが、少なくとも大不敬に限っていえば、根本的な變革はなされなかったごとくである。

次に、西晉における不敬の事例の要旨を列擧する。ちなみに、東晉における不敬の事例は、管見の限りでは確認できなかった。

〔七〕武帝は良家の女子を選びとり、女子を匿す者は不敬の罪に問うこととした。（『宋書』卷三三・五行志四、『晉書』卷二七・五行志上）

〔八〕武帝の咸寧四年（二七八年）、弘訓太后（司馬師の繼室）が死去し、その葬儀が弘訓宮で行われた。謁者は司隸校尉の傅玄の席次を卿の下位に設けた。傅玄は怒って謁者を責めた。謁者が尚書の手配に從って席次を設けたと僞っていうと、傅玄は百官に對して尚書以下のことを罵った。御史中丞の庾純は傅玄が不敬を犯したと上

奏し、傅玄も庾純の上奏の内容は事實ではないと上書したが、傅玄は免官された。（『晉書』巻四七傅玄列傳）
〔九〕武帝期、皇太子が朝廷にきたとき、皇太子の鼓吹が東掖門に入ろうとした。司隸校尉の劉毅はこれを不敬とし、門外へ留め、皇太子の保傅以下の者を劾奏した。彼らは武帝の詔により赦され、中へ入ることができた。（『北堂書鈔』巻一三〇儀飾部上鼓吹引東晉・干寶『晉紀』、『晉書』巻四五劉毅列傳）

〔七〕は武帝が下した詔と考えられる。若江氏は漢代における不敬の事例を大不敬の場合と同様、

［Ⅰ］宮廷などにおける非禮
［Ⅱ］宗廟などに關する罪
［Ⅲ］宗室や近臣に對する非禮
［Ⅳ］臣下としての怠慢または不謹愼

に分類しているが、［Ⅴ］の「天子を誣罔する言動」に分類できる事例は大不敬のみ見られるとする。しかし、女子を隱すことは［Ⅰ］～［Ⅳ］のいずれにも該當せず、むしろ皇帝を誣罔することといえそうである。これをもって、漢代と西晉では大不敬と不敬の基準が異なるとも解せなくもない。しかし、漢代について記した文獻の中には、［Ⅴ］に分類できる行爲で、かつ不敬に問われた例がたまたま見えなかっただけとも解しうる。後述する通り、北魏でも［Ⅴ］に分類される行爲が不敬にあたるとされている例もある。
〔八〕は［Ⅰ］の「宮廷などにおける非禮」と［Ⅲ］の「宗室や近臣に對する非禮」、〔九〕は［Ⅰ］にあたるであろう。中でも〔九〕については、漢代でも似たような例がある。すなわち、前漢の文帝のとき、皇太子が弟の梁王とともに車で朝廷内へ入ろうとし、司馬門で下車しなかった。公車令の張釋之は追いかけて車を止めさせ、殿門

へ入らせず、彼らが公門で下車しなかったことは不敬にあたると劾奏した。薄太后は使者を遣わし、詔により皇太子と梁王を赦し、彼らはようやく朝廷へ入ることができたという（『史記』巻一〇二張釋之列傳）。〔九〕は下車の問題ではないが、宮門へ入る際に不敬に問われている點では共通している。

〔七〕～〔九〕ではいずれも不敬に問われており、不敬に含まれる何らかの行爲が直接罪として問われているわけではない。それゆえ、やはり漢律令と同樣、少なくとも西晉の不敬も罪目ではなく罪名であったと考えられる。

次に、不敬の法定刑について見ると、〔七〕では具體的にいかなる刑罰に處されたのか記されていない。〔八〕では不敬に問われた傅玄は免官されたが、免官の他に刑罰を受けた樣子は見えない。おそらく、高官の特權などにより、實刑は適用されなかったのであろう。〔九〕では武帝の詔により赦されている。よって、以上の事例より不敬罪の法定刑を知ることはできない。

それよりも注目されるのは、『晉書』巻三〇刑法志が引く西晉・張斐「律表」に、

法律中諸不敬、違儀失式、及犯罪爲公爲私、贓入身不入身、皆隨事輕重取法、以例求其名也。

とあることである。これによると、不敬などの行爲に對しては、「事件の輕重に應じて法を選びとり、先例に依據して罪名を探し求める」とされている。これは後世でいうところの「比附」に相當するものであろう。比附とは今日の刑法學でいう「類推適用」にほぼ相當するもので、ある行爲を犯罪として處罰する必要があると判斷されるにもかかわらず、當該行爲を處罰の對象とする條文がない場合、當該行爲と類似した行爲を處罰の對象としている條文を參照のうえ、その條文で設けられている法定刑を適宜加減して刑罰を適用するという方法である。「取法」すなわち法を選びとるとは、具體的には當該行爲に類似した行爲について定めた條文を選擇すること、「求其名」すなわち罪名を探し求めるとは、罪名を適宜命名することを指すのであろう(2)。もっとも、罪名を命名するといって

も、これまで見てきた通り、泰始律でも不敬は犯罪として定められていたはずであるから、不敬の罪名は不敬以外の何物でもなく、不敬に限っていえば、罪名命名の必要はなかった。しかし、不敬についての規定があるにもかかわらず、不敬を處罰する際に「法を選びとり、先例に依據する」必要があったということは、おそらく泰始律では不敬の法定刑が設けられていなかったのであろう。それゆえ、不敬を處罰する場合、不敬にあたる具體的な行爲の内容と類似した犯罪について定めた法規や先例を參照して、宣告刑を決定していたと考えられる。不敬に法定刑が設けられていなかったのは、いわゆる法の欠缺ではなく、敢えて法定刑を設けないことによって、處罰に柔軟性を持たせるとともに、國家による恣意的な處罰を可能にするためであろう。

不敬の處罰に關しては、もう一つ注目される史料がある。すなわち、『北堂書鈔』卷四四刑法部中贖刑五が引く『晉律』に、

諸侯不敬、皆贖論。

とあり、諸侯が不敬の罪を犯した場合、「贖」によって處罰すると定められている。前代の秦・漢では、贖は財産刑の一種で、少なくとも漢では黃金あるいはそれに相當する錢を納入させる刑罰であった(3)。贖は黃金などを納入させる代わりに、本來適用すべき刑罰を免除するという、代替刑（換刑）として用いられる場合もあれば、各條文において、各犯罪に對する法定刑として設けられている場合もあった(4)。

贖は秦始律にも設けられており、基本的に漢とほぼ同樣であった。『唐六典』卷六尚書刑部注には、

晉氏受命、議復肉刑、復寢之。命賈充等十四人增損漢魏律、爲二十篇。（中略）其刑名之制、大辟之刑有三、一曰梟、二曰斬、三曰棄市。髡刑有四、一曰髡鉗五歲刑笞二百、二曰四歲刑、三曰三歲刑、四曰二歲刑。贖死、金

二斤。贖五歲刑、金一斤十二兩。四歲・三歲・二歲各以四兩爲差。又有雜抵罪罰金十二兩・八兩・四兩・二兩・一兩之差。

とあるように、泰始律における刑罰の種類と等級について述べた部分があり、その中では贖が他の刑罰と同列に位置づけられている。それゆえ、泰始律においても、贖はさまざまな條文において、法定刑として設けられていたと考えられる。「金」すなわち黃金を納入させるのが原則である一方、布に換算して納入することが認められていたという點でも漢代と類似している。(5) 右の記述によると、泰始律では贖に「贖死」・「贖五歲刑」・「贖四歲刑」・「贖三歲刑」・「贖二歲刑」という五つの等級が設けられていた。(6)

以上を踏まえたうえで、改めて「諸侯不敬、皆贖論」を見ると、「贖」と記されているのみで、例えば「贖三歲刑」などのごとく、具體的な贖刑の名稱が記されていない。それゆえ、ここでいう贖は代替刑としか考えられない。しかし、假に不敬に對して法定刑が一つのみ設けられていたとすると、やはり具體的にどの贖刑にあたるかを記すはずである。それゆえ、本條に對する分析からも、不敬はさまざまな刑罰に處されることが想定されており、法定刑が一つのみ設けられているわけではなかったことが知られる。加えていえば、「皆贖論」とあるように、「皆」字が附されているのも、不敬には本來さまざまな刑罰が適用されるためであろう。

ここでいう贖が代替刑であったということは、「隨事輕重取法、以例求其名」によって決定された刑罰がそのまま執行されるわけではなく、贖刑に置き換えて執行されるのであろう。例えば、諸侯が不敬罪を犯し、本來「三歲刑」（三年間服役する刑罰）にあたる罪と判斷されたならば、最終的には贖三歲刑に處され、黃金一斤四兩を納入することになる。

すると、不敬罪は一般に贖以下の刑罰に處されることはなく、贖よりも一段階重い二歲刑以上の刑罰に處されたことがわかる。諸侯が不敬罪を犯し、「隨事輕重取法、以例求其名」の結果、假に贖五歳刑に處するのが相當と判斷された場合、そのまま贖五歳刑に處するしかない。一方、例えば二歳刑に處するのが相當と判斷された場合、贖二歳刑に處することになる。すると、本來の刑罰が贖五歳刑にあたる場合の方が、本來の刑罰が二歳刑にあたる場合よりも、かえって重く處罰されることになってしまう。よって、不敬罪は「隨事輕重取法、以例求其名」によって宣告刑が決定されるとはいえ、本來ならば必ず二歳刑以上の刑罰に處されるものであったと考えられる。

第三節　南朝の大不敬・不敬

南朝の大不敬については史料が少なく、梁の事例が二件見えるのみである。

〔一〇〕梁の武帝期、元日に朝廷で萬國の賓客と會見する際、王亮は病と稱して殿上に登らず、他の省で宴席を設け、普段通り語ったり笑ったりしていた。數日後、武帝が公卿に當日の王亮の樣子を尋ねたところ、王亮は病んだ顏色をしていなかったということであった。御史中丞の樂藹は、王亮は大不敬にあたり、棄市に處するべきと上奏したが、武帝は王亮の爵位を降格させ、庶人とした。（『梁書』巻一六王亮列傳）

〔一一〕梁の武帝期、國子博士の伏暅は長水校尉を兼任していたが、何遠が何度も拔擢されていることに不滿を持ち、病と稱して家に居りがちになった。さらに、休暇をもらって東陽へ行き、妹の喪を迎え、會稽に留まって家を建て、上奏してみずからの免職を求めた。武帝は伏暅を豫章内史に任命し、伏暅はこれを拜命した。治書侍御史の虞皭は上奏し、次のように述べた。すなわち、伏暅の家は三代に渉って重要な職位に拔擢されたが、伏暅は朝廷に對して感激することもなければ、皇恩に報いることもなく、それどころか詐欺のような行爲を行ったので、大不敬にあたり、棄市に處するべきである、と。しかし、武帝は伏暅を罪に問わなかった。（『梁書』巻五三良吏列傳）

〔一〇〕の王亮の行爲は、［V］の「天子を誣罔する言動」に分類できるであろう。特に、病と僞ったことにより、大不敬とされた例は漢代でも見える。すなわち、後漢・桓帝の延熹年間（一五八～一六七年）、詔により公車を派遣し、楊秉と處士韋著を招聘しようとしたが、彼らは病と稱して應じず、そのため大不敬にあたると劾奏されている（『後漢書』巻五四楊震列傳）。〔一一〕の伏暅も病と稱して家に引きこもり、その他にも皇帝を欺くような行爲をしたとされているので、［V］に分類できるであろう。〔一〇〕・〔一一〕とも大不敬により棄市とされているので、大不敬は梁でも罪名で、その法定刑は棄市であったことがわかる。

次に、不敬の事例は南齊の事例が一例見えるのみである。

〔一二〕南齊の武帝期、呂文顯が殿側で大きな咳をするので、武帝は不敬にあたると茹法亮に注意させた。（『南齊書』巻五六倖臣列傳）

呂文顯の行爲は［I］の「宮廷などにおける非禮」に分類できるであろう。ただし、呂文顯は注意を受けただけで、實際に處罰されたわけではなく、南齊における不敬の法定刑は明らかでない。

以上のように、南朝の大不敬・不敬に關する史料は少ないが、東晉及び梁の武帝期では大不敬が罪名として用いられているので、その間の宋・齊でも同樣であったと考えられる。宋では法典編纂が行われず、また齊では法典編纂が行われたものの施行されず(7)、泰始律をそのまま受け繼いでいるので、大不敬・不敬に關する法規にも變化はなかったであろう。一方、梁の武帝は律の編纂を命じ、天監二年（五〇三年）に公布している。[8]〔一〇〕・〔一一〕が武帝期のいつ起こった事件なのかは判然としないが、天監二年といえば武帝が即位して一年後のことであるから、これらの事件のときには既に梁律が定められていたと考えられる。梁律でも大不敬は罪名として存在し續けたのであろう。大不敬が罪名として設けられていたからには、不敬も罪名として設けられていたと推測される。次代の陳でも法典が編纂されたが[9]、陳律の不敬罪については全く史料がなく、不明である。

第四節　五胡十六國の大不敬・不敬

五胡十六國における大不敬の事例は、以下に列擧する通りである。

〔一三〕前涼の福祿縣令汜禕は剛直な性格で、酒泉太守の馬漢に追從しなかった。馬漢は督郵の張休祖を派遣し、汜禕を劾させた。汜禕は縛り上げられたが、縣令の印をとり出して從事に告し、張休祖が印を解いていない縣の令・長を勝手に縛り上げたので、大不敬の罪として處罰すべきと述べた。（『太平御覽』卷四二八人事部正直下引北魏・崔鴻『十六國春秋』前涼錄）

〔一四〕前趙の劉曜期、終南山が崩れ、文章が記された白玉がその中から發見された。羣臣はこれを瑞祥と捉えたが、中書監の劉均だけはむしろ凶事であることを劉曜に説いた。御史は、劉均の意見は常識にも理にも外れ、瑞祥を誣罔しているので、大不敬の罪によって處罰するよう求めた。しかし、劉曜は罪に問わなかった。（『晉書』卷一〇三劉曜載記）

〔一五〕後趙の石虎は楊軻を登用しようとしたが、楊軻は病と稱して辭退した。石虎が招聘を強要すると、楊軻は石虎のもとへ行き、會見したが、石虎に對して禮拜を行わず、石虎が話しかけても何も言おうとしなかった。官吏は楊軻が傲慢であるとして、大不敬として罪に問うよう求めたが、石虎はこれに應じなかった。（『太平御覽』卷五〇三逸民部逸民三引東晉・王隱『晉書』、『晉書』卷九四隱逸列傳）

〔一三〕において氾禕が張休祖の行爲を大不敬にあたると告したのは、おそらく次のような理由によるものであろう。張休祖は氾禕の福祿縣令の印をとり上げず、また氾禕がみずから縣令の印を解いて返上したわけでもないので、捕縛時の氾禕はまだ縣令の地位にあった。縣令は皇帝がみずから任命する勅任官であるから、たとえその罪を劾する場合であっても、その身柄を縛り上げることは大不敬にあたる、ということではなかろうか。若江氏の分類でいえば、〔Ⅲ〕の「宗室や近臣に對する非禮」に分類することが可能であろう。

〔一四〕における劉均の言動は、少なくとも御史によれば、〔Ⅴ〕の「天子を誣罔する言動」に分類できよう。また、〔一五〕における楊軻の行爲は、二つに大別することができる。一つは皇帝からの招聘を病と稱して辭退したこと、もう一つは皇帝に對して宮廷で非禮な態度をとったことである。前者は先述の通り、漢代にも似たような例が見え、〔Ⅴ〕の「天子を誣罔する言動」に分類できる。後者は〔Ⅰ〕の「宮廷などにおける非禮」に分類できるであろう。

〔一三〕では「以大不敬論」、〔一四〕では「請依大不敬論」、〔一五〕では「請從大不敬論」とあり、それぞれ被疑者を大不敬の罪で處罰するよう求めている。それゆえ、これらの大不敬も西晉までと同樣、罪名と考えられる。〔一三〕～〔一五〕ではいずれも法定刑が記されていない。また、〔一三〕では實際に處罰されたか否か記されておらず、〔一四〕と〔一五〕に至っては不問に付されている。しかし、以上のようにこれらの事例が〔Ⅰ〕～〔Ⅶ〕に分類可能であり、かつ大不敬が罪名として用いられていることからすると、おそらく法定刑も棄市あるいは何らかの死刑であったと推測される。中でも、〔一三〕は前涼で發生した事件で、前涼は漢人によって建國されている。〔一三〕がいつのことなのかは記されておらず、馬漢と張休祖は他の文獻に見えない。氾禕は『晉書』巻八六張軌列傳にわずか三例見え、建興十年（三二二年）、張駿期（建興十二年以前）、建興十二年にその活動が記されている。前涼は西晉・惠帝の永康二年（三〇一年）、散騎常侍・征西軍司の張軌が朝廷より護羌校尉・涼州刺史に任命されたことに始まる。以後、涼州刺史の官位は張軌の子孫に代々世襲され、前涼は事實上獨立狀態にあり、前趙や前秦に形式上臣從したこともあったが、基本的には西晉・東晉に臣從し、西晉の滅亡後も西晉最後の元號「建興」を四十九年（三六一年）まで用い續けた。それゆえ、基本的には泰始律令をそのまま用い續け、大不敬に關する規定もほぼ同じであったと考えられる。

次に、不敬の事例について見ると、五胡十六國ではわずかに〔一六〕があるのみである。

〔一六〕北魏（華北統一前）の道武帝期、左將軍の李栗は職務を怠り、道武帝の信任をえていることを誇り、禮節がなく、道武帝の前でものびかやにゆったりとし、傲慢な態度をとり、愼みがなく、咳やつばを放ち、道武帝もずっと不快に思っていた。天興三年（四〇〇年）、李栗は遂に不敬の罪により處刑された。（『魏書』巻二三莫含列傳、巻二八李栗列傳）

李栗の行爲は［Ⅰ］の「宮廷などにおける非禮」、［Ⅳ］の「臣下としての怠慢または不謹愼」に分類できるであろう。しかし、『魏書』巻二八李栗列傳では李栗の刑死について、

於是威嚴始厲、制勒羣下盡卑謙之禮、自栗始也。

とあり、本件以降、北魏では皇帝の威嚴が高まり、卑謙の禮を盡すよう皇帝が羣臣に命じたのは、本件に由來する

と記されている。漢人の王朝、あるいは漢化が進んだ非漢人の王朝では、皇帝の前で卑謙の禮をとることは、臣下として當然のことであるが、當時の北魏ではまだ不敬や大不敬に關する規定がなかったのであろう。ここでいう不敬は後世でいうところの不敬の罪にあたることを示しているに過ぎないと考えられる。北魏で本格的な律令が編纂されたのは、太武帝期の神麍四年（四三一年）のことである。後述する通り、北魏では罪名としての大不敬と不敬が見えるが、おそらくこのときに大不敬と不敬が設けられたのではなかろうか。

第五節　北朝の大不敬・不敬

序章でも述べた通り、北周では遲くとも保定三年（五六三年）、北齊では遲くとも河清三年（五六四年）までに、隋唐律と同様の「惡逆」・「不道」・「大不敬」（北齊では「不敬」）・「不孝」・「不義」・「內亂」が設けられていた。これを踏まえたうえで、まず北朝における大不敬の事例から見ていこう。

〔一七〕北魏の孝明帝期、御史中尉で東平王の元匡は、棺を擔いで朝廷へ至り、皇帝を諫めようとした。尚書令で任城王の元澄は元匡を劾して大不敬としたが、詔により死刑を赦され、民の身分へ降格された。（『魏書』卷七七辛雄列傳）

〔一八〕北魏の出帝（孝武帝）期、侍中・儀同開府斛斯椿の舍人元士弼は、高歡が敕を受けて大不敬であると上奏した。（『北齊書』卷一神武帝紀上）

〔一九〕北齊の武成帝期、北營刺史の李愔は「感思賦」を獻上し、その中で文宣帝の天保年間（五五〇～五五九年）に讒言を受けたことを述べた。中書侍郎の劉逖はその文を摘錄し、「先帝を誹謗し、大不敬にあたる」と上奏

した。武成帝は怒り、李愔を鞭で打たせた。（『北史』巻四二劉芳列傳、『太平御覽』巻五九六文部一二哀辭引唐・
丘悦『三國典略』[10]）

〔一七〕の元匡は〔一七〕に先立って、次のような事件を起こしている。すなわち、尚書令高肇の罪惡を論じ、自殺して皇帝を諫めるため、棺を造って官署に置き、いつでもこれを擔いで朝廷へ行けるようにしていた。その後、度量衡をめぐって太常の劉芳及び高肇と論争になり、罪に問われて廷尉で取調べを受けた。廷尉は元匡が高肇を誣告したとし、死刑に處するべきと上奏したが、宣武帝はこれを赦し、光祿大夫に格下げしたという。[11]〔一七〕では「元匡復欲輿棺諫諍」とあり、元匡が「また」棺を擔いで皇帝を諫めようとしている、と記されている。先に元匡が問われたのは誣告罪であるが、今度は棺を擔ぎ、死を賭して皇帝を諫めようとしていること自體が罪として大不敬に問われたごとくである。「欲輿棺諫諍」とあるのによると、元匡はこれを實行しなかったようである。若江氏の分類によると、實行していれば［Ｉ］の「宮廷などにおける非禮」にあてはまるであろうが、大不敬の成否には、實行したか否かはそもそも問題とされなかったのではなかろうか。皇帝は詔を下し、死刑を赦して民の身分へ降格したとあるので、大不敬の法定刑はやはり死刑であったことがわかる。

〔一八〕では高歡が大不敬の罪に問われているが、「赦を受けて大不敬」とあるのみである。皇帝の命令を受ける際に非禮があったのか、それとも皇帝の命令に従わなかったのか、あるいはその他何らかの行爲があったのかもしれない。もっとも、高歡は本件によって處罰されたわけではなさそうである。

〔一九〕では李愔が先帝を誹謗したことにより、大不敬にあたるとされたが、鞭で打たれただけで濟んだようである。漢代では、誹謗は不道に問われることもあれば、大不敬に問われることもあった（第七章）。誹謗が大不敬に問われたという點では漢代と一致する。本件では李愔が鞭で打たれているが、これはおそらく正式な刑罰ではなく、武成帝が怒りに任せて命じた措置であろう。

武成帝は大寧元年（五六一年）に皇帝へ即位し、まさにその在位期間中である河清三年（五六四年）に、惡逆・不道・不敬・不孝・不義・内亂が盛り込まれた律を公布している。〔一九〕がいつ發生した事件なのかは判然としない。『北齊書』卷七武成帝紀河清三年條に、

冬十一月甲午、迥等圍洛陽。戊戌、詔兼散騎常侍劉逖使於陳。

とあり、劉逖は使者として南朝陳へ赴いたことがあるが、『北史』卷四二劉芳列傳では〔一九〕の後に、

尋兼散騎常侍、聘陳使主。

とあるので、〔一九〕は河清三年一一月以前に發生したことになる。『北齊書』武成帝紀河清三年條に、

三月辛酉、以律令班下、大赦。

とあり、北齊律が公布されたのは河清三年三月のことであるが、〔一九〕がその前後いずれに發生したのかは明らかでない。〔一九〕でいう大不敬は罪目とも罪名とも判斷がつかない。

次に、北朝における不敬の事例を擧げる。

〔二〇〕北魏の文成帝期、内外の候官を增員し、諸曹や外部の州鎭を偵察させ、官吏の罪を探らせた。罪責を追及された者は苛酷な訊問を受け、その多くは人を誣告し、それによって不敬として劾された。（『魏書』卷一一一刑罰志）

〔二〇〕では誣告が不敬にあたるとされている。誣告は遲くとも戰國秦以降、不敬とは關係のない獨立した犯罪として處罰の對象とされていた。例えば、二年律令「告律」及び漢律十六章「告律」に、

誣告人以死罪、黥爲城旦舂。它各反其罪。（二年律令第一二六簡、漢律十六章第八三簡）

と定められている。誣告が不敬あるいは大不敬にあたる行爲とされた例は、〔二〇〕より前の史料には見えない。また、少なくとも〔一七〕の大不敬は罪名であるから、それより前の文成帝期において、不敬が罪目として定められていたとは考えがたい。誣告とは要するに事實でないことを國家に告げて騙すことであるから、［V］の「天子を誣罔する言動」に分類可能であるが、先述の通り漢代では、［V］に分類可能な行爲が不敬に問われた例はない。しかし、誣告の中でも極めて惡質なものについては、不敬として扱われたのではなかろうか。例えば、前章でも檢討した通り、漢律十六章「賊律」には、

諸上書及有言也而謾、完爲城旦舂。其誤不審、罰金四兩。●不敬、耐爲隸臣妾。（第四簡）

とあり、皇帝への上書あるいは言上の内容に誤りがあり、不正確な場合、原則として罰金四兩とするが、不敬にあたる場合には耐隸臣妾に處すると定められている。なお、〔二〇〕では不敬とされた結果、いかなる處罰がなされたのかは明らかでない。

以上は北朝における大不敬と不敬の事例であるが、文獻には大不敬・不敬に關する法規も若干ながら見える。

〔二一〕秋七月辛亥、詔諸有詐取爵位、罪特原之、削其爵職。其有祖・父假爵號貨賕以正名者、不聽繼襲。諸非勞進超遷者、亦各還初。不以實聞者、以大不敬論。（『魏書』卷六顯祖紀天安元年條）

〔二一二〕庚寅、詔天下有德孝仁賢忠義志信者、可以禮召赴闕、不應召者以不敬論。（『魏書』巻一一廢出三帝紀建義元年條）
〔二一三〕案律、對捍詔使、無人臣之禮、大不敬者、死。（『北齊書』巻四七酷吏列傳）

〔二一一〕は北魏・獻文帝の天安元年（四六六年）に出された詔で、みずからの爵位を事實通りに申告しない者は、大不敬の罪として論じるとされている。ここで罪に問われる行爲は、［V］の「天子を誣罔する言動」に分類できるであろう。もしここでいう大不敬が罪目とすると、結局この罪はいかなる刑罰に處されるのかわからなくなってしまうので、やはり罪名と考えられる。

〔二一二〕は北魏・前廢帝（節閔帝）の普泰元年（五三一年）に出された詔で、天下で德孝仁賢忠義志信を有する者に對しては、禮節をもって招聘してもよいが、招聘に應じなかった者は不敬の罪として論じるとされている。先述の通り、漢代でも招聘を受けたにもかかわらず、病と稱してこれに應じず、大不敬にあたるとされた事例がある。〔二一二〕では不敬の罪として論じるとされているが、これも不敬自體に法定刑が設けられていたか、あるいは泰始律の「隨事輕重取法、以例求其名」に相當する規定があったからこそであろう。

〔二一三〕は東魏の孝靜帝期、高隆之が左僕射・襄城王の元旭、尚書の鄭述祖らとともに、尚書左丞宋遊道の罪を皇帝へ言上する中で引用している律の條文である。本條は、詔によって派遣された使者の命令を拒み、人臣としての禮をないがしろにすることは、大不敬にあたり、死刑に處すると定めたものである。第一節でも擧げた通り、尚德街簡牘二一二にも「對悍使者、無人臣禮、大不敬」とあり、ほぼ同じ條文が見える。ここでいう大不敬も罪名であって、罪目とは考えがたい。

以上の事例と法規に對する分析からすると、少なくとも東魏の孝靜帝期までは、大不敬が罪名であったことがわかる。北魏でも大不敬と不敬は罪名として現れるので、東魏のそれは北魏から受け継がれたものであろう。

結　語

以上の検討によると、三國呉・西晉・東晉・南朝梁・五胡十六國・北魏・東魏では、大不敬・不敬は罪名として現れる。また、南朝宋・齊でも同様であったと考えられる。北周律と北齊律では十條の一つとして、それぞれ大不敬と不敬が設けられていた。これらが罪名あるいは罪目であったことを直接證明する史料はない。しかし、隋唐律のごとく、十條の一つとして列擧されていること、罪目としてのみ存在しうる内亂とともに列擧されていること、北周律では大不敬、北齊律では不敬に一本化されていることを考えると、北周律・北齊律の大不敬・不敬は罪目であったと解せなくもない。すると、少なくとも北朝においては、大不敬・不敬の罪目化は北朝が東西に分裂している時期に起こったとも解しうる。これについては他の問題について検討したうえで、終章で結論を提示することとしたい。

（1）若江賢三「漢代の不敬罪」（同氏『秦漢律と文帝の刑法改革の研究』汲古書院、二〇一五年。一九八六年原載）參照。

（2）後世の例になるが、『大明律』名例律に「凡律令該載不盡事理、若斷罪而無正條者、引律比附、應加應減、定擬罪名、轉達刑部、議定奏聞」とあり、比附を行う場合、罪名を案として定めるべきものとされている。

（3）張家山第二四七號墓出土漢簡二年律令「具律」及び張家山第三三六號墓出土漢簡漢律十六章「具律」に「贖死、金二斤八兩。贖城旦舂・鬼薪白粲、金一斤八兩。贖斬・府（腐）、金一斤四兩。贖劓・黥、金一斤。贖耐、金十二兩。贖迁（遷）、金八兩」（二年律令第一一九簡、漢律十六章第一四六簡・一四七簡）とあるように、贖には等級があり、等級に應じて納入すべき黄金の重量が定められていた。ただし、二年律令「金布律」に「有罰・贖・責（債）當入金、欲以平賈（價）入錢、及當受購・償而毋金、及當出金・錢縣官而欲以除其罰・贖・責（債）、及爲人除者、皆許之」（第四二七簡）とあり、黄金の代わりに錢で納入することも認められていた。

（4）角谷常子「秦漢時代の贖刑」（梅原郁編『前近代中國の刑罰』京都大學人文科學研究所、一九九六年）、冨谷至『秦漢刑罰制度の研究』（同朋舍、一九九八年）六九～七四頁、林炳德「『張家山漢簡』「二年律令」의 刑罰制度（Ⅰ）——肉刑과 罰金刑・贖刑——」（『中國史研究』（韓國）第一九輯、二〇〇二年）、張建國「論西漢初期的贖」（『政法論壇』二〇〇二年第五期）、李均明「張家山漢簡所見刑罰等序及相關問題」（饒宗頤編『華學』第六輯、紫禁城出版社、二〇〇三年）、拙著『秦漢刑法研究』（知泉書館、二〇〇七年）六四・六五頁など參照。

（5）『唐六典』尚書刑部注に「宋及南齊律之篇目及刑名之制略同晉氏、唯贖罪絹兼用之」とあり、南朝宋・齊では贖の場合、黄金の他、絹で納入することも認められていた。この書き方によると、あたかも南朝宋・齊では晉の泰始律と異なり、絹で納入することも認められていたごとくに讀める。しかし、民國の程樹德は南朝宋・劉義慶『世説新語』德行篇に「劉道眞嘗爲徒、扶風王駿以五百疋布贖之」とあることから、晉では布で納入することも認められていたと解している。『九朝律考』卷三晉律考上晉刑名參照。ただし、程樹德は「按唐六典注云、晉贖罪、得兼用絹」とも述べているが、このような記述は『唐六典』に見えない。前掲の「唯贖罪絹兼用之」という記述を晉について述べたものと勘違いしたのであろう。

（6）ちなみに、『唐六典』尚書刑部注では前掲に續いて「棄市以上爲死罪、二歳刑以上爲耐罪、罰金一兩以上爲贖罪」とあり、廣義の「贖」には「罰金」も含まれていた。

（7）『隋書』卷二五刑法志に「〔梁武帝〕時欲議定律令、得齊時舊郎濟陽蔡法度、家傳律學、云齊武時、删定郎王植之集注張・杜舊律、合爲一書、凡一千五百三十條、事未施行、其文殆滅」とある。

（8）『梁書』卷二武帝本紀中天監元年條に「〔八月〕丁未、詔中書監王瑩等八人參定律令」、天監二年條に「夏四月癸卯、尚書删定郎蔡法度上梁律二十卷・令三十卷・科四十卷」とある。また、『隋書』刑法志にも詳しい經緯が記されている。

（9）『隋書』刑法志に「於是稍求得梁時明法吏、令與尚書删定郎范泉、參定律令。又勅尚書僕射沈欽・吏部尚書徐陵・兼尚書左丞宗元饒・兼尚書左丞賀朗參知其事、制律三十卷、令律四十卷」とある。

（10）ただし『三國典略』では、劉逖が李愔の行爲を大不敬として上奏したという記述は見えない。

（11）『魏書』卷一九上景穆十二王列傳上參照。

第三篇　不　道

第十章　漢律令において「不道」とされる行爲と處罰

はじめに

漢の法律には「不道」という罪が設けられていた。不道は史料上「無道」・「毋道」・「亡道」とも表記されるが、「不道」と「無道」の用例が壓倒的に多い。不道とは、文字通りの意味では道ならざる行爲、道に外れた行爲を指す。『晉書』卷三〇刑法志が引く西晉・張斐「律表」では、

逆節絶理謂之不道。

とあり、西晉の泰始律でいう不道は、節に逆らい理を絶つことと定義されている。いずれにせよ法律用語の定義として曖昧であることはいうまでもない。それゆえにか、『漢書』卷七〇陳湯傳では廷尉の趙增壽が不道について、

不道無正法。

と述べ、不道には正規の法がないとしている。これについて大庭脩氏は「律に不法行爲とそれに該當する刑罰とを記していない」こととする一方で、(1) 不道が何の規準もなしに適用されていたわけではなく、「誣罔」・「罔上」・「迷國」・「誹謗」・「狡猾」・「惑衆」・「虧恩」・「奉使無狀」・「大逆」などの諸行爲や、人倫の道に背く殘虐行爲が不道として扱われていたとする。(2) 筆者も基本的には大庭氏の説に賛成であるが、氏はなぜか前漢の事例のみを分析の對象

とし、後漢の事例についてはほとんど検討を加えていない。さらに、近年不道についての記載を有する簡牘がいくつか出土している。それゆえ、いかなる行爲が不道として扱われたのかは、なお検討の餘地があるように思われる。

また、大庭氏の理解によると、不道にあたる行爲には法定刑が設けられていなかったことになる。しかし、例えば不道の中でも大逆、すなわち「大逆不道」の場合、犯人本人が「腰斬」（腰部を切斷する刑罰）、その父母・妻子・同産（父を同じくする兄弟姉妹）が「棄市」（斬首）に處されることは、氏も認めている通りである。(3) 不道にあたる諸行爲には、法定刑は設けられていなかったのであろうか。

本章では以上二つの問題を中心に検討し、またこれらの問題を考えるうえで必要な周邊の問題についても検討し、漢の不道の特徴を明らかにしたい。

第一節　不道罪の起源

大庭氏も「漢律における「不道」の概念」と題して論文を發表しているように、これまで不道罪といえば漢代あるいはそれ以降に對する研究が中心であった。それでは、漢が基礎とした秦の法律には、不道は設けられていなかったのであろうか。

一九七五年の睡虎地秦簡出土以降、中國各地で數多くの秦の簡牘が出土し、あるいは發見され、それらの中には法律に關聯する文書も含まれているが、犯罪としての不道・無道・毋道・亡道という語は見えない。むしろ、今まであまり採り上げられてこなかったが、『史記』にはそれらしきものが一例見える。巻六秦始皇本紀秦王政十二年條に、

十二年、文信侯不韋死、竊葬。其舍人臨者、晉人也逐出之。秦人六百石以上奪爵、遷。五百石以下不臨、遷、勿奪爵。自今以來、操國事不道如嫪毐・不韋者、籍其門、視此。

とあり、秦王政は呂不韋の死後、その舍人を追放したり、邊地へ強制移住させているが、この記述の最後に「今より以降、國事を操り、嫪毐や呂不韋のように不道をなした者は、その一門の人・財物を沒收し、この例に倣うものとする」と記されている。これはおそらく秦王政が下した王命、六國統一後でいうところの詔であろう。特に「自今以來」という表現は、嶽麓書院藏秦簡「秦律令」の「令」と思しき條文にたびたび見られる。例えば、「秦律令(貳)」には、

●自今以來、禁毋以壬・癸哭臨、葬（葬）以報日。犯令者、貲二甲。　●廷卒乙十七（第一六五簡）

とあり、「廷卒乙」の條文の一つに「自今以來」が見える。廷卒乙はおそらく令の篇名であろう。「秦律令（貳）」第二組には「廷卒甲」・「廷卒乙」という篇名らしきものが頻見するが、それらのうち最も先頭に排列されている竹簡では「廷卒令甲」に作る（第一五四簡）。それ以降の「廷卒甲」・「廷卒乙」では「令」が省略されているのであろう。また、廷卒甲・乙には「令曰」（第一五五簡）や「制曰」（第一八七簡）など、明らかに令であることを示す文言も見える。

以上より、秦始皇本紀秦王政十二年條の「自今以來」以下は、六國統一後でいう令の條文にあたる可能性がある。その中で使われている不道は、單に道に外れた行爲を意味するのみならず、法律用語として用いられているのかもしれない。

ただし、秦ではこれ以外に不道の用例は見えない。大庭氏が漢の法律において不道にあたることを明らかにした

行爲、すなわち「誣罔」以下の行爲の中には、秦でも處罰例があるが、[4]不道として處罰されているわけではない。

次に、『史記』巻七項羽本紀に、

當是時、秦嘉已立景駒爲楚王、軍彭城東、欲距項梁。項梁謂軍吏曰、陳王先首事、戰不利、未聞所在。今秦嘉倍陳王而立景駒、逆無道。

とあり、秦末の陳勝の亂において、張楚王の陳勝が秦軍に敗れて敗走した後、張楚の大司馬を自稱していた秦嘉は、勝手に景駒を擁立して楚王とした。張楚の上柱國項梁は秦嘉の行爲を「逆無道」と稱し、[5]これを討ち滅ぼしている。ただし、これが法律上の用語として用いられているのかは定かでない。單に、秦嘉の行爲を道義的に非難する言葉として用いられた可能性がある。

また、『史記』巻八高祖本紀漢二年條に、

新城三老董公遮説漢王以義帝死故。漢王聞之、袒而大哭。遂爲義帝發喪、臨三日。發使者告諸侯曰、天下共立義帝、北面事之。今項羽放殺義帝於江南、大逆無道。

漢四年條に、

漢王數項羽曰（中略）夫爲人臣而弑其主、殺已降、爲政不平、主約不信、天下所不容、大逆無道、罪十也。

とあり、楚漢抗爭期、漢の高祖は項羽が楚の義帝を殺害したことなどを詰り、「大逆無道」と稱している。これも法律上のものなのか、それとも道義上のものなのかは明らかでない。漢の法律でいう大逆にあたる行爲について、大庭氏は以下の三つを擧げている。[6]

①現在の天子を替えんとし、又は天子の身に危害を加えんとする企て、及び行爲。
②宗廟及びその器物の破壞。
③天子の後繼者に危害を加え、又は危害を加えんとする企て、及び行爲。

項羽が義帝を殺害したことは、①にあたることはいうまでもない。しかし、漢四年條で列擧されている、大逆無道にあたるとされている項羽の行爲のうち、「殺已降」や「爲政不平、主約不信」は①〜③にあてはまらない。「殺已降」は秦の捕虜二〇萬人餘りを新安で生き埋めにしたこと、「爲政不平、主約不信」は秦を滅ぼした後、項羽が勝手に不公平な論功行賞を行ったことなどをいうのであろう。

確實に法律上の不道といえるものは、前漢の文帝期から現れる。『史記』卷一七漢興以來諸侯王年表文帝六年條に、

〔淮南〕王無道、遷蜀、死雍、爲郡。

とあり、文帝六年（紀元前一七四年）、淮南王劉長は「無道」の罪により蜀へ徙遷刑に處されている。卷一〇孝文本紀文帝六年條では、

六年、有司言淮南王長廢先帝法、不聽天子詔、居處毋度、出入擬於天子、擅爲法令、與棘蒲侯太子奇謀反、遣人使閩越及匈奴、發其兵、欲以危宗廟社稷。羣臣議、皆曰、長當弃市。帝不忍致法於王、赦其罪、廢勿王。羣臣請處王蜀嚴道・邛都、帝許之。長未到處所、行病死。

と記されているが、卷一一八淮南衡山列傳ではさらに詳しく記されている。これらによると、淮南王は謀反などさ

まざまな犯罪や惡行をなしたことが列擧されている。前掲の漢興以來諸侯王年表では「無道」と記されているが、實際には大逆不道にあたる行爲である。にもかかわらず、單に無道としか記されていないのは、單に省略されているのか、あるいは當時は無道・不道を處罰する法規はあっても、大逆不道という罪は設けられていなかったのかもしれない。

同じく文帝期には無道に問われかけた例が見える。『史記』卷一〇二張釋之列傳に、

其後有人盜高廟坐前玉環、捕得。文帝怒、下廷尉治。釋之案律盜宗廟服御物者爲奏、奏當弃市。上大怒曰、人之無道、乃盜先帝廟器。吾屬廷尉者、欲致之族、而君以法奏之、非吾所以共承宗廟意也。釋之免冠頓首謝曰、法如是足也。且罪等、然以逆順爲差。今盜宗廟器而族之、有如萬分之一、假令愚民取長陵一抔土、陛下何以加其法乎。久之、文帝與太后言之、乃許廷尉當。

とあり、ある者が高祖廟の臺座前の玉環を盜んで逮捕された。文帝は怒り、事件を廷尉に審理させた。廷尉の張釋之は律の規定通り、宗廟中の衣服や御物を盜んだ罪として、棄市に處するべきと上奏した。文帝はさらに怒り、「人が無道にも先帝の廟器を盜んだ。私が本件を廷尉に任せたのは、族刑を適用したかったからだ」と述べている。つまり、張釋之は律の規定通り、「宗廟中の衣服や御物を盜」んだ罪として處罰すべきと主張したが、それでは犯人本人が棄市に處されるだけであって、族刑すなわち三族刑を適用することができないので、文帝は張釋之の意見に不滿を持ったのであろう。不道罪として處罰すれば、「不道無正法」であるから、刑罰として三族刑を適用することも可能になるはずである。文帝が張釋之に審理を委ねたのも、第三節で檢討する通り、不道罪を適用するには廷尉の審理を經る必要があったからであろう。

ちなみに、文帝は文帝元年（紀元前一七九年）に三族刑を廢止しているが、後元年（前一六三年）に新垣平に對し

て三族刑を適用し、それに伴って三族刑を正式に再制定したごとくである。(7) 高祖廟玉環盜難事件の審理は後六年（前一五七年）あるいは後七年に行われているので、(8) このとき既に三族刑は律令上設けられていた。

以上から、前漢の文帝期には確實に不道罪が設けられていたことがわかるが、それより前、さらには秦でも不道罪が設けられていたか否かは明らかでない。

第二節　「大逆不道」と「逆不道」ほか

傳世文獻や出土簡牘には大逆不道の他、「逆不道」という表現が見える。

〔一〕當是時、秦嘉已立景駒爲楚王、軍彭城東、欲距項梁。項梁謂軍吏曰、陳王先首事、戰不利、未聞所在。今秦嘉倍陳王而立景駒、逆無道。（『史記』項羽本紀）

〔二〕於是天子制詔將軍曰（中略）今乃與楚王戊・趙王遂・膠西王卬・濟南王辟光・菑川王賢・膠東王雄渠約從反、爲逆無道、起兵以危宗廟、賊殺大臣及漢使者、迫劫萬民、夭殺無罪、燒殘民家、掘其丘冢、甚爲暴虐。今卬等又重逆無道、燒宗廟、鹵御物、朕甚痛之。（『史記』巻一〇六吳王濞列傳）

〔三〕武安又盛毀灌夫所爲橫恣、罪逆不道。（『史記』巻一〇七魏其武安侯列傳）

〔四〕十五年、太初元年、〔邳離侯路博德〕坐見知子犯逆不道罪免。（『漢書』巻一七景武昭宣元成功臣表）

〔五〕四年、〔術陽侯趙建德〕坐使南海逆不道、誅。（『漢書』景武昭宣元成功臣表）

〔六〕後十餘日、丞相靑翟・中尉嘉・廷尉歐劾奏錯曰、吳王反、逆亡道、欲危宗廟、天下所當共誅。（『漢書』巻四九鼂錯傳）

〔七〕〔竇〕武令其軍曰、黄門常侍反、逆無道。何盡隨之反乎。先降有重賞。（『後漢紀』卷二三孝靈帝紀上建寧元年條）

〔八〕制詔丞相・御史、高皇帝以來至本二年、勝甚哀老小。高年受王杖、上有鳩、使百姓望見之、比於節。有敢妄罵詈毆之者、比逆不道。（武威漢簡「王杖十簡」第四簡・五簡）(9)

〔九〕高皇帝以來至本始二年、朕甚哀憐耆老。高年賜王杖、上有鳩、使百姓望見之、比於節。吏民有敢罵詈毆辱者、(10)逆不道。（中略）制詔御史、年七十以上、杖王杖、比六百石。入官府不趨。吏民有敢毆辱者、逆不道、棄市。令在蘭臺第卌三。（武威出土「王杖詔令册」第九簡〜第二三簡）

大庭氏は「呉王濞傳のごとく、「逆無道」のみでも充分その意を達するのであって、おそらく大逆というのは、律家の専門語であったろう」と述べている。つまり、逆不道は大逆不道の意として用いられているということであろうか。しかし、この點について氏は、實際に用例を逐一檢證しているわけではない。以下、〔一〕から分析してみよう。

〔一〕は既に前節で檢討した。法律上の「無道」をいうものか否かは明らかでないが、いずれにせよ「逆無道」の最も古い用例である。秦嘉は張楚王陳勝の生死が不明であるにもかかわらず、勝手に景駒を楚王としたわけであるから、大庭氏の大逆不道の定義でいえば、その行爲は①にあたる。

注目されるのは『漢書』卷三一項籍傳に、

是時、秦嘉已立景駒爲楚王、軍彭城東、欲以距梁。梁謂軍吏曰、陳王首事、戰不利、未聞所在。今秦嘉背陳王而立景駒、大逆亡道。

とあり、『史記』では「逆無道」に作るところを、『漢書』では「大逆亡道」に作る。[11] これによると、確かに「大」があろうがなかろうが、同じであったということになる。この部分はほぼ〔一〕と同じ記述なので、班固が『史記』に基づいて記した部分と思われるが、班固の時代すなわち後漢前期においては、逆無道と大逆亡道は同じ意味で用いられていたことがわかる。

〔二〕は景帝三年（紀元前一五四年）のいわゆる呉楚七國の亂に對し、景帝が下した詔である。その中で景帝は、呉王劉濞ら七王が反亂を起こしたことを「逆無道」と呼び、また七王のうち膠西王劉卬らが漢の宗廟を燒き、御物を鹵獲したことを、「逆無道を重ね」たと評している。朝廷への反亂は大庭氏の大逆不道の定義でいう①、宗廟の破壞は②にあたるであろう。〔六〕も呉楚七國の亂に關する上奏文であるが、その中でも呉王の行爲は「逆亡道」とされている。もっとも、「呉王反、逆亡道」は「呉王反逆亡道」と讀むべきなのかもしれない。現に、和刻本『漢書評林』や中華書局標點本などでは後者を採っている。

〔三〕では武安侯田蚡が灌夫の勝手氣ままさを誇り、逆不道の罪にあたると述べている。これに至る經緯は次の通りである。前漢・武帝の元光二年（紀元前一三三年）[12]、丞相田蚡が燕王劉嘉の娘を娶った。皇太后は詔を下し、列侯や宗室の者をみな田蚡の邸宅へ召し寄せ、祝うことになった。宴席中、列侯・皇族も列席する中で、灌夫が醉って臨汝侯を罵った。田蚡は灌夫を捕縛し、不敬の罪にあたると劾した。魏其侯竇嬰は灌夫を救うため、武帝に上書し、醉った席でのことであるので、處罰するにあたらないと述べた。武帝はその通りと思い、皇太后の東朝で辯明するよう命じた。竇嬰は東朝で盛んに灌夫のよいところを擧げ、にもかかわらず田蚡は他の事を理由として灌夫を罪に陥れようとしていると主張した。一方、田蚡も灌夫の勝手氣ままさを盛んに誇り、その罪は逆不道にあたる、と主張している。さらに田蚡によると、竇嬰と灌夫は日夜天下の豪傑・壯士を招き集めて議論し、腹の中では朝廷を誹謗し、動亂の兆しを窺い、密かに計畫を立てている、とも述べている。これも大逆不道の①にあたるであろう。

〔四〕では武帝の太初元年（紀元前一〇四年）、邳離侯の路博德は、子が逆不道の罪を犯したことを見知っておきながら、何もしなかったことにより、國を沒收されている。路博德は匈奴や南越の征伐で活躍した人物で、『史記』や『漢書』にいくつか記述があるが、子の逆不道の事件については〔四〕以外に全く記載がなく、詳細は不明である。

〔五〕では武帝期、術陽侯の趙建德が南海に使者として赴いたが、逆不道の罪をえて處刑された。この事件についてもこれ以上詳しい記述がなく、不明である。

〔七〕では後漢・靈帝の建寧元年（一六八年）、大將軍の竇武が宦官を肅清しようとし、指揮下の軍に「黃門常侍の王甫が反亂を起こした。これは逆無道にあたる」と呼びかけた。もっとも、これも〔二〕と同樣、あるいは「黃門常侍反、逆無道」ではなく、「黃門常侍反逆無道」すなわち「反逆無道」という言葉として捉えるべきかもしれない。いずれにせよ、竇武が主張する王甫の行爲は、大逆不道の①にあたるであろう。

〔八〕はいわゆる王杖十簡の記載の一部である。〔八〕によると、高齢者は國家から「王杖」を授かり、王杖は「節」と同樣に扱う。王杖を有する者を妄りに罵ったり毆ったりした場合、逆不道と同樣に扱う、と定められている。

王杖十簡の排列についてはいくつか說があるが、ここでは廣瀬薫雄氏の說に從いたい[13]。廣瀬氏によると、〔八〕及びそれ以降の記述は次の條文の注釋にあたる。

制詔御史曰、年七十、受王杖者、比六百石、入官廷不趨、犯罪耐以上、毋二尺告劾。有敢徵召侵辱者、比大逆不道。建始二年九月甲辰下。（第二簡・三簡）

蘭臺令第卌三、御史令第卌。尚書令滅受在金。（第一簡）

要するに、〔八〕は右の條文の趣旨を詳しく説明したものであろう。注目されるのは、右の條文に「大逆不道」とあることである。これにより、逆不道はやはり大逆不道と全く同じ意味で用いられていることがわかる。なぜ王杖を持つものを罵ったり毆ったりした場合、大逆不道に問われるのかというと、〔八〕にある通り「比於節」とあるからであろう。「節」とは旗印の一種で、皇帝の使者や大將に授けられる。これを授けられた者は、任務の範圍内で皇帝に等しい大權を有する。王杖を「節に比す」ということは、王杖を節に準じるものとして扱い、これを有する者に對して侵害を加えることは、皇帝に對して侵害を加えることに等しい、それゆえ大逆不道として扱う、という理論になるのであろう。

〔九〕は王杖詔令册の記述である。廣瀬氏によると、王杖詔令册には二つの詔が引用されているという。氏の説に従えば、「中略」より前は一番目の詔に對する注釋、「中略」より後は二番目の詔ということになる。〔九〕には逆不道という表現が二例見えるが、注目されるのは二番目の詔に見える逆不道である。これとほぼ同じ詔は前掲王杖十簡の「制詔御史曰、年七十、受王杖者、比六百石、入官廷不趨、犯罪耐以上、毋二尺告劾。有敢徵召侵辱者、比大逆不道」であるが、「大逆不道」となっているところが、〔九〕では「逆不道」に作る。これも逆不道が大逆不道と違いがなかったことを示すものであろう。

以上から、逆不道と大逆不道に違いがなかったことは明らかであろう。次に、傳世文獻には逆不道以外にも「逆亂不道」・「暴逆無道」・「誖逆亡道」などの表現が見える。大庭氏は「逆亂」と「誖逆」について検討し、以下のように述べている。(14)

諸例より判斷するに、誖逆の語は天子に背反する行爲を一般に指しているにとどまり、必ずしも特別に一定の行爲を指しているのではないと考えられ、大逆の語の場合におけるほどその概念を狹い範圍に限定することは難しいと思われる。結局誖逆といい、逆亂といい、あるいは大逆といい、いずれも「逆」という文字に重點があることは疑いなく、大逆とは（中略）漢においても逆の行爲のうちの大なるものの意味に考えて誤りないように思う。したがって、呉王濞傳のごとく、「逆無道」のみでも充分その意を達するのであって、おそらく大逆というのは、律家の專門語であったろう。以上の考察より、趙皇后傳に「今昭儀所犯尤誖逆、罪重於謁」とあるのは、罪惡の內容が謁より重いということで、誖逆という大逆より重い罪があるわけではない。

要するに、誖逆は大逆と異なり正式な法律用語ではなく、大逆をも含む廣い概念ということであろうか。以下、逆亂不道なども含め、これらの用例を檢證する。

〔一〇〕顯前又使女侍醫淳于衍進藥殺共哀后、謀毒太子、欲危宗廟、逆亂不道。（『漢書』卷八宣帝紀地節四年條）

〔一一〕時楚王戊暴逆無道、刑辱申公、與呉王謀反。（『漢書』卷二七中之下五行志中之下）

〔一二〕時燕王旦與長公主・左將軍謀爲大逆、誅殺諫者、暴急無道。（『漢書』五行志中之下）

〔一三〕自武威以西、本匈奴昆邪王・休屠王地。武帝時攘之、初置四郡、以通西域、鬲絶南羌・匈奴。其民或以關東下貧、或以報怨過當、或以誖逆亡道、家屬徙焉。（『漢書』卷二八下地理志下）

〔一四〕會〔京〕房出爲郡守、離左右、〔石〕顯具得此事告之。房漏泄省中語、〔張〕博兄弟詿誤諸侯王、誹謗政治、狡猾不道、皆下獄。有司奏請逮捕欽、上不忍致法、遣諫大夫王駿賜欽璽書曰、皇帝問淮陽王。有司奏王、王舅張博數遺王書、非毀政治、謗訕天子、褒舉諸侯、稱引周・湯。以諂惑王、所言尤惡、悖逆無道。（『漢書』卷八〇宣元六王傳）

〔一五〕哀帝崩、王莽白太皇太后詔曰、定陶共王太后與孔鄉侯晏同心合謀、背恩忘本、專恣不軌、與至尊同稱號、

終沒、至乃配食於左坐、誖逆無道。（『漢書』巻九七下外戚傳下）

〔一〇〕では宣成侯霍光の夫人顯が女侍醫の淳于衍に共哀皇后（宣帝の皇后、元帝の母）を毒殺させ、さらに皇太子をも毒殺しようと謀り、國家の存立を危機に陥れようとしたことが、「逆亂不道」にあたるとされている。このような行爲は大庭氏の定義でいえば③にあたり、大逆にあたるといえるが、〔一〇〕ではなぜか「逆亂不道」となっている。表現が異なるだけで、意味は大逆不道と同じであろう。

〔一一〕では楚王劉戊が「暴虐無道」で、申公（『詩』に精通していることで名高く、謀反について楚王戊を諫めた）に刑罰を加えて侮辱し、呉王濞とともに謀反を行ったと記されている。ここでいう謀反は呉楚七國の亂のことで、先述の通り〔二〕では「逆無道」と稱されている。

〔一二〕では前漢の昭帝期、燕王劉旦が姉の鄂邑蓋長公主及び左將軍上官桀と「大逆」を謀り、諫める者を誅殺し、「暴急無道」と評されている。もっとも、この文は五行志に記されているものであって、詔や臣下の上書などの中で、彼らの罪を糾彈する文として記されたものではない。とはいうものの、大逆を謀っているのであるから、いずれにせよその行爲は大逆不道にあたるであろう。あるいは、「謀爲大逆」というように、大逆という語を先に使っており、表現の重複を避けるため、「大逆不道」ではなく暴急無道という表現を敢えて用いたのかもしれない。

〔一三〕では武威以西の地、いわゆる河西四郡の民は、關東で極貧生活を送っていたため、あるいは怨みをはらすのに度が過ぎたため、あるいは「誖逆亡道」の罪を犯したために、家族とともに移住した者たちである、と記されている。先述の通り大逆不道罪は、犯人本人は腰斬、三族は棄市に處されるのが原則であるが、詔により減刑され、三族さらには本人も邊地へ強制移住させられるだけで濟まされる場合もあった[15]。

〔一四〕では前漢・元帝の建昭二年（紀元前三七年）、中書令石顯の告により、淮陽憲王劉欽の舅張博が諸侯王を誤らせ、政治を誹謗したとして、「狡猾無道」の罪に問われた。淮陽王も罪に問うべきという意見があったが、元帝は不問に付する代わりに、書狀を送って淮陽王を諫めた。その書狀の中では、張博の行爲は「悖逆無道」とされている（「悖」は「誖」と互いに通用される）。つまり、ここでいう悖逆無道は狡猾無道を指すことになる。「狡猾」は大庭氏によると、不道にあたる行爲の一種で、「不當な方法で多額の金錢を收受し、もしくは官費を浪費し、又は着服する行爲」をいう。[16] 張博の行爲の具體的內容は、〔一四〕の前に詳しく記されている。それによると、張博は數百萬錢の債務を負っていたので、自分の代わりに辨濟して欲しいと淮陽王に要求したが、淮陽王が斷ったので、張博は淮陽王を脅迫し、黃金五〇斤を受けとった。また、張博は淮陽王が元帝に謁見する機會をえる代わりに、石顯へ黃金五〇〇斤を支拂うことを約束したといい、淮陽王から黃金五〇〇斤を騙しとった。「悖逆無道」とはあるものの、少なくとも本件の張博の行爲は、大逆不道や逆不道などにあてはまらないごとくである。

〔一五〕では前漢の哀帝の死後、王莽が王太皇太后に次のような詔を下させた。すなわち、定陶共王傅太后と孔郷侯傅晏は共謀して勝手にふるまい、傅太后は不當に「皇太太后」の尊號を授かり、死後も左に坐して配食され、「誖逆無道」である、と。王太皇太后は元帝の皇后、定陶共王傅太后はこれに次いで元帝の昭儀であったが、哀帝は實の祖母である傅太后のために皇太太后という稱號を創設し、事實上太皇太后と同じように扱った。傅太后と傅晏の行爲も大逆不道の①〜③にはあてはまらない。

以上から、「逆亂不道」なども大逆不道と變わらないことがわかるであろう。不道は無道・毋道・亡道とも表記するが、それと同樣に、大逆不道も逆不道の他、逆亂不道などさまざまに表記されていたことが知られる。ただし、「誖（悖）逆無道」は〔一三〕のように大逆不道の意として用いられる場合もあれば、〔一四〕・〔一五〕のように廣く不道を指す場合もあったのであろう。

第三節　不道とされる行爲と司法手續

以上の二節で檢討したことを踏まえ、本節より本題に入る。

趙增壽は「不道無正法」と述べているが、律令の中にはいかなる行爲が不道にあたるかを定めている條文もある。

〔一六〕帝年九歲、太皇太后臨朝、大司馬莽秉政、百官總己以聽於莽。詔曰（中略）自今以來、有司無得陳赦前事置奏上。有不如詔書爲虧恩、以不道論。定著令、布告天下、使明知之。（『漢書』卷一二平帝紀元壽二年條）

〔一七〕律、殺不辜一家三人爲不道。（『漢書』卷八四翟方進傳如淳注）

〔一八〕有敢徵召侵辱者、比大逆不道。（王杖十簡第二簡・三簡）

〔一九〕吏民有敢毆辱者、逆不道、棄市。（王杖詔令册第二一簡・二二簡）

〔二〇〕妻淫失煞夫、不道。（尚德街簡牘二一二背面第一欄）

〔二一〕奸人母子旁、不道。（尚德街簡牘二一二背面第一欄）

先述の通り、大庭氏は誣罔・罔上・迷國・誹謗・狡猾・惑衆・虧恩・奉使無狀・大逆などの諸行爲や、人倫の道に背く殘虐行爲が不道にあたる行爲であったとする。これらは主に『漢書』に見える事例から導き出されたものであるが、〔一六〕と〔一七〕は氏も史料として擧げている。前者は「虧恩」、後者は殘虐行爲が不道にあたる根據とされている。氏が同稿を最初に發表したのは一九五七年のことであって、その當時漢律令の不道の内容を定義づけた規定は、これら二條しかなかったが、その後〔一八〕の王杖十簡と〔一九〕の王杖詔令册、〔二〇〕・〔二一〕の尚德街簡牘が出土している。[17]〔一六〕・〔一七〕については既に大庭氏が檢討を加えており、また〔一八〕・〔一九〕

については既に前節で検討したので、ここではまず〔二〇〕と〔二一〕について検討する。

〔二〇〕と〔二一〕はいずれも尚徳街簡牘二一二背面第一欄に記されている。この木牘は早くて後漢末期、遅くて三國呉に記されたものと考えられるが（附論一）、先述の通り假に三國呉まで降るとしても、呉はおそらく漢の法律をほぼそのまま受け繼いだであろうから、逆に後漢末期にも同様の規定が設けられていたと見てよかろう。

〔二〇〕と〔二一〕では、妻が度を過ぎた淫亂で、それが原因で夫を殺すに至った場合、及び他人の子の傍らで、その子の母と姦淫に及んだ場合、いずれも不道にあたるとされている。大庭氏は人倫の道に背く殘虐行爲も不道にあたるとするが、〔二〇〕・〔二一〕の行爲は、人倫の道に背いているとはいえ、殘虐とまではいいがたい。また、第二章で論じた通り、父母を殺す、傷つける、毆る、罵る、「牧殺」（殺そうとしたものの、傷さえ負わせられなかったこと）する行爲も、不道として扱われたと考えられるが、これらの行爲についても同様のことがいえる。よって、誣罔～大逆などを除けば、人倫の道に背く行爲が不道とされていたのであって、殘虐か否かは必ずしも要件とされていなかったのであろう。

不道の内容を定めている條文は、〔一六〕～〔二一〕以外にも設けられていたと考えられる。しかし、そもそもおそらく律令だけでは、不道にあたる行爲の全てを定め切れなかったことであろう。そういう意味では、律令で不道として定められていた行爲は、例示に過ぎなかったともいえる。

律令で不道にあたると定められていない行爲が、いかにして不道と判斷されるかについては、『漢書』陳湯傳に、

　廷尉增壽議、以爲不道無正法、以所犯劇易爲罪。臣下承用失其中、故移獄廷尉、無比者先以聞、所以正刑罰、重人命也。

とあるのが參考となる。これは「はじめに」でも一部引用したが、前漢成帝期の廷尉趙增壽の言葉である。「不道

無正法」以下を直譯すると、次の通りになろう。すなわち、「不道には正規の法がなく、犯した事案の輕重に應じて刑罰を決定する。しかし、臣下がこれを審理しても公平さを失するため、事案を廷尉へ移し、「比」がない場合には直ちに皇帝へ申し上げ、刑罰を調整する。それは人命を重んじるためである」と。しかし、このままでは具體的にいかなる意味なのか判然としないところがある。

そもそも漢代では刑事事件が發生し、告あるいは劾が行われると、原則としてまず「縣」あるいは「道」（非漢人が比較的多いところに設置された、縣と同級の地方行政機關）で捜査・審理が行われた。しかし、張家山第二四七號墓出土漢簡二年律令「興律」に、

縣道官所治死罪及過失・戲而殺人、獄已具、勿庸論、上獄屬所二千石官。二千石官令毋害都吏復案、問（聞）二千石官。二千石官・丞謹掾、當論、乃告縣道官以從事。徹侯邑上在所郡守。（第三九六簡・三九七簡）

とあり、死罪にあたる事件の場合、縣・道は審理を終えても刑罰を執行してはならず、その縣・道が所屬する「二千石官」すなわち郡守へ報告しなければならなかった。郡守は都吏に再審理を行わせ、都吏はその結果を郡守に報告する。郡守と丞はその結果をさらに審理し(18)、刑罰を執行すべきと判斷した場合、縣・道へ通告して刑罰を執行させる、と定められている。

次節で述べる通り、不道は一般に死罪であるから、當然縣・道で判決を確定し、刑罰を執行できるわけではない。そして、趙增壽が「臣下承用失其中、故移獄廷尉」と述べていることからすると、律令に不道と定められていない行爲の場合、郡でも最終的な判決を下すことはできず、さらに中央の廷尉府へ審理の結果を報告しなければならなかったのであろう。

趙增壽はまた「故移獄廷尉、無比者先以聞」と述べ、「比」がない場合、廷尉府は直ちに皇帝へ申し上げるとし

ている。比は「決事比」・「決事」とも呼ばれ、判決の先例、要するに判例のことである。律令に規定がない行爲について、適合する比があるか否かは、比を調べるとともに、事案そのものの内容も明らかにしなければならない。事案の審理は廷尉府に先立ち、縣あるいは道、及び郡によって行われているが、適合する比があるか否かを判斷するにあたって、おそらく廷尉府が改めて事實關係を審理したと考えられる。

廷尉府で審理した結果、適合する比がない場合、廷尉府でも最終的な判決を下すことができず、直ちに皇帝へ報告しなければならなかった。逆にいえば、適合する比がある場合、廷尉府はその比を根據として、最終的な判決を下すことができたのであろう。ある意味では律令の他、比によって不道にあたる行爲が定められていたともいえる。

皇帝は廷尉から報告を受けた場合、みずから最終的な判斷を下したのであろう。これらの判斷が比となり、以後參照されたと考えられる。あるいは、比が集積されると、〔一六〕～〔二一〕のごとき律令の條文として明確に定められるようになったのかもしれない。

以上のように、律令に不道と定められていない行爲を、不道の罪に問う場合、縣・道、郡、廷尉府、皇帝という四段階もの審理を經なければならなかった。このように煩瑣な手續を設けたのは、不道罪の適用に愼重を期するためであろう。愼重を期するべきとされていた理由の一つは、趙增壽も引用部分の末尾で「重人命也」と述べている通り、人命を尊重するためと考えられる。次節で述べるように、不道罪は死刑に處するのが原則であり、さらに三族刑が適用される場合さえあった。實際には刑罰が減免されることもあったが、それでも死刑の代わりに徙遷刑に處されるなど、犯人本人のみならず、その家族にも多大な不利益が及びかねないものであった。また、不道にあたるか否かを判斷するのには、まずその前提として事實認定を正確に行わなければならない。さもないと冤罪をも生み出しかねない。

律令に不道と定められていない行爲を、不道の罪に問う場合に、廷尉・皇帝の審理・判斷を必要とする制度を設けたのは、人命の尊重、冤罪發生の防止の他にも、かくも重要な判斷を下す權限を郡に與えず、中央の廷尉府と皇帝がこれを握り、司法における中央集權體制及び專制國家體制を強化するためという面もあったと考えられる。また、律令に不道と定められていない行爲を、不道罪として最終的な判決を下し、刑罰を執行する權限を、通常の死罪と同じく郡に與えたとしても、依るべき法がないわけであるから、各郡守によってさまざまな判斷がなされ、全國一律の公平性を確保できなくなってしまう。(19)これも廷尉府・皇帝の審理・判斷を必要としたことの理由として考えられる。

それでは、以上とは逆に、律令に不道として定められている行爲については、いかなる手續がとられていたのであろうか。次節で述べる通り、それらの條文の中には、法定刑が設けられているものもある。これらはおそらく通常の死罪と同樣、郡で最終的な判決を下すことができたと考えられる。しかし、法定刑が設けられていないものは、「所犯劇易爲罪」すなわち事案の輕重に從って處罰を決定しなければならず、その最終的な判斷を郡に任せるとなると、全國一律の公平性が確保できず、また「臣下承用失其中」という結果に陷ることにもなりかねない。それゆえ、律令に不道として定められていない行爲と同樣、郡では最終的な判決を下す權限がなく、廷尉府へ報告されたのであろう。そして、適合する比がない場合、さらに皇帝へ判斷を仰ぐことになっていたと考えられる。

また、不道の中でも謀反については、律において法定刑が設けられているにもかかわらず、郡では最終的な判決を下すことができなかった。次節で引用する通り、謀反の場合、律の條文において犯人本人は腰斬、その三族は棄市と明確に定められていた。しかし、胡家草場漢簡律令「賊律」に、

謀反者獄具、二千石官案掾移廷、廷以聞、有報、乃以從事。(第一二三簡)

とあり、縣あるいは道において謀反事件の審理が終了したら、郡守は審理の結果を審査して廷尉府へ文書を送り、廷尉は皇帝へ上書し、刑罰を執行するよう皇帝から回答があれば、その通りに執行する、と定められている。要するに、律令に不道と定められていない行爲とほぼ同じ手續が設けられている。それはやはり審理に愼重を期するためと考えられる。特に、謀反は「反」すなわち反逆が實行に移される前の段階であり、被疑者が本當に反逆を企てていたのかは、愼重に判斷する必要があると考えられていたのであろう[20]。

なお、本條には「移廷、廷以聞」とあるだけで、あたかも廷尉は郡から受けとった文書をそのまま皇帝へ上書するだけのごとくに記されているが、廷尉は司法を專門とする機關・官吏であるから、おそらく廷尉でも審理が行われたと考えられる。

不道罪の審理の手續について、以上で檢討したことをまとめると、次の通りになる。

①不道にあたる行爲のうち、法定刑が設けられているものについては、郡で最終的な判決を下すことができた（謀反を除く）。

②律令に不道として定められているが、法定刑が設けられていない行爲、及び律令に不道として定められていない行爲については、適合する「比」があれば、廷尉府で最終的な判決を下すことができた。比がなければ、皇帝が最終的な判斷を行った。

ただし、以上のような手續はあくまで法律・制度上のものであって、實際には必ずしもその通りに運用されているわけではなかった。例えば、高祖廟玉環盜難事件では縣・道・郡での審理を經ず、文帝が直接廷尉に審理を命じたごとくである。もし縣・道・郡が審理を行ったとすれば、縣・道・郡は律の規定に從い、「盜宗廟服御物」の罪を適用しなければならない。本罪の法定刑は棄市で、「死罪」の一種であるから、縣・道では最終的な判決を下すことはできないが、郡では最終的な判決を下すことができる。つまり、廷尉府の審理を經ることなく刑罰が執行され、犯人を不道罪に問うことができなくなってしまう。このような事態を回避するため、文帝は直接廷尉府に審理を命じたのであろう。

また、高官や皇族などを罪に問う場合、不道であると否とを問わず、縣・道・郡での審理を經ることなく、直接廷尉府が審理を行ったり、また廷尉府以外の中央官署や高官が訊問・審理を行い、その結果を皇帝へ上奏し、判決が確定される場合もあった(21)。

第四節　不道罪の處罰

先述の通り、大庭氏は『漢書』陳湯傳に「不道無正法」とあることから、不道罪については「律に不法行爲とそれに該當する刑罰とを記していない」かったと解している。しかし、これも既に見てきた通り、不道にあたる行爲の中には、律令の條文において法定刑が設けられているものもある。まず、條文の中に「不道」と明記され、かつ法定刑が記されているものは、左の〔二二〕と前節で擧げた〔一九〕がある。

〔一九〕吏民有敢毆辱者、逆不道、棄市。（王杖詔令冊第二一簡・二二簡）

〔二二〕律、大逆不道、父母・妻子・同産皆棄市。（『漢書』景帝紀景帝三年條如淳注）

また、事例などからその行爲が不道にあたることがわかり、かつその行爲の處罰を定めた條文もあるが、條文に不道とは明記されていないものもある。

〔二三〕以城邑亭鄣反・降諸侯、及守乘城亭鄣、諸侯人來攻盜、不堅守而棄去之、若降之、及謀反者、皆要斬。其父母・妻子・同産無少長皆棄市。（二年律令「賊律」、第一簡・二簡）

〔二四〕【以城邑】亭鄣反・降諸侯、及守乘城亭鄣、諸侯人來攻盜、不堅守而棄去之、若降之、及謀反者、皆要斬。（張家山第三三六號墓出土漢簡漢律十六章「賊律」、第一簡・二簡）

〔二五〕以城邑亭鄣反・降諸侯、及守乘城亭鄣、諸侯人來功（攻）盜、不堅守而棄去之、若降之、及謀反者、皆要斬。其城邑反・降、及守乘城棄去若降之、及謀反者、父母・妻子・同産無少長皆棄市。（胡家草場漢簡律令「賊律」、第二一簡〜二三簡）

〔二六〕子賊殺傷父母、奴婢賊殺傷主・主父母妻子、皆梟其首市。（二年律令「賊律」、第三四簡）

〔二七〕子牧殺父母、毆詈泰（大）父母・父母・叚（假）大母・主母・後母、及父母告子不孝、皆棄市。（二年律令「賊律」、第三五簡）

以上のうち、〔二三〕・〔二六〕・〔二七〕の三條はいずれも二年律令、すなわち呂后二年（紀元前一八六年）時の律の條文であって、[22]先述の通り、當時不道という罪が既に設けられていたかは定かでない。しかし、〔二四〕が出土した張家山第三三六號墓の埋葬年代は、文帝七年（前一七三年）を上限とし、下限は文帝十三年（前一六七年）より遲くはないと見られている。[23]また、〔二五〕が出土した胡家草場第一二號墓の埋葬年代は文帝期で、文帝後元年（前一六三年）より早くはないという。[24]見られる通り、〔二三〕・〔二四〕・〔二五〕の三者は基本的に同内容の條文で、二年律令の〔二三〕が文帝期にも受け繼がれたことがわかる。[25]おそらく、〔二六〕・〔二七〕も含め、右のような内容の條文が文帝期以降も基本的には受け繼がれたと考えられる。

〔一九〕及び〔二二〕〜〔二七〕を見ると、法定刑はいずれも死刑であることに變わりない。それは不道罪の事

例からも明らかである。例えば、『後漢書』巻一〇下皇后紀下に、

〔閻〕顯忌大將軍耿寶位尊權重、威行前朝、乃風有司奏寶及其黨與中常侍樊豐・虎賁中郎將謝惲・惲弟侍中篤・篤弟大將軍長史宓・侍中周廣・阿母野王君王聖・聖女永・永壻黄門侍郎樊嚴等、更相阿黨、互作威福、探刺禁省、更爲唱和、皆大不道。豐・惲・廣皆下獄死、家屬徙比景。宓・嚴減死、髡鉗。

とあり、後漢・少帝劉懿の延光四年（一二五年）、大將軍耿寶らが「大不道」に問われ、中常侍樊豐・虎賁中郎將謝惲・侍中周廣は獄死し、大將軍長史謝宓と永壻黄門侍郎樊嚴は死刑より減刑され、髡鉗（城旦）に處されている。それゆえ、謝宓らは本來死刑にあたる罪を犯したとされていることになる。「大不道」は、あるいは大逆不道を指すのかもしれない。もしその通りとすれば、本來の死刑は腰斬であったことになる。不道罪の事例は他にも多數見えるが、いずれも死刑か、死刑より減刑されている。

ただし、死刑といっても、律令の條文でさえ一樣ではない。法定刑が棄市の場合（〔一九〕・〔一七〕）もあれば、「梟首」（處刑後に頭部を晒す）が加えられる場合（〔二六〕）もあれば、罪人本人は腰斬（〔二三〕～〔二五〕）、三族は棄市（〔二二〕・〔二三〕・〔二五〕）という場合もある。つまり不道罪には「諸不道者、棄市」などのごとく、統一された法定刑は設けられていなかった。

それでは、不道にあたる犯罪について法定刑が設けられていることと、「不道無正法」の間には、いかなる關係があるのであろうか。

まず、「不道無正法」とまでいうからには、不道にあたる行爲の多くは法定刑が設けられていなかったであろう。それゆえ、〔一六〕・〔一七〕・〔二〇〕・〔二一〕のごとく、不道にあたる行爲の内容を定義している條文も、不道であることをもって刑罰の種類が自動的に決まるわけではなかったはずである。つまり、これらの場合、いかな

る行爲が不道にあたるかは定義づけられているものの、法定刑は設けられていなかった。いかなる刑罰を適用するかは、不道として律令に定められていない行爲と同じく、適合する「比」があれば廷尉府、なければ皇帝が、事案の輕重に應じて刑罰を調整し、宣告刑を決定したのであろう。もっとも、他の條文に處罰規定があるか、あるいは法定刑が省略されているという可能性もなくはない。

一方、〔一九〕及び〔二二〕～〔二七〕のように、法定刑が記されているものは、「不道無正法」の例外として、構成要件も法定刑も明確に定められていたといえそうである。しかし、逆に「不道無正法」という原則があったことからすると、たとえ法律でこのように定められていたとしても、必ずしも法定刑通りの刑罰が適用されず、場合によっては法定刑より重い刑罰が適用されることもあったと考えられる。このように考える理由は二つある。まず一つは、〔二二〕によると、大逆不道の場合、犯人の父母・妻子・同産も處刑された。しかし、實際には彼らを超える範圍の親族が處刑されたと思しき例がいくつか見える。例えば、『漢書』巻六六劉屈氂傳に、

是時治巫蠱獄急、内者令郭穰告丞相夫人以丞相數有譴、使巫祠社、祝詛主上、有悪言、及與貳師共禱祠、欲令昌邑王爲帝。有司奏請案驗、罪至大逆不道。有詔載屈氂廚車以徇、要斬東市、妻子梟首華陽街。貳師將軍妻子亦收。貳師聞之、降匈奴、宗族遂滅。

とあり、武帝のとき、内者令の郭穰が次のように告した。すなわち、左丞相の劉屈氂が武帝から何度も譴責されたため、その妻が武帝を呪詛し、また貳師將軍李廣利もこれに加わり、昌邑王を帝位に就けようとした、と。關聯官吏が取調べを行ったところ、罪は大逆不道にあたり、劉屈氂は腰斬、その妻子は斬首された。李廣利の妻子も收監された。そのとき李廣利は匈奴へ遠征中であったが、この話を聞くと、匈奴に投降した。その結果、李廣利の宗族は滅ぼされたとある。法律の規定通り、父母・妻子・同産を處刑することは、「宗族を滅ぼす」とはいわないであ

ろう。宗族はもっと廣い範圍の親族を指すはずである。
もう一つの理由として、漢代では本來ある行爲に對して罰條を設けているにもかかわらず、それを無視し、不道罪として處理する例が見えることである。例えば、先述の高祖廟玉環盜難事件では、本來「宗廟中の衣服や御物を盜」んだ罪として處罰すべきであるにもかかわらず、文帝が怒りに任せて不道罪を適用しようとしている。また、第七章で檢討した通り、本來大不敬の罪にあたるにもかかわらず、さらに不道の罪に問われている例もいくつか見える。

そして、律令の條文に規定がなく、比にも類似の事例がないが、どうしても不道罪を適用する必要がある場合、廷尉が審理の結果を皇帝へ報告し、最終的には皇帝が宣告刑を決定する。もっとも、多くの事例に見える通り、被疑者が高官や皇族の場合、廷尉の他にもさまざまな高官が意見を提示し、場合によっては論爭となり、やはり皇帝が最終的に決定している。不道に含まれる犯罪のうち、法定刑が設けられている條文では、法定刑は腰斬あるいは棄市のいずれかである。それゆえ、不道は條文や比に根據がなくても、死刑に處するのが原則であったと考えられる。實際、不道に問われて死刑に處された例は、枚擧に暇がないほど數多く見える。

逆に、不道罪に問われたにもかかわらず、徙遷刑あるいは髡鉗城旦へ減刑された例もある。[26] あるいは、實刑を免除する代わりに、爵位や身分の降格などがなされた例も見える。[27] 本人は死刑に處されたものの、三族刑は適用されず、あるいは妻子のみ處罰され、その處罰も徙遷刑に減刑されている場合もある。[28]

要するに、不道は死刑に處するのが原則といっても、それは基準の一つでしかなく、原則通りに死刑を適用するかどうかは、最終的には皇帝の判斷に委ねられたのであろう。それゆえ、臣下が不道を法規通りに處罰すべきと考える場合には、皇帝への上奏のときに念を押す場合さえあった。例えば、『漢書』鼂錯傳に、

後十餘日、丞相青翟・中尉嘉・廷尉歐劾奏錯曰（中略）錯不稱陛下德信、欲疏羣臣百姓、又欲以城邑予呉、亡臣子禮、大逆無道。錯當要斬、父母・妻子・同産無少長皆棄市。臣請論如法。制曰、可。

とあり、景帝のとき、丞相陶青翟らは上奏し、御史大夫鼂錯の行爲は大逆不道にあたり、法の規定通り腰斬に處し、その父母・妻子・同産を棄市に處するよう求めている。

第五節　不道の法的効果

不道は、後世の唐律では「十惡」の一つに位置づけられている。序章でも述べた通り、十惡の主な法的効果については、滋賀秀三氏が以下の四點としてまとめている。(29)

①皇族・高官及びその親族などが享受する「議」・「請」・「減」の特典が適用されない。

②官爵を有する者は「除名」に處される。無官のとき十惡にあたる罪を犯し、官爵をえた後に發覺した場合も除名に處される。

③老親扶養の問題が考慮されることなく、刑罰が執行される。

④しばしば恩赦の對象から除外された。

つまり、唐では不道も含め、十惡にあたる罪を犯した者は刑罰の他、①〜④の制裁あるいは不利益を被ることになる。それでは、漢の不道に對しては、いかなる扱いがなされていたのであろうか。以下、漢の不道にも①〜④が見られるかを檢證したい。

まず、①について檢討する。唐律の「議」とは「死罪の嫌疑が固まったとき、官司は判決を立案せず、都座集議なる特別手續の開始を奏請し、裁可あれば集議を開始し、その結果を上奏して皇帝の最終判斷に委ねること」、「請」とは「死罪の嫌疑が固まったとき、官司は判決を立案し、ただし一般案件とは切離して「上請」すなわち特別に上奏して、皇帝の實質的判斷に委ねること」をいう。(30)いずれにせよ最終的には皇帝の判斷によって、法定刑通り死刑に處するか否かが決せられることになる。要するに、議・請の結果、死刑を免除される可能性があるわけで、その點において議・請が適用される皇族・高官などは特權を有していたといえる。

①として示した通り、唐律では十惡にあたる罪を犯した場合、議・請が適用されない。ところが、漢では先述の通り、不道の被疑者が皇族・高官の場合、むしろ不道の成否・處罰は皇帝の判斷に委ねられていることが多い。そもそも趙增壽の言に「無比者先以聞」とあり、不道を適用する際、律令に規定がなく、比にも類似の事例がない場合、被疑者が皇族・高官であると否とを問わず、皇帝に上奏することが制度化されてさえいたごとくである。もっとも、唐代でも皇族や高官が十惡にあたる罪を犯した場合、實際には必ずしも律の定める通りに處罰されていたわけではなく、漢代と同樣、皇帝の判斷によって處罰が減刑されることもあった。(31)

なお、唐律の「減」は、七品以上の官などの特權を有する者が、流罪以下の罪を犯した場合、一等減刑するという制度であった。(32)十惡にあたる犯罪の法定刑は必ずしも死刑ではなく、流刑以下にあたるものもあった。それに對して、漢の不道はそもそも原則として死刑なので、唐律と比較することはできない。

次に、②の「除名」は、三國魏では既に行われていたが、漢代ではそもそも制度として存在しなかった可能性が高い。(33)しかし、少なくとも犯罪に對する制裁として、皇族や高官の官爵などを剝奪すること自體は、漢代でも行われていた。漢の不道は死刑に處するのが原則であったが、例えば列侯の場合、死刑によって侯國は沒收され、列侯位・侯國を子孫に繼承させることもできなかった。(34)ましてや、三族刑が適用される場合、本來侯國を繼承すべき子まで處刑されることになる。また、死刑や實刑を免除されたとしても、官職を罷免されたり、列侯位を剥奪された例も見える。(35)

③については、唐律では罪人に年老いたあるいは重病に罹った祖父母・父母がおり、罪人が面倒を見なければならない場合、刑罰の執行を延期するという制度があった。(36)③はこの制度が前提となっているが、そもそも漢律令にもこのような制度が設けられていたか否かは明らかでない。(37)また、不道であると否とを問わず、養老を理由として刑罰を延期した實例も見えない。

④については漢でもいくつか例が見え、不道を犯した者は他の罪人と異なり、法律や皇帝が下す詔書の恩典に預かれない場合があった。

〔二八〕詔曰（中略）其明敕百寮、婦女非身犯法、及男子年八十以上七歳以下、家非坐不道、詔所名捕、它皆無得繫。（『漢書』卷一二平帝紀元始四年條）

〔二九〕〔張〕敞曰（中略）又諸盜及殺人・犯不道者、百姓所疾苦也、皆不得贖。（『漢書』卷七八蕭望之傳）

〔三〇〕夏四月乙丑、詔天下繫囚自殊死已下減本罪各一等、不孝・不道不在此書。（『後漢紀』卷八光武皇帝紀建武二十九年條）

〔三一〕九月丁卯、令罪死囚徒非大逆無道、減死一等、徙戍邊。（『後漢紀』卷一〇孝明皇帝紀下永平十六年條）

〔三二〕庚辰、詔曰（中略）男子八十以上十歳以下、及婦人從坐者、自非不道、詔所名捕、皆不得繫。（『後漢書』卷一上光武帝紀上建武三年條）

〔三三〕禮畢、詔三公募郡國中都官死罪繫囚、減罪一等、勿笞、詣度遼將軍營、屯朔方・五原之邊縣。妻子自隨、便占著邊縣。父母・同産欲相代者、恣聽之。其大逆無道・殊死者、一切募下蠶室。（『後漢書』卷二顯宗孝明帝紀

永平八年條）

〔三四〕九月丁卯、詔令郡國中都官死罪繫囚、減死罪一等、勿笞、詣軍營、屯朔方・敦煌。妻子自隨、父母・同産欲求從者、恣聽之。女子嫁爲人妻、勿與俱。謀反・大逆無道不用此書。（『後漢書』孝明帝紀永平十六年條）

〔二八〕は前漢・平帝の元始四年（西暦四年）に下された詔で、女子がみずから法を犯していない場合、及び男子のうち八〇歳以上・七歳以下の場合、その家族が不道の罪に問われておらず、あるいは詔によって指名手配されていなければ、獄に勾留してはならない、とされている。つまり、家族が不道の罪に問われている場合、女子及び八〇歳以上・七歳以下の男子は勾留免除の恩典にあずかることができなかった。

なお、〔三二〕にはこれとほぼ同じ詔が見える。〔三二〕は後漢・光武帝の建武三年（西暦二七年）に下された詔で、大きく異なるのは「七歳以下」ではなく「十歳以下」となっている點である。「七」と「十」は出土文字資料でも字形が似ており、いずれとも判別がつかない場合や、書き誤っている場合もある。おそらく、いずれか一方が傳寫の過程で誤ったのであろう。

〔二九〕の中略以下は前漢の宣帝期に京兆尹の張敞が述べたことで、當時設けられていた法律の主旨を引用している。これによると、強竊盜・殺人・不道については贖罪が認められなかった。

〔三〇〕は光武帝が建武二十九年（西暦五三年）に下した詔で、勾留中の囚人のうち、殊死以下にあたる罪を犯した者はそれぞれ一等減刑するが、不孝・不道についてはこの詔書を適用しない、とされている。

〔三一〕は後漢・明帝の永平十六年（西暦七三年）に下された詔で、死刑囚のうち大逆無道でない者は、死刑より一等減刑し、邊境へ移住させて守りにつかせる、とされている。〔三四〕にも同じ詔が記されており、〔三四〕の方が比較的詳しい。これによると、郡國中都官で勾留中の死刑囚は一等減刑し、軍營へ赴かせ、朔方・敦煌に駐屯させるが、謀反・大逆無道の罪を犯した者には適用しない、とされている。

〔三三〕は明帝が永平八年（西暦六五年）に下した詔で、〔三四〕と同様、郡國中都官で勾留中の死刑囚のうち、希望する者があれば一等減刑し、度遼將軍の軍營へ赴かせ、朔方・五原の邊縣に駐屯させる。ただし、大逆無道・殊死にあたる罪を犯した者は、希望する者があれば全て宮刑に處する、とされている。この詔によると、大逆無道といえども死刑を免れることができるが、ただし他の死罪と異なり、宮刑を受けなければならなかった。

以上のうち、少なくとも〔三〇〕・〔三一〕・〔三三〕・〔三四〕は、その効力は一度限りの臨時的なものであって、永續的な効力を有する法律として定められたものではなかったであろう。例えば、〔三〇〕では「天下繫囚自殊死已下」とあるように、現在勾留中の者が對象となっているのであって、以後勾留される者については對象の範圍外のごとくである。さもないと、結局殊死以下の刑罰を今後は原則として一等減刑しなければならなくなるが、それならば「天下繫囚」ではなく「自今以來」などの文言があって然るべきであろう。〔三一〕・〔三三〕・〔三四〕についても同じことがいえる。

いずれにせよ、漢でも不道は他の犯罪と異なり、法律や皇帝が下す詔書の恩典が適用されない場合もあった。しかし、これは絶對的なものではなく、不道でも恩赦にあずかれる場合もあった。『初學記』卷二〇政理部赦一引『漢舊儀』[38]に、

踐祚・改元・立皇后・太子、赦天下。每赦、自殊死以下及謀反・大逆不道諸不當得赦者、皆赦除之。

とあり、漢代では皇帝の即位、改元、皇后・太子の決定など、國家の慶事に際して赦令が下され、殊死以下、及び本來赦令が適用されない謀反・大逆不道に對しても、赦令を適用して刑罰を免除するとされている。また、『後漢書』卷一下光武帝紀下建武六年條に、

辛丑、詔曰、惟天水・隴西・安定・北地吏人爲隗囂所詿誤者、又三輔遭難赤眉、有犯法不道者、自殊死以下、皆赦除之。

とあり、光武帝は建武六年（西暦三〇年）に詔を下し、三輔で赤眉の亂に巻き込まれ、法を犯して不道の罪をえた者は、全て赦令により刑罰を免除するとしている。

その他にも個別の事例で刑罰を減免されている例が見られる。それがやや常態化しつつあったことは、後漢・王符『潛夫論』述赦篇に、

今不顯行賞罰以明善惡、嚴督牧守以擒姦猾、而反數赦以勸之。其文常曰、謀反・大逆不道・諸犯不當得赦皆除之、將與士大夫灑心更始。

とあることからも知られる。すなわち、現在では赦令が濫發され、詔にはしばしば「謀反・大逆不道、及びもろもろの犯罪のうち赦令が適用されないものも、みな処罰を免除する」と記されていると述べられている。

結　語

『唐律疏議』名例律「十惡」條の「不道」に對する注には、

謂殺一家非死罪三人、支解人、造畜蠱毒、厭魅。

とあり、唐律では不道にあたる行爲の範圍がわずか四種に限定されている。すなわち、死罪を犯していない一家の

うち三人を殺す、人の身體を分解する、「蠱毒」（毒蠱）を作るあるいは蓄える、「厭魅」（人形《ひとがた》を作ってまじないをかけ、人を殺したり、病に罹らせようとする）という行爲である。それに對して、漢では律令で不道にあたる行爲がいくつか定義されている他は、「比」も參照されたものの、後は事件ごとに逐一判斷されていた。

また、唐律で不道にあたる四種の犯罪については、いずれも「賊盜律」内の各條文で法定刑が設けられている。すなわち、

諸殺一家非死罪三人、及支解人者、皆斬。妻子、流二千里。

諸造畜蠱毒、及教令者、絞。造畜者同居家口雖不知情、若里正知而不糾者、皆流三千里。

諸有所憎惡、而造厭魅及造符書呪詛、欲以殺人者、各以謀殺論減二等。以故致死者、各依本殺法。欲以疾苦人者、又減二等。即於祖父母・父母及主、直求愛媚而厭呪者、流二千里。若涉乘輿者、皆斬。


とある通りである。一方、漢律令では不道にあたる行爲に法定刑が設けられている場合もあるが、必ずしもそうではない。むしろ多くの場合、「不道無正法」の原則によって、適宜處罰が決められたごとくである。

本書第一篇・第二篇では、戰國秦漢魏晉南北朝の法律における「不孝」と「大不敬」・「不敬」について検討した。不孝と大不敬は唐律にも見える。唐律では不道と同様、いずれも罪目であり、いかなる行爲が不孝・大不敬にあたるかは、律注で定められていた。一方、秦・漢の律令では、いくつかの條文で不孝・大不敬・不敬にあたる行爲が定められているが、律令では全ての行爲を定め切れず、多くは「禮」などの規範に依存していたごとくである。

また、秦・漢の不孝・大不敬・不敬は罪目ではなく罪名であって、少なくとも不孝と大不敬、及び後漢最末期より前の不敬については、これら自體に法定刑が設けられていた。すなわち、不孝と大不敬の法定刑は棄市であっ

て、不孝と大不敬に含まれる各犯罪の法定刑が各條文で設けられているわけではなかった。不敬の法定刑は、前漢の武帝期までは耐隸臣妾であったが、武帝期に耐鬼薪白粲となった。晉律では法定刑が設けられておらず、不敬事件を裁くたびに、犯行と類似の行爲について定めた法規や先例を參照して、適切な宣告刑を選擇していたが、この處罰方法は遲くとも後漢最末期より行われていた可能性もある。

このような不孝・大不敬・不敬の狀況と不道を比較すると、まず構成要件が曖昧であるという點においては共通する。確かに、不道にあたる行爲を定めている律令の條文もあった。しかし、それ以外にも「不道無正法」によって、皇帝や高官などが審議し、法律に定められていない行爲を不道として處罰することもあった。そういう意味では、不道も不孝などと同じく構成要件が曖昧で、しかも「不道無正法」といわれるまでに、司法の場において公然とまかり通っていた。

一方、不道は不孝・大不敬・不敬などと異なり、統一的な法定刑は設けられていなかった。不道にあたる犯罪の中には、各條文にそれぞれ法定刑が設けられている場合もあった。この點についていえば、漢の不道はむしろ唐律と同じ規定形式を採っており、罪目としての一面も有していたといえる。しかし、不道にあたる犯罪は必ずしも法律で定められているわけではなく、またそのような犯罪に法定刑が設けられているはずもなかった。

(1)　現在の法律用語でいう「不法行爲」とは民事法上の概念であり、不法行爲の全てが刑事法上の「犯罪」となるわけではない。それゆえ、嚴密にいえば「不法行爲」ではなく「犯罪」とすべきであろう。
(2)　大庭脩「漢律における「不道」の概念」(同氏『秦漢法制史の研究』創文社、一九八二年。一九五七年原載)參照。
(3)　大庭脩『秦漢法制史の研究』一八一頁(一九五七年原載)參照。
(4)　例えば、『史記』卷六秦始皇本紀二世元年條には「羣臣諫者以爲誹謗」とある。また、卷七高祖本紀漢元年條に「〔沛公〕

召諸縣父老豪桀曰、父老苦秦苛法久矣、誹謗者族、偶語者弃市」とあり、漢の高祖劉邦が關中へ進攻し、秦を降伏させた後、右のように述べている。これによると、「誹謗」はいわゆる三族刑に處されたことになる。

（5）『史記』の版本の中には、「逆無道」ではなく「大逆無道」に作るものもあるらしい。この問題については注（12）を參照されたい。

（6）大庭脩『秦漢法制史の研究』一二五～一三六頁、一四〇頁（一九五七年原載）參照。

（7）漢初における三族刑の變遷については、拙稿「漢初三族刑的變遷」（朱騰・王沛・水間大輔『國家形態・思想・制度――先秦秦漢法律史的若干問題研究』廈門大學出版社、二〇一四年。二〇一二年原載）、「胡家草場漢簡「律令」と文帝刑制改革」（『中央學院大學法學論叢』第三六卷第一號、二〇二二年）、「「胡家草場漢簡「律令」と文帝刑制改革」修訂」（『中央學院大學法學論叢』第三六卷第二號、二〇二三年）參照。

（8）拙稿「漢初三族刑的變遷」參照。

（9）王杖十簡の排列については諸説あるが、簡番號自體は甘肅省博物館・中國科學院考古研究所編著『武威漢簡』（文物出版社、一九六四年）によるものとする。ちなみに、第四簡の次に第五簡が排列されることについては、管見の限りでは異論がない。

（10）「罵詈毆辱」は、武威縣博物館「武威新出王杖詔令册」（甘肅省文物工作隊・甘肅省博物館編『漢簡研究文集』甘肅人民出版社、一九八四年）の釋文では「罵毆詈辱」に作るが、同書冒頭部掲載の圖版に從って改めた。

（11）『史記』では「逆無道」に作ることについて、清の梁玉繩は、「他本」及び『漢書』では「逆」の上に「大」字があるので、ここでは「大」字が脱けていると解している（『史記志疑』卷六）。また瀧川龜太郎氏は、諸本には「大」字がないとしたうえで、「宋本」に從って「大」字を補っている。『史記會注考證』卷二（東方文化學院東京研究所、一九三二年）項羽本紀九頁參照。しかし、水澤利忠氏によると、各本には「大」字がなく、瀧川氏は明の凌稚隆本の校語に「宋本逆上有大字」とあること、及び『漢書』では「大」字があることをもって、「宋本」に從って「大」字を補ったとする。『史記會注考證校補』卷二（史記會注考證校補刊行會、一九五七年）項羽本紀一三頁參照。管見の限りでは、宋本も含め、ここに「大」字がある版本はない。梁玉繩のいう「他本」、凌稚隆本のいう「宋本」がいかなる版本を指しているのかは明らかでない。

（12）原文では「元光四年」に作る。しかし、梁玉繩は「四年」が「二年」の誤りであることを論證している。『史記志疑』卷三三參照。

（13）廣瀬薫雄「王杖木簡新考――漢代における律令學習の一形態――」（同氏『秦漢律令研究』汲古書院、二〇一〇年。二〇〇七年原載）參照。

（14）大庭脩『秦漢法制史の研究』一三二頁（一九五七年原載）參照。

(15) 大庭脩「漢の徙遷刑」(同氏『秦漢法制史の研究』。一九五七年原載)、冨谷至『秦漢刑罰制度の研究』(同朋舍、一九九八年) 二七一～二七九頁など參照。

(16) 大庭脩『秦漢法制史の研究』一二二～一二五頁、一四〇頁(一九五七年原載)參照。

(17) 大庭氏もその後王杖十簡と王杖詔令册について檢討している。「漢代の決事比試論」(『秦漢法制史の研究』。一九七五年原載)、「武威出土「王杖詔書・令」册」(同氏『漢簡研究』同朋舍、一九九二年。一九八六年原載)參照。しかし、兩篇の内容は木簡の排列や記載内容の解釋が中心であって、いかなる行爲が不道にあたるかという問題については檢討していない。

(18) 「二千石官丞」は「二千石官の丞」とも「二千石官と丞」とも讀める。しかし、後者が正しいことは、拙稿「秦漢時期承擔覆獄的機關與官吏」(武漢大學簡帛研究中心編『簡帛』第七輯、上海古籍出版社、二〇一二年)參照。

(19) 漢代において全國一律の司法運用が理想とされていたことは、次のような史料から窺われる。すなわち、『漢書』卷二三刑法志に武帝期以降のこととして、「律令凡三百五十九章、大辟四百九條、千八百八十二事、死罪決事比萬三千四百七十二事。文書盈於几閣、典者不能徧睹。是以郡國承用者駮、或罪同而論異」とあり、また『後漢書』卷二八上桓譚列傳に後漢の光武帝期のこととして、「〔桓譚〕因上疏陳時政所宜曰（中略）又見法令決事、輕重不齊、或一事殊法、同罪異論」と記されている。これらは不道について述べたものではなく、當時の犯罪處罰全體について述べたものであるが、同じ行爲であるにもかかわらず、各郡國で異なる處罰がなされている現狀を批判している。

(20) 胡家草場漢簡律令第二三簡では謀反のみが廷尉府による審理、皇帝による批准の對象とされており、「反」は對象とされていない。それは謀反と異なり、犯罪が實行に移され、罪狀が比較的明確な場合が多いためと考えられる。詳しくは拙稿「胡家草場漢簡「律令」と文帝刑制改革」、「「胡家草場漢簡「律令」と文帝刑制改革」修訂」參照。もっとも、後述する通り、實務では必ずしもこのような運用がなされていたわけではなかった。

(21) 『漢書』卷七五眭弘傳に「孝昭元鳳三年正月、泰山萊蕪山南匈匈有數千人聲。民視之、有大石自立、高丈五尺、大四十八圍、入地深八尺、三石爲足。石立後有白烏數千下集其旁。是時昌邑有枯社木臥復生、又上林苑中大柳樹斷枯臥地、亦自立生、有蟲食樹葉成文字、曰、公孫病已立。孟推春秋之意、以爲石柳皆陰類、下民之象、而泰山者岱宗之嶽、王者易姓告代之處。今大石自立、僵柳復起、非人力所爲。此當有從匹夫爲天子者。枯社木復生、故廢之家公孫氏當復興者也。孟意亦不知其所在、即說曰（中略）漢帝宜誰差天下、求索賢人、禪以帝位、而退自封百里、如殷周二王後、以承順天命。孟使友人内官長賜上此書。時昭帝幼、大將軍霍光秉政、惡之、下其書廷尉。奏賜・孟妄設祅言惑衆、大逆不道。皆伏誅」とあり、昭帝のとき、さまざまな怪異現象が各地で發生し、それについて符節令の眭弘（「孟」は眭弘の字）は、これらは易姓の兆しであり、漢王朝は賢人に帝位を讓るべきと主張し、友人の内官長賜に上書させた。當時、昭帝はまだ幼かったため、大將軍の霍光が政務をとっていたが、この書の内容を嫌惡し、これを廷尉に審理させた。廷尉は賜と眭弘が祅言惑衆をなし、大逆不道にあたると上奏し、賜と眭弘は處刑されている。本件の場合、縣・道・郡の審理を經ていない。また、『漢書』卷七六韓延壽傳に「於是望之劾奏延壽上僭不道（中略）事下公卿、皆以延壽前既無狀、後復誣愬典法大臣、欲以解罪、狡猾不道。天子惡之、延壽竟坐棄市」とあり、御史大夫の蕭望之は左馮翊の韓延壽を不道の罪で劾奏し、宣帝は本件を公卿らに審議させた。公卿らは韓延壽の罪が狡猾不道にあたると結論づけ、宣帝は韓延壽を棄市に處するよう命じている。本件では廷尉に限らず、公卿の集議によって審議され、皇帝が判斷を下している。

(22)　もっとも、三族刑は呂后元年（紀元前一八七年）にも一度廢止されている。それゆえ、〔二三〕のうち三族刑について定めた部分は、呂后二年當時には死文化していたはずである。しかし、三族刑廢止前の事件を審理するなど、廢止後もしばらくの間は條文を參照する必要があったため、三族刑の規定は削除されずに殘されていたと推測される。拙稿「漢初三族刑的變遷」參照。

(23)　荊州地區博物館「江陵張家山兩座漢墓出土大批竹簡」（『文物』一九九二年第九期）參照。同稿では第三三六號墓ではなく第一三六號墓とされているが、同稿に先立って發表された陳躍鈞「江陵縣張家山漢墓竹簡」（中國考古學會編『中國考古學年鑑』一九八七、文物出版社、一九八八年）では第三三六號墓とされており、現在に至るまでさまざまな研究者もこれに從っている。

(24)　荊州博物館・武漢大學簡帛研究中心編著『荊州胡家草場西漢簡牘選粹』（文物出版社、二〇二一年）前言一頁參照。

(25)　もっとも、〔二三〕・〔二四〕・〔二五〕のうち、〔二四〕には三族刑が設けられていない。先述の通り、三族刑は文帝元年に廢止され、文帝後元年に再制定されたが、〔二四〕はこの三族刑廢止期間の規定と考えられる。拙稿「胡家草場漢簡「律令」と文帝刑制改革」、「「胡家草場漢簡「律令」と文帝刑制改革」修訂」參照。

(26)　徙遷刑へ減刑された例としては、例えば第一節の淮南王劉長の事件が擧げられる。本件について、羣臣はみな淮南王を棄市に處するべきと主張した。文帝は淮南王に法を適用するに忍びず、その罪を赦し、王位を剝奪した。しかし、羣臣は淮南王を蜀の嚴道・邛都へ遷すよう要求し、文帝もこれを裁可している。

髡鉗城旦へ減刑された例としては、元帝期の賈捐之と楊興の事件が擧げられる。彼らは不道に問われ、賈捐之は棄市に處されたが、楊興は死刑より一等減刑され、髡鉗城旦に處されている（『漢書』卷六四下賈捐之傳）。

(27)　例えば、後漢・安帝の建光元年（一二一年）、樂成王劉萇は不道の罪により臨湖侯へ格下げされている（『後漢書』卷五〇孝明八王列傳）。また、後漢・少帝劉懿の延光四年（一二五年）、大將軍耿寶は「大不道」の罪に問われ、實刑こそ免れたものの、牟平侯から則亭侯へ格下げされている（『後漢書』皇后紀下）。前漢・成帝の建始三年（紀元前三〇年）、丞相の匡衡は不道に問われたが、成帝は不問に附す代わりに、丞相の任を解き、列侯位を剝奪して庶人に降格している（『漢書』卷八一匡衡傳）。

(28)　例えば、宣帝のとき、楊惲は大逆無道に問われ、腰斬に處されたが、妻子が酒泉郡へ徙遷刑に處されるに留まっている（『漢書』卷六六楊敞傳）。

(29) 律令研究會編『譯註日本律令』五（東京堂出版、一九七九年）六一頁參照。
(30) 律令研究會編『譯註日本律令』五、七九・八〇頁參照。
(31) 例えば、謀反は十惡の一つで、『唐律疏議』賊盜律に「諸謀反及大逆者、皆斬。父子年十六以上、皆絞」とあり、犯人本人は「斬」（斬首）、父・子のうち一六歳以上の者は「絞」（絞首）に處すると定められている。ところが、『舊唐書』卷六五長孫無忌列傳に「四年、中書令許敬宗遣人上封事、稱監察御史李巢與無忌交通謀反。帝令敬宗與侍中辛茂將鞫之。敬宗奏言無忌謀反有端。（中略）帝竟不親問無忌謀反所由、惟聽敬宗誣構之說、遂去其官爵、流黔州、仍遣使發次州府兵援送至流所。其子祕書監・駙馬都尉沖等並除名、流於嶺外」とあり、高宗の顯慶四年（六五九年）、太尉の長孫無忌は謀反の罪に問われたが、官爵を剝奪され、黔州へ流刑に處され、その子で祕書監・駙馬都尉の沖らは「除名」のうえ、嶺外へ流刑に處されるに留まっている。また、『舊唐書』卷六〇宗室列傳に「四年、房遺愛伏誅。長孫無忌・褚遂良素與道宗不協、上言道宗與遺愛交結。配流象州」とあり、高宗の永徽四年（六五三年）、房州刺史の房遺愛らが謀反の罪により處罰されたが、太尉の長孫無忌と吏部尚書の褚遂良は、江夏王李道宗も房遺愛と手を結んでいたと高宗へ上奏し、その結果江夏王は象州へ流刑に處されている。
(32) 『唐律疏議』名例律に「諸七品以上之官、及官爵得請者之祖父母・父母・兄弟姊妹・妻・子孫、犯流罪已下、各從減一等之例」とある。
(33) 中村圭爾『六朝貴族制研究』（風間書房、一九八七年）二九二〜二九六頁（一九七四年原載）、『六朝政治社會史研究』（汲古書院、二〇一三年）三〇二〜三〇五頁（一九八六年原載）など參照。
(34) 例えば、『史記』卷一八高祖功臣侯者年表に「元鼎五年、〔欒成〕侯〔丁〕義坐言五利侯不道、弃市、國除」とあり、武帝の元鼎五年（紀元前一一二年）、欒成侯丁義は不道の罪により棄市に處され、侯國は廢止されている。
(35) 例えば、『漢書』卷三六楚元王傳に「遂逮更生繫獄、下太傅韋玄成・諫大夫貢禹、與廷尉雜考、劾（中略）而教令人言變事、誣罔不道。更生坐免爲庶人」とあり、中郎の劉向は不道の罪に問われ、處罰は免除されたものの、罷免されて庶人の身分へ降格されている。また、『漢書』卷八六師丹傳に「時丹以左將軍與大司馬王莽共劾奏宏、知皇太后至尊之號、天下一統、而稱引亡秦以爲比喩、詿誤聖朝、非所宜言、大不道。上新立、謙讓、納用莽・丹言、免宏爲庶人」とあり、高昌侯董宏は大不道の罪に問われ、やはり處罰は免除されたものの、列侯位を剝奪されて庶人へ降格されている。
(36) 『唐律疏議』名例律に「諸犯死罪非十惡、而祖父母・父母老疾應侍、家無期親成丁者、上請。犯流罪者、權留養親、不在赦例、課調依舊」とある。
(37) 劉俊文氏は『魏書』卷一一一刑罰志に「〔太和〕十二年詔、犯死罪、若父母・祖父母年老、更無成人子孫、又無朞親者、仰案後列奏以待報、著之令格」、「法例律、諸犯死罪、若祖父母・父母年七十已上、無成人子孫、旁無朞親者、具狀上請。流者鞭笞、留養其親、終則從流。不在原赦之列」とあることから、唐律の「侍親緩刑之法」は北魏に起源があるとする。『唐律疏議箋

解』（中華書局、一九九六年）二七四・二七五頁参照。

(38)　『太平御覧』巻六五二刑法部一八赦にも全く同じ記述が引用されている。

第十一章　魏晉南北朝の不道罪

はじめに

前章では漢代の不道罪について検討し、主に以下の二つの結論をえた。

第一に、いかなる行爲が不道にあたるかは、ある程度律令の條文によって定められていたが、それ以外は不道に關する「比」（先例）を參照するか、「不道無正法」すなわち不道には正規の法がないという原則により、皇帝や高官などによって、事件ごとに適宜判斷されていた。

第二に、不道にあたる行爲の中には、條文で法定刑が設けられているものもあるが、單に不道にあたると定められているだけで、法定刑は設けられていないものもある。後者の條文や「不道無正法」によって不道にあたるとされた行爲は、皇帝や高官などによって、その處罰が適宜判斷された。

ところで、周知の通り後世の唐律では、不道はいわゆる「十惡」の一つとして位置づけられていた。他の十惡と同樣、不道にあたる行爲は固定されており、それらの行爲に對しては、各本條で法定刑が設けられていた。『唐律疏議』名例律「十惡」條の「不道」に對する注に、

謂殺一家非死罪三人、支解人、造畜蠱毒、厭魅。

とあり、唐律では不道にあたる行爲の範圍がわずか四種の行爲に限定されている。すなわち、死罪を犯していない

一家のうち三人を殺す、人の身體を分解する、蠱毒を作るあるいは蓄える、厭魅という行爲である。そして、これらの行爲はいずれも「賊盜律」内の各條文で法定刑が設けられていた。すなわち、

諸殺一家非死罪三人、及支解人者、皆斬。妻子、流二千里。

諸造畜蠱毒、及敎令者、絞。造畜者同居家口雖不知情、若里正知而不糺者、皆流三千里。

諸有所憎惡、而造厭魅及造符書呪詛、欲以殺人者、各以謀殺論減二等。以故致死者、各依本殺法。欲以疾苦人者、又減二等。即於祖父母・父母及主、直求愛媚而厭呪者、流二千里。若涉乘輿者、皆斬。

とある通りである。

漢律令は魏晉南北朝及び隋を經て、唐律へと發展していったわけであるが、不道はいつ頃唐律のような形へ變化したのであろうか。本章では魏晉南北朝の各時代と國家における不道の内容を探るとともに、唐律型不道への變化の時期を史料上可能な限り特定したい。なお、前章でも述べた通り、漢代では「不道」が「無道」・「毋道」・「亡道」などとも稱され、また少なくとも魏晉期では不道あるいは無道と稱されているが、本章の行論の中では兩者を逐一區別せず、不道に統一した部分もある。

第一節　三國魏の不道罪

周知の通り、三國魏では明帝のとき、「新律」十八篇が編纂された。新律は今日まで傳わっていないが、『晉書』卷三〇刑法志が引く「新律序略」では、新律が漢律令をいかに改變して制定されたか、比較的詳しく記されている。不道について注目されるのは、

又改賊律、但以言語及犯宗廟園陵、謂之大逆無道、要斬、家屬從坐、不及祖父母・孫。至於謀反大逆、臨時捕之、或汙瀦、或梟菹、夷其三族、不在律令、所以嚴絶惡跡也。

と記されていることである。これによると、新律では言葉で侵犯すること、及び宗廟・園陵を侵犯することのみを「大逆無道」といい、犯人本人は腰斬に處し、家族は緣坐して處罰されるが、祖父母と孫は對象外とする。一方、「謀反大逆」の場合、犯人の住居を水たまりにしたり、あるいは頭部を晒したり、屍體を醢《ししびしお》にしたり、三族を滅ぼしたりするが、これらの處罰は律令に記載しない、と記されている。これを漢の法律と比較すると、次のようなことがいえる。

第一に、漢の大逆無道には「謀反」も含まれたが、新律では「以言語及犯宗廟園陵」に限られた。「以言語」とは文字通り口頭や書面で發言することをもって犯す罪を指すのであろう。大庭脩氏は漢律令について、「誣罔」（天子を欺く行爲）・「罔上」（臣下に味方して天子を欺く行爲）・「迷國」（主張に一貫性を欿き、天子・朝議を惑わす行爲）・「誹謗」（天子、及び現在の政治をあからさまに非難する行爲）・「狡猾」（不當な方法で多額の金錢を收受し、もしくは官費を浪費し、又は着服する行爲）・「惑眾」（一般人民を惑わし、又は誤らしめ、混亂に陥れる行爲）・「虧恩」（優渥な天子の恩意を損う行爲）・「奉使無狀」（天子・王室又は國家に、多大の危害を及ぼすごとき職務上の失態）・「大逆」（劉氏の天下を覆し、漢の國家體制を變更せんとする行爲）などの諸行爲や、人倫の道に背く殘虐行爲が不道にあたると結論づけた(1)。さらに筆者は前章において、人倫の道に背く行爲は、必ずしも殘虐行爲でなくとも不道として扱われることがあったと述べた。「以言語及犯宗廟園陵」は冒頭に「改賊律」とあるように、漢律の「賊律」を改めたものであるから、以上のような漢律令において不道にあたる行爲のうち、發言で犯す行爲が不道として扱われたことになる。誣罔・罔上・迷國・誹謗は發言がなければなしえない行爲と考えられるが、他の行爲でも發言で犯しえたであろう。また、「犯宗廟園陵」とは、具體的には皇室の宗廟・園陵へ不法に立ち入ったり、毀損したりする行爲を指すのであろう。

第二に、三國魏の大逆無道では、犯人本人は腰斬に處される。そして、「家屬」は「從坐」するが、祖父母・孫には及ばないとされている。つまり、「家屬」以下は緣坐が及ぶ範圍を説明していることになる。漢律令では大逆無道の場合、緣坐が及ぶ範圍は犯人の父母・妻子・同産であった。『漢書』卷四九鼂錯傳に、

後十餘日、丞相青翟・中尉嘉・廷尉歐劾奏錯曰（中略）錯不稱陛下德信、欲疏羣臣百姓、又欲以城邑予呉、亡臣子禮、大逆無道。錯當要斬、父母・妻子・同産無少長皆棄市。臣請論如法。制曰、可。

とあり、前漢の景帝のとき、御史大夫の鼂錯は丞相の陶青翟らの上奏により、法の規定通り腰斬に處され、その父母・妻子・同産は棄市に處されている。緣坐の及ぶ範圍が父母・妻子・同産であることと、祖父母・孫に及ばないことは矛盾しない。つまり、直系の親族についていえば、緣坐が及ぶ範圍は漢・魏とも父母と子に限られたことになる。しかし、妻や同産など、その他の親族にも及んだかどうかは、「新律序略」の記述だけではわからない。

第三に、最後に「謀反大逆」に關する記述がある。謀反大逆という罪名自體は、新律になってから新たに設けられたわけではなく、遲くとも前漢末期には用いられていたごとくである。すなわち、『漢書』卷八四翟方進傳に孺子嬰期のこととして、

莽大喜、復下詔曰（中略）今翟義・劉信等謀反大逆、流言惑衆、欲以篡位、賊害我孺子。

とある。後漢になると比較的頻繁に用いられ、以下のような用例が見える。

初、〔永昌太守曹〕鸞上書訟黨人曰、夫黨人者、或耆年淵德、或衣冠英賢、皆宜股肱王室、左右大猷者也、而久被禁錮、辱在泥塗。謀反大逆尚蒙赦宥、黨人何罪、獨不開恕乎。（『後漢紀』卷二四孝靈皇帝紀中熹平五年條）

秋九月庚子、赦樂浪謀反大逆殊死已下。（『後漢書』卷一下光武帝紀下建武六年條）

〔明帝〕使尚書令持節詔驃騎將軍・三公曰（中略）其令天下自殊死已下、謀反大逆、皆赦除之。（『後漢書』卷二顯宗孝明帝永平二年條）

乙巳、大赦天下、其謀反大逆及諸不應宥者、皆赦除之。（『後漢書』明帝紀永平十五年條）

五月戊戌、制詔曰（中略）其大赦天下、自殊死以下謀反大逆諸犯不當得赦者、皆赦除之。（『後漢書』卷六孝順帝紀陽嘉三年條）

己酉、令郡國中都官繋囚減死一等、徙邊。謀反大逆不用此令。（『後漢書』卷六孝沖帝紀建康元年條）

丙午、詔郡國繋囚減死罪一等、勿笞。唯謀反大逆不用此書。（『後漢書』卷七孝桓帝紀建和元年條）

しかし、その一方で謀反が大逆無道に問われている例があることも確かである。實例については枚擧に暇がないが、例えば『續漢書』天文志中に、

又阜陵王延與子男魴謀反、大逆無道、得不誅、廢爲侯。

とある。よって、漢の謀反大逆は大逆無道に含まれ、大逆無道の一種であったということができる。

ところが、「新律序略」によると、三國魏の大逆無道と謀反大逆の關係は、漢と同樣に解することはできない。漢律令では、謀反は大逆無道に含まれる行爲であったが、新律では大逆無道の範圍が縮小され、謀反は大逆無道と別に謀反大逆として扱われるようになった。

「新律序略」によると、三國魏の大逆無道は漢律令に比して、以上のような特徴を有すると考えられるが、實際にはどのように運用されていたのであろうか。そこで次に、三國魏における不道の用例を列擧する。

〔一〕五月己丑、高貴鄕公卒、年二十。皇太后令曰、吾以不德、遭家不造、昔援立東海王子髦、以爲明帝嗣。見其好書疏文章、冀可成濟、而情性暴戾、日月滋甚。吾數呵責、遂更忿恚、造作醜逆不道之言以誣謗吾、遂隔絶兩宮。其所言道、不可忍聽、非天地所覆載。吾即密有令語大將軍、不可以奉宗廟、恐顚覆社稷、死無面目以見先帝。大將軍以其尚幼、謂當改心爲善、殷勤執據。而此兒忿戾、所行益甚、擧弩遙射吾宮、祝當令中吾項、箭親墮吾前。吾語大將軍、不可不廢之、前後數十。此兒具聞、自知罪重、便圖爲弑逆、賂遺吾左右人、令因吾服藥、密因酖毒、重相設計。事已覺露、直欲因際會擧兵入西宮殺吾、出取大將軍、呼侍中王沈・散騎常侍王業・尚書王經、出懷中黃素詔示之、言今日便當施行。（中略）賴宗廟之靈、沈・業即馳語大將軍、得先嚴警、而此兒便將左右出雲龍門、雷戰鼓、躬自拔刃、與左右雜衞共入兵陳閒、爲前鋒所害。此兒既行悖逆不道、而又自陷大禍、重令吾悼心不可言。昔漢昌邑王以罪廢爲庶人、此兒亦宜以民禮葬之、當令內外咸知此兒所行。（中略）庚寅、太傅孚・大將軍文王・太尉柔・司徒沖稽首言、伏見中令、故高貴鄕公悖逆不道、自陷大禍、依漢昌邑王罪廢故事、以民禮葬。（中略）然臣等伏惟殿下仁慈過隆、雖存大義、猶垂哀矜、臣等之心實有不忍、以爲可加恩以王禮葬之。太后從之。（『三國志』卷四魏書三少帝紀甘露五年五月己丑條）

〔二〕戊申、大將軍文王上言、高貴鄕公率將從駕人兵、拔刃鳴金鼓向臣所止。懼兵刃相接、即勑將士不得有所傷害、違令以軍法從事。騎督成倅弟太子舍人濟、橫入兵陳傷公、遂至隕命。輒收濟行軍法。（中略）科律大逆無道、父母・妻子・同產皆斬。濟凶戾悖逆、干國亂紀、罪不容誅。輒勑侍御史收濟家屬、付廷尉、結正其罪。太后詔曰、夫五刑之罪、莫大於不孝。夫人有子不孝、尚告治之、此兒豈復成人主邪。吾婦人不達大義、以謂濟不得便爲大逆也。然大將軍志意懇切、發言惻愴、故聽如所奏。當班下遠近、使知本末也。（『三國志』卷四魏書三少帝紀甘露五年五月戊申條）

〔三〕初、張當私以所擇才人張・何等與爽。疑其有姦、收當治罪。當陳爽與晏等陰謀反逆、並先習兵、須三月中欲發。於是收晏等下獄。會公卿朝臣廷議、以爲春秋之義、君親無將、將而必誅。爽以支屬、世蒙殊寵、親受先帝握手遺詔、託以天下、而包藏禍心、蔑棄顧命、乃與晏・颺及當等謀圖神器、範黨同罪人、皆爲大逆不道。於是收爽・羲・訓・晏・颺・謐・軌・勝・範・當等、皆伏誅、夷三族。（『三國志』卷九魏書曹眞傳）

〔四〕嘉平六年二月、當拜貴人、豐等欲因御臨軒、諸門有陛兵、誅大將軍、以玄代之、以緝爲驃騎將軍。豐密語黄門監蘇鑠・永寧署令樂敦・宂從僕射劉賢等曰、卿諸人居内、多有不法、大將軍嚴毅、累以爲言、張當可以爲誡。鑠等皆許以從命。大將軍微聞其謀、請豐相見、豐不知而往、即殺之。事下有司、收玄・緝・鑠・敦・賢等送廷尉。廷尉鍾毓奏、豐等謀迫脅至尊、擅誅冢宰、大逆無道、請論如法。於是會公卿朝臣廷尉議、咸以爲豐等各受殊寵、典綜機密、緝承外戚椒房之尊、玄備世臣、並居列位、而包藏禍心、搆圖凶逆、交關閹豎、授以姦計、畏憚天威、不敢顯謀、乃欲要君脅上、肆其詐虐、謀誅良輔、擅相建立、將以傾覆京室、顚危社稷。毓所正皆如科律、報毓施行。詔書、齊長公主、先帝遺愛、原其三子死命。於是豐・玄・緝・敦・賢等皆夷三族、其餘親屬徙樂浪郡。（『三國志』卷九魏書夏侯玄傳）

〔一〕では甘露五年（二六〇年）、それまで帝位に就いていた高貴郷公曹髦が死去すると、郭太后（明帝の皇后）は曹髦の生前の行いを非難している。それによると、曹髦は「醜逆不道之言」で郭太后を誣告・誹謗したという。漢代では大逆不道を「逆不道」・「逆亂不道」・「暴逆無道」・「誖逆亡道」などと呼ぶこともあるが、いずれも同じ意味で用いられていたごとくである。(2) 三國魏でも同様であったとすると、ここでいう「醜逆」も法律上は「大逆」の同義として扱われたことであろう。

注目されるのは、曹髦が「醜逆不道之言」で誣告・誹謗したということである。つまり、これは言語による行爲であって、新律の「但以言語及犯宗廟園陵、謂之大逆無道」にちょうど當てはまる。郭太后は大將軍の司馬昭に對し、曹髦では宗廟を護持できず、社稷を顚覆させてしまうのではないかと告げている。これは要するに、曹髦には皇帝としての資質がなく、退位させるべきではないかということであろう。曹髦は皇帝であるから、この行爲をもって處罰するわけにはいかなかったが、退位には制裁の意味も込められていたのかもしれない。

司馬昭が擁護したことにより、このとき曹髦は退位させられなかった。しかし、後に郭太后を暗殺しようとしたことが發覺すると、曹髦は擧兵し、みずから拔刀して突入したが、返討ちにあって殺害された。これについて郭太后は「此兒既行悖逆不道、而又自陷大禍」と述べているが、ここでいう「悖逆不道」も「醜逆不道之言」で誣告・誹謗したことのみを指すのであって、擧兵のうえ戰死したことは「又自陷大禍」と述べられているのであろう。さらに、太傅の司馬孚、大將軍の司馬昭、太尉の高柔、司徒の鄭沖は郭太后に對し、「故高貴鄉公悖逆不道、自陷大禍」と述べているが、これも郭太后の「既行悖逆不道、而又自陷大禍」を省略した言い方に過ぎない。

次に、〔二〕も〔一〕の曹髦擧兵事件について述べたものである。司馬昭は郭太后にいった。すなわち、曹髦が擧兵したとき、司馬昭は將士に曹髦を傷つけてはならず、もし違反した場合には軍法で處斷すると命じた。ところが、太子舍人の成濟は曹髦を傷つけ、落命させるに至った。司馬昭は成濟を捕え、すぐさま軍法によって處刑した。さらに、律の條文には「大逆無道、父母・妻子・同產皆斬」とある。成濟の行爲は「凶戾悖逆、干國亂紀」であるから、成濟の家族を收監し、廷尉に引渡して、その罪を正すべきである、と。それに對して、郭太后は次のような詔を下した。すなわち、曹髦には不孝の行いがあるので、君主とはいえない。よって、成濟の行爲は大逆にあたらないと考えられる。しかし、司馬昭の意志は懇切で、發言も悲痛さに滿ちているので、上奏の通りにせよ、と。

つまり、成濟自身は軍法により處刑されたが、律により父母・妻子・同産も處刑するということであろう。ここで問題となるのは、新律との矛盾である。新律でいう大逆無道は「言語」でもって犯す行爲か、宗廟・園陵を侵犯する行爲でなければならないはずである。しかし、成濟は皇帝を殺害したのであるから、「謀反大逆」にあたるはずである。にもかかわらず、縁坐については大逆無道の規定が適用されている。

ちなみに、「新律序略」では大逆無道について、「家屬」は「從坐」するが、祖父母と孫には縁坐が及ばないと記されている。これについて、先に行った「新律序略」に對する檢討では、縁坐が祖父母・孫に及ばなかったこと、漢のように縁坐の範圍が父母・妻子・同産であったことは矛盾せず、その一方で新律において妻や同産など、その他の親族にも縁坐が及んだかどうかは、新律序略の記述だけではわからないと述べた。しかし、〔二〕に「大逆無道、父母・妻子・同産皆斬」という律の條文が引用されていることから、新律でも漢と同樣、大逆無道の縁坐の範圍は父母・妻子・同産であったことが知られる。

〔三〕では嘉平元年（二四九年）、都監の張當が犯罪の嫌疑により取調べを受けた際、曹爽が何晏らと密かに反逆を謀り、兵士を訓練し、三月中にクーデターを起こそうとしたと陳述した。公卿・朝臣による廷議では、曹爽は何晏・鄧颺・張當らとともに帝位を簒奪しようと謀り、桓範ら一黨も彼らに同調したとして、「大逆不道」にあたると判斷した。その結果、曹爽・曹羲・曹訓・何晏・鄧颺・丁謐・畢軌・李勝・桓範・張當らはみな處刑され、夷三族に處されたという。本件でも犯人が犯したとされる行爲は謀反であって、新律では大逆不道に當らないはずである。にもかかわらず、大逆不道として處罰されている。

〔四〕では嘉平六年（二五四年）、中書令の李豐らは、皇帝曹芳が女官の貴人を任命するために宮殿の軒先まで出てくる機會を利用して、大將軍の司馬師を誅殺し、太常の夏侯玄を大將軍、光祿大夫の張緝を驃騎將軍にしようとした。司馬師は事前にこの謀略を聞きつけると、李豐を呼び寄せ、これを殺害した。廷尉の鍾毓は上奏し、李豐らは皇帝を脅迫し、宰相司馬師を殺害しようと謀り、大逆無道で、法の通りに處罰すべきと主張した。公卿・朝臣・廷尉を集めて議論したところ、李豐らの謀略は皇室・社稷を顚覆させようとしたもので、鍾毓の判斷は律の條文に合致するので、鍾毓に刑罰の執行を命じるよう求めた。これに對して詔が下され、齊長公主は明帝の忘れ形見であるから、その三人の子に對する死刑は免除されたが、李豐・夏侯玄・張緝・樂敦・劉賢らはみな三族刑を受け、その他の親族は樂浪郡に徙遷刑となった。

〔四〕では鍾毓の上奏に「豐等謀迫脅至尊」、公卿・朝臣及び鍾毓の議論に「乃欲要君脅上」とあり、李豐らが皇帝を脅迫しようと計畫していたと記されている。李豐らの謀略には皇帝を脅迫することについて言及されていないが、〔四〕に對して附された裴松之注が引く西晉・王沈『魏書』に、

豐言曰、今拜貴人、諸營兵皆屯門。陛下臨軒、因此便共迫脅、將羣寮人兵、就誅大將軍。卿等當共密白此意。鑠等曰、陛下儻不從人、奈何。豐等曰、事有權宜、臨時若不信聽、便當劫將去耳。那得不從。

とあり、もし皇帝が聞き入れなかったら、脅迫してでもいうことを聞かせよう、と李豐らは謀略の中で述べている。李豐らの要求とは、夏侯玄を大將軍、張緝を驃騎將軍に任命することであろう。

〔四〕でも李豐らの行爲は「大逆無道」にあたるとされている。皇帝を脅迫することは、ある意味「言語を以て」犯す罪といえるであろうが、公卿・朝臣・廷尉の集議では「將以傾覆京室、顚危社稷」とあり、明らかに皇室・國家に對して直接危害を加える行爲と認識されている。それゆえ、新律に照らせば、大逆無道ではなく謀反大逆とすべきところであるが、なぜかここでも大逆無道とされている。しかも、「毓所正皆如科律」とあり、集議も廷尉鍾毓の判斷が律の條文に合致しているとまで述べている。

以上、三國魏に關する史料では、少なくとも法律上の「不道」は單獨で用いられている例が見えず、全て「大逆」（醜逆・悖逆も含む）と組み合わせて用いられている。しかも、大逆無道が新律の定義に合致しているのはわずかに〔一〕のみで、他はむしろ新律でいう謀反大逆にあたる。

もっとも、〔二〕については説明が一應つきそうである。成濟は軍法によって即座に處刑されたのであって、大逆無道あるいは謀反大逆の罪に問われて處刑されたわけではない。ただその父母・妻子・同産が大逆無道に對する規定を根據として、三族刑に處されただけである。「新律序略」によると、謀反大逆の場合、犯人の家屋・宅地を水たまりにしたり、頭部を晒したり、身體を醢にしたり、三族を皆殺しにしたりするが、これらについては律令に條文を設けていないとされている。逆にいえば、それ以外の制裁は條文が設けられており、それは大逆無道と同じであったのではあるまいか。

ところが、〔三〕と〔四〕では明らかに犯人の罪狀が大逆不道あるいは大逆無道とされている。逐一檢討した通り、新律に照らせば、大逆無道ではなく謀反大逆でなければならないはずである。その理由は明らかでないが、さまざまな可能性が考えられる。

①新律施行以降も漢代と同樣、「謀反大逆」を「大逆無道」とも呼ぶ慣習があった。
②新律施行後、漢律令の規定に戻した。
③新律序略の記述に誤りがある。

いずれが正しいのかは判斷がつかない。漢代では「不道無正法」であったが、「新律序略」によると、あたかも大逆無道に限っては構成要件が明確に定められ、「不道無正法」の域を脱したごとくであったが、あるいは必ずしもそうではなかったのかもしれない。

第二節　晉南朝の不道罪

『晉書』巻三〇刑法志に、

文帝爲晉王、患前代律令本注煩雜、陳羣・劉邵雖經改革、而科網本密、又叔孫・郭・馬・杜諸儒章句、但取鄭氏、又爲偏黨、未可承用。於是令賈充定法律、令與太傅鄭沖・司徒荀顗・中書監荀勖・中軍將軍羊祜・中護軍王業・廷尉杜友・守河南尹杜預・散騎侍郎裴楷・潁川太守周雄・齊相郭頎・騎都尉成公綏・尚書郎柳軌及吏部令史榮邵等十四人典其事。（中略）泰始三年、事畢、表上。（中略）四年正月、大赦天下、乃班新律。

とあり、三國魏末期、晉王司馬昭は賈充らに命じて法律を編纂させ、西晉建國後の泰始三年（二六七年）に完成し、同四年に公布された。右の記述によると、漢代の律令は本文・注ともに煩雜で、三國魏になって陳羣・劉邵らによって新律が制定されたものの、依然として條文が細密過ぎること、及び律令には叔孫宣・郭令卿・馬融・杜ら諸儒の章句があるにもかかわらず、新律では鄭玄の注のみを採用しているという問題があり、新律はこのまま用い續けるべきではなく、それゆえ新たな法律の編纂が行われたと記されている。すると、三國魏の「謀反大逆」と「大逆無道」の違いが泰始律ではどのように扱われたのかが問題となる。以下、單なる「不道」も含め、晉南朝における不道の事例を列擧する。

〔五〕及河間王顒檄劉喬討虓於許昌、矯詔曰（中略）輿兄弟昔因趙王婚親、擅弄權勢、凶狡無道、久應誅夷、以遇赦令、得全首領。（『晉書』巻六二劉琨列傳）

〔六〕〔趙〕廞自稱大都督・大將軍・益州牧。〔李〕特弟庠與兄弟及妹夫李含・任回・上官惇・扶風李攀・始平費佗・氐苻成・隗伯等以四千騎歸廞。廞以庠爲威寇將軍、使斷北道。（中略）廞惡其齊整、欲殺之而未言。（中略）會庠在門、請見廞。廞大悦、引庠見之。庠欲觀廞意旨、再拜進曰、今中國大亂、無復綱維、晉室當不可復興也。明公道格天地、德被區宇、湯武之事、實在於今。宜應天時、順人心、拯百姓於塗炭、使物情知所歸、則天下可定、非但庸蜀而已。廞怒曰、此豈人臣所宜言。令淑等議之。於是淑等上庠大逆不道。廞乃殺之、及其子姪宗族三十餘人。廞慮特等爲難、遣人喩之曰、庠非所宜言、罪應至死、不及兄弟。以庠尸還特、復以特兄弟爲督將、以安其衆。（『晉書』巻一二〇李特載記）

〔七〕時沛郡相縣唐賜、往比邨朱起母彭家、飮酒還、因得病、吐蠱蟲十餘枚。臨死語妻張、死後刳腹出病。後張手自破視、五藏悉糜碎。郡縣以張忍行刳剖、賜子副又不禁駐。事起赦前、法不能決。律傷死人、四歲刑。妻傷夫、五歲刑。子不孝父母、棄市。並非科例。三公郎劉勰議、賜妻痛遵往言、兒識謝及理、考事原心、非存忍害、謂宜哀矜。覬之議曰、法移路尸、猶爲不道。況在妻子、而忍行凡人所不行。不宜曲通小情、當以大理爲斷、謂副爲不孝、張同不道。詔如覬之議。（『宋書』巻八一顧覬之列傳）

〔五〕では西晉・惠帝の永興二年（三〇五年）、河間王司馬顒は潁川太守の劉輿兄弟について、彼らは以前趙王司馬倫の姻族であることをもって權勢を振い、惡くてずる賢く無道で、長らく誅殺・夷三族に處するべき狀態にあったが、たまたま赦令が出て、首を全うすることができた、と非難している。司馬顒の考えによると、劉輿兄弟の行爲は無道にあたり、その行爲は死刑かつ夷三族にあたるものということになるが、これが法律を根據とするものなのか、それとも司馬顒自身の判斷によるものなのかは明らかでない。

〔六〕では西晉の惠帝期、益州刺史・折衝將軍の趙廞が、大都督・大將軍・益州牧を自稱し、李庠を威寇將軍に任命し、北への道を遮斷させた。しかし、趙廞は李庠の軍隊が整然としている樣を見て、警戒するようになり、これを殺そうと考えた。李庠は趙廞の考えを探ろうとし、趙廞に謁見し、次のように進言した。すなわち、今中國は大いに亂れ、晉室も復興しないであろうから、晉室に代わって天下を平定すべきである、と。趙廞は「人臣たる者がいうべきことではない」と怒り、長史杜淑らに審議させた。杜淑らは、李庠の發言は大逆不道にあたると報告した。趙廞は李庠を殺し、その子・姪・宗族三〇人餘りを處刑した。趙廞は李庠の兄李特のことを慮り、人を遣わして「李庠はいうべきことではないことをいい、その罪は死刑にあたるが、兄弟には及ばない」といわせ、李庠の遺體を李特へ返還したという。

「非所宣言」は漢代でも見え、漢代では一般に「大不敬」として棄市に處されるのが原則であるが、本來大不敬にあたる行爲であっても、その被害あるいは惡質性が甚大である場合、不道として扱われることがあった（第七章參照）。もっとも、李庠の發言内容は晉室からの離反であるから、不道の中でも特に大逆不道とされたのであろう。三國魏の新律によると、大逆無道は言語を以て犯す行爲で、李庠の行爲はこれに適合する。しかし、趙廞は李庠の姪と宗族まで處刑している。姪は明らかに三族に含まれない。また、ここでいう「宗族」がどこまでの範圍へ及んだのかは未詳であるが、三〇人餘りという人數からすると、廣範圍へ及んだと推測される。ところが、その一方で趙廞は李庠の兄弟を處罰しなかった。趙廞はその理由として、李庠の罪が「非所宣言」であったことを擧げている。このように、趙廞の言い分は矛盾しているわけであるが、それゆえにこそ本件は泰始律下の不道の處罰を知る根據とは必ずしもできない。

〔七〕では南朝宋のとき、沛郡相縣の唐賜が鄰り村の朱起の母彭氏の家へ行き、酒を飲んで歸ったが、それによって病に罹り、蠱蟲を一〇匹餘り吐き出した。彼は死に臨んで妻張氏に語った。私が死んだら、腹を割いて病をとり出せ、と。後に張氏はみずから唐賜の腹を割いて見ると、五臟がことごとく碎かれていた。郡・縣は張氏が殘忍にも唐賜の腹を裂き破り、賜の子副もそれを止めなかったと判斷したが、事件が起こったのは恩赦が出される前のことで、法的にどのように判決を下すべきか判斷がつかなかった。律では死人を傷つければ四歳刑、妻が夫を傷つければ五歳刑、子が父母に對して不孝なことをすれば棄市に處する、と定められているが、本件のような狀況については、條文も先例もなかった。三公郎の劉勰は、張氏は唐賜の遺言に従っただけであって、殘忍な行爲をする意思はなかったと述べ、張氏と唐副を擁護している。それに對して、吏部尚書の顧覬之は、法では路上の屍體を移すだけでも不道に問われるので、ましてや死者の妻子が屍體に對して殘忍なことを行ったのはなおのことであり、唐副は不孝、張氏は不道の罪にあたると主張した。詔により、顧覬之の意見が採用された、というものである。

本件について注目されるのは、「法移路尸、猶爲不道」とあり、「法」において不道の内容が定義されていることである。このような律令の條文は漢代でも見える。(3) 例えば、尚德街簡牘に、

妻淫失煞夫、不道。（二二二背面第一欄）
奸人母子旁、不道。（二二二背面第一欄）

などとある通りである。ただし、ここでいう「法」が律を指すのかは明らかでない。いわゆる「故事」を指す可能性もある。(4) また、なぜ路上の屍體を移すことが不道にあたるのか、よくわからない。

以上のように、晉南朝の不道に關しては、參考となる史料が極めて少ない。三國魏の新律のように、謀反大逆と大逆無道の違いがあったのかも明らかでない。ただし、この問題に關して一つだけ注目される史料がある。すなわち、『隋書』卷二五刑法志に、

其謀反・降・叛・大逆已上(5)、皆斬。

とあり、天監二年（五〇三年）に公布された南朝梁律では、「謀反」・「降」・「叛」・「大逆」を處罰する規定があっ

た。序章でも述べた通り、北朝の北周・北齊では隋唐律の十惡に相當するものとして「十條」があった。保定三年（五六三年）に公布された北周律では、「謀反」・「大逆」・「降」・「叛」・「惡逆」・「不道」・「大不敬」・「不孝」・「不義」・「内亂」が設けられていた。これらのうち、謀反・大逆・降・叛は南朝梁律の謀反・降・叛・大逆と完全に一致する。これらの行爲は、漢であれば全て大逆不道として處罰されたことであろう。しかし、北周律では大逆と不道が區別されている。「はじめに」で述べた通り、唐律ではわずかに「殺一家非死罪三人」・「支解人」・「造畜蠱毒」・「厭魅」という四種の行爲のみが不道とされている。要するに、國家・皇帝以外に對する道ならざる行爲に限られたわけであるが、北周律の不道もこれに近いものであった可能性がある。北周律と似た南朝梁律でも、同様であったのかもしれない。

ただし、『梁書』巻三武帝本紀下の中大同元年條には、

甲子、詔曰（中略）自今有犯罪者、父母・祖父母勿坐。唯大逆不預今恩。

とあり、今後罪を犯した場合、緣坐は父母・祖父母に及ばないが、「大逆」の場合に限り、この恩典を適用しない、という詔が下されている。この詔は中大同元年（五四六年）に下されたものであるから、梁律施行後の詔ということになる。もしここでいう大逆が「謀反・降・叛・大逆」の「大逆」とすれば、謀反という最も重い罪に對しては、かえって緣坐が父母・祖父母に及ばないことになってしまう。もっとも、梁律の大逆がいかなる内容の犯罪を指すのかは明らかでない。唐律の十惡の一つ「謀大逆」は、『唐律疏議』名例律注に、

謂謀毀宗廟・山陵及宮闕。

とあり、皇家の宗廟・陵墓・宮殿を破壊しようと謀ることをいい、謀反より輕い罪であった。梁律の大逆が假に唐

律と異なるとしても、謀反より重い罪であったとは考えがたい。それゆえ、この詔でいう大逆は、おそらく謀反大逆か、あるいは大逆不道を省略したものであろう。すると、梁律は謀反・降・叛・大逆という分類を設けたにもかかわらず、詔では依然として謀反大逆あるいは大逆無道という語を用いていたことになる。このような矛盾は三國魏における大逆無道と謀反大逆の矛盾と似ている。これらの意味するところについては、結語で鄙見を提示したい。

第三節　五胡十六國及び北朝の不道罪

まず、五胡十六國の事例から見ていこう。

〔八〕〔李〕壽奏相國建寧王越・尚書令河南公景騫・尚書田褒・姚華・中常侍許涪・征西將軍李遐及將軍李西等、皆懷姦亂政、謀傾社稷、大逆不道、罪合夷滅。〔李〕期從之。於是殺越・騫等。（『晉書』卷一二一李期載記）

大成・李期の玉恆四年（三三八年）、李期の從叔父李壽は擧兵し、大成の首都成都を占領した。李壽は李期に對して上奏し、相國の李越らは政治を亂し、社稷を傾けようと謀ったので、大逆不道にあたり、その罪は夷三族にあたると主張した。李期はこれに從い、李越らを處刑したという。

李壽によると、李越らは社稷すなわち國家を顚覆させようと謀ったわけであるから、三國魏の新律によると、大逆不道ではなく謀反大逆にあたるはずである。しかし、本件でも大逆不道となっている。

大成は李期の父李雄が王さらには皇帝を稱して建國されたものであるが、元はといえばその父李特（〔六〕の李特と同一人物）が、略陽縣（現在の甘肅省秦安縣）一帶の流民を率いて漢中へ南下し、さらに巴蜀へ移住したことに起

源がある。李特自身は賓人であったが、流民の中には現地の漢人も多かったに違いない。『晉書』巻一二〇李特載記には、

時羅尚貪殘、爲百姓患、而特與蜀人約法三章、施捨振貸、禮賢拔滯、軍政肅然。

とあり、李特は漢の高祖が關中を占領して秦を滅ぼし、關中の民と「法三章」を約したことに倣っている[6]。さらに、『晉書』巻一二一李雄載記には、

諸將固請雄即尊位、以永興元年僭稱成都王、赦其境内、建元爲建興、除晉法、約法七章。

とあり、子の李雄のときには晉法を廢止し、「法七章」のみとしている。また、

雄性寛厚、簡刑約法、甚有名稱。

とあり、李雄は法律を簡潔にしていたという。これらの過程の中で大成獨自の法律を制定したか、あるいは漢魏の法律を參照した可能性もある。すると、李越らの行爲が謀反大逆に問われていなくても不思議ではない。

五胡十六國の不道に關する史料は以上である。次に、北魏の不道については、まず『魏書』巻一一一刑罰志に、

世祖即位、以刑禁重、神䴥中、詔司徒崔浩定律令。（中略）。大逆不道腰斬、誅其同籍、年十四已下腐刑、女子沒縣官。

とあり、神䴥年間（四二八～四三一年）、太武帝はそれまでの刑罰が重いとして、司徒崔浩に律令の制定を命じた。その結果、大逆不道は腰斬とし、同籍の者を處刑し、一四歳以下の者は腐刑に處し、女子は國家に沒收する、と定

められた。このように『魏書』刑罰志では、北魏の神麤律の大逆不道についてはわずかにこの記述が見えるのみである。これによると、大逆不道と謀反大逆が區別されていたか否かは判然としない。また、刑罰については、犯人本人は腰斬とされており、漢と變わらない。緣坐刑は三族刑ではなく、同籍の者はみな處刑される。同籍とは本人と戸籍上同一の世帯に居住する者を指すのであろう。また、三族刑のように全員を處刑するのではなく、一四歳以下の者は腐刑に處し、女子は國家に沒收するとされている。女子は年齢を問わず國家に沒收し、官婢とするということであろう。一方、男子は一四歳以下の者は腐刑に處するということであろう。

以上の神麤律の規定を踏まえたうえで、まずは北魏における不道の事例を見てみよう。

〔九〕十有二月癸丑、詔曰、淳風行於上古、禮化用乎近葉。是以夏殷不嫌一族之婚、周世始絶同姓之娶。斯皆教隨時設、治因事改者也。皇運初基、中原未混、撥亂經綸、日不暇給、古風遺樸、未遑釐改、後遂因循、迄茲莫變。朕屬百年之期、當後仁之政、思易質舊、式昭惟新。自今悉禁絶之、有犯以不道論。（『魏書』巻七上高祖紀上太和七年條）

〔一〇〕〔元願平〕坐裸其妻王氏於其男女之前、又強姦妻妹於妻母之側。御史中丞侯剛案以不道、處死、絞刑。會赦免、黜爲員外常侍。（『魏書』巻一九下景穆十二王列傳下）

〔一一〕〔劉〕尼馳還東廟、大呼曰、宗愛殺南安王、大逆不道。皇孫已登大位、有詔、宿衞之士皆可還宮。（『魏書』巻三〇劉尼列傳）

〔一二〕深澤人馬超毀謗宗之。宗之怒、遂毆殺超。懼超家人告狀、上超謗訕朝政。高宗聞之曰、此必妄也。朕爲天下主、何惡於超、而超有此言。必是宗之懼罪誣超。按驗果然。事下有司、司空伊馛等以宗之腹心近臣、出居方伯、不能宣揚本朝、盡心綏導、而侵損齊民、枉殺良善、妄列無辜、上塵朝廷、誣詐不道、理合極刑。太安二年

冬、遂斬於都南。（『魏書』巻四六許彦列傳）

〔一三〕尋出爲散騎常侍・冀州刺史・將軍・儀同三司。〔侯〕剛行在道、詔曰、剛因緣時會、恩隆自久、擢於凡品、越昇顯爵。往以微勤、賞同利建、寵靈之極、超絶夷等。曾無犬馬識主之誠、方懷梟鏡返噬之志。與權臣元叉婚姻朋黨、虧違典制、長直禁中、一出一入、迭爲姦防。又與劉騰共爲心膂、間隔二宮、逼脅內外。且位居繩憲、糾察是司、宜立格言、勢同鷹隼。方嚴楚撻、枉服貞良、專任凶威、以直爲曲。不忠不道、深暴民聽。附下罔上、事彰幽顯。莫大之罪、難從宥原、封爵之科、理宜貶奪。可征虜將軍、餘悉削黜。（『魏書』巻九三恩倖列傳）

〔一四〕河東羅崇之、常餌松脂、不食五穀、自稱受道於中條山。世祖令崇還鄉里、立壇祈請。崇云、條山有穴、與崐崘・蓬萊相屬。入穴中得見仙人、與之往來。詔令河東郡給所須。崇入穴、行百餘步、遂窮。後召至、有司以崇誣罔不道、奏治之。世祖曰、崇修道之人、豈至欺妄以詐於世、或傳聞不審、而至於此。古之君子、進人以禮、退人以禮。今治之、是傷朕待賢之意。遂赦之。（『魏書』巻一一四釋老志）

〔九〕では太和七年（四八三年）、孝文帝が詔を下し、同姓間の婚姻を禁止し、これを犯した場合、不道として處罰すると定めている。同姓不婚という考え方は古くから存在したようであるが、法律で明確に禁止した規定、あるいはこれを禁じた事例は、これより前に見えない(7)。おそらく、漢人の道德的規範に倣い、これをさらに進めて法律化し、人倫に著しく反する行爲として、不道に位置づけたのであろう(8)。

〔一〇〕では孝明帝のとき、通直散騎常侍・前將軍の元顧平は、妻の王氏を王氏の子らの前で裸にし、また王氏の妹を王氏の母の側で強姦したとして、罪に問われた。御史中丞の侯剛は、元顧平の行爲は不道にあたり、絞刑に處するべきと判斷したが、元顧平は赦免に遇い、員外常侍へ降格されるだけで濟んだ。

第二節でも擧げた尚德街簡牘には「奸人母子旁、不道」という條文が見える。元顧平が犯した二つの行爲は、この條文の内容とは一致しないが、本條が當時の北魏にも傳わっており、かつ他に律の規定や故事がない場合、あるいは侯剛は本條を參考にして判決案を作成したのかもしれない。

〔一二〕では正平二年（四五二年）、宦官の宗愛が太武帝を殺害し、太武帝の末子南安王拓跋余を皇帝に擁立したが、承平元年（四五二年）には南安王も殺害した。羽林中郎の劉尼は東廟で叫び、宗愛が南安王を殺害したこと、その行爲が大逆不道にあたること、皇孫（太武帝の孫文成帝）が既に即位したこと、詔により宿衞の士はみな宮殿へ戻るべきことを告げている。『魏書』卷九四閹官列傳に、

高宗立、誅愛・周等、皆具五刑、夷三族。

とあるのによると、宗愛は「五刑」を加えられたうえで、夷三族に處されたという。

閹官列傳にはさらに、

愛天性險暴、行多非法。

とあり、宗愛はさまざまな罪を犯していたようであるが、何といっても最も重い罪は、太武帝と南安王を殺害したことであろう。劉尼は南安王殺害のみを採り上げて、宗愛の行爲が大逆不道にあたると叫んでいるが、漢律令であれば確かに大逆不道にあたる。しかし、三國魏の新律では大逆不道にあたらず、謀反大逆となるはずである。もっとも、劉尼は司法官ではないので、嚴密な法律用語として大逆不道と叫んだわけではないのかもしれない。

宗愛は五刑を加えられたうえで、夷三族に處されている。五刑を加えるという方法は、前漢の文帝のときに制度上廢止されたごとくであるが(9)、北魏のときには再制定されたのか、それとも三國魏新律の「至於謀反大逆、臨時捕

之、或汙瀦、或梟菹、夷其三族、不在律令」のごとく、律に定めがなくても實施していたとも考えられる。

〔一二〕では文成帝のとき、馬超という者が鎮東將軍・定州刺史の許宗之を誹謗した。許宗之は怒り、馬超を毆り殺した。許宗之は馬超の家族が本件を告するのではないかと恐れ、馬超が朝廷の政治を誹謗したと上奏した。文成帝は許宗之が罪を恐れて馬超を誣告したと考え、取調べさせたところ、果してその通りであった。司空の伊馛らは、許宗之は良民を殺し、誣告して皇帝を僞ったとして、その行爲は不道にあたり、「理」からいって極刑にあたるという意見を述べた。これによって許宗之は斬刑に處された。

許宗之の行爲は「不道」とされているが、誣告によって皇帝を欺こうとしたので、漢代でいえば「誣罔」にあたるであろう。それゆえ、この點においては漢と變わらないことになる。

ここでいう「理」は道理を指すのであろう。皇帝を僞る行爲が法律に定められていたか否かは定かでないが、少なくとも良民を殺す行爲は殺人罪として定められ、法定刑も明確に設けられていたと考えられる。しかし、いずれにせよ本件は不道として扱われ、不道自體には法定刑が設けられていないため、宣告刑を決定する際には、法律ではなく道理を根據とせざるをえなかったのであろう。やはり漢代と同樣、「不道無正法」をもって、高官や皇帝が不道の處罰を判斷していることになる。

〔一三〕では孝明帝期、侯剛が冀州刺史に任命され、任地へ赴く途中、靈太后は詔を下し、侯剛が不忠不道、「附下罔上」であるとして、征虜將軍以外の官爵を全て剥奪するよう命じた。大庭氏によると、漢代の附下罔上は「罔上」と簡稱され、臣下に味方して天子を欺く行爲をいう。『魏書』恩倖列傳に、

及領軍元叉執政擅權、樹結親黨。剛長子、叉之妹夫、乃引剛爲侍中・左衞將軍、還領尚食典御、以爲枝援。俄加車騎大將軍・領左右、復前削之封。尋加儀同、復領御史中尉。

とあり、侯剛の長男の妻は元叉の妹で、元叉は侯剛を引き立ててさまざまな官位を與えている。元叉は政務を執り、權力をほしいままにし、さまざまな人士と派閥を形成していた。また、〔一三〕によると、侯剛自身も司空公の劉騰と親しくしていた。劉騰は宦官で、かつては内廷では劉騰、外朝では元叉が權勢を誇っていた。〔一三〕の前に劉騰は死去し、また元叉も自害させられている。

〔一四〕では太武帝のとき、方士の羅崇之は、中條山に穴があり、崑崙山や蓬萊山と繋がっており、また穴中では仙人に會うことができるといった。しかし、實際に穴へ入ったところ、百步餘り進んだところで行止まりになってしまった。關聯官吏は羅崇之の行爲が「誣罔」にあたり、不道として處罰すべきであると上奏したが、太武帝は羅崇之を赦した。先述の通り、誣罔は漢でも不道に問われる行爲であった。

以上、北魏の不道罪について檢討したが、その後の東魏・西魏については不道に關する史料が見えない。北齊と北周については『隋書』卷二五刑法志に重要な史料が見える。

又列重罪十條、一曰反逆、二曰大逆、三曰叛、四曰降、五曰惡逆、六曰不道、七曰不敬、八曰不孝、九曰不義、十曰内亂。

不立十惡之目、而重惡逆・不道・大不敬・不孝・不義・内亂之罪。

前者は北齊律、後者は北周律について述べたものである。北齊律は河清三年（五六四年）、北周律は保定三年（五六三年）に公布された。前節で述べた通り、北周律では不道と謀反・大逆・降・叛が區別されていた。また、右の史料によると、北齊律でも北周律と同樣、不道と反逆・大逆・叛・降が區別されていることがわかる。

本節での檢討結果に見られる通り、北魏における不道罪は、漢とそれほどの違いはなさそうである。しかし、このように遲くとも北齊・北周のときには、不道と謀反などの罪は區別されるようになった。その一方で、南朝梁では北齊・北周に先んじて、早くも天監二年（五〇三年）に謀反・降・叛・大逆という區別が設けられていた。これらの變革の相互關係については、終章にて論じることとしたい。

結　語

唐律の十惡は隋の開皇律から受け繼がれたものである。『隋書』卷二五刑法志に、

一曰謀反、二曰謀大逆、三曰謀叛、四曰惡逆、五曰不道、六曰大不敬、七曰不孝、八曰不睦、九曰不義、十曰內亂。

とあり、隋・文帝の開皇元年（五八一年）に制定された律では、唐律と全く同じ十惡が定められている。もっとも、同篇には、

煬帝即位、以高祖禁網深刻、又敕修律令、除十惡之條。

とあり、文帝の死後、子の煬帝が即位すると、隋では十惡の條文が廢止された。

注目されるのは、『隋書』卷四〇王誼列傳に、

于時上柱國元諧亦頗失意、誼數與相往來、言論醜惡。胡僧告之。公卿奏誼大逆不道、罪當死。（中略）於是賜死於家、時年四十六。

とあり、文帝期であるにもかかわらず、「大逆不道」という罪名が用いられていることである。すなわち、上柱國

の王誼は上柱國の元諧としばしば互いに行き來し、彼らの間で交わされている言論は醜悪なものであった。彼らの行爲は告され、公卿は、王誼の行爲は大逆不道にあたり、死刑にあたると上奏し、王誼は自害を命じられた、というものである。『隋書』巻一高祖紀上開皇五年條には、

壬寅、上柱國王誼謀反、伏誅。

とあるので、「言論醜惡」の内容は謀反と判斷されたことになる。要するに、王誼列傳では謀反が「大逆不道」と呼ばれていることになる。しかし、開皇律では謀反という罪があり、また謀反を處罰する條文も設けられているので、大逆不道という概念は不要なはずである。にもかかわらず、ここで大逆不道という語が用いられているのは、漢代以來の長年の慣習によるものではあるまいか。すると、三國魏の新律において大逆無道と謀反大逆が區別されたにもかかわらず、實際には謀反大逆にあたる行爲が大逆無道と呼ばれていたり（第一節）、また南朝梁律において謀反・降・叛・大逆という分類が設けられたにもかかわらず、詔では依然として謀反大逆あるいは大逆無道という意味で「大逆」が用いられているなどの矛盾も（第二節）、隋と同じ現象であって、別に特殊なことではなかったと推測されよう。

（1）大庭脩「漢律における「不道」の概念」（同氏『秦漢法制史の研究』創文社、一九八二年。一九五七年原載）參照。
（2）大庭脩『秦漢法制史の研究』一三一・一三二頁（一九五七年原載）、及び本書第十章參照。
（3）詳しくは前章參照。
（4）ちなみに、戴炎輝氏はここでいう「法」を律注あるいは先例と推測している。「唐律十惡之溯源」（中國法制史學會出版委員會編『中國法制史論文集』成文出版社、一九八一年）參照。

（5）「大逆已上」について、内田智雄氏らは「大逆以上」、高潮氏、馬建石氏らは「大逆不道以上」と譯している。内田智雄編、梅原郁補『譯注　續中國歴代刑法志（補）』（創文社、二〇〇五年）二七頁、高潮・馬建石編『中國歴代刑法志注譯』（吉林人民出版社、一九九四年）一九八頁參照。しかし、謀反・降・叛・大逆より重い罪が設けられていたとは考えがたい。「已上」は「已に上り」と讀み、既に犯罪の實行に着手したことをいうものではあるまいか。現に、『唐律疏議』賊盜律には「諸謀叛者、絞。已上道者、皆斬」とあり、「已に道に上る」すなわち既に實行に着手したという表現が見える。
（6）『史記』巻八高祖本紀漢元年條に「〔沛公〕召諸縣父老豪桀曰（中略）與父老約、法三章耳」とある。
（7）仁井田陞『支那身分法史』（東方文化學院、一九四二年）五五一～五五三頁、曾我部靜雄『律令を中心とした日中關係史の研究』（吉川弘文館、一九六八年）五四三～五四五頁（一九五八年原載）など參照。
（8）ちなみに、この詔の適用對象をめぐっては、川本芳昭氏は北族、王仲犖氏と付開鏡氏は鮮卑族、要瑞芬氏と朿莉氏は拓跋部と解している。川本芳昭『魏晉南北朝時代の民族問題』（汲古書院、一九九八年）一四九・一五〇頁（一九八二年原載）、王仲犖「北魏初期社會性質與拓跋宏的均田、遷都、改革」（『文史哲』一九五五年第一〇期）、付開鏡「魏晉南北朝鮮卑民族性觀念的儒家化」（『史林』二〇一二年第三期）、要瑞芬「北魏前期法律制度的特徵及其實質」（『中央民族大學學報』社會科學版一九九七年第三期）、朿莉「區域文化交流與北魏漢化新境界——以文明太后的文化功績爲中心」（『安徽大學學報』哲學社會科學版二〇一四年第三期）參照。以上に對して斉藤達也氏は、北族に限らず全人民が適用對象であったとする。「北朝・隋唐史料に見えるソグド姓の成立について」（『史學雜誌』第一一八編第一二號、二〇〇九年）參照。
（9）拙稿「漢初三族刑的變遷」（朱騰・王沛・水間大輔『國家形態・思想・制度——先秦秦漢法律史的若干問題研究』廈門大學出版社、二〇一四年。二〇一二年原載）參照。

第四篇　悪逆・不睦・不義・内亂

第十二章　惡逆・不睦・不義・內亂の起源と變遷

はじめに

繰返しになるが、隋唐律には「謀反」・「謀大逆」・「謀叛」・「惡逆」・「不道」・「大不敬」・「不孝」・「不睦」・「不義」・「內亂」から成る「十惡」が設けられていた。隋律の十惡は北齊律の「重罪十條」、すなわち「反逆」・「大逆」・「叛」・「降」・「惡逆」・「不道」・「不敬」・「不孝」・「不義」・「內亂」をやや改變しつつも受け繼いだものとされる。一方、北周律にも「謀反」・「大逆」・「降」・「叛」・「惡逆」・「不道」・「大不敬」・「不孝」・「不義」・「內亂」という「十條」があったことが知られている。

唐律の十惡のうち、「惡逆」以下は罪目であった。前篇までにおいては、不孝・大不敬・不敬・不道について逐一檢討してきたが、後は惡逆・不睦・不義・內亂を殘すのみとなった。これらについては關聯史料が少ないため、本章でまとめて檢討する。

第一節　惡　逆

『晉書』卷三〇刑法志が引く西晉・張斐「律表」の中には、法律用語の意味を逐一述べている部分があるが、その中に、陵上僭貴謂之惡逆。

とあり、「惡逆」の意味が擧げられている。これより惡逆は、遲くとも西晉の泰始律では法律用語として存在したことになる。

張斐の定義によると、惡逆とは上を凌ぎ、貴い身分を僭稱することをいう。惡逆という語自體は古來から用いられているが、ほとんどは法律用語として用いられているわけではない。北周律・北齊律及び南朝陳律より前に關する史料では、多少なりとも法律と關聯がありそうなものとして、わずかながら以下の用例が擧げられる。

〔一〕言上官后雖幼尊貴、家族以惡逆誅滅也。（『漢書』卷一〇〇下敍傳下應劭注）

〔二〕〔梁〕竦生二男三女、長男棠及翟、長女憑及二貴人。初、馬太后選良家女、貴人與姊以選入宮、得幸於帝、生和帝。竦不勝喜、與舞陰長公主私相慶、語泄聞於竇氏。竇氏欲專名太子外家、心惡梁氏、欲毀貶之、乃誣以惡逆。詔郡縣考竦、死獄中、家屬復徙九眞。（『後漢紀』卷一四孝和皇帝紀下永元九年條）(1)

〔三〕奏御、〔曹〕節・〔王〕甫復言曰、竇氏罪深、無以爲此。上曰、雖犯惡逆、後有大德於朕。（『後漢紀』卷二三孝靈皇帝紀上熹平元年條）

〔四〕下詔曰（中略）故中常侍長樂太僕江京・黃門令劉安・鉤盾令陳達與故車騎將軍閻顯兄弟謀議惡逆、傾亂天下。（『後漢書』卷七八宦者列傳）

〔五〕咸康中（中略）丹楊尹殷融議曰、王敦惡逆、罪不容誅、則〔刁〕協之善亦不容賞。（『晉書』卷六九刁協列傳）

〔六〕王以爲信然、謂可誘而致、乃遺景書曰（中略）得地不欲自守、聚衆不以爲強、空使身有背叛之名、家有惡逆之禍、覆宗絕嗣、自貽伊戚。（『北齊書』卷三文襄帝紀武定五年條）

〔一〕では、上官皇后は幼くして昭帝の皇后となり、尊貴になったけれども、家族は「惡逆」によって誅滅されたと記されている。この事件については『漢書』巻六八霍光傳や巻九七上外戚傳上などに詳しく記されている。これらによると、燕王劉旦（昭帝の兄）、鄂邑蓋主（昭帝の姉）、左將軍の上官桀、驃騎將軍の上官安（上官桀の子、上官皇后の父）、御史大夫の桑弘羊らは共謀し、大將軍の霍光を殺害し、昭帝を退位させ、燕王を帝位につけようとした。さらに、上官桀父子は燕王を殺害し、上官桀を帝位につけようとも企んだ。しかし、これらの計畫は事前に發覺し、燕王と鄂邑蓋主は自害し、上官桀・上官安・桑弘羊らの宗族は滅ぼされたという。すると、〔一〕でいう惡逆は、要するに霍光と燕王を殺害し、昭帝を退位させ、上官桀を帝位につけようとしたことを指すことになる。これを張斐「律表」の「陵上僭貴」と比較すると、少なくとも上官桀に限っていえば、確かに昭帝を退位させようとした點で「上を陵」ごうとしており、またみずから帝位につこうとした點では「貴を僭」しようとしたことになる。しかし、上官桀らの行爲は要するに「謀反」であって、漢では「大逆不道」として處罰されたはずである。

〔二〕では後漢の明帝のとき、梁竦の娘が貴人として後宮に入り、後の和帝を産んだ。外戚の竇氏は梁氏を憎み、梁氏が「惡逆」の罪を犯したとして誣告した。梁竦は獄死し、家族は九眞郡へ徙遷刑に處された。〔二〕でいう「惡逆」は誣告によって捏造された罪の名稱として現れる。それゆえ、〔二〕によると、惡逆が罪名として律令に設けられていたようにも見える。ただし、誣告の具體的內容が史料に見えないので、いかなる行爲が惡逆にあたるのか、〔二〕から窺うことはできない。ちなみに、『後漢書』巻五六陳球列傳にも、

曹節・王甫復爭、以爲梁后家犯惡逆、別葬懿陵。

とあり、後漢の靈帝期、宦官の曹節・王甫も本件について、梁皇后の家が「惡逆」を犯したと述べている。

〔三〕は次のような事件を前提とする。後漢・靈帝の建寧元年（一六八年）、大將軍の竇武は太傅の陳蕃とともに竇太后（桓帝の皇后で、竇武の娘）へ上奏し、靈帝を退位させようとしているという冤罪を宦官からかけられ、宦官側についた軍との間で戰鬪になったが、敗れて自害した。その頭部は洛陽の都亭に晒され、竇武の家族は日南郡へ徙遷刑に處され、竇太后も雲臺へ遷され、幽閉された。間もなくして竇太后は死去したが、竇太后を皇后として葬るか、貴人として葬るかをめぐって、公卿の間で論爭となり、皇后として葬るべきという結論となった（以上、『後漢紀』孝靈皇帝紀上熹平元年條、『後漢書』陳球列傳、卷六九竇武列傳など參照）。以下は〔三〕へと續き、その結論は靈帝へ上奏され、宦官の曹節・王甫はそれでもなお反對したが、靈帝は、竇氏は「惡逆」を犯したけれども、朕は竇太后に大恩があるといい(2)、曹節・王甫は以後この問題について何もいわなかった。

靈帝は竇氏の所業を「惡逆」と呼んでいるが、竇武がみずから帝位につくなどしようとしていたとまで認識していたのかはわからない。『後漢書』陳球列傳では靈帝の言葉を、

竇氏雖爲不道、而太后有德於朕、不宜降黜。

に作り、惡逆ではなく「不道」としている。すると、惡逆は不道に等しく、竇武らが靈帝を退位させようと企んだこと、宦官側と交戰に及んだこと全體をいうものと解される。さらに、『後漢書』卷六九竇武列傳では、

〔朱〕瑀盜發武奏（中略）因大呼曰、陳蕃・竇武奏白太后廢帝、爲大逆。

とあり、宦官の朱瑀は竇武が靈帝を退位させるよう竇太后に上奏しようとしていたことを「大逆」と呼んでいる。そもそも皇帝を退位させようとすることは謀反にあたるので、結局竇武らの行爲は大逆不道であり、それが惡逆と呼ばれていることになる。

〔四〕については『後漢紀』巻一七孝安帝紀下、『後漢書』巻六孝順帝紀、巻一〇下皇后紀下などにも詳しく記されている。これらの史料に見える宦官江京らの惡事を列擧すると、次の通りになる。

①小黄門の江京は讒言や諂いによって昇進した。

②中常侍の李閏・江京・樊豐、黄門令の劉安、鉤盾令の陳達、安帝の乳母野王君王聖、聖の娘伯榮は内外を煽動し、競って人々を虐げた。

③宮人の李氏が安帝の子劉保を生むと、閻皇后は李氏を毒殺した。王聖・江京・樊豐は劉保に對し、劉保の乳母王男、廚監の邴吉が李氏を殺害したと吹き込んだ。

④大將軍の耿寶と、閻皇后の兄で大鴻臚の閻顯は互いに徒黨を組み、太尉の楊震を冤罪によって自害へ追い込んだ。

⑤閻皇后・耿寶・閻顯・樊豐・江京・王聖らは、劉保のことを讒言して皇太子の地位から下ろし、濟陰王へ格下げさせた。

⑥閻顯らは耿寶の權勢を恐れ、また朝廷における權勢を獨占するため、耿寶とその一派が「大不道」を犯したとして肅清した。

安帝が死去すると、閻太后らは幼少の北郷侯劉懿を帝位につけたが、北郷侯は即位後わずか二百日餘りで死去した。その後、中黄門の孫程ら一九人が江京・劉安・陳達らを斬殺し、濟陰王劉保を皇帝に即位させた（順帝）。順帝は閻顯らを處刑し、閻太后は離宮に遷された。

以上の①～⑥の所業が〔四〕において悪逆と呼ばれていると考えられる。しかも、『後漢紀』巻一七孝安帝紀延光四年條に、

辛巳、封孫程・王國等十九人爲列侯、司空劉授以阿附惡逆免。

とあり、[3]順帝の即位後、孫程ら一九人は閻氏らを討伐した功績により、列侯に封じられる一方で、司空の劉授は「惡逆」に迎合したとして、罷免された。ここでいう惡逆も閻氏らの所業を指すのであろう。また〔三〕において、公卿らが竇太后を皇后として葬るべきという結論を出した後、太尉の李咸は靈帝へ上書し、その中で〔四〕の事件を過去の例として引用している。すなわち、『後漢書』陳球列傳に、

李咸乃詣闕上疏曰、臣伏惟章德竇后虐害恭懷、安思閻后家犯惡逆、而和帝無異葬之議、順朝無貶降之文。

とあり、閻皇后の家が「惡逆」を犯したと述べている。これも①〜⑥などの所業を指すのであろう。しかし、①〜⑥は總じていえば、「上を陵」ぐ行爲といえようが、「貴を僭」しているわけではない。

〔五〕では東晉・成帝の咸康年間（三三五〜三四二年）、丹楊尹の殷融は、かつて王敦が犯した罪を「惡逆」と呼んでいる。東晉の大將軍王敦は朝廷での專橫が甚だしく、元帝の永昌元年（三二二年）には武昌で擧兵し、首都の建康を攻擊した。元帝は敗れ、やむなく王敦を丞相に任命した。同年に元帝が死去し、子の明帝が即位すると、太寧二年（三二四年）に王敦は病床にありながら再び反亂を起こし、建康を攻擊させたが、敗れて病死し、その勢力は朝廷によって鎭壓された（『晉書』卷六中宗元帝紀・肅宗明帝紀、卷九八王敦列傳など參照）。

以上が王敦の亂の顚末であるが、王敦は要するに二度反亂を起こしている。一度目は元帝が信任する鎭北將軍の劉隗、及び尚書令・金紫光祿大夫の刁協を討伐することを名目としていたが、二度目はあわよくば帝位の簒奪も目論んでいたようである。『晉書』卷九八王敦列傳に、

敦謂羊鑒及子應曰、我亡後、應便即位、先立朝廷百官、然後乃營葬事。

とあり、王敦は死去する前に、羊鑒と王敦の養子王應に對し、王敦が死去した後、王應がすぐ皇帝に即位し、先に朝廷・百官を揃え、その後に王敦の葬儀を行うようういっている。すると、王敦の行爲はまさに「上を陵ぎ貴を僭す」るものであって、悪逆の定義にあてはまる。ただし、同じく王敦列傳に、

帝大怒、下詔曰（中略）今親率六軍、以誅大逆。

とあるのによると、明帝は詔の中で王敦の行爲を大逆と呼んでいる。

〔六〕は東魏の孝靜帝のとき、權臣の高澄が侯景に對して送った書簡である。侯景は高澄の父高歡に臣從していたが、武定五年（五四七年）に高歡が死去すると東魏から離反し、豫州など十三州を率いて南朝梁側に寢返った。高澄は侯景を説得するため、侯景に書簡を送ったが、その中に「空使身有背叛之名、家有悪逆之禍、覆宗絶嗣」とあり、侯景みずからは東魏から離反したという悪名を被り、家族は「悪逆」による慘禍に遭い、宗族は滅ぼされ、嗣子は斷絶した、と高澄は述べている。ここでいう悪逆とは、侯景が離反したことを指すのであろう。漢律・唐律に見られる通り、國家から離反して敵政權側につけば、殘された家族を處刑すると定められていた(4)。侯景の行爲は單なる離反・反逆であって、「上を陵」いだとまではいえず、また「貴を僭」しているわけでもない。よって、「律表」の定義には全くあてはまらない。

以上、悪逆が「律表」の「陵上僭貴」にあてはまるのは、わずかに〔一〕と〔五〕のみである。しかも、〔一〕と〔五〕も含め、右の事例のほとんどは謀反など、大逆不道にあたる行爲である。中でも、〔三〕では悪逆があたかも大逆あるいは不道の別名として用いられているごとくである。このように、悪逆は大逆不道と重複し、果して悪逆という概念が必要であったのか、甚だ疑問に感じざるをえない。大逆が漢代以降、「逆」・「逆亂」・「暴逆」・「誖逆」・「悖逆」・「醜逆」などとも表現された通り（第十章・第十一章參照）、悪逆も大逆の別名であったのではあ

るまいか。

すると、「律表」の惡逆に對する定義は、必ずしも正確ではなかったことになる。その理由は明らかでないが、あるいは本來律令上の惡逆は「陵上僭貴」という意味であったが、惡逆と大逆に分類する實益がないため、惡逆は事實上大逆の別名として用いられるようになったのかもしれない。

いずれにせよ、北朝では遲くとも北周律・北齊律制定のとき、惡逆が「十條」の一つとして位置づけられた。北周律・北齊律のいずれにおいても、惡逆は大逆・反逆あるいは謀反とともに列擧されているので、それまでと異なり、大逆や謀反などとは明確に區別されるようになったことが知られる。それはおそらく南朝梁・陳でも同様であったと考えられる。『隋書』刑法志には南朝陳律について、

若縉紳之族、犯虧名教、不孝及内亂者、發詔棄之、終身不齒。士人爲婚者、許妻家奪之。其獲賊帥及士人惡逆、免死付治、聽將妻入役、爲年數。

とあり、「不孝」・「内亂」とともに「惡逆」が見える。ここでいう惡逆は不孝・内亂とともに列擧されていることからすると、大逆や謀反などをも指しているとは考えがたい。現に、前節で檢討した通り、『隋書』刑法志では南朝梁律について、

其謀反・降・叛・大逆已上、皆斬。

とあり、北周律の十條と全く同じく、謀反・降・叛・大逆が列擧されている。犯罪としての惡逆は南朝梁に關する史料に見えないが、梁律に關する史料において、謀反・降・叛・大逆が列擧されているということは、遲くとも梁律の制定後、これらの犯罪と惡逆は明確に區別されるようになっていたのではあるまいか。

次に、北周律・北齊律及び南朝梁律・陳律における惡逆は、罪名と罪目のいずれであったのであろうか。北周律の十條は謀反・大逆・降・叛・惡逆・不道・大不敬・不孝・不義・內亂、北齊律の十條は反逆・大逆・叛・降・惡逆・不道・不敬・不孝・不義・內亂で、特に惡逆以下は隋唐律の十惡とほとんど同じである。さらに、第四節で檢討する通り、內亂は罪目としてのみ存在しうる。隋唐律と似ていること、內亂とともに列擧されていることからすると、北周律・北齊律の惡逆はいずれも罪目であった可能性が考えられる。南朝陳律の惡逆も內亂とともに見えるので、やはり罪目であった可能性も否定できない。

ただし、北周律の惡逆については他にも史料がある。まず『隋書』刑法志に、

凡惡逆、肆之三日。

とあり、惡逆の罪を犯した場合、處刑後の屍體を三日間晒すとされている。「肆之三日」は惡逆に對する附加刑であって、主刑は死刑であったのであろう。すると、惡逆の法定刑は死刑であって、當時の惡逆も依然として罪名であったとも解しうる。しかし、逆に惡逆が罪目であったとしても、右の記述は説明がつく。すなわち、惡逆に含まれる各犯罪の法定刑は、全て死刑であったのかもしれない。現に唐律では、惡逆に含まれる犯罪の法定刑は全て「斬」（斬首）である。(5) それゆえ、一律に「肆之三日」という附加刑を適用しえたのではあるまいか。

ところが、その一方で『隋書』刑法志には、

盜賊及謀反・大逆・降・叛・惡逆罪當流者、皆甄一房配爲雜戶。

とあり、惡逆でも流刑に處される場合があったごとくである。(6) もし惡逆が罪名とすると、惡逆は死刑に處される場合と、流刑に處される場合があり、前掲の「肆之三日」は死刑の場合に限って附加されたとも解しうる。しかも、

惡逆の前に列擧されている「盜賊及謀反・大逆・降・叛」はいずれも罪名である。すると、北周律の惡逆はむしろ罪名であった可能性も否定できない。もっとも、その一方で『隋書』刑法志には北周律について、

不立十惡之目、而重惡逆・不道・大不敬・不孝・不義・内亂之罪。

とあり、この部分では謀反・大逆・降・叛が記されておらず、惡逆以下と謀反・大逆・降・叛の間には何らかの大きな區別があるらしいことも窺われる。また、惡逆が罪目であるとすれば、惡逆に含まれる各犯罪の法定刑は死刑の他、流刑も設けられていたと解することもできよう。

このように、以上の檢討だけでは、惡逆がいつから罪目になったのかは確定できないが、この問題については終章で再述する。

第二節　不　睦

「不睦」は北周律・北齊律の「十條」に見えず、隋の開皇律に至って初めて十惡の一つとされ、唐律にも受け繼がれた。『唐律疏議』名例律「十惡」條注では不睦について、

謂謀殺及賣緦麻以上親、毆告夫及大功以上尊長・小功尊屬。

とあり、一定範圍内の親族を殺そうと謀ったり、その人身を賣る、毆る、告することとされている。不睦とは本來「睦まじくない」ことであるが、唐律でいう不睦は總じていえば、親族間で危害を加え合うほど睦まじくない行爲といえよう。律疏でも不睦について、

睦者、親也。此條之内、皆是親族相犯、爲九族不相叶睦、故曰不睦。

と説明されている。

不睦という語自體は、例えば『春秋左氏傳』昭公七年に、

晉大夫言於范獻子曰（中略）兄弟之不睦、於是乎不弔。

とあるように、親族間の關係に對して使われる場合もあれば、同書文公七年に、

晉郤缺言於趙宣子曰、日衞不睦、故取其地。今已睦矣、可以歸之。

とあり、國家間の關係に用いられることもある。しかし、これらは法律用語として用いられているわけではない。法律と多少なりとも關聯がありそうな用例を、以下に列擧する。

〔七〕〔陳〕輿字顯初、拜散騎侍郎・洛陽令、遷黃門侍郎、歷將校左軍・大司農・侍中。坐與叔父不睦、出爲河内太守。（『晉書』卷三五陳騫列傳）

〔八〕演之子睦、至黃門郎・通直散騎常侍。世祖大明初、坐要引上左右兪欣之訪評殿省内事、又與弟西陽王文學勃忿鬩不睦、坐徙始興郡、勃免官禁錮。（『宋書』卷六三沈演之列傳）

〔九〕有民張元預、與從父弟思蘭不睦、丞・尉請加嚴法。茂曰、元預兄弟本相憎疾、又坐得罪、彌益其忿。非化民之意也。於是遣縣中耆舊更往敦諭、道路不絕。元預等各生感悔、詣縣頓首請罪。茂曉之以義、遂相親睦、稱爲友悌。（『隋書』卷六六郎茂列傳）

〔七〕では西晉のとき、陳興は中央の官職を歴任してきたが、あるとき叔父との「不睦」が罪に問われ、地方へ追いやられて河内太守となったと記されている。

〔八〕では南朝宋の孝武帝のとき、黄門郎・通直散騎常侍の沈睦は、孝武帝の側近俞欣之を引き留め、殿省内でのことを尋ねたり批評したりしたこと、また西陽王の文學沈勃（沈睦の弟）と甚だ「不睦」であることから、罪に問われて始興郡へ徙遷刑に處され、沈勃も免官のうえ「禁錮」となった。

〔九〕では北周の靜帝期、張元預という民がおり、從父弟の張思蘭と「不睦」であったため、現地の丞・尉は嚴罰に處するよう衞國令の郎茂に願い出た。しかし郎茂は、張元預兄弟はもとから憎み合っていたので、これによってまた罪に問われたとすると、さらに彼らの憤怒を增すだけであって、民を教化することにはならないと回答した。そこで、郎茂は縣中の年寄りや昔馴染みを派遣し、張元預兄弟を何度も諭させた。張元預らは二人とも感じ悟り、縣へ出頭し、自分たちを罪に問うよう願い出た。

以上の三件を見ると、隋より前の不睦について、次のようなことが知られる。

第一に、不睦は親族間のみで成立する。〔七〕では甥と叔父、〔八〕では兄と弟、〔九〕では從父兄と從父弟の間で不睦が罪に問われている。ちなみに、『唐律疏議』名例律「十惡」條疏でも不睦について、

此條之内皆是親族相犯、爲九族不相叶睦、故曰不睦。

と記されている。

第二に、不睦に親族間の上下關係はなさそうである。〔七〕では叔父も不睦に問われたのかは不明であるが、〔八〕では甥・叔父ともに處罰されている。〔九〕では當初從父兄のみの處罰が問題となっているようにも讀めるが、結果としては從父兄と從父弟の二人が自分たちを罪に問うよう願い出ている。

第三に、不睦は官民を問わず成立する。〔七〕の陳輿、〔八〕の沈睦と沈勃は官吏であるが、〔九〕のうち少なくとも張元預は民である。

第四に、不睦とは文字通り睦まじくないことを指すごとくである。以上の三件ではいずれも「不睦」とあるだけで、彼らの間で具體的にいかなる行爲がなされたのかは一切記されていない。

第五に、不睦は當事者の「告」を必要とせずに成立するごとくある。第一篇で検討した通り、秦漢魏晉南北朝では父母が子の不孝を告することを、不孝罪の成立要件の一つとしていた。しかし、少なくとも以上の三件では、當事者の意思とは關係なしに、不睦の罪に問われているごとくである。

第六に、不睦に對する處罰はそれほど重くなかったようである。〔八〕の沈勃は免官のうえ「禁錮」に處されている。禁錮とは官吏の身分を剥奪し、士人の籍から抹消し、自宅で謹愼させ、吉凶慶弔の禮を禁止する刑罰であって、家族の嫁娶を禁止し、後祀斷絶の脅威を與えるものであった。[7]しかし、實際には禁錮に處されても後に免除され、さらには官界へ復歸する者もあった。[8]〔八〕は南朝宋・孝武帝の大明年間（四五七〜四六四年）の初め頃に起こったことであるが、沈勃は早くも明帝の泰始年間（四六五〜四七一年）に太子右衛率となっている。

一方、沈睦は徙遷刑に處されている。徙遷刑は本來死罪を犯したが、特別に減刑された場合に適用される刑罰である。[9]それゆえ、沈睦が犯した罪は本來死罪であったことになるが、そもそも沈睦は二つの罪を犯している。少なくとも秦・漢及び唐においては、複數の罪を犯した場合、それらの法定刑の中で最も重いもののみを適用するという原則があった。[10]兩時代に挾まれた魏晉南北朝期においても同様であったと考えられる。沈睦は兪欣之から殿省内でのことを聞き出したり、それについて批評をしたりしているが、そもそも省中での會話を外部へ漏洩するのは犯罪であった。しかも、沈睦は省中でのことに對して批評を加えており、これも皇帝を誹謗するものと受けとられた可能性がある。すると、徙遷刑はこれらの罪によって適用されたのであって、不睦は大した罪にならなかったのではなかろうか。

さらに、〔七〕に至っては、侍中から河内太守に左遷されるに留まり、實刑は適用されなかったごとくである。

以上の六つこそ明らかになったものの、やはり不睦については史料が少なく、詳細はわからない。當時の不睦も不孝・大不敬・不敬などと同様、罪目ではなく罪名であったらしいことはわかるが、適用に際して具體的にいかなる基準があったのかは明らかでない。あるいは、律の條文で定められていたり、先例があったのかもしれないが、「不道無正法」のごとく、官吏や皇帝が逐一判斷したのかもしれない。

第三節　不　義

『唐律疏議』名例律「十惡」條注では「不義」について、

謂殺本屬府主・刺史・縣令・見受業師、吏卒殺本部五品以上官長、及聞夫喪匿不擧哀、若作樂、釋服從吉及改嫁。

とあり、みずからが屬する府主・刺史・縣令、及び現在師事している師を殺したり、吏・卒がみずから所屬する五品以上の官長を殺したり、妻が夫の死を聞いていながら、それを匿して聲をあげて哭かなかったり、夫の喪中に音樂を演奏したり、喪服を脱いで慶事の服を着たり、他の男子へ嫁ぐ行爲が不義にあたると説明されている。

不義は、遲くとも北周律・北齊律では十條の一つとして擧げられているが、それより前において罪名あるいは罪目として用いられていると見られる例はなく、單に犯罪一般や不正な行爲を指す語として現れるに過ぎない。例えば、『後漢書』卷四八爰延列傳には、

武帝與倖臣李延年・韓嫣同臥起、尊爵重賜、情欲無猒。遂生驕淫之心、行不義之事。卒延年被戮、嫣伏其辜。

とあり、前漢の武帝の寵臣李延年と韓嫣は「不義」のことを行い、處罰されたと記されている。李延年は宦官で、本人が惡事をはたらいたことは文獻に記されていないが、『漢書』卷九三佞幸傳に、

久之、延年弟季與中人亂、出入驕恣。及李夫人卒後、其愛弛、上遂誅延年兄弟宗族。

とあり、弟の李季が宮女と姦通し、勝手に後宮へ出入りするようになったとされている。また、韓嫣については同じく佞幸傳に、

武帝爲膠東王時、嫣與上學書相愛。（中略）嫣侍、出入永巷不禁、以姦聞皇太后。太后怒、使使賜嫣死。上爲謝、終不能得、嫣遂死。

とあり、韓嫣は武帝が膠東王のときからのつき合いで、武帝の側に常に侍っていたため、後宮へ出入りすることも禁止されていなかった。しかし、韓嫣が宮女と姦通しているという噂が皇太后に報告されると、皇太后は武帝の反對を押し切って、韓嫣に自害を命じている。

こうして見ると、當時の「不義」はあたかも今日の日本語でいう「不義密通」の意として用いられているごとくであるが、必ずしもそうではない。すなわち、『後漢書』卷七六循吏列傳には、

〔仇〕覽初到亭、人有陳元者、獨與母居、而母詣覽告元不孝。覽驚曰、吾近日過舍、廬落整頓、耕耘以時。此非惡人、當是敎化未及至耳。母守寡養孤、苦身投老、柰何肆忿於一朝、欲致子以不義乎。

とあり、蒲亭長の仇覽は、陳元という者の母が陳元の不孝を告したことを受け、「どうしてたった一朝の憤怒にまかせ、子に不義の汚名を着せようとするのか」と陳元の母を諭している。ここでは明らかに事實上不孝罪が「不義」と呼ばれている。

第四節　内　亂

「内亂」という語は前近代中國の文獻においても、一般には國内で起こった反亂を指す。例えば、『史記』卷六六伍子胥列傳に、

會呉王久留楚求昭王、而闔廬弟夫概乃亡歸、自立爲王。闔廬聞之、乃釋楚而歸、擊其弟夫概。夫概敗走、遂奔楚。楚昭王見呉有内亂、乃復入郢。

とある通りである。

しかし、唐律でいう内亂は全く異なる意味で用いられている。『唐律疏議』名例律「十惡」條注では内亂について、

謂姦小功以上親・父祖妾及與和者。

とあり、一定範圍内の親族の間で姦通すること、要するに近親相姦などを指す。この場合、「内亂」の「内」は親族内、「亂」は性的關係が亂れることをいうのであろう。

法律に關係のない文獻の記載において、後者の意味で内亂という語が用いられている例もわずかながら見える。

例えば、前漢・劉向『列女傳』巻七に、

文姜者、齊侯之女、魯桓公之夫人也。内亂其兄齊襄公。

とあり、春秋時代、齊の釐公の娘文姜は魯の桓公に嫁いだが、兄の齊の襄公とは近親相姦の關係にあった。それが「内亂」と表現されている。

しかし、南北朝末期に至るまでは、律令はもちろんのこと、法律に多少なりとも關聯のありそうな史料においても、内亂が親族相姦を示す罪名あるいは罪目として用いられている例は見えない。『漢書』巻四七文三王傳には、

〔一〇〕荒王女弟園子爲立舅任寶妻、寶兄子昭爲立后。數過寶飲食、報寶曰、我好翁主、欲得之。寶曰、翁主、姑也、法重。立曰、何能爲。遂與園子姦。積數歳、永始中、相禹奏立對外家怨望、有惡言。有司案驗、因發淫亂事、奏立禽獸行、請誅。太中大夫谷永上疏曰（中略）汙衊宗室、以内亂之惡披布宣揚於天下、非所以爲公族隱諱、增朝廷之榮華、昭聖德之風化也。

とあり、前漢・成帝の永始年間（紀元前一六年〜前一三年）、梁王劉立が叔母の園子と姦通したことが發覺し、太中大夫の谷永は成帝への上書の中で、梁王の行爲を「内亂之惡」と稱しているが、罪名や罪目として用いられているわけではなさそうである。むしろ、梁王の行爲は「禽獸行」の罪に問われているごとくであるが、これについては後述する。内亂が法律用語として現れるのは、北朝では北周律・北齊律、南朝では陳律である。

ただし、北周律・北齊律・陳律より前に内亂が法律用語として用いられていた例がないだけであって、親族相姦自體が罪に問われていなかったわけではない。

〔一一〕同母異父相與奸、可（何）論。棄市。（睡虎地秦簡「法律答問」第一七二簡）
〔一二〕●廿六年十二月戊寅以來、禁毋敢謂母之後夫叚（假）父。不同父者、毋敢相仁（認）爲兄・姊・弟。犯令者、耐隸臣妾、而毋得相爲夫妻。相爲夫妻、及相與奸者、皆黥爲城旦舂。（嶽麓書院藏秦簡「秦律令（壹）」第一簡・二簡）
〔一三〕同產相與奸、若取（娶）以爲妻、及所取（娶）、皆棄市。（張家山第二四七號墓出土漢簡二年律令「雜律」、第一九一簡／張家山第三三六號墓出土漢簡漢律十六章「雜律」、第三〇五簡）
〔一四〕復兄弟・孝〈季〉父・柏（伯）父之妻・御婢、皆黥爲城旦舂。復男弟兄子・孝〈季〉父・柏（伯）父子之妻・御婢、皆完爲城旦舂。（二年律令「復律」、第一九五簡／漢律十六章「復律」、第三一五簡・三一六簡）
〔一五〕同產相奸、棄市。（尚德街簡牘二一二背面）
〔一六〕與伯季父子奸、右止。（尚德街簡牘二五四正面）
〔一七〕重姦伯叔母之令、棄市。（『晉書』卷三〇刑法志）

〔一一〕では同母異父の兄弟姉妹が姦通した場合、棄市に處すると說明されている。睡虎地秦簡が出土した睡虎地第一一號墓の被葬者は、始皇帝が六國を統一して間もなく死去し、埋葬されたと考えられているが、副葬された竹簡のうち、少なくとも法律關聯文書の內容は統一後のものを含まないとされている。
〔一二〕は始皇二十六年（紀元前二二一年）に始皇帝が下した詔を、後に引用しているものと見られる。これによると、父を同じくしない兄弟姉妹が互いに夫妻となったり、姦通した場合、黥城旦舂に處すると定められている。つまり、〔一一〕の戰國時代の法律では棄市に處されていたが、始皇二十六年に詔が下され、法定刑が黥城旦舂に引き下げられたのであろう。それはおそらく、「同產」すなわち父を同じくする兄弟姉妹の場合と區別するためであったと考えられる。次の〔一三〕では同産が姦通した場合、もしくは娶って妻とした場合、棄市に處すると定められている。〔一三〕の二年律令は前漢初期の呂后二年（紀元前一八六年）の律令を内容とするが、これは秦から受け繼がれたものであろう。秦では、戰國時代までは少なくとも兄弟姉妹どうしの姦通を同産と非同産に區別せず、一律に棄市に處していたが、始皇二十六年以降は兩者を區別し、それが漢にも受け繼がれたということではなかろうか。〔一五〕の尚徳街簡牘でも同産の姦通は棄市に處すると定められており、後漢末期あるいは三國呉まで改められなかったことがわかる。

〔一四〕の「復」は「報」の意で、親族の妻と姦通することをいう。[11] それゆえ、〔一四〕では兄弟の妻・御婢、季父の妻・御婢、伯父の妻・御婢と姦通した場合、黥城旦舂に處し、兄弟の子の妻・御婢、季父の子の妻・御婢、伯父の子の妻・御婢と姦通した場合、完城旦舂に處すると定められていることになる。周知の通り、黥城旦舂・完城旦舂の「城旦」は男子、「舂」は女子に對して科される刑罰であるから、姦通に及んだ男女双方とも同等の刑罰に處されることがわかる。

〔一六〕では伯父の子あるいは季父の子、つまり從兄弟姉妹と姦通した場合、「右止」に處すると定められている。「右止」とは「鈦右趾」のことであろう。鈦右趾とは右足に枷をはめる刑罰で、髡鉗城旦舂に對して附加される。

〔一七〕は泰始律制定によって、それまでの法律とどこが變わったのかを述べた部分である。これによると、伯母あるいは叔母と姦通する罪を重くし、法定刑を棄市にしたとされている。ということは、それ以前においても、伯母・叔母と姦通する罪が設けられており、法定刑は棄市よりも輕かったことになる。

また、隋より前において親族相姦が罪に問われた例は、枚擧に暇がないほど數多く見られる。それらのうち、親族相姦に對する法定刑を知る手がかりになりそうな事例として、以下の二件が見られる。

〔一八〕〔劉孝〕坐與王御婢姦、弃市。（『史記』巻一一八衡山列傳）

〔一九〕後〔廣陵厲王劉〕胥子南利侯寶坐殺人奪爵、還歸廣陵、與胥姫左修姦。事發覺、繫獄、棄市。（『漢書』巻六三武五子傳）

〔一八〕では前漢・武帝の元狩元年（紀元前一二二年）、衡山王劉賜の次男孝が父の御婢と姦通し、棄市に處されている。また、〔一九〕では前漢の宣帝期、廣陵厲王劉胥の子寶が父の姫左修と姦通し、棄市に處されている。これらの棄市が減刑の結果適用されたものでないとすれば、父の御婢・姫と姦通した場合、棄市に處するという法規が設けられていたと考えられる。

以上の検討結果を見ると、親族相姦に對する法定刑は、親族關係に應じてある程度區別されていたことがわかる。それは唐律の内亂でも同様であった。唐律の内亂は小功以上の親族、父・祖父の妾と姦通した場合をいう。『唐律疏議』雜律に、

諸姦緦麻以上親及緦麻以上親之妻若妻前夫之女及同母異父姉妹者、徒三年。強者、流二千里。折傷者、絞。妾減一等。

諸姦從祖祖母姑・從祖伯叔母姑・從父姉妹・從母及兄弟妻・兄弟子妻者、流二千里。強者、絞。

諸姦父祖妾・伯叔母・姑・姉妹・子孫之婦・兄弟之女者、絞。即姦父祖所幸婢、減二等。

とあり、唐律では同じく内亂に含まれる罪であっても、親族關係などに應じて、法定刑が徒三年～絞に區別されていた。

すると、ここで必然的に知られることは、「内亂」という語は罪名ではありえず、罪目としてしか存在しえな

かったということである。假に内亂が罪名とすれば、法定刑が一つしかないことになり、親族關係に應じて刑罰を區別することができなくなってしまう。それゆえ、南朝陳律の「内亂」も罪目としか考えられない。隋唐律の十惡の起源となった北齊律についてはいうまでもなく、また北周律も同樣であった可能性が高い。

ちなみに、『資治通鑑』卷二二漢紀一四世宗孝武皇帝下之下後元二年條に、

濟北王寬坐禽獸行、自殺。

その胡三省注に、

漢法、内亂者爲禽獸行。

とあり、漢の法律では、内亂にあたる行爲は「禽獸行」として扱われたと述べられている。濟北王劉寬の事件については『漢書』や『漢紀』にも記載があるが、「禽獸行」という語は用いられていない。この問題については後述するが、まず禽獸行が罪名として設けられていたことは確かである。すなわち、『史記』卷一七漢興以來諸侯王年表に、

〔二〇〕〔燕王定國〕二十四〔年〕、坐禽獸行、自殺。

とあり、燕王劉定國は禽獸行の罪に問われ、自殺したと明記されている。第七章でも述べた通り、「坐」＋罪状という表現は漢代について記した文獻に頻見し、それゆえ禽獸行も罪名であったと考えられる。

次に、禽獸行の處罰を定めた法規は見えないが、法定刑を窺い知ることができる史料は見える。すなわち、『史記』卷一九惠景間侯者年表に、

〔二一〕元鼎元年、〔隆慮〕侯〔陳〕蟜坐母長公主薨未除服、姦、禽獸行、當死、自殺。

とあり、武帝の元鼎元年（紀元前一一六年）、隆慮侯陳蟜は禽獸行を犯し、[12]その罪は本來死刑にあたるが、自殺したと記されている。これより禽獸行は死刑に處されるべき犯罪であったことが窺われる。他にも『史記』巻五一荊燕世家に、

〔二二〕至孫定國、與父康王姫姦、生子男一人。奪弟妻爲姫。與子女三人姦。定國有所欲誅殺臣肥如令郢人、郢人等告定國。定國使謁者以他法劾捕格殺郢人以滅口。至元朔元年、郢人昆弟復上書具言定國陰事、以此發覺。詔下公卿、皆議曰、定國禽獸行、亂人倫、逆天、當誅。上許之。定國自殺、國除爲郡。

とあり、前掲〔二〇〕の燕王劉定國の事件について詳しく記されており、漢朝の公卿らは、燕王の行爲は禽獸行により「誅」にあたるという意見を述べている。また、前掲〔一〇〕の梁王劉立の事件についても、「有司案驗、因發淫亂事、奏立禽獸行、請誅」と記されている。

それでは、いかなる行爲が禽獸行とされたのであろうか。〔一〇〕では梁王劉立が叔母の園子と姦通し、禽獸行の罪に問われている。〔二〇〕・〔二二〕では燕王劉定國が父康王の姫と姦通し、男子を一人産ませたこと、弟の妻を奪って姫としたこと、自分の娘三人と姦通したことにより、禽獸行に問われている。[13]これらの行爲は確かに唐律でいうところの内亂に該當する。

また先述の通り、濟北王劉寬の犯行については、『漢書』や『漢紀』では禽獸行と記されていないが、確かに濟北王は親族相姦を行っている。すなわち、『漢書』巻四四濟北王傳に、

十二年、寬坐與父式王后光・姫孝兒姦、誖人倫、又祠祭祝詛上、有司請誅。上遣大鴻臚利召王。王以刃自剄

死。

『漢紀』巻一六孝昭皇帝紀後元二年條に、

濟北王寛坐誖人倫、祝詛、有司請誅。上遣大鴻臚利召王。王以刃自刎死。

とあり、濟北王は父の濟北式王劉胡の后光・姫孝兒と姦通したこと、皇帝を呪詛したことが罪に問われ、自害している。(14)『資治通鑑』が編纂されたときには濟北王の行爲を「禽獸行」と明記した文獻があったのか、あるいは司馬光らが濟北王の行爲を漢代でいう禽獸行にあたると判斷したのかもしれない。

以上のように、漢代では確かに唐律でいう内亂にあたる行爲が禽獸行の罪に問われている例が見える。しかし、漢代では親族相姦のみが禽獸行に問われたわけではない。前掲〔二一〕では隆慮侯陳蟜の母長公主嫖が死亡し、まだ喪が明けていないにもかかわらず、隆慮侯が性行爲をしたとして、禽獸行の罪に問われている。本件では親族相姦を犯したわけではない。また、『漢書』巻三八高五王傳には、

五鳳中、青州刺史奏終古使所愛奴與八子及諸御婢姦、終古或參與被席、或白晝使嬴伏、犬馬交接、終古親臨觀。產子、輒曰、亂不可知、使去其子。事下丞相・御史、奏終古位諸侯王、以令置八子、秩比六百石、所以廣嗣重祖也。而終古禽獸行、亂君臣夫婦之別、悖逆人倫、請逮捕。詔削四縣。

とあり、前漢の宣帝のとき、菑川思王劉終古は、寵愛する「奴」（男子奴隷）を「八子」（女官の一種）及び御婢と姦通させ、自分もそれに加わったり、あるいは白晝に裸で犬や馬のように交尾させ、その様子を眺めたりした。そして、子が產まれるとこれを殺させたという。本件について丞相・御史は、菑川王を禽獸行の罪により逮捕すべき

という意見を皇帝へ上奏している。本件でも親族相姦がなされたわけではない。

以上からすると、禽獸行とは親族相姦も含め、不適切な性行爲に關する罪ということができる。漢の法律では唐律でいう内亂が禽獸行として扱われたとする胡三省の解釋は間違っていないが、禽獸行は親族相姦のみを内容とする罪ではなかった。また、親族相姦の全てが禽獸行とされるわけでもなかった。先述の通り、親族相姦は親族關係に應じて法定刑が區別されており、禽獸行として一まとめに處罰されるわけではなかった。おそらく、親族相姦の中でも程度の甚だしくないものは、〔一二〕～〔一六〕に見えるような、親族關係に應じて法定刑を設けた規定によって處罰されるが、これらの規定になく、甚だしく不適切な親族相姦については、禽獸行として處罰されたのであろう。

ここで一つ疑問が浮上する。すなわち、〔一〇〕と〔一七〕の矛盾である。先述の通り〔一七〕によると、泰始律の制定に際し、伯母・叔母と姦通した罪に對する法定刑を重くし、棄市に改めたとされている。しかし、〔一〇〕では梁王劉立が叔母の園子と姦通したことが禽獸行にあたり、誅殺すべきと有司が皇帝へ上奏している。すると、叔母と姦通する行爲は、泰始律の制定を待つまでもなく、漢の律令でも死刑に處されていたことになってしまう。

そこで、改めて〔一〇〕を見ると、「荒王女弟園子爲立舅任寶妻、寶兄子昭爲立后」とあり、園子は梁の荒王（劉立の父）の妹で、任寶の妻であった。そして、任寶の兄の娘昭は劉立の后であった。それゆえ、園子は劉立にとって叔母であると同時に、岳父の弟の妻でもあることになる。おそらく、叔母と姦通した罪は、漢の律令では死刑より輕い刑罰に處されたが、〔一〇〕では姦通の相手が叔母であると同時に、岳父の弟の妻でもあったため、禽獸行と判斷されたのではなかろうか。

禽獸行という罪名は宣帝期の〔一〇〕を最後として史料に見えなくなる。その理由は明らかでない。禽獸行は唐律でいう内亂を含む犯罪であるが、禽獸行が漢唐間を通して内亂へ變化していったというわけではなさそうである。

結　語

隋より前の惡逆・不睦・不義・内亂については關聯史料が極めて少ないが、本章では史料上可能な限り檢討し、いくつかの點を明らかにすることができた。筆者は本章をもって、隋唐律の十惡のうち、罪目の起源について全て檢討し終えたことになる。これまでの檢討結果を踏まえたうえで、次章にて最終的な結論を提示することとしたい。

（1）『後漢書』巻三四梁統列傳にも〔二〕とほぼ同じ記述が見える。

（2）〔三〕の『後漢紀』では「後有大德於朕」に作るが、『後漢書』巻六九竇武列傳では「太后有德於朕」に作る。『後漢紀』は「太后」の「后」と記すべきところを「後」に誤ったのであろう。

（3）司空の劉授が惡逆に阿附したことによって罷免されたことは、『後漢書』巻六孝順帝紀延光四年條李賢注が引く『東觀記』にも「以阿附惡逆、辟召非其人、策罷」と記されている。

（4）二年律令「賊律」に「以城邑亭鄣反・降諸侯、及守乘城亭鄣、諸侯人來攻盜、不堅守而棄去之、若降之、及謀反者、皆要斬。其父母・妻子・同產無少長皆棄市」（第一簡・二簡）、『唐律疏議』賊盜律に「諸謀叛者、絞。已上道者、皆斬。妻子流二千里。若率部眾百人以上、父母・妻子流三千里。所率雖不滿百人、以故爲害者、以百人以上論」とある。「謀叛」とは『唐律疏議』名例律「十惡」條の「謀叛」に對する注に「謂謀背國從僞」とあり、國に背き、僞政權の側へ寝返ろうと謀ることである。

（5）律令研究會編『譯註日本律令』五（東京堂出版、一九七九年）四〇頁參照。

（6）この記述によると、惡逆の他、謀反・大逆・降・叛も流刑に處される場合があったことになる。これについて内田智雄編、梅原郁補『譯注續中國歷代刑法志（補）』（創文社、二〇〇五年。一九七一年初版）七四頁では、「これはもちろん犯罪者本人ではなく、それに縁坐した者についていうものである」と述べている。ちなみに、唐律の惡逆には縁坐に關する規定が設けられていない。

（7）若江賢三「傳統中國における禁錮」（同氏『秦漢律と文帝の刑法改革の研究』汲古書院、二〇一五年。一九九一年原載）參照。

（8）例えば、『晉書』卷四三王戎列傳に「〔王衍〕女爲愍懷太子妃、太子爲賈后所誣。衍懼禍、自表離婚。賈后既廢、有司奏衍曰（中略）可禁錮終身。從之。（中略）及〔司馬〕倫誅、拜河南尹、轉尚書、又爲中書令」とあり、西晉の惠帝期、尚書令の王衍は罪に問われて「禁錮終身」に處されたが、後に河南尹に任命され、尚書さらには中書令へ轉任している。

（9）辻正博『唐宋時代刑罰制度の研究』（京都大學學術出版會、二〇一〇年）二一～二四頁（二〇〇六年原載）參照。

（10）堀毅「唐律溯源攷——以秦律中「一人有數罪」的規定爲中心所作的攷察」（同氏『秦漢法制史論攷』法律出版社、一九八八年。一九八四年原載）、拙稿「張家山漢簡「二年律令」刑法雜考——睡虎地秦簡出土以降の秦漢刑法研究の再檢討——」（『中國出土資料研究』第六號、二〇〇二年）參照。

（11）彭浩「談《二年律令》中幾種律的分類與編連」（中國文物研究所編『出土文獻研究』第六輯、上海古籍出版社、二〇〇四年）參照。

（12）『史記』惠景間侯者年表では「侯蟜」とあるのみで、姓が記されていないが、「陳」と考えられる。王叔岷『史記斠證』（中央研究院歷史語言研究所、一九八三年）八九四・八九五頁參照。

（13）『史記』卷五二齊悼惠王世家では燕王劉定國の事件について、「燕王者、與其子昆弟姦、新坐以死、亡國」と記されている。『漢書』卷三八高五王傳にもほぼ同じ記述が見え、「子昆弟」について顏師古注に「燕王定國傳云、與其子女三人姦。子昆弟者、言是其子女又長幼非一、故云子昆弟也。一曰、子昆弟者、定國之姊妹也。言定國姦其子女及其姊妹」とある。後者の解釋が正しいとすれば、燕王はさらに姊妹とも姦通していたことになる。

（14）『漢書』卷一四諸侯王表では「十一年、後二年、謀反、自殺」とあり、濟北王は謀反を犯したことになっている。これは皇帝を呪詛したことが謀反に問われ、禽獸行よりも謀反の方が重大な犯罪であったからであろう。

第五篇　結　論

終　章　罪目の形成と意義

はじめに

不孝・不敬・不道など、後世罪目となったものは、それぞれ各時代において皇帝の權威を高め、民の統治に利用されるなど、さまざまな意義を有しており、それらについては以上の各章で逐一提示したつもりである。よって、この終章でそれらを繰り返し採り上げて論じることはしない。本章では最後に殘された問題、すなわち唐律に見えるような罪目が、いかなる過程を經て形成されたのかという問題について檢討する。

序章でも述べた通り、北周と北齊はそれぞれ律に「十條」を設けたが、北周律の十條のうち「惡逆」・「不道」・「大不敬」・「不孝」・「不義」・「內亂」、北齊律の十條のうち「惡逆」・「不道」・「不敬」・「不孝」・「不義」・「內亂」は、唐律でも罪目として設けられていたので（嚴密にいえば、唐律では「不敬」ではなく「大不敬」であったが）、北周律・北齊律でも罪目であった可能性がある。罪目は北周律・北齊律に至って初めて創設されたのか、それとも以前から設けられていたのであろうか。あるいは、北周律・北齊律においても罪名のままであったのであろうか。まずは前章までの檢討結果のうち、北周律・北齊律制定より前、及び南朝において、少なくとも唐律で罪目とされているものの變遷を整理すると、次の通りになる。

不孝　秦では遲くとも戰國末期までに罪名として設けられ（第二章）、以後漢魏晉南北朝へ受け繼がれていった。南朝では宋のとき、明らかに罪名として用いられている例が見える。陳では内亂とともに擧げられている。内亂は罪目としてのみ存在しうるので（第十二章）、不孝も陳律までには罪目化されていた可能性も否定できない（第五章）。一方、北朝では遲くとも北魏の太和十一年（四八七年）までに不孝が罪目化していた（第六章）。

大不敬・不敬　遲くとも前漢の文帝期にはいずれも罪名として現れ（第七章・八章）、以後魏晉南北朝へ受け繼がれていった。南朝では梁の武帝期に大不敬が罪名として用いられている例が見える。不敬は南齊のときに用例が見え、同樣に罪名であったと考えられる。一方、北朝では大不敬・不敬が遲くとも東魏の孝靜帝期まで罪名として現れる（第九章）。

不道　戰國秦から法律に設けられていた可能性もあるが、確實に法律上の不道といえるものは、前漢の文帝期から現れる。不道は罪名であるとともに、罪目としての側面も持っていた（第十章）。三國魏では大逆無道と謀反大逆に分けられ、不道の範圍がその分限定されたが、實際にはこのような區別がなされず、謀反は從來通り大逆無道として扱われ、西晉以降も同樣であった。南朝梁律では謀反・降・叛・大逆が制定された。それまで不道は國家・皇帝に對する侵害行爲と、人倫の道に著しく外れた行爲の双方が含まれていたが、前者は基本的に不道の對象外となった（第十一章）。

惡逆　前漢から見えるが、大逆の意として用いられているに過ぎなかった。南朝梁律では謀反・降・叛・大逆が制定され、これに伴って南朝ではこれらと惡逆が明確に區別されるようになった。南朝陳律では内亂とともに見えるので、遲くとも陳律制定以降は罪目であった可能性がある（第十二章）。

不睦　西晉以降に罪名として現れる（第十二章）。

不義　罪名・罪目としての用例は見えず、單に犯罪一般や不正な行爲を指す語として現れるに過ぎない（第十二章）。

内亂　南朝陳では罪目として現れる（第十二章）。

以上の検討結果を手がかりとして、本章では罪目全體の形成過程とその意義などについて検討する。

第一節　法典の編纂と罪目の繼受

序章で述べた通り、唐律の十惡は隋の開皇律の十惡をそのまま繼承したもの、また開皇律の十惡は北齊律の重罪十條を基礎として形成されたものといわれている。それでは、北齊律の十條はいかなる國家の法律の影響を受けたものであろうか。これについてはいくつかの可能性が考えられる。

第一に、北齊が北周律の十條を模倣したという可能性である。北齊律と北周律の十條には違いもあるものの、おおむね共通している。しかも、北周律は保定三年（五六三年）二月、北齊律は河清三年（五六四年）三月に公布されており、北齊律の公布は北周律より一年遲い。

しかし、この第一の可能性はほとんどないと考えられる。北齊と北周はそれらの前身である東魏・西魏以來、國家の正統性をめぐって敵對關係にあった。それゆえ、北齊が北周律を模倣して十條を制定したとは考えがたい。しかも、『隋書』巻二五刑法志に、

既而司徒功曹張老上書、稱大齊受命已來、律令未改、非所以創制垂法、革人視聽。於是始命羣官、議造齊律、積年不成、其決獄猶依魏舊。（中略）〔武成帝〕又以律令不成、頻加催督。河清三年、尚書令・趙郡王叡等、奏上齊律十二篇。

とあり、北齊では初代皇帝文宣帝のときから律の制定が圖られたが、なかなか完成しなかったので、第四代皇帝武成帝はこれを督促し、河清三年に至って律が完成している。つまり、北齊はおよそ十年程度の長きに渉り、獨自に律を編纂した經驗があった。にもかかわらず、それを差し置いて北周律を模倣したとは考えがたい。そもそも、北周律と北齊律は篇名や刑罰などに大きな違いがある。(1) 北齊が北周律を模倣しつつも、わずか一年で大幅な改變を加え、制定・公布できたとも考えがたい。

第二に、北魏律には既に十條の前身が設けられていたという可能性である。北魏は西魏と東魏に分裂し、後に西魏が北周、東魏が北齊にとって代わられた。北周律と北齊律にいずれも十條が見えるということは、北魏が分裂する前から既に設けられていたと考えるのが自然な解釋であろう。

しかし、既に見てきた通り、北魏律に十條の痕跡は認められない。唯一、不孝は遲くとも太和十一年（四八七年）に罪目化されていたごとくであるが、東魏の孝靜帝期では、大不敬・不敬・惡逆はいずれも罪名であって、罪目ではなかった。中でも、惡逆は漢代以降、事實上大逆の意として用いられ、それは東魏の孝靜帝期でも同樣であった。惡逆が大逆と明確に區別されていないということは、十條がまだ設けられていなかったことになる。さらに、北魏の他、南朝梁律・陳律にも十條のような罪名あるいは罪目が見える。それゆえ、假に北周律・北齊律の十條の起源が北魏律にあるとすれば、南北兩朝にいずれも十條のようなものが見えることを、どのように理解すべきかが問題となる。

第三に、晉律にも既に十條のような罪名あるいは罪目が設けられていたという可能性である。もしその通りとすれば、南北兩朝に十條のような罪名・罪目が見えることに説明がつく。つまり、十條の起源は西晉の泰始律にあり、それが南朝と北朝（北朝の場合、五胡十六國を經て受け繼がれたことになる）へそれぞれ受け繼がれたということである。

しかし、北魏律と同様、晉律にもそのような痕跡は見えず、晉律の不孝・大不敬・不敬・不睦はいずれも罪名であって、罪目ではない。しかも、惡逆に至っては、事實上大逆の意として用いられているに過ぎなかった。もっとも、これらが法律上同一範疇の罪名であるという認識は、それなりに存在したようである。大不敬と不敬は不敬の程度差によって區別されるものであるから、同種のものという認識があったであろうことはいうまでもない。また、『晉書』卷三〇刑法志が引く張斐「律表」には、

其知而犯之謂之故、意以爲然謂之失、違忠欺上謂之謾、背信藏巧謂之詐、虧禮廢節謂之不敬、兩訟相趣謂之鬭、兩和相害謂之戲、無變斬擊謂之賊、不意誤犯謂之過失、逆節絶理謂之不道、陵上僭貴謂之惡逆、將害未發謂之戕、唱首先言謂之造意、二人對議謂之謀、制衆建計謂之率、不和謂之強、攻惡謂之略、三人謂之羣、取非其物謂之盜、貨財之利謂之贓。凡二十者、律義之較名也。

とあり、泰始律の用語のうち、似て非なるものを二〇個列擧しているが、その中では不道と惡逆の違いについて説明している。ということは、不道と惡逆は本來同一範疇の用語であったことが知られる。

泰始律以前においてもそのような認識は存在したごとくである。尚徳街簡牘二一二十二五四背面第一欄には、

妻淫失煞夫、不道。
奸人母子旁、不道。
對悍使者、無人臣禮、大不敬。
驚動鬼神、大不敬。
上書絶匿其名、大不敬。

條には、

漏泄省中語、大不敬。

とあり、不道の次に大不敬が列擧されている。漢代でも不道と大不敬は區別されることもあれば、大不敬の甚だしいものについては、さらに不道の罪に問うこともあった（第七章）。また、『後漢紀』巻八光武皇帝紀建武二十九年條には、

詔天下繫囚自殊死已下減本罪各一等。不孝・不道不在此書。

とあり、後漢の光武帝が詔を下し、囚人のうち死刑以下の刑罰にあたる罪を犯した者全てを一等減刑するが、不孝と不道の場合には減刑の對象としないとしている。

以上のように、大不敬と不敬、惡逆と不道、不道と大不敬、不道と不孝が互いに同一範疇に屬するものという認識はあったが、後世の十條や十惡のように、これら全體が統一的に同一範疇に屬するものと認識されていた形跡は見えない。

第四に、北朝律が南朝律に影響を與えた可能性である。つまり、十條の起源は北朝律にあり、北朝が十條を制定し、後にその規定が南朝へ傳播し、南朝が北朝律の十條を模倣したということである。南朝と北朝の間ではたびたび交戰が行われたが、その一方で後述する通り、外交上・文化上の交流も盛んであった。その過程の中で北朝律が南朝へ傳播し、南朝において法典編纂の參考とされた可能性も否定できない。しかし、南朝が北朝を一貫して野蠻人の國家と見なしてきたことを考えると、わざわざ積極的に北朝の制度を採り入れたとは考えがたい(2)。

むしろ逆に、十條の起源は南朝にあり、北朝が南朝律の十條あるいはそれに類するものを採り入れた可能性の方が高そうである。現に、北朝が南朝の文化を盛んに採り入れたことは、先行研究でも指摘されてきた通りである。

南北朝間では互いに使節が定期的に派遣されたり、亡命者の受入れや捕虜の返還、交易なども行われ、それらを通して南朝の文化・制度が北朝へも流入していった。[3] 律令については文獻に記載がないものの、南朝から北朝への傳播があったのではなかろうか。

もしその通りとすれば、そもそも南朝ではいつ頃十條あるいはそれに類するものが形成されたのであろうか。南朝のうち宋と齊では、西晉以來の泰始律がそのまま用いられたため、宋と齊のときではなさそうである。もっとも、『隋書』刑法志に、

〔梁武帝〕時欲議定律令、得齊時舊郎濟陽蔡法度、家傳律學。云齊武時、刪定郎王植之集注張杜舊律、合爲一書、凡一千五百三十條、事未施行、其文殆滅、法度能言之。於是以爲兼尚書刪定郎、使損益植之舊本、以爲梁律。天監元年八月、乃下詔曰（中略）則定以爲梁律。（中略）於是以尚書令王亮・侍中王瑩・尚書僕射沈約・吏部尚書范雲・長兼侍中柳惲・給事黄門侍郎傅昭・通直散騎常侍孔藹・御史中丞樂藹・太常丞許懋等、參議斷定、定爲二十篇。（中略）〔天監〕二年四月癸卯、法度表上新律、又上令三十卷・科三十卷。帝乃以法度守廷尉卿、詔班新律於天下。

とあり、南齊の武帝のとき、刪定郎の王植之が律を編纂したが施行されず、その條文はほとんど失われてしまった。しかし、蔡法度という者が代々律學を傳えており、南齊律の内容を憶えていたので、梁の武帝は蔡法度を兼尚書刪定郎に任命し、王植之の舊本を補ったり削除させたりした。さらに、梁律編纂の詔を天監元年（五〇二年）八月に下し、尚書令の王亮らも律の編纂に參加させ、蔡法度は完成した律及び令・科を二年四月に武帝へ奉り、武帝は新律の公布を命じたという。それゆえ、梁律は南齊律を基礎として編纂されたことになる。武帝が皇帝に即位し、梁を建國したのは天監元年四月のことであるから、いずれにせよ梁律は令・科とともに、わずか一年程度とい

う短期間で編纂されたことになる。このような短期間で編纂可能であったのは、梁律が南齊律草案に若干の修正を加えたものに過ぎなかったからではなかろうか。

注目されるのは、『隋書』刑法志に、

其謀反・降・叛・大逆已上、皆斬。

とあり、天監二年公布の梁律の内容を説明した部分において、謀反・降・叛・大逆が列擧されていることである。前章でも述べた通り、これは北周律の謀反・大逆・降・叛と完全に一致し、また北齊律の反逆・大逆・叛・降ともよく似ている。さらに、謀反・降・叛・大逆はそれまで不道・惡逆などとして處罰されることもあったが、これらが梁律に對する説明の中でことさらに列擧されているということは、少なくとも法律の上では惡逆・不道と明確に區別されるようになったことが窺われる。すると、梁律では十條あるいはそれに類するものが既に制定されていた可能性が高い。北周律が公布されたのは保定三年（五六三年）、北齊律は河清三年（五六四年）であるから、南朝では六〇年ほど早く十條あるいはそれに類するものが制定されていたことになる。しかも、梁律は南齊律を基礎として編纂されたものであるから、南齊律草案でも十條あるいはそれに類するものが既に定められていたのかもしれない。

それでは、北朝の十條はいずれの南朝律を參照したものであろうか。まず、南齊律は施行されず、かつその條文がほとんど失われたとされているので、おそらく北朝には傳わらなかったであろう。すると、殘るは梁律と陳律のいずれかということになる。陳律は永定元年（五五七年）に制定されており、北周律・北齊律の公布よりも若干早い。しかし、陳は國土も國力も南朝最弱で、北朝が陳律を積極的に採り入れたとは考えがたい。それゆえ、梁律こそが北朝によって參照されたと考えられる。

ところが、ここで一つ問題となる點がある。すなわち、第九章で検討した通り、梁律の大不敬は明らかに罪目ではなく罪名であった。すると、梁律では十條あるいはそれに類するものがまだ制定されていなかったのではないかという疑問も生じうる。しかし、そもそも南朝の惡逆以下は、必ずしもその全てが罪目であったとは限らないのではあるまいか。確かに、唐律では惡逆以下が全て罪目であったが、南朝もそうであったとは限らない。あるいは、不孝も南朝では陳律に至ってもなお、罪名であった可能性も否定できない。

梁律が公布された天監二年四月當時、北魏はまだ東西に分裂していなかった。『魏書』巻八世宗紀正始元年十二月條に、

己卯、詔羣臣議定律令。

同書巻一一一刑罰志に、

正始元年冬、詔曰、議獄定律、有國攸慎、輕重損益、世或不同。先朝垂心典憲、刊革令軌、但時屬征役、未之詳究、施於時用、猶致疑舛。尚書門下可於中書外省論律令。諸有疑事、斟酌新舊、更加思理、增減上下、必令周備、隨有所立、別以申聞。庶於循變協時、永作通制。

とあり、北魏の正始元年（五〇四年）一二月、世宗宣武帝が律令を編纂するよう命じている。そして、同書巻七八孫紹列傳に、

延昌中、紹表曰（中略）又先帝時、律令並議、律尋施行、令獨不出、十餘年矣。（中略）然律令相須、不可偏用、今律班令止、於事甚滯。

とあり、延昌年間（五一二〜五一五年）に孫紹が上奏し、「先帝」のときに律令について審議し、律は施行されたが、令は今に至るまで施行されていないと述べている。ここでいう「先帝」とは宣武帝のことを指す[4]。それゆえ、正始律は編纂後、確かに施行されたことがわかる。北魏の正始元年は梁の天監二年のわずか一年後であるが、あるいは北魏も梁律の公布に刺激を受け、律の編纂に着手したのかもしれない。律とは性格が異なるが、北人が南人の著作に強い關心を持っていたことは、吉川忠夫氏が指摘している通りである[5]。もっとも、堀内淳一氏の研究によると、南北朝間の使節派遣は、北魏の太和十八年（四九四年）に北魏が南齊を攻めたことにより中斷し、南北間の定期的な使節の派遣が再開されるようになったのは、北魏が東西に分裂して以降のことである[6]。つまり、天監・正始のときは、南北間の國交は斷絶狀態にあった。とはいうものの、使節派遣以外の何らかの經緯により、梁律が北魏へ傳播した可能性も否定できない。

もし梁律が北魏に傳播し、正始律が梁律の影響を受けて制定されたならば、北朝では正始律のときに初めて十條あるいはそれに類するものが制定されたとも考えられる。ところが、前章で檢討した通り、少なくとも東魏では惡逆が大逆の代わりに用いられているに過ぎなかった。それゆえ、北魏において十條あるいはそれに類するものが確立されていたとは考えがたい。

すると、北周律及び北齊律に十條が見えることは、どのように理解すべきであろうか。これについては二つの可能性が考えられる。

第一に、梁律は北魏のときに傳播していたが、北魏では梁律の十條あるいはそれに類するものを採り入れず、北周・北齊がそれぞれ十條を設けた、あるいは梁律は東西分裂後に北朝へ傳播し、北周・北齊がそれぞれ十條を設けたという可能性である。この場合、梁律において十條、すなわち十の罪名及び罪目が既に確立されていたと考えざるをえない。さもないと、北周と北齊が奇しくも偶然十條を定めたということになってしまう。

第二に、梁律は北魏のときに傳播し、北魏では正始律の施行後、十條あるいはそれに類するものを採り入れようとする改革が行われつつあったが、東西分裂により一時頓挫し、北周・北齊が律を編纂するにあたり、北魏のときの改革に基づいて十條を採り入れたという可能性である。この場合、第一の可能性とは逆に、梁律では必ずしも十條が確立されておらず、北魏において確立されたとも考えられる。ただし、正始律以降、北魏で法典編纂の動きがあったことは史料上確認できない。

それでは、いずれの可能性がより高いであろうか。思うに、北周律と北齊律はほぼ同じ時期に公布されているが、第一の可能性ではこの點が説明できない。しかし、第二の可能性であれば、次のように解することが可能であろう。すなわち、北魏の正始律公布以降、梁律の十條あるいはそれに類するものを採り入れようとしたが果せず、その課題は東西分裂後に持ち越された。その後、西魏では宇文泰が大統元年（五三五年）に「二十四條新制」（二十四條之制）[7]、七年に「十二條制」（十二條新制）を公布させ[8]、また西魏の文帝が十年に二十四條新制と十二條制をまとめて「中興永式」（大統式）として公布させた[9]。これらの法典は律令を補充するものであって、全面的に律令を改定するものではなかったと考えられる。十條を採り入れるとすれば、このように部分的な改定ではなく、全面的な改定の際に行われたことであろう。十條は刑罰法規全體の體系にかかわってくるからである。その後、宇文泰は趙肅という者を廷尉卿に任命し、法律を編纂させたが、趙肅は途中で死去したので、司憲大夫の託拔迪に引き繼がせた。律は北周の保定三年二月に至って完成し、「大律」と呼ばれたという[10]。

一方、東魏では孝靜帝が高澄と羣臣に詔を下し、麟趾閣において「新制」を議論のうえ確定させ、興和三年（五四一年）にこれを公布した（麟趾格）[11]。北齊に入ると、天保元年（五五〇年）、文宣帝（高洋）の命により、東魏の麟趾格が改正のうえ公布された[12]。麟趾格及び改正麟趾格も中興永式と同様、律令を補充するものであって、全面的に律令を改定するものではなく、これらの制定に伴って十條が導入されたとは考えがたい。現に、前章で検討した通り、東魏では麟趾格が公布された興和三年以降においても、悪逆が事實上大逆の意として用いられている例が見える。しかも、『魏書』刑罰志に、

是時軍國多事、政刑不一、決獄定罪、罕依律文、相承謂之變法從事。

とあり、改正麟趾格の施行後、他國との戰爭が多く、政治や司法にも一貫性がなく、治獄で罪を確定する際、律文が用いられることは稀であったという。それゆえ、そもそも體系的な法律は實施しえなかったであろう。もっとも、先述の通り、北齊では初代皇帝文宣帝のときから律の制定が圖られたものの、なかなか完成しなかったので、第四代皇帝武成帝はこれを督促し、河清三年に至って律が完成することとなった。

以上に見られる通り、東西の北朝は爭うように法律の制定を行っている。それは、あるいは王朝の正統性を示す一要素であったのではなかろうか。以下は推測になるが、北魏では正始律の施行以降、さらなる律の改定が圖られた。あるいは、それは梁律に接したことに原因があるのかもしれない。そして、十條が梁律で既に確立されていたとすれば、北魏はそれを採り入れようとした。また、梁律では十條に類するものがあるだけで、十條がまだ確立されていなかったとすれば、北魏において十條が形成された。しかし、その律の草案は日の目を見ることなく、北魏が東西に分裂してしまった。律の編纂事業は西魏・北周及び東魏・北齊に引き繼がれた。律の編纂事業は統一時の北魏によって行われていた事業だけに、これを完成させることは、王朝の正統性を示す一要素となる。結局、西魏・東魏とも律を完成させることはできなかったものの、それらを引き繼いだ北周・北齊によって完成されるに至る。北周は保定三年（五六三年）二月、北齊は河清三年（五六四年）三月に十條を含む律を完成させたが、北齊が北周のわずか一年後に律を公布したのは、北周に先を越されたことへ速やかに對應した結果ではなかろうか。

それでは、假に以上の推測が正しいとすれば、北周律・北齊律の惡逆・不道・大不敬（北齊律では不敬）・不孝・

不義・内亂は全て罪目となったのであろうか。前章までに述べた通り、不孝は、北朝では遅くとも北魏の太和十一年（四八七年）までに罪目化していた（第六章）。また、内亂は罪目としてのみ存在しうるものであった（第十二章）。その他については北周・北齊期の用例がほとんどなく、明らかでないが、ことによると北周律・北齊律においても、惡逆以下に罪目と罪名が混在していたのかもしれない。もしその通りとすると、隋の開皇律に至って初めて、惡逆以下が全て罪目化された可能性も否定できない。逆に、北周律・北齊律において惡逆以下が全て罪目であったとすると、北魏の正始律の制定後、北魏において惡逆以下を全て罪目とするという改革草案が作成され、それが北周・北齊に至って實現したとも解しうる。この問題についてはいずれとも判斷しがたい。

ちなみに、北周律では「大不敬」、北齊律では「不敬」となっているが、北齊律の不敬はそれまでの不敬と同一とは考えがたい。重罪十條の一つなのであるから、北齊律でいう不敬とはそれまでの大不敬に相當するものであろう。

第二節　罪目の起源と儒家思想

隋の開皇律以降、律では「十惡」という語が用いられるようになった。十惡という語について周東平氏は、本來佛教用語で、開皇律ではこれを借用したものとする。[13]従うべきであろう。しかし、十惡に含まれる各罪目の名稱は、儒家思想の影響が強い。というよりは、律疏では儒家思想で説明されている。『唐律疏議』名例律「十惡」條疏に、

五刑之中、十惡尤切、虧損名教、毀裂冠冕、特標篇首、以爲明誡。

とあるが、周知の通り「名教」とは儒教を指す。つまり、十惡とは儒家思想に背反する行爲ということになる。

また、律疏では個々の罪目についても儒家思想で説明されている。例えば、「惡逆」については律疏に、

父母之恩、昊天罔極。嗣續妣祖、承奉不輕。梟鏡其心、愛敬同盡、五服至親、自相屠戮、窮惡盡逆、絶棄人理、故曰惡逆。

とあり、これらの中には儒家の經書に典據を有する文言が少なくない。劉俊文氏は惡逆も含め、十惡の疏の典據を逐一示しているが(14)、それらはいずれも儒家の經書の文言である。例えば、冒頭の「父母之恩、昊天罔極」は『毛詩』小雅谷風之什蓼莪に、

父兮生我、母兮鞠我。拊我畜我、長我育我。顧我復我、出入腹我。欲報之德、昊天罔極。

とあるのを典據とする。

このように、罪目が儒家思想に背反する行爲として理解されていたことは、唐律に始まるものではない。これらが罪名であった頃から既にそのような狀況は見られた。例えば、『三國志』卷四魏書三少帝紀に、

〔郭〕太后詔曰、夫五刑之罪、莫大於不孝。夫人有子不孝、尚告治之、此兒豈復成人主邪。

とあり、不孝罪が明らかに『孝經』五刑章の、

子曰、五刑之屬三千、而罪莫大於不孝。

という文言と結びつけられて理解されている（第六章）。また、大不敬についても同樣の例が見られる。すなわち、

前漢の哀帝期、楊明が右曹侍郎薛況の依頼により、宮門の外で博士の申咸を襲撃し、多数の傷を負わせたことにつき、御史中丞衆らは『禮記』曲禮上に、

大夫・士下公門、式路馬。

とあるのを根據として、薛況・楊明の行爲は大不敬にあたるという意見を述べている（第七章）。

しかし、不孝罪などは當初から儒家思想と關聯があったわけではない。不孝罪は戰國秦から見え（第二章〜四章）、大不敬罪・不敬罪は、史料上確認される限りでは前漢の文帝期から見える（第七章・八章）。不道罪は戰國秦から設けられていた可能性も否定できないが、確實に法律上の不道といえるものは、やはり文帝期に現れる（第十章）。前漢の武帝期より前においては、儒家思想は國教化どころか、國政や官吏の罪責追及の場において、經書の文言が典據とされることはなかった。不孝罪などに關する史料においても見えない。よって、これらが儒家思想に基づいて制定されたとは考えがたい。これらの罪名は道德・人倫に反する行爲を名稱としているため、一見すると儒家やその他諸子百家の思想と關聯があるごとくであるが、そうではなく、國家・社會の必要に應じて定められたと考えられる。例えば、不孝罪は戰國時代において秦の國家權力が強大化し、家內部の問題に介入することに伴って設けられた（第二章）。また、大不敬・不敬・不道は國家・皇帝及びその權威を侵害する行爲を主な內容とするが、これらが罪名として設けられたのも、國家權力を維持・強化するためであったと考えられる。もちろん、何をもって不孝・大不敬・不敬・不道とするかは、當初から「禮」に依存するところが大きかったと考えられるが、ここでいう禮は必ずしも儒家のいう禮に限らず、廣く慣習的・傳統的規範としての禮が基準とされていたに違いない。

ただし、惡逆・不睦・不義・內亂は後になって現れたものである。その時期は判然としないが、前漢後期以降に

儒教が國教化されて以降と考えられる。それゆえ、これらは制定の當初から儒家思想が念頭にあった可能性はある。

結　語

十惡のうち惡逆以下の各罪目は、元はといえばそのほとんどが罪名であった。これらは一擧に制定されたわけではなく、戰國秦以降に長い歴史を經て、國家・社會の必要に應じて徐々に制定されていった。大不敬と不敬は當初から同一の範疇にあるものと見なされていたであろうが、不孝・大不敬・不敬・不道などは全て「不」＋αという罪名とはいえ、當初は同類のものと見なされていなかったごとくである。しかし、第一節で檢討した通り、遲くとも後漢までには、これらを同類のものと見なす發想が現れ始める。

これらの罪名の内容は「漏泄省中語、大不敬」などのごとく、律の條文で定義されている場合もあったが、律では全ての行爲を定義し切れず、解釋を「禮」に依存しているものもあった。特に、不道については「不道無正法」ともいわれ、いかなる行爲が不道にあたるかは適宜判斷し、犯した事案の輕重に應じて刑罰を決定する場合もあった。

三國魏のとき新律十八篇が制定され、そのときに「大逆無道」と「謀反大逆」の區別が設けられたが、實際にはその後も謀反などの行爲は大逆無道として罪に問われた。また、西晉の泰始律では本來惡逆という語が設けられていたようであるが、惡逆は事實上大逆の意として用いられていた。しかし、南朝では梁律において謀反・降・叛・大逆が設けられ、不道や惡逆と明確に區別されるようになった。おそらく、これがいわば起爆劑となって、十條そのものか、あるいはこれに類するものが形成されたのではなかろうか。「不道無正法」もこれによって解消されたと推測される。

梁律においては悪逆以下の全てが罪目化されたわけではなかったが、北周律・北齊律あるいは隋の開皇律において、全て罪目化された。各罪目にはさまざまな條文が含まれている。ということは、立法者はどの條文を罪目へ編入するか否か、またどの罪目に編入するかを考えなければならない。これは律全體に渉る作業であり、そのためには當然のことながら、ある程度條文の整理が前提としてなされていなければならない。その最適な機會は法典の編纂であろう。法典編纂は一般に既存の法典を繼承しつつ、新たな條文を創設したり、既存の條文を改定・補充・削除したり、條文の排列を改めたり、他の篇へ移すなどの作業がなされる。その際には條文間に矛盾がないか、法定刑の輕重に矛盾がないかなどに注意することによって、法典全體に渉って體系性を保持しなければならない。罪目の創設はさまざまな條文に影響を及ぼすため、法典編纂時にこそ行われたと考えられる。

近年、秦・漢では國家による法典編纂が行われなかったという指摘もある(15)。その是非はともかく、假に秦漢律が法典として編纂されていたとしても、法典としての整理狀況は、三國魏律以降とは比べものにならない程度であったと考えられる(16)。それゆえ、秦・漢ではそもそも罪目が形成される狀況になかったであろう。三國魏律や西晉の泰始律、南北朝期の律編纂を經て、徐々に立法技術が向上し、罪目形成の條件が整っていった。つまり、度重なる法典の編纂が、罪目の形成を可能にしたといえよう。

さらにいえば、罪目の形成は前漢末期以降の法律制定の方針に沿うものであった。前漢末期以降、國家は儒家の經書に合わせて法律を改定する政策を採る。例えば、『後漢書』巻四六陳寵列傳に、

寵又鉤校律令條法、溢於甫刑者除之。曰、臣聞禮經三百、威儀三千、故甫刑大辟二百、五刑之屬三千。（中略）今律令死刑六百一十、耐罪千六百九十八、贖罪以下二千六百八十一、溢於甫刑者千九百八十九、其四百一十大

辟、千五百耐罪、七十九贖罪。（中略）宜令三公・廷尉平定律令、應經合義者、可使大辟二百、而耐罪・贖罪二千八百、并爲三千、悉刪除其餘令、與禮相應、以易萬人視聽、以致刑措之美、傳之無窮。未及施行。

とあり、後漢の和帝のとき、廷尉の陳寵は和帝へ上奏し、律令の條文數を減らし、經書の『甫刑』と合致させるよう求めている。前節でも述べた通り、各罪目は儒家思想に背反する行爲を内容とするものであり、儒家思想を法典編纂の方針とした政策の所産ともいえよう。

次に、罪目を設けた意義は何であろうか。これについては下記の意義が考えられる。

第一に、當該行爲が法律上犯罪にあたるだけではなく、人倫特に儒敎思想に背反することを強調するためである。法律上に罪目を設けるとともに、實際に當該犯罪が發生したら、罪名のみならず罪目をも適用することを通して、法律と人倫の双方から犯行を非難し、今後このような犯行がなされないよう社會を威嚇し、犯罪の發生を豫防するという意圖もあったのであろう。

第二に、法律の條文を簡便にするためである。各罪目に含まれる犯罪は、犯罪の種類などに應じて法定刑が區別されており、各罪目に統一的な法定刑が設けられているわけではなかった。しかし、少なくとも唐律の十惡には統一的な法的効果があった。今一度ここに列擧する。

①皇族・高官及びその親族などが享受する「議」・「請」・「減」の特典が適用されない。
②官爵を有する者は「除名」に處される。無官のとき十惡にあたる罪を犯し、官爵をえた後に發覺した場合も除名に處される。
③老親の扶養の問題を考慮することなく、刑罰が執行される。
④しばしば恩赦の對象から除外された。

『隋書』刑法志には開皇律の内容について、

犯十惡及故殺人獄成者、雖會赦、猶除名。

とあり、十悪にあたる罪を犯した場合、赦令が出たとしても、除名とすると説明されている。また、北齊律の重罪十條については、

其犯此十者、不在八議論贖之限。

とあり、十條を犯した場合、「八議」・「贖」を適用しないと述べられている。北齊律にも唐律の①に相當する規定が設けられていたのであろう。一方、北周律に關しては、十條に對して統一的な法的効果が定められていたとする史料は見えないが、十條の一つである惡逆については、

凡惡逆、肆之三日。

とあり、刑死者の屍體を三日間晒しものにするとされていた。

以上のように、法律上の複數の犯罪に對して同一の制裁を適用する場合、それらの制裁を犯罪ごとに、逐一條文に記載するよりも、複數の犯罪を一まとめにする概念を設け、それに對して一まとめに制裁を設けた方が簡便である。それゆえ、既存の一部の罪名を罪目としたり、新たに罪目を設けたり、さらには十條あるいは十惡という一まとめの概念を創出したのであろう。その背景にはやはり立法技術の向上があったと考えられる。

（1）『隋書』刑法志によると、北周律は刑名・法例・祀享・朝會・婚姻・戸禁・水火・興繕・衞宮・市廛・鬭競・劫盗・賊叛・毀亡・違制・關津・諸侯・廄牧・雜犯・詐僞・請求・告言・逃亡・繫訊・斷獄の二五篇、北齊律は名例・禁衞・婚戸・擅興・違制・詐僞・鬭訟・賊盗・捕斷・毀損・廄牧・雜の一二篇から成っていた。また、北周律の刑罰は死刑（裂・梟・斬・絞・磬）、流刑（流蕃服・流鎭服・流荒服・流要服・流衞服）、徒刑（徒五年・徒四年・徒三年・徒二年・徒一年）、鞭刑（百・九十・八十・七十・六十）、杖刑（五十・四十・三十・二十・十）、北齊律の刑罰は死（轘・梟首・斬・絞）、流刑、刑罪（五歲・四歲・三歲・二歲・一歲）、鞭（一百・八十・六十・五十・四十）、杖（三十・二十・十）であった。

（2）もっとも、逆に南朝も北朝の文化・制度などの影響を受けたという説もあり、特に南朝梁の武帝が天監年間に行った官制改革については、北魏・孝文帝の太和年間の官制改革から影響を受けたとする説がある。この問題については、牟發松氏が先行研究を詳しく紹介している。『漢唐歷史變遷中的社會與國家』（上海人民出版社、二〇一一年）五〇八～五一〇頁參照。

（3）先行研究については、堀内淳一『北朝社會における南朝文化の受容』（東方書店、二〇一八年）五～一一頁參照。

（4）ここでいう「先帝」が宣武帝を指すことは、松本善海『中國村落制度の史的研究』（岩波書店、一九七七年）二九四頁（一九五六年原載）、堀敏一『律令制と東アジア世界』（汲古書院、一九九四年）七八頁（一九八四年原載）參照。

（5）吉川忠夫「北魏孝文帝借書攷」、「島夷と索虜のあいだ――典籍の流傳を中心とした南北朝文化交流史――」（同氏『六朝隋唐文史哲論集』Ⅰ人・家・學術、法藏館、二〇二〇年。一九九八年・二〇〇〇年原載）參照。

（6）堀内淳一「北朝の使者の歸國後」（同氏『北朝社會における南朝文化の受容』）參照。もっとも、堀内氏は南北間の國交回復について、東魏と梁の關係のみ論じている。西魏については從來、梁との關係は疎遠であったとする理解が一般的であったが、前島佳孝氏は、そのような理解は遺された文獻の不足によるものであって、西魏は漢中をめぐって梁と争った後に和睦し、大統二年（五三六年）に兩國間の通交が成立したとする。「西魏・蕭梁通交の成立――大統初年漢中をめぐる抗争の顚末――」、「西魏前半期の對梁關係の展開と賀拔勝」（同氏『西魏・北周政權史の研究』汲古書院、二〇一三年。いずれも二〇〇二年原載）參照。

（7）『周書』巻二文帝紀下大統元年條に「三月、太祖以戎役屢興、民吏勞弊、乃命所司斟酌今古、參考變通、可以益國利民便時適治者、爲二十四條新制、奏魏帝行之」、『隋書』刑法志に「大統元年、〔周文帝〕命有司斟酌今古通變、可以益時者、爲二十四條之制、奏之」とある。

（8）『周書』文帝紀下大統七年條に「冬十一月、太祖奏行十二條制、恐百官不勉於職事、又下令申明之」、『隋書』刑法志に「七年、又下十二條制」とある。

（9）『周書』文帝紀下大統十年條に「秋七月、魏帝以太祖前後所上二十四條及十二條新制、方爲中興永式、乃命尚書蘇綽更損益之、總爲五卷、班於天下」、『隋書』刑法志に「十年、魏帝命尚書蘇綽、總三十六條、更損益爲五卷、班於天下」とある。

(10)『隋書』刑法志に「其後以河南趙肅爲廷尉卿、撰定法律。肅積思累年、遂感心疾而死。乃命司憲大夫託拔迪掌之。至保定三年二月庚子乃就、謂之大律」とある。
(11)『魏書』巻一二孝靜帝紀興和三年條に「冬十月癸卯、齊文襄王自晉陽來朝。先是、詔文襄王與羣臣於麟趾閣議定新制。甲寅、班於天下」とある。
(12)『北齊書』巻四文宣帝紀天保元年條に「甲午、詔曰、魏世議定麟趾格、遂爲通制、官司施用、猶未盡善。可令羣官更加論究」、『隋書』刑法志に「及文宣天保元年、始命羣官刊定魏朝麟趾格」とある。
(13)周東平「隋《開皇律》十惡淵源新探」(『法學研究』二〇〇五年第四期)參照。
(14)劉俊文『唐律疏議箋解』(中華書局、一九九六年)六七～八五頁參照。
(15)陶安あんど「法典編纂史再考――漢篇：再び文獻史料を中心に据えて――」(『東洋文化研究所紀要』第一四〇冊、二〇〇〇年)、冨谷至「晉泰始律令への道」(同氏『漢唐法制史研究』創文社、二〇一六年。二〇〇〇・〇一年原載)、廣瀬薫雄「『晉書』刑法志に見える法典編纂説話について」、「秦代の令について」、「秦漢時代の律の基本的特徴について」(同氏『秦漢律令研究』汲古書院、二〇一〇年)など參照。
(16)『漢書』巻二三刑法志に「於是招進張湯・趙禹之屬、條定法令、作見知故縱・監臨部主之法、緩深故之罪、急縱出之誅。其後姦猾巧法、轉相比況、禁罔寖密。律令凡三百五十九章、大辟四百九條、千八百八十二事、死罪決事比萬三千四百七十二事。文書盈於几閣、典者不能徧睹」とあり、前漢の武帝期以降、法律が大量に制定され、法律文書が机や書棚に滿ち溢れ、司法を職務とする者もあまねく見ることができないほどであったという。

附篇　附論

附論一　長沙尚德街出土法律木牘雜考

はじめに

二〇一一～一二年、湖南省長沙市内の尚德街一帶で發掘調査が行われ、戰國～清代の古井戸が全部で八百餘り發見された。それらのうち九つの井戸より、後漢早中期～三國呉早中期の簡牘が二百枚餘り出土した[(1)]。尚德街は五一廣場南端より三〇〇メートルほど南に位置する。五一廣場とその周邊には長沙郡府が置かれていたと見られ[(2)]、尚德街の他走馬樓・東牌樓・五一大道などでも古井戸が發見され、前漢～三國呉の簡牘が大量に出土している。これらの簡牘はもともと長沙郡府で使用されていた文書などであり、不要になった後、既に井戸として使われなくなっていた古井戸へ廢棄されたものと見られる。

尚德街出土簡牘について注目されるのは、木牘〇八四、二一二、二五四の正面・背面にそれぞれ法律の條文が多數列擧されていることである。睡虎地秦簡、嶽麓書院藏秦簡、龍崗秦簡、張家山第二四七號墓出土漢簡、睡虎地漢簡、張家山第三三六號墓出土漢簡、胡家草場漢簡など、數十～數百本にも渉る竹簡に法律の條文が列擧されている文書はこれまでにもいくつか發見されているが、一枚の木牘に多數の條文が列擧されている例は、これら三枚の木牘を除けば、わずかに古人堤漢簡一四正面があるのみである[(3)]。本章では〇八四、二一二、二五四の史料的性格などについて検討する。

第一節　〇八四の史料的性格

〇八四の正面・背面には以下の通りに記されている。

（正面）

詔書、庶人不與父母居者、爲仕（士）伍、罰作官寺一年。

詔書、九十以上、爲復子若孫一人。

詔書、民□産滿五、毋復卒一人、□無所復得□□□。(4)

詔書、民大父母物故、與母出居、當合訾□上從（？）所俾孫得（？）出。

詔書、故事年九十、九十有子、雖勉（免）老不得□復。

（背面）

詔書、清河孫昌受父母出人〈入〉七歲、欲賣不可許和（？）別。(5)

詔書、百戸置一正、貧富不得容姦詐。(6)

詔書、□得與增□□貲罰（？）被□。(7)

光和四年十一月廿八日、於鄗傳作大吉善。

奴妻有子二、爲庶人。強祿助者長（？）女。

見られる通り、各行ともおおむね冒頭に「詔書」とあり、その下に法律の條文らしきものが記されている。これらの詔書にはいずれもかなりの省略があると見られる。皇帝が詔書を下して法規を制定する場合、單に法規の具體的な内容のみならず、なぜそのような法規を設けるのか、つまり立法の趣旨を説明するのが一般的であった。例えば、『漢書』巻六武帝紀建元元年條には、

夏四月己巳、詔曰、古之立敎、鄉里以齒、朝廷以爵、扶世導民、莫善於德。然則於鄉里先耆艾、奉高年、古之道也。今天下孝子順孫願自竭盡以承其親、外迫公事、内乏資財、是以孝心闕焉。朕甚哀之。民年九十以上、已有受鬻法、爲復子若孫、令得身帥妻妾遂其供養之事。

とあり、前漢の武帝が詔を下しているが、傍線部がこのとき制定した法規の内容で、民のうち九〇歳以上の者については、子もしくは孫に「復除」を認めるというものであった。一方、傍線部以外の部分では、立法の趣旨が説明されている。すなわち、鄉里においては年寄りを大切にすることがいにしえの理想とする道とされていた。しかし、現在では子や孫が父・祖父に孝養を盡そうと思っても、傜役・兵役などの公事を負擔しなければならず、財産も乏しいので、孝心が不足してきている。それゆえ、このような法規を設け、孝養を盡させたい、と。ところが、本木牘で列擧されている詔書には、立法の趣旨を説明した部分が一切見えず、法規の部分のみのごとくである。本木牘正面第二行の「九十以上、爲復子若孫一人」は、まさに右の武帝の詔を引用したものと思われるが、引用部分はわずかに法規の内容のみであることがわかる。

また、正面第五行では詔書で引用されている「故事」を擧げるのみである。その詔書には本來、皇帝が故事を踏まえて下した何らかの命令が記されていたはずであるが、その部分は引用されていない。つまり、本木牘では詔書のうち法規としての効力を有する部分のみを引用し、それらを列擧していることになる。さらにいえば、これらの法規がいずれも簡潔であることからすると、あるいはこれら法規の部分にもかなりの省略があるかもしれない。

それでは、本木牘にはなぜこれらの詔書が列擧されているのであろうか。注目されるのは、既に見た正面第二行、及び第三行・第五行には復除に關する法規が見えることである。第三行と第五行は判讀不能の部分もあるが、判讀可能な部分より推測すると、第三行は五人以上の子が生まれた家に對しては、一人分の兵役の復除を認めない、という主旨ではなかろうか。『漢書』巻一下高帝紀漢七年條に、

民產子、復勿事二歲。

とあるのによると、漢の高祖のとき、民が子を產めば、二年間の復除を與えるという法規が定められた。しかし、この規定によると、子を產み續ければ、その家は何年にも渉り復除を受け續けることができてしまう。第三行の規定はこれを四人まで、つまり八年間までに制限するという趣旨であったのではあるまいか(8)。また第五行は、九〇歳にして子がある場合、〔その家の者は（?）〕「免老」の年齢に達していたとしても、復除を受けることはできない、という意味に讀めそうである。もっとも、一見すると第二行の「九十以上、爲復子若孫一人」という規定と矛盾するごとくであり、疑問も殘る。

以上のように、これら三條はいずれも復除を内容とするが、復除が及ぶ範圍、復除の條件などにおいて、親族關係が問題とされているという共通點もある。本木牘のその他の詔書を見ると、「復」という語は見えず、また文意さえよくわからないものもあるが、やはりおおむね親族關係が問題とされているごとくである。例えば、正面第一行では、「庶人」が父母と同居しない場合、士伍の身分とし、罰として官寺で一年間服役させるとあり、「父母」という親族との關係が問題とされている。それゆえ、本木牘の詔書は、あるいはいずれも復除に關する規定なのかもしれない。第一行の場合も、庶人が父母と同居しない場合の全てを對象としているのではなく、例えば父母と同居していることをもって復除を受けているにもかかわらず、實は同居していない場合などが對象とされているのでは

あるまいか。

もっとも、中には背面第二行のごとく、一見すると復除とは無關係らしきものも見える。本條は「百戸ごとに里正を一人置き、〔里人は〕富める者も貧しき者も、犯罪者を見逃してはならない」ということであろう。しかし、他の條文が全て復除と關聯があるとすると、ここで特に問題とされているのは、不正に復除を受けようとする者が里内にいないかどうか、里人に相互監視をさせるという點に主眼があるのではなかろうか。

廣瀬薫雄氏は秦・漢における律令の制定と整理・編纂について、おおむね次のように述べている。すなわち、秦・漢では後世と異なり、「令」の條文のうち、規範的効力を有する部分を「律」と呼んでいた。秦・漢では皇帝が詔を下して「令」を制定すると、それを中央・地方の各官署へ傳達し、各官署は令の副本を作成して保管した。各官署・各官吏はその中からみずからの職掌と密接に關聯するものを集めて整理した。また、各官署・各官吏はそれぞれ令文の中から規範的効力を有する部分、すなわち律の部分だけを抽出し、その内容に應じて分類・整理のうえ所持していた。秦・漢ではこのように各官署・各官吏によって律令が分類・整理されていたのであって、國家が法典を編纂したことはなかった、と[9]。

以上の説については、私は必ずしもその全てに贊成というわけではないが[10]、官署内の各部門・官吏が律令の中からみずからの職務に關聯する條文だけを書き寫し、所持していたという點は、おそらくその通りであろう。本木牘についていえば、復除を職務の一つとする部門ないし官吏が、詔書すなわち令の中から復除に關する條文のみを書き寫し、職務遂行の際の便覽として使用していたと推測することができる。また、各詔書の全文を書寫するのではなく、規範的効力を有する部分のみを抽出して書寫したのであろう。それというのも、立法の趣旨を説明した部分など、規範的効力と無關係の記述は、司法・行政實務のうえでは參照する必要がないからである。もし廣瀬氏の説が正しいとすれば、本木牘で列擧されている「詔書」は、詔書のうち律の部分ということになる。もっとも、正面第五行は「故事」であって、律とは異なる。また、背面第一行も法律の條文ではなく、具體的な案件の處理事例のごとくに見える。あるいは、これも故事に屬するものではなかろうか。正面第五行で故事からの引用であることが明示されているので、その次に位置する背面第一行では、「詔書」の下に記されるべき「故事」が省略されているのかもしれない。

　ここで問題となるのは背面第四行以降である。第四行は「光和四年十一月廿八日」から始まり、第三行までとは異なり冒頭に「詔書」がない。それゆえ、詔書とは異質のものであることが窺われる。「鄮」は縣名で、長沙郡の屬縣である。(11) 本木牘が長沙郡府近邊で出土しており、かつ鄮が長沙郡の屬縣であることからすると、本條は長沙郡府における行政・司法實務の處理例とも考えられる。郡にも故事があったことは、廣瀬氏が指摘する通りである。(12) しかし、「於鄮傳作大吉善」は文意が明らかでなく、しかも記述が簡潔過ぎて、果してこれが規範性を有する故事なのかは疑問も殘る。

　また、背面第五行は法規のようにも見え、しかも「奴妻有子二」とあり、親族關係が問題とされているという點でも第三行までと共通しているが、文意が明らかでなく、またなぜ他の行と異なり、木牘の中ほどから記されているのかわからない。さらに、第四行と關係があるのか否かも不明である。

　以上のような疑問もあるものの、少なくとも背面第三行までは、詔書のうち規範的効力を有する部分のみを抽出したものであることは間違いなかろう。背面第四行以降も規範的効力を持つとすれば、本木牘全體が法規を列擧したものということができるが、そうでないとすれば、あるいは第四行以降は第三行までとは全く關係のない記述をメモとして書き込んだという可能性も否定できない。いずれにせよ、これ以上のことはわからない。

　ちなみに、「光和四年」は後漢の靈帝の元號で、西暦一八一年にあたる。長沙市文物考古研究所はこれをもって本木牘の記述を靈帝期の成文法と解している。(13) しかし、光和四年よりも後になって、光和四年の紀年を持つ文書を書き寫したという可能性も否定できない。すると、他の條文も靈帝期の現行法とは限らず、本木牘が記されたときの現行法と考えるべきであろう。確實にいえることは、本木牘が光和四年以降に記されたということである。

本木牘は尚德街第四八二號井から出土している。長沙市文物考古研究所によると、この井戸内部の堆積狀況は三層にわけることができ、最も深い第三層は基本的に井戸として使用されていたときのものであるのに對し、第二層・第一層はその後ゴミ捨て場として使用されたときのものという。さらに、第二層から本木牘と一五二が出土していることから、第四八二號井は靈帝期まで井戸として使用され、靈帝期から三國呉前期へ至るまでは、ゴミ捨て場として使用されたとする。一五二は封緘で、

烏桓行事以郵行。
熹平二年七月十七日甲子起。

と記されている。封緘であることからすると、これは後世になって書き寫されたものではなく、熹平二年（西暦一七三年）當時に記されたものと考えられる。しかし、だからといって第四八二號井が靈帝期よりゴミ捨て場として使用されたとは限らない。靈帝期の文書が他にも多數出土しているのであれば、第四八二號井が靈帝期よりゴミ捨て場として使用された可能性も高いが、わずかに〇八四と一五二の二件しか出土していない。また、一五二は確かに熹平二年に作成されたと考えられるが、その後すぐに廢棄されたとは限らない。長沙市文物考古研究所は、第四八二號井から後漢のみならず、三國呉のものと見られる陶磁器も出土していることから、三國呉前期までゴミ捨て場として利用されたと推測しているが、するとこれらの簡牘の中には三國呉前期までのものが含まれている可能性もあるのではなかろうか。それゆえ、〇八四は光和四年～三國呉前期に記されたものと解するべきであろう。

第二節　二一二＋二五四の史料的性格

二一二では正面・背面ともに二段組み、二五四の正面では三段組み、背面では二段組みで、いずれも法律の條文が列擧されている。ティース・シュタ－ク氏は、これらは本來一枚の木牘が上下に折れて二つになったもので、二一二正面の右下に二五四正面、二一二背面の左下に二五四背面が繋がっていたとする。[14]從うべきであろう。兩木牘綴合後の釋文を以下に掲げる。

（正面第一欄）

列侯相遺書以侯印封、完城旦。

鬬刃傷人、完城旦。

●人妻事□禾□接夫婦道父母。[15]

嫁爲人妻、滅死罪一等、完城旦。

棄書官印以上、司寇。

非縱火時、擅縱火、燒山林□、司寇。

□□節□□吏不□□▨

（正面第二欄）

臧（贓）錢三百、鬼新（薪）白粲。●擅加益賦、[16]還臧（贓）畀〈畀〉主。[17]

□闕上百者不上、鬼新（薪）。

上書言變事不如式、爲不敬。

天下有服禁、不得屠沽。吏犯、不敬〼
□□官府寺舍民廬、臧（贓）不滿千〼
僕□當僕、坐臧（贓）爲盜。
□□坐臧（贓）爲盜。

（正面第三欄）
僞寫皇帝信爾（璽）(18)、要斬。
謀反者、要斬。
大逆無道□□□□□□

（正面第四欄）
與伯季父子奸、右止。
發遷衞士〈士〉不得令相冒代(19)、棄市。
傷兄姊、加罪二等。

（背面第一欄）
妻淫失煞夫、不道。
奸人母子旁、不道。
對悍使者、無人臣禮、大不敬。
驚動鬼神、大不敬。

上書絶匿其名、[20]大不敬。
漏泄省中語、大不敬。
（背面第二欄）
□□□□□棄市。
以人罪爲罪、當斬。非犯軍中、棄市。
盜變事書、棄市。
留變事書、當上不上滿半日、棄☐
吏留難變事滿半日、棄市。
發視變事、棄市。
同産相奸、棄市。
（背面第三欄）
受□□□書而亡之、髡鉗。
詐命□所及詐復、免死、髡鉗。
（背面第四欄）
謀盜復、完城旦。
臧（贓）四百、完城旦。

長沙市文物考古研究所は二一一二と二五四を「詔書」に分類している。[21]しかし、本木牘で列擧されている條文の中には、他の史料にもこれらに相當する條文がいくつか見え、それらはいずれも律に分類されている。

①正面第一欄第二行「鬬刃傷人、完城旦」

鬬而以釼（刃）及金鐵鋭、錘椎（椎）傷人、皆完爲城旦舂。（二年律令「賊律」、第二七簡／漢律十六章「賊律」、第二一簡）

律曰、鬬以刃傷人、完爲城旦。（『漢書』卷八三薛宣傳）

②正面第一欄第五行「棄書官印以上、司寇」

盜書、棄書官印以上、耐（?）。（二年律令「賊律」、第五三簡）

③正面第三欄第一行「僞寫皇帝信爾（璽）、要斬」

僞寫皇帝信璽（璽）・皇帝行璽（璽）、要斬、以匀（徇）。（二年律令「賊律」、第九簡）

賊律曰、僞寫皇帝信璽・皇帝行璽、要斬、以㺢（徇）（古人堤漢簡一四正面）

④正面第三欄第二行「謀反者、要斬」

以城邑亭鄣反・降諸侯、及守乘城亭鄣、諸侯人來攻盜、不堅守而棄去之、若降之、及謀反者、皆要斬。（二年律令「賊律」、第一簡・二簡／漢律十六章「賊律」、第一簡・二簡／胡家草場漢簡律令「賊律」、第二一簡・二二簡）

⑤背面第二欄第七行「同産相奸、棄市」

同産相與奸、若取（娶）以爲妻、及所取（娶）、皆棄市。（二年律令「雜律」、第一九一簡／漢律十六章「雜律」、第三〇五簡）

その他にも、正面第二欄第三行には「上書言變事不如式、爲不敬」とあるが、『晉書』卷三〇刑法志が引く三國魏「新律序略」には、

故除廏律、取其可用合科者、以爲郵驛令。（中略）上言變事、以爲變事令。

とあり、「上言變事」について定めた條文は、後漢末期では「廏律」に分類されていたことがわかる。「變事」に關する規定は他にも背面第二欄第三〜六行にも見えるが、あるいはこれらも廏律に分類されていたのかもしれない。

以上からすると、本木牘で列擧されているのは詔書ではなく、全て律の條文である可能性が高い。唯一、正面第一欄第三行の「人妻事□禾□接夫婦道父母」は、規範的効力を持つものではない可能性がある。判讀不能の字が二字もあり、文意が判然としないが、他の行のように法定刑など、法律効果に關する記述が行末に見えない。これは詔書のうち規範的効力のない部分の一部を書き寫したものではなかろうか。あるいは、次の行にも「人妻」に關する條文があるので、この條文の立法趣旨を説明した部分かもしれない。

本木牘については以下の二點が注目される。

第一に、本木牘ではおおむね法律効果ごとに律の條文が列擧されている。すなわち、正面第一欄第一〜四行には「完城旦」、第五・六行には「司寇」、第二欄第一・二行には「鬼薪白粲」、第三・四行には「不敬」、第六・七行には「坐臧爲盜」、第三欄第一・二行には「要斬」、背面第一欄第一・二行には「不道」、第三〜六行には「大不敬」、第二欄第一〜七行には「棄市」、第三欄第一・二行には「髡鉗」、第四欄第一・二行には「完城旦」をそれぞれ法律効果とする條文が列擧されている。

法律効果ごとに條文を列擧することには、いかなる意味があったのであろうか。法律効果ごとに條文を列擧した文書は、私の知る限りでは他に例がない。後世の唐律でも法律効果ではなく、犯罪の種類ごとに條文が列擧されている。官吏が司法・行政などの實務を處理するうえでは、さまざまな法律の條文を參照しなければならないが、犯罪の種類ごとに條文を列擧した方が、閲覽・檢索には便利であったはずである。それゆえ、なぜ本木牘が作成されたのかは想像もつかない。

第二に、法定刑についていえば、正面第二欄第一行に「鬼薪白粲」とあるのを除き、「完城旦」・「司寇」・「鬼薪」というように、勞役刑は男子に科されるものしか記されていない。本木牘で列擧されている條文は、必ずしも男子のみを適用の對象するようなものではない。例えば、正面第一欄第二行には「鬭刃傷人、完城旦」とあり、「鬭」の際に刃物で相手を傷つけた場合について定められているが、このような行爲はもちろん女子でもなしうる。現に、二年律令「賊律」では、

鬭而以釰（刃）及金鐵銳・錘椎（椎）傷人、皆完爲城旦舂。（第二七簡）

とあり、法定刑が「完爲城旦舂」とされている。「舂」は女子にのみ科され、城旦と同等級の刑罰である。なぜ本木牘では一例を除き、男子に對する勞役刑しか記されていないのであろうか。そこで、前掲①～⑤を見ると、本木牘に比して、二年律令など他の簡牘の方が、明らかに條文を詳しく記している。つまり、本木牘に列擧されている條文には、かなりの省略があると思われる。それゆえ、法定刑についても基本的に女子のものを省略し、男子のもののみ記したのではなかろうか。女子に對して科される勞役刑には舂・白粲・作如司寇があるが、これらはそれぞれ男子の城旦・鬼薪・司寇と等級を同じくする。法定刑として男子の勞役刑のみを表示したとしても、女子の勞役刑に讀み替えればよいので、女子の勞役刑は省略しても問題なかったのであろう。

最後に、本木牘の年代についてであるが、長沙市文物考古研究所によると、二一二は〇八四と同じく第四八二號井第二層、二五四は第三層から出土している。そして、同研究所は二一二・二五四を〇八四と同樣、靈帝期の成文法と解している。しかし、二一二・二五四には紀年が記されておらず、いつ書寫されたのかは斷定しがたい。先述の通り、同研究所の推定によると、第三層はまだ井戸として使用されていたときのものであるのに對し、第二層・

第一層はその後ゴミ捨て場として使用されたときのものである。あるいは、本木牘は第二層の時期に廢棄されたが、二一二と二五四の兩片に折れ、二五四だけ第三層へ沈んでいったのかもしれない。いずれにせよ、他の出土物から推定すると、本木牘の年代はおおむね後漢末期～三國呉ということになろうか。それゆえ、本木牘に記されている律の條文は、漢律かもしれないし、三國呉律かもしれない。もっとも、①～⑤のように漢律との對應關係が見られること、及び呉で律を編纂したという記述が史書に見えないことからすると、假に呉律としても、ほぼ漢律をそのまま受け継いだものと考えられる。

第三節　「嫁爲人妻、減死罪一等、完城旦」について

二一二正面第一欄第四行には、

嫁爲人妻、減死罪一等、完城旦。

という條文が見えるが、すこぶる難解である。まず、本條冒頭には「嫁爲人妻」とあるが、同じ表現は『後漢書』卷二顯宗明帝紀永平十六年條にも見える。

九月丁卯、詔令郡國中都官死罪繋囚減死罪一等、勿笞、詣軍營、屯朔方・敦煌。妻子自隨、父母・同産欲求従者、恣聽之。女子嫁爲人妻、勿與俱。謀反・大逆無道不用此書。

右の記述は明帝の詔で、要するに死刑囚の死刑を免除する代わりに軍營へ送り、朔方・敦煌に駐留させる。死刑囚の妻子はこれに同行しなければならないが、女子のうち嫁いで人妻となった者は、同行させてはならない、とい

うものである。この詔では嫁いで人妻となった女子と、まだ嫁いでいない女子に對する處遇が區別されていることになる。似たような規定は二年律令にも見える。すなわち「收律」に、

罪人完城旦・鬼薪以上、及坐奸府（腐）者、皆收其妻子・財・田宅。其子有妻・夫、若爲戸・有爵、及年十七以上、若爲人妻而棄・寡者、皆勿收。（第一七四簡・一七五簡）

とあり、完城旦・鬼薪以上にあたる罪、あるいは姦のうち腐刑にあたる罪を犯した場合、その妻子・財物・田宅が沒收されるが、女子のうち人妻となった者については、沒收の對象外とされている。つまり、少なくとも本條の場合、嫁いで人妻となった女子は、父が犯した罪に緣坐しなかった。

すると、二一二の「嫁爲人妻、減死罪一等、完城旦」も、嫁いで人妻となった者に對する緣坐の免除を定めた條文と考えられる。つまり、本來ならば娘は父の罪に緣坐し、死刑に處されるべきところであるが、既に他家へ嫁いで人妻となっている者については、死刑を一等減刑するということであろう。ただし、ここで問題となるのは、本條の法定刑が「完城旦」とされていることである。前節で檢討した通り、二一二では一般に女子に對する勞役刑が省略されている。しかし、もし本條が人妻を對象としているのであれば、法定刑は「城旦」でも「城旦舂」でもなく、「舂」でなければならないはずである。これは他の條文に引きづられ、誤って「城旦」と記してしまったか、あるいは城旦は舂と同等の刑罰であるから、城旦と記しても問題なかったのかもしれない。

すると、次に問題となるのは、なぜ死刑を一等減刑すると完城旦になるのかということである。前漢末期以降、一般に死刑より一等減刑されると、髡鉗城旦に處されるとともに、徙遷刑も併科された(22)。例えば、『後漢書』卷六〇下蔡邕列傳下に、

帝亦更思其章、有詔減死一等、與家屬髡鉗徙朔方、不得以赦令除。

とある通りである。ところが、本條では死刑を一等減刑して完城旦に處すると定められている。完城旦は髡鉗城旦より一等輕い刑罰であり、死刑より二等輕い刑罰であるという、從來の理解とは合致しない。

この問題については、『漢書』卷七七劉輔傳に、

上乃徙繫輔共工獄、減死罪一等、論爲鬼薪。

とあるのが參考になる。すなわち、前漢の昭帝期、諫大夫の劉輔は昭帝を諫めたことにより投獄されたが、左將軍の辛慶忌らが昭帝を諫め、劉輔は死罪一等を減じられ、鬼薪に處されることになった。これについて陶安あんど氏は、本來ならば死罪より一等を減じて髡鉗城旦となるはずであるが、劉輔は上造以上の爵位を有していたため、さらに鬼薪へ減刑されたと解している(23)。女子は爵位を持てないが、二年律令によると、法律上夫の爵位と同じ待遇を受けることができる(24)。しかし、本條では夫の爵位について言及されておらず、完城旦への減刑は、爵位とは關係なさそうである。

思うに、本條において女子が完城旦へ減刑されるのは、爵位ではなく女子であるがゆえではなかろうか。漢代では、女子に對する刑罰は男子の場合に比して緩和されていた。例えば、二年律令「具律」に、

女子當磔若要斬者、棄市。當斬爲城旦者黥爲舂、當贖斬者贖黥、當耐者贖耐。(第八八簡・八九簡)

とあり、女子が罪を犯して處罰される場合、磔もしくは腰斬ならば棄市、斬趾城旦ならば黥舂、贖斬ならば贖黥、耐ならば贖耐へとそれぞれ減刑される。また、胡家草場漢簡律令「具律」にも、

女子當磔若要斬者、棄市。當爲司寇者、作縣官及它、皆如司寇。（第四六簡）

とあり、似たような規定が見える。このような女子に對する刑罰緩和の傾向は、時代が下るにつれて一層強くなる。例えば、前漢・平帝の元始元年（西暦一年）以降、「顧山錢」が實施され、遲くとも後漢の光武帝のときまでには常制化されるに至る。顧山錢とは女子の刑徒を家へ歸らせる代わりに、服役期間が終了するまで每月一定額の錢を國家へ納入させるという制度である。その他にも、刑罰とは異なるが、平帝の元始四年以降、女子が罪を犯した場合、身柄を獄に勾留せず、在宅で取調べを行うという法規が設けられた(25)。女子の場合、髡鉗舂よりさらに完舂へ減刑されるのは、以上のような國家の政策によるものではなかろうか。もしその通りとすると、當時既に髡鉗舂という刑罰は、實際には適用されず、形骸化していたということになる。

先述の通り、筆者の推測によれば、本條は女子が父の罪に緣坐し、本來ならば死刑に處される場合について定めたものである。それでは、父がいかなる罪を犯せばこのような措置がとられるのであろうか。それは大逆不道罪の場合しか考えられない。すなわち、漢律ではある者が大逆不道にあたる罪を犯した場合、その父母・妻子・同產が棄市に處される。いわゆる三族刑である。

『晉書』卷三〇刑法志に、

及景帝輔政、是時魏法、犯大逆者誅及已出之女。毋丘儉之誅、其子甸妻荀氏應坐死、其族兄顗與景帝姻、通表魏帝、以匃其命。詔聽離婚。荀氏所生女芝、爲潁川太守劉子元妻、亦坐死、以懷姙繫獄。荀氏辭詣司隸校尉何曾乞恩、求沒爲官婢、以贖芝命。曾哀之、使主簿程咸上議曰（中略）臣以爲在室之女、從父母之誅。既醮之婦、從夫家之罰。宜改舊科、以爲永制。於是有詔改定律令。

とあるのによると、三國魏の法律では本來、大逆の罪を犯した場合、他家へ嫁いだ娘にも三族刑が及んだ。しかし、後に毌丘儉の反逆事件に對する處罰を契機として律令が改定され、他家へ嫁いだ娘は緣坐の對象外とされるようになった。毌丘儉が殺害されたのは正元二年（二五五年）のことであるから、この改定も正元二年か、その後遠からぬうちに行われたと考えられる。「嫁爲人妻、減死罪一等、完城旦」は他家へ嫁いだ娘に對する緣坐を完全に免除するものではないが、少なくとも死刑を減刑しており、三國魏の改革と同じ方向性にあったといえる。しかし、本木牘の年代は判然とせず、本條が三國魏における改革といかなる關係にあったのかは明らかでない。假に本木牘の年代が後漢末期とすると、もともと漢では、他家へ嫁いだ娘は完舂に處されるのみで、三族刑の對象外であったが、後漢末期から正元二年へ至るまでのいずれかの時期に、他家へ嫁いだ娘も三族刑の適用對象とするという改定が行われ、正元二年以降それが廢止され、緣坐自體が及ばなくなったと理解することができる。それに對して、本木牘の年代が三國呉まで下るとすると、後漢末期では他家へ嫁いだ娘も三族刑の適用對象とされていたが、魏と呉でそれぞれ改定が行われ、魏では緣坐自體が及ばなくなったのに對し、呉では完舂に減刑されるにとどまったと解しうる。いずれの解釋が正しいかは判然としない。

（1）　出土狀況については、長沙市文物考古研究所編『長沙尚德街東漢簡牘』（嶽麓書社、二〇一六年）八～八五頁參照。
（2）　何旭紅「長沙漢「臨湘故城」及其「宮署」位置考析」（『南方文物』一九九八年第一期）參照。
（3）　古人堤漢簡一四正面では「賊律」の條文が列擧されている。湖南省文物考古研究所・中國文物研究所「湖南張家界古人堤簡牘釋文與簡注」（『中國歷史文物』二〇〇三年第二期）參照。
（4）　「□無所復得□□□」の「無」の上の「□」について、雷海龍氏は「家」と釋することができるとする。「《長沙尚德街東漢簡牘》釋文商補」（簡帛網、http://www.bsm.org.cn/?hanjian/7489.html、二〇一七年）參照。

（5）「欲賣不可許和（?-）別」について、李洪財氏は「……不可許私（?-）別。思うに、「私」はあるいは「科」かもしれない」と述べている。「《長沙尚德街東漢簡牘》補釋」（簡帛網、http://www.bsm.org.cn/?hanjian/7479.html、二〇一七年）参照。「私」は、『長沙尚德街東漢簡牘』の釋文では「和」に作り、李氏が誤って引用したのであろう。また、圖版によると、この字は「和」・「科」のいずれとも判別しがたい。

（6）「姦詐」の「詐」は、『長沙尚德街東漢簡牘』の釋文では「証」に作るが、周海鋒氏の解釋に従って改めた。「《長沙尚德街東漢簡牘》校讀記（一）」（簡帛網、http://www.bsm.org.cn/?hanjian/7478.html、二〇一七年）参照。

（7）「訾」は、『長沙尚德街東漢簡牘』の釋文では「貲」に作るが、雷海龍氏の解釋に従って改めた。「《長沙尚德街東漢簡牘》釋文商補」参照。

（8）ちなみに、二年律令「傅律」には「民産子五人以上、男傅、女十二歲、以父爲免☐者。其父大夫也、以爲免老」（第三五八簡）とあり、本條でもやはり民が子を五人以上産んだ場合につき、何やら規定が設けられている。ただし、本條では竹簡の途中が欠けているため、五人以上産んだ家につき、いかなる待遇を与えていたのか判然としない。

（9）廣瀬薫雄「『晉書』刑法志に見える法典編纂説話について」、「秦代の令について」、「秦漢時代の律の基本的特徴について」（同氏『秦漢律令研究』汲古書院、二〇一〇年）参照。

（10）拙稿「（書評）廣瀬薫雄著『秦漢律令研究』」（『中國出土資料研究』第一四號、二〇一〇年）参照。

（11）『續漢書』郡國志四参照。

（12）廣瀬薫雄『秦漢律令研究』二二二～二二六頁参照。

（13）『長沙尚德街東漢簡牘』七九・八〇頁参照。

（14）史達（Thies STAACK）「《長沙尚德街東漢簡牘》綴合一則」（簡帛網、http://www.bsm.org.cn/?hanjian/7814.html、二〇一八年）参照。

（15）シュターク氏の釋文に従い、冒頭に圏點を補った。「《長沙尚德街東漢簡牘》綴合一則」参照。
「人妻事□禾□接夫婦道父母」の「禾」の上の「□」について、李洪財氏は「庚」字ではないかとする。「《長沙尚德街東漢簡牘》補釋」参照。

（16）シュターク氏の釋文に従い、圏點を補った。「《長沙尚德街東漢簡牘》綴合一則」参照。

（17）「還臧卑主」の「卑」について、周海鋒氏は「畀」の錯字である可能性を指摘している。「《長沙尚德街東漢簡牘》校讀記（一）」参照。さらに、呉雪飛氏はこの字が鮮明でないこと、及び文脈から、「畀」と釋するべきと解している。「長沙尚德街東漢簡牘補釋兩則」（簡帛網、http://www.bsm.org.cn/?hanjian/7484.html、二〇一七年）参照。圖版によると、この字はどちらかといえば「卑」に似ているように見受けられる。ここではとり敢えず『長沙尚德街東漢簡牘』の釋文に従い、「卑」とするが、周氏も指摘する通り、「畀」の錯字であろう。
(18)「僞寫」の「僞」は、『長沙尚德街東漢簡牘』の釋文では「爲」に作る。しかし、李洪財氏は圖版によると人偏が見えるので、釋文は「僞」に作るべきとする。「《長沙尚德街東漢簡牘》補釋」參照。從うべきであろう。
(19)「衞士」の「士」は「士」の錯字であろう。周海鋒「《長沙尚德街東漢簡牘》校讀記（一）」參照。
(20)「上書絶匿其名」の「絶」は、『長沙尚德街東漢簡牘』の釋文では「紀」に作るが、周海鋒氏の解釋に從って改めた。「《長沙尚德街東漢簡牘》校讀記（一）」參照。
(21)『長沙尚德街東漢簡牘』二一九〜二二四頁參照。また、長沙市文物考古研究所は「標本〇八四・二一二及び二五四號はいずれも「詔曰」で始まって」いるとも述べている。『長沙尚德街東漢簡牘』七九頁參照。しかし、「詔曰」で始まっているのは〇八四のみであって、二一二と二五四にはそもそも「詔曰」という文言さえ見えない。
(22)陶安あんど『秦漢刑罰體系の研究』（創文社、二〇〇九年）二六二頁、五四〇頁參照。
(23)陶安あんど『秦漢刑罰體系の研究』二五一・二五二頁參照。
(24)二年律令「置後律」に「女子比其夫爵」（第三七二簡）、「具律」に「上造・上造妻以上、及内公孫・外公孫・内公耳玄孫有罪、其當刑及當爲城旦舂者、耐以爲鬼薪白粲」（第八二簡）、「公士・公士妻及□□行年七十以上、若年不盈十七歲、有罪當刑者、皆完之」（第八三簡）とある。二年律令第八三簡及び第三七二簡は、漢律十六章「具律」（第一〇一簡及び第一〇二簡）にもほぼ同じ條文が見える。
(25)以上、拙稿「秦律・漢律における女子の犯罪に對する處罰――家族的秩序との關係を中心に――」（『福井重雅先生古稀・退職記念論集　古代東アジアの社會と文化』汲古書院、二〇〇七年）參照。

附論二　秦律令における犯罪と父母の通報義務

――嶽麓書院藏秦簡「秦律令」より見た――

はじめに

『嶽麓書院藏秦簡　陸』（以下『陸』と略稱）では第一九一簡以降、以下の各簡が排列されている。[1]

●自今以來、有毆詈其父母者、輒捕以律論、典智（知）弗告、䙴（遷）。郷部嗇夫智（知）弗捕論、貲二甲（第一九一簡）

而廢、弗智（知）、典及父母・伍人貲各二甲、郷部嗇夫及令・丞・尉貲各一甲、捕、免郷部嗇夫。或能捕（第一九二簡）

死罪一人、購金七兩。　●十（第一九三簡）[2]

律曰、黔首不田作、市販出入不時、不聽父母、笱（苟）若與父母言、其父母・典・伍弗忍告、令郷（第一九四簡）

部嗇夫數謙（廉）問、捕毄（繫）獻廷、其罪當完城旦舂以上、其父母・典・伍弗先告、貲其父若母二甲、（第一九五簡）

典・伍各一甲、郷部嗇夫弗得、貲一甲、令・丞一盾。●自今以來、有犯律者輒以律論。及其當（第一九六簡）

坐者、郷部嗇夫弗得、以律論及其令・丞、有（又）免郷部嗇夫。　●十一（第一九七簡）

また、『嶽麓書院藏秦簡　伍』（以下『伍』と略稱）にもほぼ同じ記述が數簡に渉って記されている。(3)

☑□廢、弗智（知）、典及父母・伍（第一九四簡）
【人】貲各二甲、鄉嗇夫及令・丞・尉貲各一甲、而免鄉嗇夫。或能捕死辠一人、購金七兩。●廷甲　十（第一九五簡）
律曰、黔首不田作、市販出入不時、不聽父母笱若與父母言、父母・典・伍弗忍告、令鄉嗇夫數謙（廉）問、捕毄（繫）（第一九六簡）
【獻廷】其辠當完城旦以上、其父母・典・伍弗先告、貲其父若母二甲、典・伍各一甲。鄉嗇夫弗得、貲一甲、令・丞一盾。有（第一九七簡）
【犯律者】輒以律論及其當坐者、鄉嗇夫弗得、以律論及其令・丞、有（又）免鄉嗇夫。●廷甲　十一（第一九八簡）

『陸』第一九四簡及び『伍』第一九六簡とも、「黔首」という語が用いられている。黔首とは「民」・「百姓」のことで、始皇二十六年（紀元前二二一年）あるいは二十七年以降、秦の公式の文書では民・百姓の代わりに用いられるようになった。(4) よって、これらの簡文が六國統一後に書寫されたものであることは間違いない。

さらに、『陸』第一九三簡と第一九五簡では「罪」字が用いられているのに對し、『伍』第一九五簡と第一九七簡では「辠」字が用いられている。周知の通り、『説文解字』网部に、

罪、捕魚竹网。以网非。秦以罪爲辠字。

同辛部に、

辠、犯法也。从辛从自。言辠人蹙鼻苦辛之憂。秦以辠似皇字、改爲罪。

『太平御覽』巻六四一刑法部七罪が引く後漢・應劭『風俗通義』に、

辠字爲自辛、令爲辛苦憂之也。秦皇以爲字似皇、故改爲罪。

とあり、秦は「辠」字が「皇帝」の「皇」字に似ていることから、「罪」に改めたとされている。しかし、「辠」は六國統一後の文書でも用いられている例がある。六國統一後、秦では黔首以外にも「皇帝」・「制詔」・「縣官」など(5)、さまざまな用語の改變・統一が行われたが、「辠」が「罪」に改められたのは比較的後のことであろう。陳偉氏は里耶秦簡や嶽麓書院藏秦簡などを根據として、現有の史料からすると、「辠」から「罪」へ改變されたのは、始皇三十年（紀元前二一七年）五月から三十四年（前二一三年）六月の間と考えられるとする(6)。

『陸』に收錄されている簡牘は、もともと全部で五卷の册書に編まれていたごとくであり、第一九一簡～一八七簡はこれらのうち第三組に含まれる。第三組の他の簡を見ると、「制」（第二一〇簡）・「黔首」（第一八五簡、第一八六簡、第二〇一簡、第二〇五簡）・「奴婢」（第一八四簡）など(7)、六國統一後正式に用いられるようになった用語が見えるとともに、全て「罪」字が用いられている。

一方、『伍』はもともと三卷の册書に編まれていたごとくであり、第一九四簡～一九八簡は第二組に含まれる。第二組では「制」（第一〇〇簡、第一二一簡、第一五三簡、第一八五簡）・「詔」（第一〇六簡）・「縣官」（第一〇三簡、第一二〇簡、第一三一簡、第一三七簡、第一五二簡、第二一〇簡、第二一七簡、第二一八簡）・「黔首」（第一三一簡、第一三六簡、第一三八簡、第一四四簡、第一五五簡～一五七簡、第一八九簡、第一九九簡、第二〇八簡、第二〇九簡）・「奴婢」（第一六三簡）など、六國統一後の用語が見える一方で、全て「辠」字が用いられている。それゆえ、『伍』第一九四簡～一九八簡の方が、書寫された年代は早いことが知られる。そして、陳偉氏の説に從えば、本條は遲くとも始皇三十四年までには制定されていたことになる。

周知の通り、嶽麓書院藏秦簡は盜掘によって出土し、香港の骨董市場へ流出したものを、二〇〇七年に湖南大學嶽麓書院が購入し、また二〇〇八年に香港の收藏家が嶽麓書院へ寄贈したものである。盜掘のため出土狀況は不明であるが、二〇〇七年に嶽麓書院が購入したものは、全部で八枚のプラスチックフィルムに包まれていた[8]。整理者は文章の内容や「反印文」[9]、包み内部での堆積狀況などを根據として、簡の排列を復元している。『陸』第一九一簡～一九七簡、『伍』第一九四簡～一九八簡についても、整理者はこれら簡番號の順に排列されていたと解しているごとくである。このような理解に從って、比較的よく殘っている『陸』第一九一簡～一九七簡を連讀すると、次の通りになる。なお、原釋文の「□」内の字は、整理者が殘畫や文脈などを根據として補ったものであるが、ここでは「□」を省略した。

●自今以來、有毆詈其父母者、輒捕以律論、典智（知）弗告、罨（遷）。鄉部嗇夫智（知）弗捕論、貲二甲而廢、弗智（知）、典及父母・伍人貲各二甲、鄉部嗇夫及令・丞・尉貲各一甲、捕、免鄉部嗇夫。或能捕死罪一人、購金七兩。　●十

律曰、黔首不田作・市販、出入不時[10]、不聽父母、笱（苟）若與父母言、其父母・典・伍弗忍告、令鄉部嗇夫數謙（廉）問、捕毄（繫）獻廷、其罪當完城旦舂以上、其父母・典・伍弗先告、貲其父若母二甲、典・伍各一甲、鄉部嗇夫弗得、貲一甲、令・丞一盾。●自今以來、有犯律者輒以律論。及其當坐者、鄉部嗇夫弗得、以律論及其令・丞、有（又）免鄉部嗇夫。　●十一

以上のように、『陸』第一九一簡～一九七簡は、二つの條文から成っていることがわかる。前半の末尾に「●

十」、後半の末尾に「●十一」とあり、何らかのまとまった内容を有する條文羣の十番目、十一番目を示す番號がふられている。本章では假に前半を「第十條」、後半を「第十一條」と呼ぶこととする。

第十條では父母を毆ったり罵ったりした場合、周圍の人員や官吏が「告」・「捕」の義務を負い、それらを果さなければ處罰されることが定められている。第十一條では民が農作業や商賣を行わず、適切な時間に出入りせず、父母のいうことを聽き入れず、もしくは父母と言い爭った場合、父母など周圍の人員や官吏がいかなる責任を負うかについて定められている。

しかし、右の二條については次のような疑問を感じざるをえない。すなわち、第十條では子が父母を毆ったり罵ったりした場合、父母は「貲二甲」（鎧二つ分の錢を納入する刑罰）に處されると定められている。父母は被害者であるにもかかわらず、なぜ處罰されなければならないのであろうか。

また、第十一條によると、子が父母の言うことを聽き入れず、もしくは父母と言い爭った場合、父母が責任を問われることもあったごとくである。第四章で檢討した通り、父母の言いつけに從わないことは不孝罪にあたり、また父母と言い爭うことも、不孝罪の成立要件の一つである「敬恭有虧」にあたるであろう。不孝罪の被害者は父母であるにもかかわらず、なぜ父母が責任を負わなければならないのであろうか。

本章では以上二つの疑問について檢討し、犯罪と父母の通報義務の一端を明らかにしたい。

第一節　第十條に對する檢討

今一度ここに第十條を擧げる。

●自今以來、有毆詈其父母者、輒捕以律論、典智（知）弗告、䙴（遷）。鄉部嗇夫智（知）弗捕論、貲二甲而廢、弗智（知）、典及父母・伍人貲各二甲、鄉部嗇夫及令・丞・尉貲各一甲、捕、免鄉部嗇夫。或能捕死罪一人、購金七兩。●十

これをできるだけ主觀を排して直譯すると、次のようになるであろう。

●今より以降、自分の父母を毆るか罵った者は、捕えたうえ律に従って罪を論じる。典は本件を知りながら告しなかった場合、遷に處する。鄉部嗇夫はこれを知りながら捕えて罪を論じなかった場合、貲二甲に處したうえ、罷免する。知らなかった場合、典及び父母・伍人はそれぞれ貲二甲とし、鄉部嗇夫及び令・丞・尉はそれぞれ貲一甲とし、捕えれば、鄉部嗇夫の處罰を免除する。ある者が死罪を犯した者一人を捕えた場合、賞與として黃金七兩を授ける。●第十條

本條によると、父母が子に毆られ、あるいは罵られたが、父母がその事實を知らなかった場合、處罰されることになる。しかし、これについては次のような疑問を感じざるをえない。すなわち、毆られ、あるいは罵られた本人は、加害者が子であるか否かまではともかく、ある者に毆られた、あるいは罵られた事實を知らないことはありえない。特に、「詈」については『唐律疏議』鬪訟律「毆制使府主」條注に、

須親自聞之乃成詈。

疏に、

注云須親自聞之乃成詈、謂皆須被詈者親自聞之、乃爲詈。

とあり、唐律では、父母を馬鹿にする言葉を吐いただけでは必ずしも「詈」とならず、相手にその言葉が聴こえて初めて「詈」として認められるとされている。要するに、面と向かって相手を罵る、面罵することが「詈」なのであろう。秦の法律でもおそらく同様であったと考えられる。

もっとも、例えば兩親ともに存命で、父がその場にいないとき、子が母を罵ったが、母も子も、その他第三者も父に知らせなかった場合などの事情があれば、父はその事實を知るわけもない。よって、父母が知らない場合もありうる。しかしその場合、父は罰として貲二甲に處されることになる。すると、その一家は貲二甲に相當する財物を納入しなければならない。子は加害者であるからともかく、母は被害者であるにもかかわらず、一家の一員として經濟的打擊を受けなければならなくなってしまう。

知らなかった場合、なぜ處罰されるのかというと、當時の吏民には常に互いを監視し、罪を犯した者を見かけたら、官憲に通報する義務があり、それを怠れば處罰された。犯罪を通報するためには、そもそも犯罪が起こったことを知らなければならない。本條において、典・父母・伍人・鄉部嗇夫・令・丞・尉が犯罪の發生を知らなかった場合に處罰されるのはそのためであると、一應理解することはできる。

逆に、犯罪が行われたことを知っていたならば、通報の義務を有する。鄉部嗇夫の場合は官吏であるだけに、逮捕して罪を論じる必要があった。典・父母・伍人などについては、知っていた場合についての規定がない。そもそも本條は冒頭に「自今以來」とある通り、追加・補充法規と考えられる。あるいは、補充・修正前の條文では、知っていた場合についての規定が設けられていたとも解しうる。

しかし、本條では子が兩親ともに毆ったり罵ったりした場合を除けば、父母のうちいずれか一方は被害者である。被害者に告の義務が課され、違反すれば處罰の對象とさえされている例は、少なくとも秦・漢では本條以外に見えない。

それでは、第十條はどのように理解すべきであろうか。この問題については、以下の四つの解釋が可能性として考えられる。

第一に、以上の解釋に誤りはなく、文字通りに解すべきなのかもしれない。つまり、人は被害者が自分であろうと他人であろうと、犯罪を通報しなければならなかったということである。假にその通りとすれば、その目的は法治主義及び治安維持の徹底であろう。法家思想が重視されていた秦の法律では、あるいはかように極端な制度が設けられていたのかもしれない。

第二に、父母のうち被害者本人だけは、當然の理によって、あるいは別の規定などによって、通報の義務を免除されるのかもしれない。

第三に、「典及父母伍人貲各二甲」は「典及び父母・伍人は貲各〃二甲」と讀むのではなく、「典及び父母の伍人は貲各〃二甲」と讀むべきなのかもしれない。この解釋によれば、被害者とその配偶者は處罰を受けなくて濟むことになる。

第四に、竹簡の排列が誤っているという可能性である。『陸』では第一九一簡の次に第一九二簡・一九三簡、『伍』では第一九四簡の次に第一九五簡を排列しているが、果してもともとそのように排列されていたとは限らない。『陸』の附錄三「揭取位置示意圖」によると、『陸』の第一九一簡（原始編號一七八）と第一九二簡（原始編號一八八）は同じく第一包内にあり、互いに近い位置にあったが、左右に鄰接していたわけではない。『陸』の第一九三簡（原始編號二二〇四）に至っては、第八包内にあった。また、『伍』の第一九四簡（原始編號二二五一盒―七―三）は第八包、第一九五簡（原始編號一八八九）は第七包にある。もちろん、各包内の竹簡・木簡の堆積狀態は、出土狀況とは必ずしも一致しないが、堆積狀態からはこれらの簡が連續して排列されていたことは窺われない。鄉部嗇夫が事件の發生を知っていた場合と、知らなかった場合についての規定は設けられているにもかかわらず、典・父母・伍については知らなかった場合についての規定しか見えない。これについて、先ほどは改正前の條文に設けられていたと理解したが、あるいはそうではなく、これ自體が排列の誤りを示す根據の一つなのかもしれない。

それでは、いずれの解釋が正しいであろうか。第一章・第二章・第四章で論じた通り、戰國時代のある時期までは、秦は家内部で行われた侵害行爲に對し、原則として介入せず、親が子に對して自由に制裁を加えることができた。それゆえ、當時は不孝罪も設けられておらず、また第十條に見えるような、父母を毆ったり罵ったりすることを處罰する條文も設けられておらず、家の構成員がみずから解決するのに任せていたと考えられる。しかし、遲くとも戰國末期までには家内部の侵害行爲に對しても國家が介入し、犯罪として處罰の對象とするようになった。以後、父母は子に對して勝手に制裁を加えてはならず、子に制裁を加えたい場合には、國家に子の罪を告し、刑罰という形で國家の手によって制裁が加えられることとなった。

以上のような經緯を考えると、第十條において父母が子から受けた犯罪行爲を告するよう強制することは、家に對する國家の介入としては行き過ぎの感がある。ただし、第二章でも述べた通り、不孝罪は本來父母の告があることを原則とするが、例外として父母の死後の場合、第三者が「告」あるいは「劾」を行うことが認められていた。それは例外的ではあるものの、不孝罪が親の意思と必ずしも關係なく、他の犯罪と同樣に、國家が處罰すべき行爲として位置づけられ、家内部の秩序がより國家の統制下へ組み込まれたともいえる。第十條は行き過ぎとはいえ、このような歷史的趨勢に沿うものとして一應理解することができる。第二〜第四の可能性も捨て切れないが、最も無理のない解釋が第一である以上、現時點では第一をもって鄙見としておきたい。ただし、秦の法律を受け繼いだとされる漢でもこのような制度が行われたのか、また行われたとしても漢一代を通して行われたのかは定かでない。

第二節　第十一條に對する檢討

第十條と同様、今一度ここに第十一條を擧げる。

律曰、黔首不田作・市販、出入不時、不聽父母、笱（苟）若與父母言、其父母・典・伍弗忍告、令鄉部嗇夫數謙（廉）問、捕毄（繫）獻廷、其罪當完城旦舂以上、其父母・典・伍弗先告、貲其父若母二甲、典・伍各一甲、鄉部嗇夫弗得、貲一甲、令・丞一盾。●自今以來、有犯律者輒以律論及其當坐者。鄉部嗇夫弗得、以律論及其令・丞、有（又）免鄉部嗇夫。●十一

これも次のように直譯することができよう。

律に「民が農作業・商賣を行わず、適切な時間に出入りせず、父母の言うことを聽かず、もしくは父母と言い争ったが、その父母・典・伍がこれを告するに忍びない場合、鄉部嗇夫に速やかに捜査・訊問を行わせ、逮捕・勾留して縣廷へ移送させる。その罪が完城旦舂以上にあたり、その父母・典・伍が先に告さなかった場合、その父もしくは母は貲二甲、典・伍はそれぞれ貲一甲に處する。鄉部嗇夫が逮捕できなかった場合、貲一甲に處し、令・丞は貲一盾に處する」とある。●今より以降、律を犯した者については、律に照らして罪を論じ、連坐すべき者にも處罰が及ぶ。鄉部嗇夫が逮捕できなかった場合、律に照らして罪を論じ、令・丞にも處罰が及び、また鄉部嗇夫を罷免する。●第十一條

まず、「其父母・典・伍弗忍告」とあるということは、その上に記されている「黔首不田作・市販、出入不時、不聽父母、笱（苟）若與父母言」は本來告の對象となるはずである。「不田作」については睡虎地秦簡「封診式」

に次のような例がある。

告臣　爰書、某里士五（伍）甲縛詣男子丙、告曰、丙、甲臣、橋（驕）悍、不田作、不聽甲令。謁買（賣）公、斬以爲城旦、受賈（價）錢。（第三七簡・三八簡）

甲は奴隷丙が驕り高ぶっていて、農作業を行わず、甲の命令も聽かないので、これを國家へ賣却し、「斬趾城旦」（足の指を斬り落とし、「城旦」の身分へ降格させる）の刑に處して欲しいと告している。これは奴隷主が奴隷を訴えた場合であって、第十一條の場合とは異なるが、ある者に對して從屬的立場にある者が農作業を怠った場合、告の對象となるという點では共通している。さらに、嶽麓書院藏秦簡「爲吏治官及黔首」には、

黔首不田作不孝（第一三簡）

とあり、民が農作業を行わないことは「不孝」にあたることを窺わせる史料もある。しかし、ここでいう不孝が法律上の不孝罪を指すのか、それとも倫理上のものを指すのか明らかでない。

次に、「出入不時」については二年律令「戸律」に、

自五大夫以下、比地爲伍、以辨□爲信。居處相察、出入相司。有爲盜賊及亡者、輒謁吏・典。田典更挾里門籥（鑰）、以時開。伏閉門、止行及作田者。其獻酒及乘置乘傳、以節使、救水火、追盜賊、皆得行。不從律、罰金二兩。（第三〇五簡・三〇六簡）

とあるのが參考になる。當時の民は一般に「里」の中に家を構え、居住していた。右の條文によると、里の門には鍵が設けられ、田典がこれを管理し、適時になったら門を開くと定められている。『管子』立政篇にも、

分州以爲十里、里爲之尉。分里以爲十游、游爲之宗。十家爲什、五家爲伍、什伍皆有長焉。築障塞匿、一道路、愽出入、審閭閈、愼筦鍵、筦藏于里尉。置閭有司、以時開閉。閭有司觀出入者、以復于里尉。凡出入不時、衣服不中、圈屬羣徒、不順於常者、閭有司見之、復無時。

とあり、里を壁で圍み、里内に道路を一本のみ通し、そこからのみ出入りするようにし、里門の鍵は里尉（里の責任者）が管理する。閭有司を設置し、適時に里門を開閉させる。閭有司は出入りする者を觀察し、里尉に報告する。出入りする時間が適切でない、衣服が適切でない、一族・集團が尋常でない、以上のような場合を閭有司は見かけたら、時を置かずに報告する、と記されている。また、『漢書』巻二四上食貨志上には、

春將出民、里胥平旦坐於右塾、鄰長坐於左塾、畢出然後歸、夕亦如之。

とあり、朝には里胥が「右塾」（「塾」は門の兩側にある部屋）、鄰長が左塾に座り、里人が全て出て行った後、里胥と鄰長は歸宅し、夕方にまた同樣のことをする、と記されている。また、『春秋公羊傳』宣公十五年何休解詁に、

田作之時、春、父老及里正旦開門坐塾上、晏出後時者不得出、莫不持樵者不得入。

とあり、里の父老と里正は朝に里門を開いて塾に座り、外出の時間に遲れた者は、里門より出てはならず、暮れに薪を持っていない者は里門に入ることができない、と記されている。

『管子』以下は現實に行われていた制度そのものを述べたものではなく、ある程度の現實を踏まえつつも、當時理想とされていたいにしえの制度について述べたものであろう。ただし、それらの記述においても、前掲の二年律令「戸律」と同樣、里には門が設けられ、適切な時間に開門することが記されている。そして、「出入不時」につ

いては『管子』立政篇に見え、里門を不適切な時間に出入りした者がいたら、閭有司は即時に里尉へ報告すべきとされている。

「與父母言」の「言」は單に言葉を交わすことではなく、整理者が指摘する通り「怨言」を指すのであろう。ただし、この怨言は父母を罵るほど激しいものではないであろう。第十條にも見える通り、秦の法律では罵ることを一般に「詈」と表現する。

「不聽父母」と「與父母言」は「はじめに」でも觸れた通り、不孝罪にあたる行爲である。不孝罪は客觀的に見て不孝にあたる行爲をなしただけでは必ずしも成立せず、父母の告がなければならない。ところが、第十一條では父母が告するに忍びず、告を行わなかった場合、父もしくは母を貲二甲に處すると定められている。これはあたかも子が不孝にあたる行爲をなした場合、父母は告を強制されていたごとくである。

しかし、不孝罪の場合、父母に告が強制されていたとは考えがたい。例えば、二年律令「賊律」に、

　　年七十以上告子不孝、必三環之。三環之各不同日而尚告、乃聽之。（第三六簡）

とあり、七〇歳以上の者が子の不孝を告した場合、告を受けた官憲は必ず三度退け（三環）、それでもなお父母が告する場合に限り、告を受理すると定められている。秦でも同様の制度があったことは、睡虎地秦簡「法律答問」に、

　　免老告人以爲不孝、謁殺、當三環之不。不當環、亟執勿失。（第一〇二簡）

とあり、不孝と三環のことが見えることから明らかである。また、漢代では不孝の告を行った父母を地方官が諭したり、子に反省を促すことによって、不孝罪の適用を回避した事例さえ見える（第六章）。よって、父母に告が強

制されていたとは考えがたい。

　また、第十一條では父母以外に「典」と「伍」も告を行うよう定められている。典は里の責任者である。[11] 伍は五家で構成される鄰保組織であるが、ここでは「伍人」すなわち伍の構成員を指すのであろう。父母が生存している場合、他人がその父母の子を不孝罪で告することはできなかった。にもかかわらず、典や伍人が告を行わなかった場合、處罰を受けなければならないとすれば理不盡である。あるいは、父母が死亡している場合に限り、典・伍人が告を行われなければならないという趣旨である可能性もなくはない。

　思うに、本條は次のように讀むべきではなかろうか。まず、「不聽父母、笱（苟）若與父母言」は子が父母の言いつけを聽かず、あるいは父母と言い爭うこと一般を指すわけではなく、「黔首不田作・市販、出入不時」の場合に限られる。つまり、子が農作業や商業を行わず、あるいは適切な時間に出入りしないことについて、父母が子を諭したが、子が父母の教えを聽かず、あるいは父母と言い爭った場合ということである。この解釋によると、「黔首不田作・市販」と「出入不時」は「不聽父母」及び「笱（苟）若與父母言」と並列の關係にあるのではなく、「黔首不田作・市販」と「出入不時」は「不聽父母」及び「笱（苟）若與父母言」の前提ということになる。

　以上の理解によれば、次の「其父母・典・伍弗忍告」は、父母が子を諭したにもかかわらず、子が依然として働かず、適切な時間に出入りしないことを、父母・典・伍が官憲へ申告するに忍びず、申告しなかったことをいう。續いて「令鄉部嗇夫數謙（廉）問」とあり、「鄉部嗇夫に速やかに捜査・訊問を行わせ」るとあるが、主語は縣廷あるいは縣令・長・丞など、縣の長吏であろう。縣廷が父母・典・伍以外からの申告によって情報をえた場合、縣廷が主導となって、鄉部嗇夫に捜査を行わせるのであろう。

　そして、「其罪當完城旦舂以上」ということは、父母が子を諭したにもかかわらず、子が依然として働かず、適切な時間に出入りしないことは、いろいろな刑罰にあたる場合があるが、完城旦舂以上の刑罰にあたる場合に限り、父母・典・伍は告を行っていなければ、それぞれ責任を負うことになる。父母が子を諭したにもかかわらず、子が依然として働かず、適切な時間に出入りしないことに對し、いかなる法定刑が設けられていたのかは明らかでないが、あるいは働かない、適切な時間に出入りしないのを利用して、何か犯罪にあたる行爲をしていたことが明るみに出て、それが完城旦舂以上にあたる場合も、本條の對象になったかと思われる。

先述の通り、本條は一見すると不孝罪に關聯する犯罪について定めたもののごとくである。しかし、本條は不孝罪と異なり、國家が親子間の秩序を保護することに目的があるのではなく、治安の維持に目的があり、父母・典・伍にも連帶責任を負わせるというものであった。ちなみに、「不聽父母」・「與父母言」という行爲自體は不孝罪の客觀的基準にあてはまるので、父母が不孝罪として告を行えば、子は棄市に處されることになったであろう。また、「黔首不田作」も法律上の不孝罪にあたるとすれば、さらにこれを理由として不孝罪で告することもできたであろう。ただし、本條では特に父母が不孝罪として告するのでなければ、不孝罪に問われることはなかったと考えられる。

（1）陳松長編『嶽麓書院藏秦簡　陸』（上海辭書出版社、二〇二〇年）參照。
（2）陳偉氏が指摘する通り、『陸』の「第三組單簡正背面圖版及釋文、簡注」及び赤外線圖版「第三組正面編聯圖版」では、第一九三簡の圖版として全く別の竹簡の圖版が誤って掲載されている。カラー圖版「第三組正面編聯圖版」に掲載されているものが正しい。「《嶽麓書院藏秦簡（陸）》校讀（貳）」（簡帛網、http://www.bsm.org.cn/?qinjian/8255.html、二〇二〇年）參照。
（3）陳松長編『嶽麓書院藏秦簡　伍』（上海辭書出版社、二〇一七年）參照。
（4）拙稿「秦漢「縣官」考」（早稻田大學長江流域文化研究所編『中國古代史論集——政治・民族・術數——』雄山閣、二〇一六年）參照。
（5）「縣官」については、拙稿「秦漢「縣官」考」參照。

（6）　陳偉『秦簡牘校讀及所見制度考察』（武漢大學出版社、二〇一七年）一九～二五頁參照。
（7）　奴婢とは奴隷のことで、秦ではそれまで「臣妾」あるいは「奴妾」などと呼ばれていたが、陳偉氏によると、始皇二十八年（紀元前二一九年）八月から三十一年（前二一六年）十月あるいは三十二年六月までの間に「奴婢」へ統一されたという。『秦簡牘校讀及所見制度考察』一〇～一八頁參照。
（8）　陳松長「嶽麓書院所藏秦簡綜述」（『文物』二〇〇九年第三期）參照。
（9）　嶽麓書院藏秦簡の中には、簡の背面に左右反轉した文字が見えるものがあり、『嶽麓書院藏秦簡』各卷ではこれらの文字を「反印文」と呼んでいる。孫沛陽氏によると、これらの文字は各簡背面に位置する簡の文字が埋葬中に寫ったわけではなく、相互に貼りついた簡が出土後に剝されたとき、簡表面の纖維や墨跡が他の簡の背面に殘ったものという。陶安『嶽麓秦簡復原研究』（上海古籍出版社、二〇一六年）六頁參照。
（10）「黔首不田作・市販、出入不時」は、『陸』の釋文では「黔首不田作、市販出入不時」に作るが、陳偉氏の解釋に從って改めた。「《嶽麓書院藏秦簡（陸）》校讀（貳）」參照。
（11）「典」については、詳しくは拙稿「秦・漢における里の編成と里正・里典・父老――嶽麓書院藏秦簡「秦律令」を手がかりとして――」（但見亮・胡光輝・長友昭・文元春編『中國の法と社會と歴史　小口彦太先生古稀記念論文集』成文堂、二〇一七年）を參照されたい。

附論三　漢律令における「惑衆」の成立要件

はじめに

大庭脩氏は漢代の不道罪について検討し、不道罪にあたる行爲の一つとして「惑衆」を擧げている。(1)惑衆とは文字通り衆人を惑わすことであるが、具體的にはいかなる行爲を指すのであろうか。注目されるのは、『漢書』巻七〇陳湯傳に次のような記述が見えることである。

〔一〕上乃下詔罷昌陵、語在成紀。丞相・御史請廢昌陵邑中室。奏未下、人以問湯、第宅不徹、得毋復發徙。湯曰、縣官且順聽羣臣言、猶且復發徙之也。時成都侯商新爲大司馬・衞將軍輔政、素不善湯。商聞此語、白湯惑衆、下獄治、按驗諸所犯。(中略)又言當復發徙、傳相語者十餘人。丞相・御史奏、湯惑衆不道。(中略)廷尉增壽議、以爲(中略)明主哀憫百姓、下制書罷昌陵勿徙吏民、已申布。湯妄以意相謂且復發徙、雖頗驚動、所流行者少、百姓不爲變、不可謂惑衆。

前漢・成帝の永始元年(紀元前一六年)、成帝は詔を下し、昌陵邑の建設を中止した。丞相・御史は昌陵邑内の家屋を撤去するよう求めたが、まだ成帝の批准が下されていないとき、陳湯は部外者に對し、一部の吏民が昌邑へ移住させられるだろうといった。大司馬・衞將軍の王商は、陳湯が「衆を惑わし」たので、投獄して取調べを行い、餘罪も追及すべきと言上した。その後、陳湯はまた昌陵への移住が行われると發言し、それを聞き傳えた者が十人餘りいた。丞相と御史は上奏し、陳湯の行爲は惑衆にあたり、不道罪として處罰すべきという意見を述べた。しかし、廷尉の趙增壽は、確かに陳湯の發言はすこぶる人々を動揺させたものの、これを傳え聞いた者は少なく、民も「變」をなすに至らなかったので、惑衆とはいえない、という意見を述べている。

大庭氏は趙增壽の意見を根據として、「惑衆」とは「衆が亂をなすにいたったばあいを指す」と解している。つまり、衆を惑わしただけでは必ずしも法律上の惑衆とならず、衆を惑わした結果、衆が實際に亂を起こして初めて惑衆が成立することになる。しかし、果してその通りであろうか。また、氏は前漢のみを檢討の對象とし、後漢についてでは檢討していない。本章では後漢も含め、漢律令における惑衆の成立要件について檢討する。

第一節　惑衆の用例

漢代について記した文獻のうち、犯罪としての惑衆が見える史料を以下に列擧する。

〔二〕八月、詔曰、待詔夏賀良等建言改元易號、增益漏刻、可以永安國家。朕過聽賀良等言、冀爲海内獲福、卒亡嘉應。皆違經背古、不合時宜。六月甲子制書、非赦令也、皆蠲除之。賀良等反道惑衆、下有司。皆伏辜。（『漢書』卷一一哀帝紀建平二年條）

〔三〕〔王〕莽患之、下詔、敢非井田挾五銖錢者爲惑衆、投諸四裔以御魑魅。（『漢書』卷二四下食貨志下）

〔四〕成帝末年頗好鬼神、亦以無繼嗣故、多上書言祭祀方術者、皆得待詔。祠祭上林苑中長安城旁、費用甚多。然無大貴盛者。谷永說上曰（中略）諸背仁義之正道、不遵五經之法言、而盛稱奇怪鬼神、廣崇祭祀之方、求報無福之祠、及言世有僊人、服食不終之藥、遙興輕擧、登遐倒景、覽觀縣圃、浮游蓬萊、耕耘五德、朝種暮穫、與山石無極、黄治變化、堅冰淖溺、化色五倉之術者、皆姦人惑衆、挾左道、懷詐僞、以欺罔世主。（中略）唯陛下距絶此類、毋令姦人有以窺朝者。上善其言。（『漢書』卷二五下郊祀志下）

〔五〕孝昭元鳳三年正月、泰山萊蕪山南匈匈有數千人聲。民視之、有大石自立、高丈五尺、大四十八圍、入地深八尺、三石爲足。石立後有白烏數千下集其旁。是時昌邑有枯社木臥復生。又上林苑中大柳樹斷枯臥地、亦自立生、有蟲食樹葉成文字、曰公孫病已立。〔眭〕孟推春秋之意、以爲、石柳皆陰類、下民之象、泰山者岱宗之嶽、王者易姓告代之處。今大石自立、僵柳復起、非人力所爲、此當有從匹夫爲天子者。枯社木復生、故廢之家公孫氏當復興者也。孟意亦不知其所在、即説曰、先師董仲舒有言、雖有繼體守文之君、不害聖人之受命。漢家堯後、有傳國之運。漢帝宜誰差天下、求索賢人、禪以帝位、而退自封百里、如殷周二王後、以承順天命。孟使友人内官長賜上此書。時昭帝幼、大將軍霍光秉政、惡之、下其書廷尉。奏賜・孟妄設祆言惑衆、大逆不道、皆伏誅。（『漢書』卷七五眭弘傳）

〔六〕初、成帝時、齊人甘忠可詐造天官曆・包元太平經十二卷、以言漢家逢天地之大終、當更受命於天、天帝使眞人赤精子、下教我此道。忠可以教重平夏賀良・容丘丁廣世・東郡郭昌等。中壘校尉劉向奏忠可假鬼神罔上惑衆、下獄治服。未斷病死。（『漢書』卷七五李尋傳）

〔七〕〔王〕莽大喜、復下詔曰（中略）今翟義・劉信等謀反大逆、流言惑衆、欲以簒位、賊害我孺子。（『漢書』卷八四翟方進傳）

〔八〕及王莽居攝、東郡太守翟誼謀擧兵誅莽。事未發、康候知東郡有兵、私語門人、門人上書言之。後數月、翟誼兵起。莽召問、對受師高康。莽惡之、以爲惑衆、斬康。（『漢書』卷八八儒林傳）

〔九〕〔王〕莽乃上奏曰（中略）遭羌寇害西海郡、反虜流言東郡、逆賊惑衆西土。忠臣孝子莫不奮怒、所征殄滅、盡備厥辜、天子咸寧。（『漢書』卷九九上王莽傳上）

〔一〇〕〔王莽〕大赦天下、然猶曰、故漢氏舂陵侯羣子劉伯升與其族人婚姻黨與、妄流言惑衆、悖畔天命、及手害更始將軍廉丹・前隊大夫甄阜・屬正梁丘賜、及北狄胡虜逆輿洎南僰虜若豆・孟遷、不用此書。(『漢書』卷九九下王莽傳下)

〔一一〕初、〔馬〕援交阯還、書誡其兄子嚴・敦曰(中略)杜季良豪俠好義、憂人之急、父喪致客、數郡畢至、吾愛之重之、不願汝曹效之。(中略)效杜季良而不成、陷爲天下輕薄子、所謂畫虎不就反類狗者也。迄今季良尚未可知、郡將下車輒切齒、州郡以爲言、吾常爲之寒心、是以不願子孫効也。季良名保、爲越騎司馬。保怨家上書、言保所在惑衆、伏波將軍萬里還書以戒孤兄子、今在京師、與梁松・竇固等交。上召責松、松叩頭流血。乃召問援、因取所與嚴・敦書、即日免保官。(『後漢紀』卷八光武皇帝紀建武二十二年條)

〔一二〕事畢、〔隗囂〕移檄告郡國曰(中略)故新都侯王莽、慢侮天地、悖道逆理、鴆殺孝平皇帝、簒奪其位。矯託天命、僞作符書、欺惑衆庶、震怒上帝。(『後漢書』卷一三隗囂列傳)

〔一三〕時眞定王劉揚復造作讖記云、赤九之後、癭揚爲主。揚病癭、欲以惑衆、與綿曼賊交通。建武二年春、遣騎都尉陳副・游擊將軍鄧隆徵揚。揚閉城門、不内副等。乃復遣〔耿〕純持節、行赦令於幽・冀、所過並使勞慰王侯。(中略)揚稱病不謁。以純眞定宗室之出、遣使與純書、欲相見。(中略)時揚弟臨邑侯讓及從兄細各擁兵萬餘人、揚自恃衆強。而純意安靜、即從官屬詣之、兄弟並將輕兵在門外。揚入見純、純接以禮敬、因延請其兄弟。皆入、迺閉閤悉誅之、因勒兵而出。眞定震怖、無敢動者。帝憐揚・讓謀未發、並封其子、復故國。(『後漢書』卷二一耿純列傳)

〔一四〕更始立、以〔伏湛〕爲平原太守。(中略)時門下督素有氣力、謀欲爲湛起兵。湛惡其惑衆、即收斬之、徇首城郭、以示百姓。(『後漢書』卷二六伏湛列傳)

〔一五〕民有趙宣葬親而不閉埏隧、因居其中、行服二十餘年。鄉邑稱孝、州郡數禮請之。郡内以薦〔陳〕蕃。蕃與相見、問及妻子、而宣五子皆服中所生。蕃大怒曰、聖人制禮、賢者俯就、不肖企及。且祭不欲數、以其易黷故也。況乃寢宿冢藏、而孕育其中、誑時惑衆、誣汙鬼神乎。遂致其罪。（『後漢書』卷六六陳蕃列傳）

〔一六〕諸竇雖誅、而夏陽侯瓌猶尚在朝。〔周〕紆疾之、乃上疏曰（中略）〔夏陽侯竇瓌〕又造作巡狩封禪之書、惑衆不道、當伏誅戮。（中略）會瓌歸國、紆遷司隷校尉。（『後漢書』卷七七酷吏列傳）

〔一七〕又詔敕曰、故左將軍袁術不顧朝恩、坐創凶逆、造合虛僞、欲因兵亂、詭詐百姓。始聞其言以爲不然、定得使持節平東將軍領徐州牧溫侯布上術所造惑衆妖妄、知術鴟梟之性、遂其無道、修治王宮、署置公卿、郊天祀地、殘民害物、爲禍深酷。（『三國志』卷四六呉書孫策傳裴松之注引西晉・虞溥『江表傳』）

〔一八〕時有道士琅邪于吉、先寓居東方。往來呉會、立精舍、燒香讀道書、制作符水以治病、呉會人多事之。策嘗於郡城門樓上、集會諸將賓客、吉乃盛服杖小函、漆畫之、名爲仙人鏵、趨度門下。諸將賓客三分之二下樓迎拜之、掌賓者禁呵不能止。策即令收之。諸事之者、悉使婦女入見策母、請救之。母謂策曰、于先生亦助軍作福、醫護將士、不可殺之。策曰、此子妖妄、能幻惑衆心、遠使諸將不復相顧君臣之禮、盡委策下樓拜之、不可不除也。諸將復連名通白事陳乞之。策曰、昔南陽張津爲交州刺史、舍前聖典訓、廢漢家法律、嘗著絳帕頭、鼓琴燒香、讀邪俗道書、云以助化、卒爲南夷所殺。此甚無益、諸君但未悟耳。今此子已在鬼籙、勿復費紙筆也。即催斬之、縣首於市。（『三國志』孫策傳裴松之注引『江表傳』）

〔一九〕趙昞嘗臨水求渡、船人不許。昞乃張帳蓋、坐其中、長嘯呼風、亂流而濟。於是百姓敬服、從者如歸。長安令惡其惑衆、收殺之。（東晉・干寶『搜神記』卷二）

〔二〇〕有從荊州來者、見〔左〕慈在荊州、荊州牧劉表以爲惑衆、復欲殺慈、慈意已知。（東晉・葛洪『神仙傳』卷八左慈）

〔二一〕〔左〕慈見呉先主孫權。權素知慈有道、頗禮重之。權侍臣謝送知曹公・劉表皆忌慈惑衆、復譖於權、欲使

殺之。(『神仙傳』左慈)

第二節　反亂との關係

以上の例を見ると、惑衆の結果、實際に反亂が起こった例は、わずかに〔七〕・〔九〕・〔一〇〕・〔一二〕・〔一七〕のみである。

〔七〕：前漢の平帝の死後、東郡太守の翟義は嚴鄉侯劉信らとともに、王莽政權に對して反亂を起こしたが敗れた。〔七〕はこれについて王莽が下した詔である。王莽によると、翟義らは「惑衆」し、反亂を起したとされている。

〔九〕：これは王莽の上奏文で、その中に「逆賊惑衆西土」とあるが、ここでいう「逆賊」とは趙明・霍鴻らを指すのであろう。『漢書』卷九九上王莽傳上に、

　槐里男子趙明・霍鴻等起兵、以和翟義。

とあり、趙明らは翟義に呼應し、王莽政權に對して反亂を起こしている。

〔一〇〕：王莽は赦令を下したが、劉伯升とその親族・姻族及び仲間は妄りに流言を放って「惑衆」し、天命に逆らい、みずから更始將軍廉丹らを殺したので、彼らに對しては赦令を適用しないと述べている。周知の通り、劉伯升とは劉秀（後の光武帝）の兄で、劉秀らとともに王莽新に對して反亂を起こしている。

〔一二〕：これは王莽新のとき隗囂らが反亂を起こし、各地の郡國へ送った檄文である。王莽が平帝を毒殺し、漢

朝より帝位を簒奪したことを非難する内容であるが、その中で王莽が天命と僞り、符書を僞作し、「眾庶を欺惑」したと記されている。「惑眾」という語自體は用いられていないが、意味としては同じことであろう。

〔一七〕：これは後漢末期に獻帝が下した詔勅で、もと左將軍の袁術が「惑眾」し、皇帝の位に就いたことを非難したものである。

見られるように、以上の五例ではいずれも惑眾を行った者が反亂も起こしている。また、以下に掲げる通り、惑眾を行ったものの、反亂を實行するに至らず、豫備の段階で終了した事例も見える。

〔一三〕：後漢の光武帝期、眞定王劉揚は自分が皇帝となることを暗示する讖記を僞造して「惑眾」しようとし、また綿曼の賊と手を結んだ。前將軍の耿純は光武帝の命を受け、眞定國の宿舍で眞定王と會見し、眞定王とその弟劉讓らを殺害した。光武帝は眞定王と劉讓の反亂の計畫が實行に移されなかったことを憐れみ、彼らの子を封じた。

〔一四〕：更始帝期、平原太守伏湛に仕える門下督が、伏湛のために反亂を起こそうと計畫した。伏湛は彼が「惑眾」していることを嫌い、捕えて斬首した。

第三節　經學・宗教などとの關係

以上のように、惑眾は確かに反亂實行の前提となっている場合がある。しかし、その他の用例では、惑眾は經學に反することや、非科學的なことを言ったり、宗教や妖術でもって人々を惑わす場合におおむね用いられている。行論の都合により、〔三〕から見ていくこととする。

〔三〕：王莽新のとき王莽が詔を下し、井田制を非難し、五銖錢を所持する者は「惑眾」とし、四海の果てへ移住させ、魑魅魍魎を防がせると定めた。當時、井田制は經書に見えるいにしえの制度と認識されていたので、これを非難することは經學に反することになろう。また、五銖錢は前漢の武帝期以來發行されてきた銅錢である。王莽は周代の制度に倣って「大錢」を發行し、後に五銖錢を廢止して新たな貨幣を發行したが、民はこれらを用いず、ひそかに五銖錢を用いて賣買を行っていた。大錢などは經學が理想とする周代の制度に倣ったものであるから、これを用いずに五銖錢を用いることは、やはり經學に反する行爲とみなされたのであろう。ちなみに、『漢書』卷九九中王莽傳中には、

莽曰（中略）敢有非井田聖制、無法惑眾者、投諸四裔、以禦魑魅、如皇始祖考虞帝故事。

莽患之、復下書、諸挾五銖錢、言大錢當罷者、比非井田制、投四裔。

とあり、〔三〕は二つの詔にわけられている。おそらくこれらが詔本來の姿そのものか、本來の詔により近いものであろう。五銖錢については、五銖錢を所持し、大錢を廢止すべきと主張した者は、井田制を非難した場合と同様に扱い、四海の果てへ移住させると定められている。「挾五銖錢」と「言大錢當罷」は「挾五銖錢」かつ「言大錢當罷」ではなく、「挾五銖錢」あるいは「言大錢當罷」と讀むべきであろう。前者の讀み方によると、大錢を廢止すべきと主張したとしても、五銖錢を所持していなければ、本條が適用されないことになるが、そのようなことはありえないであろう。大錢を廢止すべきと主張することも、經學に反する行爲とみなされたと考えられる。

〔四〕：成帝は晩年に鬼神を崇拜するようになり、また後繼ぎがなかったため、多くの者が上書して祭祀・方術を說き、みな待詔の官をえた。谷永は成帝に對し、彼らはみな姦人で「惑眾」し、「左道」を用い、詐欺を行い、君主を欺いているので、彼らとの關係を斷ち切るべきと說いた。左道とは經義に背く不正行爲をいう(2)。

〔五〕：前漢・昭帝の元鳳三年（紀元前七八年）一月、巨石が自分で立ち上がったり、枯れ木が生き返るなど、各

地で怪異現象が起こった。これについて符節令の眭弘は、漢の皇帝は天下に賢人を探し求め、帝位を讓るべきといった。眭弘は友人で内官長の賜にこの意見を上書させた。大將軍の霍光はこれを憎み、その上書を廷尉へ下げ渡し、賜と眭弘は妄りに「祅言」を放って「惑衆」し、「大逆不道」の罪にあたるとし、彼らを誅殺した。祅言（妖言）とは災異・鬼神を説き、吉凶を豫言することを指す。また、大逆不道とは「劉氏の天下を覆し、漢の國家體制を變更せんとする」諸行爲をいう(3)。

〔六〕：成帝のとき、甘忠可が「天官曆」と『包元太平經』を僞作し、「漢は天下の終わりを迎えた。改めて天命を受けるべきである。天帝は眞人の赤精子を遣わし、私に道を教えさせた」と説き、重平縣の夏賀良、容丘縣の丁廣世、東郡の郭昌らにその教えを傳えた。中壘校尉の劉向は甘忠可が鬼神に假託して「罔上」・「惑衆」したと上奏した。甘忠可は獄で取調べを受け、罪を認めたが、刑罰が執行される前に病死した。罔上とは臣下に味方して天子を欺く行爲を指す(4)。

〔二〕：これについては、詳しくは〔六〕の續きに記されている。〔二〕と〔六〕の續きの内容を合わせて要約すると、次の通りになる。すなわち、甘忠可より教えを受けた夏賀良らは、甘忠可の書を所持していたことにより、不敬の罪に問われたが、後にまた甘忠可の教えを廣めていった。哀帝が即位すると、夏賀良らは待詔となり、哀帝へ次のように進言した。漢は衰えてきたので、改めて天命を受ける必要がある。急ぎ改元すれば、哀帝の壽命を延ばし、皇子が生まれ、天變地異も治まるはずである、と。長らく病に臥せっていた哀帝は、夏賀良らの意見に從い、建平二年（紀元前五年）を太初元年と改元し、漏刻の度を一二〇とするよう詔を下した。夏賀良らはさらに朝廷の政事を變えようとしたが、哀帝は先の夏賀良らの意見に効果がないことから、先の詔を取消し、夏賀良らは道に反して「惑衆」したとし、獄へ身柄を送った。光祿勳の平當らが廷尉とともに取調べを行い、夏賀良らは左道を用い、朝廷の政事を亂し、國家を轉覆し、皇帝を欺いたので、不道の罪にあたるとし、死刑に處した。

〔一二〕：これについては先ほど検討した。王莽は惑衆などの結果、漢朝より帝位を簒奪しているが、その惑衆の内容は天命と偽り、符書を僞作したことであった。

〔一三〕：これも先ほど検討した通りで、反亂は實行に移されることはなかったが、讖記を僞造したことが「惑衆」と呼ばれている。

〔一六〕：後漢の和帝期、御史中丞の周紆は上書し、夏陽侯竇瓌が巡狩・封禪に關する書を僞作し、「惑衆」・不道にあたり、誅殺すべきであると述べた。しかし、竇瓌は夏陽へ歸國し、周紆は司隸校尉へ轉任したため、本件は立件されずに終わった。

〔一八〕：後漢末期、道士の于吉は符水を作って人々の病を治し、多くの人々の尊崇を集めた。孫策は于吉が妖しげででたらめを行い、人々の心を幻惑したとして、斬刑に處し、頭部を市場に晒した。「幻惑衆心」とあるが、これも惑衆の一種と考えられる。

〔一九〕：後漢のとき、趙昞が川を渡ろうとしたところ、船人は船を出そうとしなかった。趙昞は帳を張って覆い、その中に座り、嘯いて風を呼び、流れを横切って渡った。民は趙昞に敬服し、多くの者が附き従うようになった。長安令は趙昞が「惑衆」しているのを恐れ、捕えて殺した(5)。

〔二〇〕：後漢末期、荊州牧の劉表は左慈が「惑衆」したとし、これを殺そうとした。左慈は他の地でも方術で人々を惑わしていたので、劉表は左慈を惑衆により處刑しようとしたのであろう。

〔二一〕：左慈が呉の孫權に謁見し、孫權は丁重に禮遇した。しかし、侍臣の謝送は曹操・劉表が左慈の「惑衆」を忌み嫌っていたことを知っており、孫權に讒言し、左慈を殺させようとした。

第四節　その他の惑眾

以上の他、反亂及び經學に反すること、非科學的なこと、宗教や妖術などとは關係のない「惑眾」も見える。〔一一〕：後漢初期、ある者が上書し、越騎司馬の杜保が至るところで「惑眾」し、梁松や竇固らと交際していると述べ、伏波將軍の馬援がその兄の子嚴と敦へ送った書簡を提示した。その書簡の中には、杜保は豪俠で義を好むが、杜保がいる郡に着任した郡守は齒ぎしりして怒り、州郡でも噂になっているので、私（馬援）はいつも心配しており、お前たち兄弟が杜保を見習わないで欲しい、と記されていた。光武帝は杜保を即日罷免した。(6)〔一五〕：後漢のとき、樂安郡の趙宣という者が親を葬った後、墓道を閉じず、その中に住み續け、二〇年餘りもの間喪に服した。鄉邑はその孝を稱え、州郡はしばしば彼を辟召した。郡内の者が趙宣を太守の陳蕃に推薦すると、陳蕃は趙宣に面會し、妻子のことを質問したところ、趙宣の五子はみな服喪中に生まれていることがわかった。陳蕃は「惑眾」と判斷して處罰した。

以上の他、惑眾と判斷された理由が判然としない事例もある。〔八〕では前漢末期、東郡太守の翟義が擧兵して王莽を討伐しようと計畫を立てた。事がまだ發覺していないとき、高康は東郡で兵亂が起こることを察知して門人に語り、門人はこれを上書した。數か月後、翟義は本當に擧兵した。王莽が門人に尋ねたところ、門人は高康に師事したと答えた。王莽はこれを憎み、高康を「惑眾」とし、斬に處した。本件では高康がなぜ惑眾とされたのか判然としない。おそらく、理由を示した部分は省略されているのであろう。

結　語

以上の惑衆の用例を見ると、「衆が亂をなすにいたった」場合に限らないことはもはや明らかであろう。しかし、〔一〕では「雖頗驚動、所流行者少、百姓不爲變、不可謂惑衆」とあることも事實である。思うに、確かに〔一〕の事件では「所流行者少、百姓不爲變」であったわけであるが、本來法律上の惑衆は「所流行者少」あるいは「百姓不爲變」に該當しなければ成立したのではなかろうか。つまり、流行するところがある程度多く、かつ民が反亂を起こして初めて惑衆が成立するわけではなく、流行するところがある程度多いか、あるいは民が反亂を起こせば惑衆が成立したと考えられる。もっとも、反亂を起こすにはある程度の人數が必要であるから、いずれにせよ惑衆とはある程度の數の人々を惑わすことをいうのであって、それが反亂に繋がったか否かは事實上問うところではなかったのであろう。

ただし、具體的に何人以上が惑わされれば惑衆として認められたのか、またそもそも明確な基準が設けられていたのか否かは定かでない。ちなみに、『唐律疏議』賊盜律に、

諸造祆書及祆言者、絞。傳用以惑衆者、亦如之。其不滿衆者、流三千里。

その疏に、

傳用以惑衆者、謂非自造、傳用祆言・祆書、以惑三人以上、亦得絞罪。（中略）其不滿衆者、謂被傳惑者不滿三人。

とあり、唐律でいう惑衆は三人以上を惑わすことをいう。それは『唐律疏議』名例律に、

稱衆者、三人以上。

とあるのによる。

（1）大庭脩『秦漢法制史の研究』（創文社、一九八二年）一三六～一三八頁（一九五七年原載）参照。
（2）大庭脩『秦漢法制史の研究』一〇六～一〇九頁参照。
（3）大庭脩『秦漢法制史の研究』一四〇頁参照。
（4）注（3）参照。
（5）『後漢書』巻八二下方術列傳下にもほぼ同内容の記述が見える。
（6）『後漢書』巻二四馬援列傳にもほぼ同内容の記述が見える。

あとがき

筆者は以前、單著として『秦漢刑法研究』（知泉書館、二〇〇七年）を出版した。それゆえ、本書は筆者にとって二部目の單著ということになる。しかし、本書の前に筆者は共著として朱騰・王沛・水間大輔『國家形態・思想・制度――先秦秦漢法律史的若干問題研究』（廈門大學出版社、二〇一四年）を出版し、その中で戰國秦漢期の三族刑・緣坐刑及びその他の問題について、六篇分の論文を發表した。よって、本書は事實上三部目の著書であると、自分では認識している。

本書の内容は序章と終章を除き、かつて學術誌に發表した論文が原型となっている。しかし、その後の研究の進展に伴い、解釋を大幅に變更したところもあるので、一冊の書籍としてまとめるにあたり、全面的に書き改めた。各章の原型となった論文は以下の通りである。

序　章　書き下ろし
第一章　「睡虎地秦簡「非公室告」新考」（王捷編『出土文獻與法律史研究』第六輯、法律出版社、二〇一七年）
第二章　「秦漢律における不孝罪の成立要件と父母の「告」」（『中央學院大學法學論叢』第三三巻第一號、二〇一九年）
第三章　「嶽麓書院藏秦簡「秦律令（貳）」第二〇八簡と不孝罪」（『中央學院大學法學論叢』第三四巻第一號、二〇二〇年）
第四章　「秦漢律令において「不孝」とされる行爲」（『史滴』第四二號、二〇二〇年）

第五章　「魏晉南朝の不孝罪」（『中央學院大學法學論叢』第三四巻第二號、二〇二一年）
第六章　「五胡十六國及び北朝の不孝罪」（『中央學院大學法學論叢』第三五巻第一號、二〇二一年）
第七章　「漢律令「大不敬」考」（『中央學院大學法學論叢』第三三巻第二號、二〇二〇年）
第八章　「漢律令「不敬」考」（『中央學院大學法學論叢』第三四巻第一號、二〇二〇年）
第九章　「魏晉南北朝的不敬罪」（王沛・黄海編『出土文獻與法律史研究』第一〇輯、法律出版社、二〇二一年）
第十章　「漢律令において「不道」とされる行爲と處罰」（『史滴』第四三號、二〇二一年）
第十一章　「魏晉南北朝の不道罪」（『中央學院大學法學論叢』第三五巻第二號、二〇二二年）
第十二章　「惡逆・不睦・不義・内亂の起源と變遷」（『中央學院大學法學論叢』第三五巻第二號、二〇二二年）
終　章　書き下ろし
附論一　「長沙尚德街出土法律木牘雜考」（武漢大學簡帛研究中心編『簡帛』第一八輯、上海古籍出版社、二〇一九年）
附論二　「秦律令における犯罪と父母の通報義務——嶽麓書院藏秦簡「秦律令」より見た——」（『中央學院大學法學論叢』第三五巻第一號、二〇二一年）
附論三　「漢律令における「惑衆」の成立要件」（『中央學院大學法學論叢』第三四巻第二號、二〇二一年）

筆者はこれまで主に戰國秦漢期の法律を研究の對象としてきたが、本書ではそれに續く魏晉南北朝期についても檢討を行った。その意義・目的は序章で述べた通りであるが、そもそも魏晉南北朝期の法律についても研究を行おうと思い立った直接の原因は、廈門大學法學院での輪讀會にある。この輪讀會は法學院の周東平教授が主催し、朱騰副教授（當時）、馬騰講師（當時）など法學院の先生方や大學院生・學生が毎週一室に集まり、各參加者が『晉書』刑法志、『隋書』刑法志、『魏書』刑罰志の詳細な譯注を作成して讀み上げ、意見を出し合うというものであった。筆者は二〇一一年から三年半の間、廈門大學歴史學系に博士後研究人員（日本でいうポストドクター）ついで副教授として滞在したが、その間この輪讀會に出席し、みずから譯注の作成にも參加した。輪讀會の研究成果は現在までのところ、周東平編『《晉書・刑法志》譯注』（人民出版社、二〇一七年）及び『《魏書・刑罰志》譯注』（人民出版社、二〇二三年）として出版されている。筆者はこの輪讀會を通して、これらの刑法志・刑罰志を讀むためには、秦漢律令の知識が有用であることに改めて氣づかされた。そして、逆に秦漢律令を理解するには、魏晉南北朝期の律令も視野に入れることが有益であるという認識をえるに至った。そういう譯で、本書のように戰國から南北朝へ至るまでの法律史研究を試みた次第である。

本書の出版を成文堂さんにお願いしたところ、快く引受けて下さった。成文堂さんといえば、かつて早稲田大學法學部の學生であった私にとっては、早大法學部の先生方が多數の教科書を出版されたところという印象が深く、成文堂さんから拙著を出版させていただいたことは大變光榮なことである。編集を擔當して下さった飯村晃弘氏、松田智香子氏にはこの場を借りて感謝を申し上げたい。

令和六年四月八日

筆者

事項索引

漢籍索引

か

き

く

こ

す

せ

そ

た

つ

て

と

な

は

ふ

ほ

も

ら

り

れ

ろ

出土簡牘索引

そ

ち

と

に

ふ

り

人名索引

き

く

け

こ

さ

し

す

せ

そ

た

ち

て

と

は

ひ

ふ

へ

ほ

め

も

ゆ

よ

ら

り

れ

ろ

わ

研究者・研究班・機關名索引

そ

た

ち

つ

て

と

な

に

は

ひ

ふ

ほ

ま

み

も

ゆ

よ

ら

り

わ

著者紹介

水間　大輔（みずま・だいすけ）

1973年、福岡縣に生まれる。1997年、早稲田大學法學部卒業。2004年、同大學院文學研究科博士後期課程史學（東洋史）專攻單位取得退學。2006年、博士（文學）の學位を取得。日本學術振興會特別研究員(DC)、早稲田大學文學學術院助手、日本學術振興會特別研究員(PD)、武漢大學簡帛研究中心博士後研究人員、廈門大學歴史學系博士後研究人員、廈門大學歴史學系副教授、中央學院大學法學部准教授などを經て、現在中央學院大學法學部教授。

〔主要論著〕

『秦漢刑法研究』（知泉書館、2007年）、共著『國家形態・思想・制度』（廈門大學出版社、2014年）、「張家山漢簡「奏讞書」と嶽麓書院藏秦簡「爲獄等狀四種」の形成過程」（『東洋史研究』第75卷第4號、2017年）他。

中國隋唐律十惡起源考

2024年10月20日　　初　版第1刷発行

著　者　水　間　大　輔

発行者　阿　部　成　一

〒169-0051　東京都新宿区西早稲田1-9-38

発行所　株式会社　成　文　堂

電話 03(3203)9201　FAX 03(3203)9206

http://www.seibundoh.co.jp

印刷　藤原印刷　　製本　弘伸製本

☆乱丁・落丁本はおとりかえいたします☆　**検印省略**

ISBN978-4-7923-3445-1 C3032

定価（本体8,000円＋税）